# The Synergy Theory on Economic Growth

Comparative Study Between China and Developed Countries

( Second Edition )

# 经济增长的国际比较
## 共协理论方法

（第二版）

◎ 刘建华 姜照华 著

科 学 出 版 社

北 京

## 内 容 简 介

本书通过对经济增长理论的发展脉络进行系统梳理和分析，构建了新的经济增长理论和测算方法——共协理论方法，对中国等15个国家的经济增长进行实证研究，建立起经济增长与固定资本存量增长、固定资产投资增长、科技进步、人力资本素质提高、劳动力增长、制度创新、经济环境外部性等直接决定因素的新的实证模型。不仅对多个典型国家经济增长因素进行分析，而且对韩国和中国经济增长做了DSGE分析，还对中国实施的创新驱动与转型做了专题研究，对中国未来经济持续增长和转型进行了预测。

本书可供广大经济管理与科技人员、研究人员和教学人员使用，也可作为高等院校有关专业研究生、高年级本科生的教材或参考书。

**图书在版编目（CIP）数据**

经济增长的国际比较：共协理论方法 / 刘建华，姜照华著. —2版. —北京：科学出版社，2020.6
ISBN 978-7-03-063689-8

Ⅰ. ①经…　Ⅱ. ①刘…　②姜…　Ⅲ. ①经济增长-对比研究-世界
Ⅳ. ①F113.4

中国版本图书馆CIP数据核字（2019）第280834号

责任编辑：杨婵娟 / 责任校对：邹慧卿
责任印制：徐晓晨 / 封面设计：有道文化

科学出版社 出版
北京东黄城根北街16号
邮政编码：100717
http://www.sciencep.com
北京建宏印刷有限公司 印刷
科学出版社发行　各地新华书店经销
*
2018年1月第 一 版　开本：B5（720×1000）
2020年6月第 二 版　印张：19
2021年7月第二次印刷　字数：362 000

**定价：118.00元**

（如有印装质量问题，我社负责调换）

# 序言

以卢卡斯、罗默为代表的新增长理论抛弃了新古典增长模型中关于技术外生和规模收益不变的假设，采用收益递增的假设建立模型。由于产品多样化（新知识）或产品质量提高可以导致收益递增，一些国家可能增长更快。卢卡斯强调人力资本在经济增长中的关键作用，并引入人力资本的外部效应。这种外部效应的存在意味着一个工人的生产率越高，他周围的人将越聪明，这是一个很有吸引力的解释。卢卡斯和罗默等人在经济增长理论方面的研究使得经济增长理论在经过20年的沉寂后得以复兴。由于他们采用的新分析框架引入了技术创新的因素，得出了更加合理的结论，并使增长理论更好地与发展经济学融合起来。因而瑞典皇家科学院将 2018 年诺贝尔经济学奖授予罗默，以表彰其在经济增长研究中的贡献。

但是，新增长理论也存在一些问题：①各自所采用的生产函数的形式结构需要更充分的理论论证；②把中间投入的数量、种类、质量引入生产函数，而假设资本或劳动力等因素不变，虽然是一种新的思维，但事实上资本或劳动力等因素始终在变化；③制度的因素没有纳入定量分析中；④已有的实证研究表明，新增长理论虽在思想上有重要创新，但由于假设过多，引入了不容易测算的变量（如中间投入的种类、质量等），因而研究结论不能很好地贴合经济实际。

为了解决这些问题，刘建华和姜照华所著的《经济增长的国际比较：共协理论方法》一书，从以下几个方面对经济增长理论进行了研究和发展。

（1）提出了经济增长的共协理论框架及建模方法。从科技、人力资本与投资共协的角度研究经济增长，把国内生产总值分解为劳动报酬、资本收益、共协利益，建立新的经济增长模型和建模方法。并在新的经济增长模型基础上推导出内生经济增长的充分条件，给出均衡时的基本特点。

（2）在模型中包容了决定经济增长的各个直接因素。新的经济增长模型和数据包络分析方法，不仅解决了劳动力、人力资本、固定资本（固定资本存量和固定资产投资）、科技、制度对经济增长的贡献率测算问题，而且可以测算出经济环境外部性对经济增长的影响。而以往的增长理论大多偏重于某个或少数直接因素。

（3）测算生产要素资源的配置效率，由此建立起制度创新对经济增长的贡献率测算公式。

基于“制度创新对经济增长的最基本、最本质的作用是提高生产要素资源的配置效率”的新制度经济学理论，采用数据包络分析方法测算制度创新在经济增长中的贡献率，这是一项国际上的重要突破，目前国际上尚没有实用的制度创新测算方法。

（4）若干国家经济增长模型构建与动态随机一般均衡（dynamic stochastic general equilibrium，DSGE）分析。

在共协理论框架内，构建了中国、美国、英国、韩国、法国、德国、加拿大、日本、澳大利亚、新加坡、新西兰、意大利、爱尔兰、瑞典、芬兰这 15 个国家的数十年的经济增长实证模型（附录），并对这些国家的经济增长因素进行分析。定量分析的结果符合这些国家的经济增长实际，从而验证了此书所建构的共协理论与方法的正确性。

学者们以新凯恩斯主义为基础的 DSGE 研究已经取得了很大成效，但是依旧存在如经济增长模型落后，模型组中缺乏创新驱动因素和结构转变因素等问题。此书把经济增长的共协理论、创新驱动理论、结构改革理论和有关的金融财政理论、收入分配理论、人口资源环境经济理论等结合起来，构建经济增长的 DSGE 模型体系，构建整体的预期目标函数（效用函数），并把贝叶斯方法（后验均值）和计量经济学方法（先验值）等结合起来估计参数，进行模拟仿真和政策实验，把 DSGE 研究推向了新阶段。

（5）对中国经济高质量发展，创新驱动与结构改革的优化分析。

改革开放 40 多年，中国创造了经济中高速增长的奇迹，对此，此书从结构性改革-创新驱动的视角进行 DSGE 解释和分析，并归纳出中国双轨制的渐进的结构改革和不断增强的创新驱动能力的分析框架。分析表明：1953～1976 年，中国经济属于依靠劳动者-积累物质资本型的增长方式；1977～2000 年，固定资本存量增长的贡献率达到 50.4%，固定资产投资增长的贡献率为 15.9%，这两项合计为 66.3%，资本的增长成为第一推动力；2001～2017 年固定资本存量和固定资产投资增长的贡献率合计为 58.2%，科技进步、人力资本、制度创新这三者的贡献率合计为 33.3%，为投资驱动模式。

此书对中国高质量发展中的降低杠杆率（负债/GDP）、抑制产能过剩、建设科技强国、加快发展新兴产业等问题进行了较为深入的研究，有很多新的见解。

从此书理论基础、建立的经济增长模型和对 15 个国家的实证测算结果来看，共协理论既不倾向于资本决定论也不倾向于创新决定论，而倾向于物质资本、人力资本、科技、制度、劳动力及经济环境外部性共同决定经济增长。当然，不同时期、不同国家，这些因素在经济增长中的贡献率是不同的。例如，美国自从 1982 年以来，技术创新（科技进步）、人力资本创新（人均受教育年限的提高）及制度创新这三者的贡献率之和超过 60%，因而属于创新驱动。

中国特色社会主义进入新时代，如何以新发展理念为引领，以供给侧结构性改革为主线，以高质量发展为根本方向，充分发挥物质资本、人力资本、劳动力、科技、制度以及经济环境外部性在经济增长中的协同作用，提高制度创新、结构转变、创新驱动和新的营商环境的推动作用，此书提供了很多有重要价值的决策依据和实践参考。

《经济增长的国际比较：共协理论方法》英文版 *The Synergy Theory on Economic Growth: Comparative Study Between China and Developed Countries* 由施普林格集团出版，可以和国际学术界共同探讨经济增长理论，提供中国经济增长问题的解决方案。

中国社会科学院学部委员　金碚

2019 年 11 月

# 再版前言

2018 年科学出版社出版《经济增长的国际比较：共协理论方法》，2019 年施普林格集团出版 *The Synergy Theory on Economic Growth：Comparative Study Between China and Developed Countries*，本书在此基础上出版，主要在以下几个方面进行了补充和完善。

（1）2008 年金融危机之后，世界各国经济增长呈现出新的特点，中国也进入新常态。本书对各国经济增长的测算从 2010 年扩展到 2017 年，通过增加相应的数据，重新建立测算模型，分析测算金融危机之后各国经济增长的状况，也进一步丰富了经济增长的共协理论。

（2）基于共协理论，对中国经济增长做了进一步的分析和预测。第 7 章增加了中国经济增长的 DSGE 分析内容。改革开放 40 多年，中国创造了经济中高速增长的奇迹，对此，从结构性改革-创新驱动的视角进行分析，归纳出中国不断增强的创新驱动能力的分析框架；进而，采用 DSGE 模型进行解释和分析。本书还增加了中国经济增长与高质量发展中的降低杠杆率（负债/GDP）、抑制产能过剩的内容；增加了中国建设科技强国、加快发展新兴产业，以及到 2035 年的经济增长预测的内容，进一步验证模型的适用性。

对于本书所讨论的问题，许多学者做出了大量的卓有成效的研究，本书加以参考，并在此基础上做出了一些研究探索。对于书中的缺点和不当之处诚恳接受批评指正。

本书是两位老师与学生们合作的成果，对本书有贡献的人员包括黄亮朝、马瑞俊迪、赵千慧、岳铭睿、李亚飞、侯梦珠、王静、谢德雨、孙晓婉、王明照、Mohsin Rasheed、Ehtisham Ali 等，清华大学公共管理学院博士研究生胡明远和嵩山智库陈中武博士参与了结构改革、创新驱动与高质量发展部分的研究，在此表示感谢！

本书是河南省交通运输厅课题“河南省交通供给侧结构改革研究”（2017G3）和郑州市科技局课题“郑州市科技进步贡献率分析研究：基于共协理论”（2019RKXF0029）及国家社会科学基金重点项目“中国城市化过程与区域协调发展问题研究”（12AGL010）的研究成果，是国家知识产权局研究基地成果。

感谢郑州大学和大连理工大学有关领导和师生的合作、指导和帮助！感谢中国社会科学院学部委员金碚的指导和帮助！感谢科学出版社和施普林格集团为本书出版所作出的大量辛苦的努力！

刘建华　姜照华

2019 年 10 月

# 前言

纵观人类过去几千年的文明发展历程，平均每年 2%以上的经济增长率主要出现在近 200 多年来，且主要集中在一些西方发达国家（如英国、法国、德国、美国等）。在此之前，各国经济通常以很低的增长率缓慢地发展着。中国自改革开放以来的高增长则堪称人类经济发展史上的奇迹。

对于如何解释经济增长，或者定量地分析经济增长，在经济学领域，从亚当·斯密和大卫·李嘉图的古典经济增长理论时代就开始了，他们提出了古典的劳动价值论；马克思的资本论和劳动价值论则开了定量分析经济增长的先河；而后，凯恩斯提出了国民经济运行的四部门理论，哈罗德和多马在此理论基础上建立起资本决定论的经济增长模型；作为新古典经济增长理论的代表人物，索洛则在凯恩斯的四部门理论基础上，强调科技进步的作用，虽然科技进步在他那里只是一项“剩余”；这样，到了 20 世纪 80 年代，以阿罗、谢辛斯基、罗默、卢卡斯、熊彼特等为代表的新增长理论开始成为主流，这些理论总体上都强调创新在经济增长中的作用，而弱化了资本的作用，因此产生了很大争论。例如，乔根森的经济增长理论就是倾向于资本决定论的。另外，科斯和诺斯的新制度经济学理论与方法也被引入对经济增长问题的研究中来。

当前的国际学术界，有着各种各样的“生产函数”和经济增长模型，学者们多从自己的视角和某种理论基础出发，研究经济增长问题。本书主要从共协理论的角度研究多个国家的经济增长源泉问题，是笔者多年研究、探索的结果。就理论基础、建立的经济增长模型和对 15 个国家的实证测算结果而言，共协理论既不倾向于资本决定论，也不倾向于创新决定论，而倾向于物质资本、人力资本、科技、制度、劳动力及经济环境外部性共同决定经济增长。当然，不同时期、不同国家，这些因素在经济增长中的贡献率是不同的。例如，自 1982 年以来，美国技术创新（科技进步）、人力资本创新（人均受教育年限的提高）及制度创新的贡献率之和超过 60%，因而属于创新驱动；而 1978～2000 年，资本（固定资本存量和固定资产投资）对中国经济增长的贡献率为 53%，2001～2012 年，资本对中国经济增长的贡献率更是高达 78%。

对于上述问题，学者做出了大量卓有成效的研究，本书正是在此基础上所做出的一些研究探索。对于书中可能存在的缺点和不当之处恳请各位专家学者批评指正。

本书是两位作者与众多学生多年来通力合作的成果，李伟、潘宋、蒲俊敏、孟战、王贤文、杨名、姜朝妮、马瑞俊迪、王明照、徐国泉等以研究生身份参加了本书的研究和写作，嵩山智库秘书长陈中武先生对本书也提出了建设性意见，在此表示感谢！

感谢郑州大学、大连理工大学有关领导和师生的指导与帮助！感谢科学出版社为本书的顺利出版所作出的大量辛苦的工作！

刘建华　姜照华

2017 年 9 月

# 目录

# 1

# 绪　论

## 1.1　问题的提出

“新增长理论”是 20 世纪 80 年代以来经济增长理论研究的热点，但已有许多经验证据对“新增长理论”提出了质疑。早在 1992 年，曼昆、罗默和魏尔就指出，具有外生技术进步和资本边际报酬递减的索洛-斯旺新古典模型能够解释人均产出的大部分跨国差异，而新增长理论却做不到这一点；强调技术创新及研发的内生增长理论的新熊彼特模型受到的攻击尤为严重（Mankiw et al，1992）。由乔根森和钟学义（1989）所进行的增长核算分析认为，相较于资本积累而言，技术进步并非经济增长的主要源头；根据琼斯的研究（Jones，1995a，1995b），第二次世界大战后“研发支出巨幅增加，但生产率上升却不加快”驳斥了新熊彼特增长理论，而支持人口增长率是长期经济增长率的唯一决定因素的观点（Gaspar et al.，2014）。由此看来，经济增长理论需要新的发展和突破（Hosoya，2012），需要从新的理论角度、采用新的方法研究经济增长问题（刘则渊，1998）。为此，本书在分析国内外学者对中国经济增长研究状况的基础上，以经济增长的共协理论为基础，构建包括科技进步、人力资本等因素在内的新的经济增长模型。

从实践来看，中国经济已经进入新常态，迫切需要转型。目前中国经济中高速增长的新动能在于创新驱动，以高物耗率、高能耗率、高地耗率、高水耗率等高消耗率为特征的投资驱动型增长方式，不仅面临着日趋严峻的能源和资源短缺、环境压力等问题，而且不可能长期维持。因此，中国经济迫切需要转型，这就要求从新的经济增长理论出发，结合中国实际进行实证研究，找到中国经济转型的科学途径。

针对上述理论与实践问题，需要探索新的经济增长理论，以建立起经济增长与固定资本存量增长、固定资产投资增长、科技进步、人力资本素质提高、劳动力增长、制度创新、经济环境外部性等的新的关系模型；并对中国等国家的经济增长进行实证研究，在有关数据的支持下，建立起它们的经济增长实证模型，对其经济增长因素进行分析，以此对新理论做出检验，从而对中国经济转型[①]实践进行指导。

建立新的经济增长模型，首先需要对原有模型存在的问题进行分析。因而本章的研究，旨在从理论上对经济增长理论的发展脉络做出梳理，并对其存在的问题进行分析。

## 1.2 关于经济增长的国内外文献综述

现代经济学家关于经济增长的理论起源于凯恩斯（J.M. Keynes）的《就业、利息和货币通论》一书，在此基础上建立了以哈罗德-多马模型为代表的第一代经济增长模型，以及以索洛-斯旺模型为代表的第二代经济增长模型[②]。目前的主流则是以罗默和卢卡斯为代表的新增长理论模型，即第三代经济增长模型。

### 1.2.1 哈罗德-多马模型

对科学、技术、知识、信息和创新等在经济增长中作用的研究可以追溯到英国古典经济学的奠基人亚当·斯密（1972），他在其代表作《国富论》中就对科学技术在生产中的作用给予了高度的肯定。斯密将分工的发展作为研究问题的切入点，指出生产专业化便于科学技术在生产中的应用，由此可以大幅提高劳动生产率。

受英国古典经济学的影响，马克思（1978）更是高度重视科学技术在经济增长中的作用，认为科学技术的发展不断提高生产力从而在经济增长中起到十分重要的作用。马克思把科学技术的高度发展看作所有形式社会进步的原动力。

古典经济学还不能提出一个完整的经济增长理论模型。完整的经济增长理论模型是 20 世纪四五十年代在动态化发展凯恩斯宏观经济理论的过程中被建立起来的，其中最主要的经典模型就是英国经济学家哈罗德（Roy F. Harrod）和美国

① 中国提出从投资驱动转型为创新驱动，那么此背景下如何衡量创新对经济的作用就成为一个必须研究透彻的问题。

② 哈罗德-多马模型和索洛-斯旺模型的基本假设是凯恩斯的两部门均衡模型，即投资=储蓄，在此基础上推导出经济增长模型。

经济学家多马（E. Domar）各自独立提出的模型。哈罗德（1981）和多马（1983）试图在凯恩斯的分析中加入经济增长的因素。

哈罗德在 1939 年发表的《论动态理论》一文，被认为是该模型的创造性文献。论文试图以凯恩斯的“有效需求”理论为出发点，代之以对国民收入和就业的长期发展状态的研究。与此同时，多马独立地提出了与哈罗德几乎一样的理论，因此该理论模型通称哈罗德–多马模型。

首先，哈罗德研究了产品的总供给状况和总需求状况之间的关系（表 1-1）。

**表 1-1　供给与需求的关系**

| 就业人数/万人 | 总供给情况 | | | 总需求情况 | |
|---|---|---|---|---|---|
| | 国民收入 Y/亿美元 | 消费 C/亿美元 | 储蓄 S/亿美元 | 消费 C/亿美元 | 投资 I/亿美元 |
| 900 | 90 | 80 | 10 | 80 | 12 |
| 1000 | 100 | 86 | 14 | 86 | 14 |
| 1100 | 110 | 91 | 19 | 91 | 17 |

当有 900 万人就业时，如果所创造的产品的全部价值或国民收入为 90 亿美元，那么，将有 80 亿美元用于消费，其余 10 亿美元则储蓄下来，留作扩大再生产用。但是我们发现，总供给和需求并没有相等，也就是说总需求是 80 亿美元（消费）＋12 亿美元（投资）＝92 亿美元，比总供给多了 2 亿美元，这就产生了生产扩张的趋势，这时 $I>S$。

当有 1000 万人就业时，所创造的产品价值或国民收入为 100 亿美元时，人们的消费为 86 亿美元，储蓄为 14 亿美元（恰好等于投资），这时总供给与总需求相平衡，都是 100 亿美元，就把 1000 万就业人数称为均衡就业量，整个经济达到均衡状态，既不扩张，也不收缩。

若就业人数达到 1100 万人，所生产的产品价值或国民收入为 110 亿美元，人们的收入用于储蓄的部分为 19 亿美元，但投资只有 17 亿美元。这就是说，假如生产增长到 110 亿美元，由于储蓄大于投资，总供给大于总需求，从而使生产和就业出现收缩。

就这样，通过对储蓄和投资的关系的分析，指出了总供给和总需求的三种关系：①总需求 $C+I$ 大于总供给 $Y$，即投资 $I>$储蓄 $S$，整个经济趋于扩张；②总需求 $C+I$ 小于总供给 $Y$，即投资 $I<$储蓄 $S$，整个经济趋于收缩；③总需求 $C+I$ 等于总供给 $Y$，即投资 $I=$储蓄 $S$，整个经济趋于均衡。

这正如凯恩斯所指出的那样，储蓄是消费者消费行为之总结果，投资是雇主投资行为之总结果，但二者必然相等，因为二者都等于所得减消费。总之

$$所得=产品价值=消费+投资 \tag{1-1}$$

$$储蓄=所得-消费 \tag{1-2}$$

故

$$储蓄=投资 \tag{1-3}$$

在这里所谈到的是充分就业的情况，也就是所谓的均衡状态。当然，“充分就业”并非意味着失业率为零。

经济增长理论中的哈罗德-多马模型是依据在均衡状态下“投资=储蓄”的基本前提而推导出来的：

$$\because I=S \tag{1-4}$$

$$\therefore \frac{\Delta Y}{Y}=\frac{\Delta Y}{I}\frac{I}{Y}=\frac{\Delta Y}{I}\frac{S}{Y} \tag{1-5}$$

令 $s=\dfrac{S}{Y}$，称为储蓄率；$v=\dfrac{I}{\Delta Y}$，称为资本-产出率；而把 $\dfrac{\Delta Y}{Y}$ 写成 $G_W$（均衡时的增长率），则

$$G_W=s/v \tag{1-6}$$

这就是整个经济实现稳定增长的条件（多马，1983）。

哈罗德-多马模型只是利用一个简单的数学变换技巧和凯恩斯的先验的公式 $I=S$，掩盖了经济发展中资本-产出率在各个经济部门发展不平衡的事实。其次，哈罗德-多马模型假设资本-产出率在所有部门都是一样的，并且是永恒不变的，这也是不符合事实的。由于决定经济发展的各种因素的水平不同，各部门的资本-产出率是不相同的。再者，哈罗德-多马模型没有考虑到科技进步在经济增长中的作用，只是认为在中短期内科技不可能有明显的进步。然而长期不过是中短期的累加，若对中短期科技进步不加以考虑，那么又哪会有一个长期的科技进步呢？这与现代科技快速发展的事实是相矛盾的。现代科学技术进步在经济管理、经济预测与决策、新产品开发、劳动者的素质等方面都在日新月异地更新着，它们对经济的发展起着加速作用。新古典模型推翻了哈罗德-多马模型的几条形而上学的假说，认为存在科技进步，并且认为一切都是可以变动的。

## 1.2.2 索洛-斯旺模型与生产函数法

### 1.2.2.1 索洛-斯旺模型

哈罗德-多马模型的主要缺陷在于不变的资本系数和无科技进步这两个假设。针对哈罗德-多马模型所存在的问题，以索洛（1989）为代表的经济学家提出了新古典增长模型。

新古典增长模型将技术进步引入基本模型，当经济存在中性的技术进步时，总产出增长率、总消费增长率、资本增长率等于技术进步率与劳动力增长率之和；人

均收入增长率等于技术进步率，这表明人均收入增长是由外生的技术进步引起的。

据此，索洛-斯旺模型得出了如下结论：①经济存在一条平衡增长路径；②不管经济处于什么初始位置，经济最终都将回到平衡增长路径上，因而平衡增长解是稳定的；③总产出的长期增长率与储蓄率无关，储蓄率的变化只改变收入水平，因此储蓄率的变化只具有水平效应，不具有增长效应。

#### 1.2.2.2　测算科技进步在经济增长中贡献率的索洛余值法

所谓生产函数（production functions），按照美国著名经济学家萨缪尔森的观点，其是一种技术关系，被用来说明一种具体的投入物（生产要素）的组合所可能产生的最大产出（Samuelson，1992），而不同的经济学家往往构造出不同形式的生产函数。

如果$Y$代表产出，$K$与$L$分别代表以“物理”单位计算的资本投入与劳动投入，则总生产函数就可以写成

$$Y = F\left(K, L, t\right) \tag{1-7}$$

索洛指出，之所以在$F$中出现$t$，是为了考虑技术的变化。他指出，这是在短期的表达含义上使用的技术变化，它表达生产函数的任何类型的变化，即减速、加速等。

索洛进一步指出，如果生产函数的变化使劳动与资本之间的边际替代率不变，而只是简单地使既定投入量所达到的产出量增加或减少（胡神松，2012），那么，这种变化就是中性的技术变化（希克斯中性变化）。在这种情况下，生产函数式（1-7）的形式就变为

$$Y = A\left(t\right) f\left[K\left(t\right), L\left(t\right)\right] \tag{1-8}$$

其中，$A(t)$为技术水平。

对上式两边微分则得

$$\frac{\mathrm{d}Y}{\mathrm{d}t} = f\frac{\mathrm{d}A}{\mathrm{d}t} + A\frac{\partial f}{\partial K}\frac{\mathrm{d}K}{\mathrm{d}t} + A\frac{\partial f}{\partial L}\frac{\mathrm{d}L}{\mathrm{d}t} \tag{1-9}$$

对上式两边同除以$Y = Af$，则得

$$\frac{\mathrm{d}Y}{Y\mathrm{d}t} = \frac{f}{Y}\frac{\mathrm{d}A}{\mathrm{d}t} + \frac{A}{Y}\frac{\partial f}{\partial K}\frac{\mathrm{d}K}{\mathrm{d}t} + \frac{A}{Y}\frac{\partial f}{\partial L}\frac{\mathrm{d}L}{\mathrm{d}t} \tag{1-10}$$

即

$$\frac{\mathrm{d}Y}{Y\mathrm{d}t} = \frac{f}{Af}\frac{\mathrm{d}A}{\mathrm{d}t} + \frac{A}{Af}\frac{\partial f}{\partial K}\frac{\partial K}{\mathrm{d}t} + \frac{A}{Af}\frac{\partial f}{\partial L}\frac{\mathrm{d}L}{\mathrm{d}t} \tag{1-11}$$

亦即

$$\frac{\mathrm{d}Y}{Y\mathrm{d}t}=\frac{\mathrm{d}A}{A\mathrm{d}t}+\frac{K}{f}\frac{\partial f}{\partial K}\frac{\mathrm{d}K}{K\mathrm{d}t}+\frac{L}{f}\frac{\partial f}{\partial L}\frac{\mathrm{d}L}{L\mathrm{d}t} \tag{1-12}$$

在上式中令

$$\alpha=\frac{K}{f}\frac{\partial f}{\partial K},\quad \beta=\frac{L}{f}\frac{\partial f}{\partial L} \tag{1-13}$$

则

$$\frac{\mathrm{d}Y}{Y\mathrm{d}t}=\frac{\mathrm{d}A}{A\mathrm{d}t}+\alpha\frac{\mathrm{d}K}{K\mathrm{d}t}+\beta\frac{\mathrm{d}L}{L\mathrm{d}t} \tag{1-14}$$

令

$$a=\frac{\mathrm{d}A}{A\mathrm{d}t},\quad z=\frac{\mathrm{d}K}{K\mathrm{d}t},\quad w=\frac{\mathrm{d}L}{L\mathrm{d}t},\quad y=\frac{\mathrm{d}Y}{Y\mathrm{d}t}$$

则

$$y=a+\alpha z+\beta w \tag{1-15}$$

这就是著名的索洛经济增长方程。科技进步的贡献份额为

$$\frac{a}{y}=\frac{y-\alpha z-\beta w}{y}=1-\alpha\frac{z}{y}-\beta\frac{w}{y} \tag{1-16}$$

利用模型（1-16）来测算科技进步在经济增长中的贡献率的方法称为索洛余值法。

肯德里克把 $a$ 叫作全要素生产率的贡献。在概念上，全要素生产率作为一种剩余，包括科技因素、政策因素、自然因素、体制因素、管理因素等。袁嘉新（1991）认为，全要素生产率包括：①科技进步因素，它为使资金和劳动力具有相应的效率水平提供了物质基础；②政策因素，它通过影响劳动者的积极性而影响资金和劳动力效率的发挥；③市场因素，原材料、燃料等的供应和产品的销售都会直接影响到资金和劳动力的使用效率；④自然因素和其他随机因素也会影响到资金和劳动力的效率。

他进一步指出，科技进步因素和政策因素是最重要的，并且科技进步因素尤为重要，因而全要素生产率可以作为广义科技进步的度量。

正因为如此，许多人企图利用生产函数法测算全要素生产率，并把科技进步等因素从全要素生产率中“分离”出来。①

### 1.2.2.3 科布–道格拉斯（Cobb-Douglas）生产函数

关于科布–道格拉斯（C-D）生产函数，它的形式是 $Y=AK^{\alpha}L^{\beta}$ 。这一生产函数集中体现了以下假说。

① 通常认为，如果在模型中未列入科技、人力资本和制度这些因素，那么在全要素生产率中，则必然也包含着这些因素。

（1）生产函数是一个齐次式，即，如果 $K'\Rightarrow\lambda K$、$L'\Rightarrow\lambda L$，则 $Y'\Rightarrow A(\lambda K)^{\alpha}(\lambda L)^{1-\alpha}=A\lambda^{\alpha}K^{\alpha}\lambda^{1-\alpha}L^{1-\alpha}=\lambda Y$，即如果 $K$ 和 $L$ 都按照某个比例增加，那么产出 $Y$ 也按同比例增加。

（2）生产服从报酬递减规律，即如果一个要素的数量维持恒定不变，则另一个要素的增加将使产量的增加额变得越来越小。

（3）技术变化是中性的。这意味着技术变化将使两种生产要素同比例增长，因而边际替代率（边际产量的比率）是恒定的。即

$$\frac{\partial Y}{\partial K}=\alpha\frac{Y}{K} \tag{1-17}$$

$$\frac{\partial Y}{\partial L}=(1-\alpha)\frac{Y}{L} \tag{1-18}$$

而

$$\left(\frac{\partial Y}{\partial K}\right)\bigg/\left(\frac{\partial Y}{\partial L}\right)=\frac{\alpha}{1-\alpha}\frac{L}{K} \tag{1-19}$$

即与技术变化无关。

另外，我们可以把这个生产函数改写成

$$Y=A\left(\frac{L}{K}\right)^{1-\alpha}K \tag{1-20}$$

这与哈罗德-多马模型 $Y=\tau K$ 何其相似，只不过 $\tau=A\left(\frac{L}{K}\right)^{1-\alpha}$。然而，由此得出的结论是，资本系数将随同科技进步和劳动力与资金比率的提高而提高。

从科布-道格拉斯模型中可得出如下结论，若 $\dot{Y}/Y=\dot{K}/K$，即 $y=z$，亦即总产出增长率等于资本增长率，则

$$y=\alpha(1-\alpha)^{-1}+w \tag{1-21}$$

这就是所谓的长期均衡增长条件。而如果 $\alpha=0$，则

$$y=w \tag{1-22}$$

这样，总产出增长率就等于劳动力增长率。

#### 1.2.2.4　不变替代弹性生产函数模型（CES 模型）

CES（Constant Elasticity of Substitution）模型的一般形式为

$$Y=A\left(\delta_1K^{-\rho}+\delta_2L^{-\rho}\right)^{-r/\rho} \tag{1-23}$$

其中，$\delta_1+\delta_2=1$，$r\leqslant1$，$\rho\geqslant-1$。$\rho$ 和 $r$ 分别称为替代参数、规模参数，$\delta_1$ 称为分配率。

取 $\delta_1=\alpha$，则式（1-23）变成：

$$Y=A\left[\alpha K^{-\rho}+(1-\alpha)L^{-\rho}\right]^{-(r/\rho)} \tag{1-24}$$

在式（1-24）中，令 $\rho\to 0$，则得到模型（1），因此，C-D 函数是 CES 函数的一种特例。令 $A=A_0e^{\alpha t}$，然后对模型（1-24）两边取对数，则得

$$\begin{aligned}\ln Y&=\ln A-(r/\rho)\ln\left[\alpha K^{-\rho}+(1-\alpha)L^{-\rho}\right]\\&=\ln A_0+\alpha t-(r/\rho)\ln\left[\alpha K^{-\rho}+(1-\alpha)L^{-\rho}\right]\end{aligned} \tag{1-25}$$

式（1-25）中，$A_0=\exp(\beta_0),\alpha=\beta_1/(\beta_1+\beta_2),r=\beta_1+\beta_2$，$\rho=-2\beta_3(\beta_1+\beta_2)/\beta_1\beta_2$。

在 $\rho=0$ 附近把上式对 $\rho$ 用泰勒级数展开，略去高阶无穷小量，则得

$$\ln Y=\beta_0+\alpha t+\beta_1\ln K+\beta_2\ln L+\beta_3\ln(K/L) \tag{1-26}$$

由式（1-26），可以通过回归方法求得各参数。而对式（1-26）双边微分，则得

$$y=\alpha+\beta_1z+\beta_2w+\beta_3\frac{\mathrm{d}K/L}{K/L}=\alpha+\beta_1z+\beta_2w+\beta_3(z-w) \tag{1-27}$$

若 $z=w$，则

$$y=\alpha+(\beta_1+\beta_2)w=\alpha+rw \tag{1-28}$$

取 $\rho=r=1$，即规模收益不变、替代参数不变，则

$$Y=A\left[\alpha K^{-1}+(1-\alpha)L^{-1}\right]^{-1} \tag{1-29}$$

由此可得

$$A=\alpha(Y/K)+(1-\alpha)(Y/L) \tag{1-30}$$

若 $Y/K$ 不变，则

$$\frac{\mathrm{d}A}{\mathrm{d}t}=(1-\alpha)\frac{\mathrm{d}\frac{Y}{L}}{\mathrm{d}t} \tag{1-31}$$

即劳动生产率的提高幅度由科技进步所决定。

#### 1.2.2.5 随机前沿面函数

这种函数的一般形式为

$$Y=f(x_1,x_2,\cdots,x_n)\exp(v-u) \tag{1-32}$$

其中，$v$ 具有对称性，服从正态分布 $N(0,\sigma_v^2)$，$u$ 则服从截尾正态分布。

式（1-32）的对数形式为

$$\ln Y=\ln f(x_1,x_2,\cdots,x_n)+v-u \tag{1-33}$$

而 $u=0$ 时生产达到前沿，此时

$$\ln Y = \ln f\left(x_1, x_2, \cdots, x_n\right) + v \tag{1-34}$$

$\ln f\left(x_1, x_2, \ldots, x_n\right)$ 可以采用超越对数的形式表示为

$$\ln f = \alpha_0 + \sum_i \left(\alpha_i \ln x_i\right) + \frac{1}{2}\sum_i \sum_j \beta_{ij} \ln x_i \ln x_j \tag{1-35}$$

式（1-35）包括了 CES 模型作为它的特例。

### 1.2.2.6　乔根森函数

设资本存量为 $K$、劳动力为 $L$、时间为 $T$、增加价值为 $Y$，则

$$Y = F\left(K, L, T\right) \tag{1-36}$$

将式（1-36）写成超越对数形式，即

$$\begin{aligned} Y = \exp\Big[&\alpha_0 + \alpha_K \ln K + \alpha_L \ln L + \frac{1}{2}\beta_{KK}\left(\ln K\right)^2 \\ &+\beta_{KL} \ln K \ln L + \beta_{KT}\left(\ln K\right)T + \frac{1}{2}\beta_{LL}\left(\ln L\right)^2 \\ &+\beta_{LT}\left(\ln L\right)T + \frac{1}{2}\beta_{LL}T^2\Big] \end{aligned} \tag{1-37}$$

在式（1-37）中，各 $\alpha$、$\beta$ 均为待定参数，它满足以下各项假设（通过计量经济学方法在历史数据支持下估算得出）：

$$\begin{cases} \alpha_K + \alpha_L = 1 \\ \beta_{KK} + \beta_{KL} = 0 \\ \beta_{KL} + \beta_{LL} = 0 \\ \beta_{KT} + \beta_{LT} = 0 \end{cases} \tag{1-38}$$

### 1.2.2.7　生产函数法的问题

我们在上文讨论了多种著名的生产函数，实际上正如萨缪尔森所说，当前存在着难以计数的生产函数。这些生产函数过多、过严的假设使其严重脱离了实际，影响了它们的适用性。例如，在索洛–斯旺模型中存在如下三项假设。

（1）仅有资本和劳动两个生产要素，且这两个要素能够相互替代。

（2）技术进步是中性的。

就直观而言，它割裂了 $A$、$K$、$L$ 之间的联系，纵是按照索洛的思路，也应该是

$$Y = F\left(A, K, L, t\right) \tag{1-39}$$

从而

$$\frac{\mathrm{d}Y}{\mathrm{d}t}=\frac{\partial F}{\partial A}\frac{\mathrm{d}A}{\mathrm{d}t}+\frac{\partial F}{\partial K}\frac{\mathrm{d}K}{\mathrm{d}t}+\frac{\partial F}{\partial L}\frac{\mathrm{d}L}{\mathrm{d}t} \tag{1-40}$$

所以

$$\frac{\frac{\mathrm{d}Y}{\mathrm{d}t}}{Y}=\frac{\frac{\partial F}{\partial A}}{Y}\frac{\mathrm{d}A}{\mathrm{d}t}+\frac{\frac{\partial F}{\partial K}}{Y}\frac{\mathrm{d}K}{\mathrm{d}t}+\frac{\frac{\partial F}{\partial L}}{Y}\frac{\mathrm{d}L}{\mathrm{d}t} \tag{1-41}$$

即

$$\frac{\frac{\mathrm{d}Y}{\mathrm{d}t}}{Y}=\frac{A}{Y}\frac{\partial F}{\partial A}\frac{\frac{\mathrm{d}A}{\mathrm{d}t}}{A}+\frac{K}{Y}\frac{\partial F}{\partial K}\frac{\frac{\mathrm{d}K}{\mathrm{d}t}}{K}+\frac{L}{Y}\frac{\partial F}{\partial L}\frac{\frac{\mathrm{d}L}{\mathrm{d}t}}{L} \tag{1-42}$$

亦即

$$\frac{\dot{Y}}{Y}=\alpha_1\frac{\dot{A}}{A}+\alpha_2\frac{\dot{K}}{K}+\alpha_3\frac{\dot{L}}{L} \tag{1-43}$$

式中，

$$\begin{cases}\alpha_1=\dfrac{A}{Y}\dfrac{\partial Y}{\partial A}\\ \alpha_2=\dfrac{K}{Y}\dfrac{\partial Y}{\partial K}\\ \alpha_3=\dfrac{L}{Y}\dfrac{\partial Y}{\partial L}\end{cases} \tag{1-44}$$

这样，就不是$\alpha_2+\alpha_1=1$，而是

$$\alpha_1+\alpha_2+\alpha_3=\frac{A}{Y}\frac{\partial Y}{\partial A}+\frac{K}{Y}\frac{\partial Y}{\partial L}+\frac{L}{Y}\frac{\partial Y}{\partial L} \tag{1-45}$$

（3）规模收益不变。

此外，该模型还假定，在任何时候，资本和劳动都得到充分的利用，而且经济增长处于完全的竞争条件之下。

替代弹性的定义为

$$\sigma=\left[\mathrm{d}\ln(K/L)\right]/\left[\mathrm{d}\ln(F_L/F_K)\right] \tag{1-46}$$

式中，$F_L=\partial F/\partial L$，$F_K=\partial F/\partial K$，$F$为生产函数。而C-D生产函数假设$\sigma=1$不仅与大多数生产现象不符，也使生产函数的理论分析难以深入。

CES模型的基本假定是替代弹性不变、规模收益不变，且投入要素和产品处于完全竞争的市场之中。针对CES的基本假定存在的问题，勒凡大（Revandar）、霍夫曼（Hoffman）等提出了可变替代弹性函数（VES）。

再者，生产函数法的主要困难是参数问题。正如宋家第和汤兵勇（1992）指出的，"目前估计$\alpha$、$\beta$的方法（如分配法、比例法、经验法及回归分析法等）都有一定的经济或数学方面的假设，不能在任何情况下都适用；而且各有优缺点，不同方法又可

能导致不同的计算结果，并一般都静态地假定$\alpha$和$\beta$是常数；有时会出现$\alpha(t)$为负值的现象，无法作实际意义的解释；这样，最终的结果可信度就较低，且不稳定”。

中国较早引进和研究生产函数法的史清琪等（1988）指出，“国内外学者在这个问题（$\alpha$和$\beta$的估计）上做过大量研究，提出了许多估计方法，但归纳起来，不外乎分配比例法、计量经济学分析法、经验确定法。上述三大类方法各具有优缺点，任何一种方法都不是十全十美的。分配比例法，需要很强的经济学假设，并不一定适合于中国。计量经济学分析法，事先假定技术进步速度为常数。经验确定法虽然带有一定的主观性，却是一种比较实用的估计参数的方法”。

## 1.2.3 新增长理论

新增长理论以保罗·罗默 1986 年的论文《递增收益与长期增长》及卢卡斯 1988 年的论文《论经济发展机制》的发表为标志。新增长理论不像新古典增长理论那样有一个为多数经济学家共同接受的基本理论模型，而是一些持有相同或类似观点的经济学家所提出的诸多增长模型组成的松散集合体（朱勇，1999）。下面我们将对其中比较重要的模型进行简要综述（徐志平，2006）。

### 1.2.3.1 阿罗–谢辛斯基边干边学模型

1. 阿罗模型

阿罗的《边干边学的经济含义》一文是使技术进步成为增长模型的内生因素的最初尝试，是内生增长理论的思想源头。论文旨在提出一个知识变化的理论，其重要贡献在于提出了“边干边学”的概念，在阿罗模型中，有两个基本假定：边干边学或知识是投资的副产品，提高一个厂商的资本存量会导致其知识存量相应增加①；知识是公共产品，具有“外溢效应”（spillover effect）（Arrow，1962）。因此，任一给定厂商的生产力是全行业积累的总投资的递增函数，随着投资和生产的进行，新知识将被发现，并由此形成递增收益。

阿罗认为，技术进步是一个学习的过程，其中主要是对经验的学习，而经验主要来自于“干”，因而要在干中学（learning-by-doing）。为此，他对模型（1）进行了修正，将生产函数写成

$$Y = AK^{\alpha}\left[b(t)L\right]^{1-\alpha} \tag{1-47}$$

① 这一假定意味着厂商的技术变化是边干边学的结果，进而是其资本存量的函数。在定量上，技术可以用投资的函数来表达，因而使技术成为一个内生变量，开创了内生增长理论的先河。

式中，$A$ 是常数；$b(t)$ 是劳动力效率，由阿罗学习函数 $B$ 来决定。如没有折旧，则

$$b(t)=B\left[K(t)\right] \tag{1-48}$$

按照阿罗的思路，也可构造如下生产函数：

$$Y=A(aK)^{\alpha}(bL)^{\beta} \tag{1-49}$$

式中，$a$、$b$ 分别为技术创新系数和学习系数，两者合起来则表示技术进步的作用，而 $A$ 是一常数。

2. 阿罗–谢辛斯基模型

1967 年，谢辛斯基在《具有边干边学的最优积累》中对阿罗模型结构进行了简化和扩展，提出了一个简化的阿罗模型（Sheshinski，1967），人们称其为阿罗-谢辛斯基模型。这一模型存在类似于新古典增长模型中经济增长取决于外生的技术进步的缺陷，经济增长取决于外生的人口增长，这一结论显然与观察到的事实不符。尽管如此，阿罗-谢辛斯基模型在把技术进步内生化，建立收益递增与竞争性均衡的动态模型方面的贡献，使其成为内生增长理论的重要理论基础。

### 1.2.3.2　宇泽最优技术变化模型

宇泽弘文在《经济增长总量模型中的最优技术变化》一文中，运用两部门模型结构描述了一个人力资本和物质资本都能生产的最优增长模型（Uzawa，1965）。在这一模型中，线性产出的人力资本会导致经济的无限增长。宇泽模型的重要贡献是为解释内生技术变化提供了一个可能的尝试，这种尝试后来成为卢卡斯人力资本积累增长模型以及罗默内生技术变迁模型的重要理论基础。宇泽模型的基本思路为技术变化源于专门生产思想的教育部门。假定社会配置一定的资源到教育部门，则会产生新知识（人力资本），而新知识会提高生产率并被其他部门零成本获取，进而提高生产部门的产出。因此，在宇泽模型中无须外在的“增长发动机”，仅由于人力资本的积累就能导致人均收入的持续增长（徐志平，2006）。

### 1.2.3.3　罗默模型

1. 罗默模型（Ⅰ）

罗默将阿罗模型向前推进了一步（Romer，1986）。在罗默的知识溢出模型中，知识或技术是私人厂商进行投资的产物，像物质资本投资一样，私人厂商进行知识投资也将导致知识资本的边际收益递减。为了说明即使在人口增长率为零时知识积累也足以保证经济实现长期增长，罗默假定：知识生产的私人收益率递减；

新知识的社会收益率递增，知识具有正的外部性，经济是完全竞争的，生产者是价格接受者。罗默证明：在上述假定下，知识溢出足以抵消固定生产要素存在引起的知识资本边际产品递减的趋势，从而使知识投资的社会收益率保持不变或呈递增趋势。因此，知识积累过程不会中断，经济能够实现长期增长。经济可能存在着竞争性均衡和社会最优。竞争性均衡一般是社会次优的，政府可以采用适当的税收和补贴政策提高经济增长率，使经济达到社会最优。

2. 罗默模型（Ⅱ）

罗默构造了一个在专业化和收益递增框架下解释经济增长的模型（Romer，1987）。该模型把收益递增看作专业化程度提高的结果，专业化引起的收益递增导致了经济的持续增长。专业化引起收益递增的思想可以追溯到斯密的饰针工厂。杨格、舒尔茨等人又进一步发挥了这一思想。埃蒂尔 1982 年构造了第一个专业化引起收益递增的模型，即埃蒂尔模型（Ethier，1982）。埃蒂尔模型将迪克西特（Dixit）和斯蒂格利茨（Stiglitz）最先提出的 D-S 效用函数重新解释为生产函数，利用这一生产函数说明专业化对产量的影响。罗默借鉴了埃蒂尔的研究成果，假定总量生产函数采取 D-S 生产函数形式。罗默模型（Ⅱ）中，经济分为中间产品部门和消费品部门。中间产品生产者花费固定成本研制出新产品并成为该产品的唯一生产者。中间产品厂商拥有的市场力量是他的产品定价超过产品的边际成本，从而激励厂商去研制和生产新产品。消费品生产者被假定为在所有市场上都是价格接受者，他利用劳动和所有中间产品生产出最终产品。由于假定消费品生产部门的生产函数是 D-S 型的，中间产品品种的增加提高了消费品厂商的生产率，因此产品多样化对于消费品厂商而言相当于一种外部经济。

罗默的内生技术变迁模型（Endogenous Technological Change）的四点假设是：

——人口、劳动力供给不变。

——人力资本总存量不变，其用于市场的份额不变。

——放弃的消费等于资源从消费部门转入资本品部门。

——整个经济由三个部门构成：研究部门，它投入的是人力资本、知识，产出的是新设计（新产品、新工艺等）；中间产品部门，它投入新设计、已有产品，产出的则是耐用资本设备：最终产品部门，它投入的是劳动力、人力资本、耐用资本设备，产出的则是消费品（包括用于生产新资本品的那一部分）。

生产函数可以写成

$$Y = H^{\alpha} L^{\beta} \sum_{i=1}^{A} X_i^{1-\alpha-\beta} \tag{1-50}$$

式中，$H$ 是致力于最终产品的人力资本（用正规教育或在职教育培训的累积效应计量）；$L$ 是劳动力（以就业人数计量）；$X_i$ 为第 $i$ 种耐用资本设备的使用数量（$i=1, 2, \cdots, n$）；$A$ 为耐用资本设备的种数。假设 $i$ 为连续变量，则罗默内生型生产函数式（1-50）也可以写成

$$Y = H^{\alpha} L^{\beta} \int_0^A x(i)^{1-\alpha-\beta} \mathrm{d}i \tag{1-51}$$

3. 罗默模型（Ⅲ）

罗默在 1990 年的论文中构造了一个更加完整的增长模型（Romer，1990）。罗默模型（Ⅲ）中，产量是技术、人力资本、物质资本和劳动的函数。技术和人力资本对经济增长都具有决定性的作用。罗默着重分析了技术的特征：非竞争性和部分排他性。为了使分析简化，罗默假定人口及劳动供给不变，人力资本总量也不变。经济中包括三个部门：研究部门使用人力资本和总知识存在生产新知识；中间产品部门利用新知识生产耐用品；最终产品部门利用人力资本、生产的耐用品和劳动生产最终产品。经济持续增长的主要原因是知识的外部性引起的规模收益递增。

### 1.2.3.4 卢卡斯的“专业化人力资本积累增长模型”

1988 年，罗伯特·卢卡斯（R.E. Lucas）在美国《货币经济学杂志》上发表了《论经济发展的机制》一文，将宇泽的技术进步方程作了修改，也建立了一个人力资本增长模型。卢卡斯模型由两个模型组成。第一个是“两时期模型”（Two Periods Model）；第二个是“两商品模型”（Two Goods Model）。“两时期模型”将资本区分为物质资本和人力资本两种形式，将劳动划分为“原始劳动”和“专业化的人力资本”，认为专业化的人力资本才是促进经济增长的真正动力。由于该模型中的人力资本完全是在生产过程以外形成的，这不能代表人力资本获得的全部情况，因此，卢卡斯又提出了建立在“实践中学习”思想上的第二个人力资本模型——“两商品模型”。“两商品模型”认为产出增长的决定性因素是生产某一种商品所需的特殊的或专业化的人力资本，即专业化的劳动技能。人力资本的获得有两种途径，通过学校教育和通过实践学习，专业化的人力资本主要是通过“干中学”获得的。该模型强调了人力资本投资中的内部效应与外部效应的区别（徐志平，2006）。

假定经济中共有 $N$ 个劳动力，每人都有相同的技术水平或称人力资本水平 $h$。每名劳动者都将他工作时间的 $u$ 部分用于当期的生产，而将余下的（$1-u$）部分用于接受教育，也就是进行人力资本投资。另外，个人人力资本的提高除了提升自身的生产能力，即具有内部效应（internal effect）外，还具有提升社会整体生

产能力的外部效应（external effect）：$h_a^\gamma = h^\gamma$。这样，卢卡斯将生产函数的形式表达为（沈坤荣，2003）

$$\begin{aligned} Y &= A \cdot K(t)^\beta [u(t)h(t)N(t)]^{1-\beta} h_a(t)^\gamma \\ &= N(t)c(t) + \mathrm{d}K(t)/\mathrm{d}t \end{aligned} \tag{1-52}$$

由此可见，卢卡斯采用的产出形式包含了递增的规模报酬假定：同比例的物质资本和人力资本的增加将由于人力资本的外部溢出效应而使得产出高于该比例的增长。

同时，人力资本的形成并不受制于报酬递减的假定，而采取线性的生产形式：

$$\mathrm{d}h(t)/\mathrm{d}t = h(t)\delta[1-u(t)] \tag{1-53}$$

仍然采用如下的形式代表无限期界家庭的总效用：

$$\int_0^\infty \mathrm{e}^{-\rho t}[(c^{1-\theta}-1)/(1-\theta)]N(t)\mathrm{d}t \tag{1-54}$$

而此时面临的动态最优化问题是：在式（1-52）和式（1-53）两个资本水平的约束下，最大化家庭的总效用。建立现值 Hamilton 函数：

$$\begin{aligned} H(K,h,\theta_1,\theta_2,c,u,t) &= [(c^{1-\theta}-1)/(1-\theta)]N + \theta_1 \\ &\quad \cdot [A \cdot K^\beta (uhN)^{1-\beta} h^\gamma - Nc] + \theta_2[\delta h(1-u)] \end{aligned} \tag{1-55}$$

动态最优一阶必要条件（此处 $c$、$u$ 为控制变量，$K$ 与 $h$ 为状态变量）为

$$\partial H/\partial c = 0 \Rightarrow c^{-\theta} = \theta_1 \tag{1-56}$$

$$\partial H/\partial u = 0 \Rightarrow \theta_1(1-\beta)AK^\beta (uhN)^{-\beta} Nh^{1+\gamma} = \theta_2 \delta h \tag{1-57}$$

$$\begin{aligned} &\partial H/\partial K = \rho\theta_1 - (\mathrm{d}\theta_1/\mathrm{d}t) \Rightarrow \\ &(\mathrm{d}\theta_1/\mathrm{d}t) = \rho\theta_1 - \theta_1 \beta A K^{\beta-1}(uhN)^{1-\beta} h^\gamma \end{aligned} \tag{1-58}$$

$$\begin{aligned} &\partial H/\partial h = \rho\theta_2 - (\mathrm{d}\theta_2/\mathrm{d}t) \Rightarrow \\ &(\mathrm{d}\theta_2/\mathrm{d}t) = \rho\theta_2 - \theta_1(1-\beta+\gamma)AK^\beta (uN)^{1-\beta} h^{-\beta+\gamma} - \theta_2\delta(1-u) \end{aligned} \tag{1-59}$$

对式（1-56）两边求导并代入式（1-58）可以得到：

$$\beta A K^{\beta-1}(uhN)^{1-\beta} h^\gamma = \rho + \theta\gamma_c \tag{1-60}$$

由式（1-52）和式（1-60）可以进一步求得：

$$N(t)c(t)/K(t) + [\mathrm{d}K(t)/\mathrm{d}t]/K(t) = (\rho + \theta\gamma_c)/\beta \tag{1-61}$$

在稳态中，$\gamma_c$ 和 $\gamma_K = [\mathrm{d}K(t)/\mathrm{d}t]/K(t)$ 为常数，所以 $N(t)c(t)/K(t)$ 也为常数，进而有：

$$\gamma_K = [\mathrm{d}K(t)/\mathrm{d}t]/K(t) = [\mathrm{d}N(t)/\mathrm{d}t]/N(t) + [\mathrm{d}c(t)/\mathrm{d}t]/c(t) \tag{1-62}$$

若令 $\lambda$ 为劳动力增长率，则有 $\gamma_K = \gamma_c + \lambda$，假定劳动力不发生变化（$\lambda = 0$），则人均物质资本的增长率与人均消费的增长率相等，即 $\gamma_k = \gamma_c$。

对式（1-60）两边取自然对数并求导，可以得到：

$$\gamma_k = \gamma_c = [(1-\beta+\gamma)/(1-\beta)]\gamma_h \tag{1-63}$$

这表明，人均物质资本与人均消费水平的增长速度正向取决于人均资本的增长速度，即教育的投资、人力资本的积累将显著地提高物质资本与消费水平的增长速度。

### 1.2.3.5 斯多克（Stokey）的“新产品引进知识外溢内生增长模型”

斯多克在其模型中加入“新产品引进”要素（Stokey，1988），解决了随着时间的推移知识外溢或边干边学的效果终究会耗尽并丧失其作为增长的发动机的地位这一难题。新产品不断被引进，旧产品不断被淘汰，且边干边学各产品间具有溢出效应。这样，只要不断有新产品引进，边干边学就会绵延不断，从而经济就能保持持续的增长。斯多克认为经济增长的唯一源泉即知识外溢，并且强调人力资本投资是新产品引进的关键要素①（徐志平，2006）。

### 1.2.3.6 阿尔文·扬（Alwyn Young）的“有限的边干边学增长模型”

该模型进一步突出了边干边学的有限性，强调只有持续的技术进步才能维持持续的边干边学，否则，知识外溢就会失去增长发动机的性质。通过构建一个边干边学与发明相互作用的杂交模型（hybrid model），进一步拓展了外在性研究，并且在发明模型中引入不确定因素。

通过上述文献回顾，我们可以发现新增长模型区别于传统增长模型的地方在于传统增长模型将技术变迁归为模型无法解释的残差项，而新增长模型将经济增长率与技术项（知识、人力资本和内生的技术增长）的各种分解紧密地联系起来（徐志平，2006）。

### 1.2.3.7 新经济增长理论的新进展

R&D 内生经济增长模型始于罗默 1990 年提出的内生技术变迁模型，认为增加中间投入能实现 R&D 部门的生产率增长。然而 Jones（1995a）在研究了第二次世界大战后 OECD 国家的 R&D 对生产率增长的作用后却发现，彼时 OECD 国家 R&D 开支的急剧提高对于其生产率的提高并没有实质性的作用。因此，Jones（1995b）继承 Arrow（1962）的干中学思想，建立了一个 R&D 内生增长模型。该模型保留了内生增长理论中的最终产出部门和研究部门的两部门模型框架，从

① 这与本书的一个基本观点（技术进步与投资、人力资本提升是共协关系）是一致的。

而保留了知识跨时扩散的本质特征；但放弃了内生可积累要素具有不变规模收益的强假定条件，从而得出无规模效应的结论。在琼斯的两部门模型中，知识存量的产出弹性不再像罗默模型那样设定为 1，而是假定为一个比 1 小的数。这一假定暗示了人口或知识存量对其自身积累的贡献远不如 R&D 内生经济增长模型所设想的那样大。

新的 R&D 内生经济增长模型从特定的研究角度来分析规模效应问题。Young（1998）、Aghion 和 Howitt（1998）、Peretto（1998）等为代表的增长模型，提出了一种消除规模效应的方法（胡永远和杨胜刚，2003）。

在 Young（1998）的模型中，他人可以从两个方向——垂直和水平方向——的创新活动而“偷去”创新者的创新利润流，即不仅通过产品的质量创新而且通过产品模仿来分割创新的垄断利益，这样，“偷生意效应”就大大加强。

Jovanovic（1997）则通过加入一个“学习成本”的假定条件来减弱或消除规模效应。约法诺威克认为，在罗默的两部门模型中，实际上暗含了“知识”可以无成本的进入最终产出函数的强假定，然而实际上，工人必须学习怎样使用知识，也就是需要支付学习成本。

Jones 和 Williams（1998）提供了一种测量 R&D 的社会回报的方法，他们在社会回报率与 R&D 投入占经济产出的份额之间建立了一个函数关系，认为市场的扭曲（专利权、税收和垄断力）影响 R&D 投入的份额，而与函数关系本身无关。

#### 1.2.3.8　其他相关模型

1. 技术含量型生产函数①

这种生产函数把技术看成是将一种资源转化为另一种资源的手段，这就是说生产过程中投入与产出之间的转化是由技术来实现的。而技术是技术要素 $T$、人力要素 $H$、信息要素 $I$ 和组织要素 $O$ 的组合，即

$$S=(T,H,I,O) \tag{1-64}$$

由此，“技术含量系数”TCC 就可以定义为

$$\mathrm{TCC}=T^{\alpha_1}H^{\alpha_2}I^{\alpha_3}O^{\alpha_4} \tag{1-65}$$

其中，$0\leqslant\alpha_1$、$\alpha_2$、$\alpha_3$、$\alpha_4\leqslant 1$。

若 $\sum_{i=1}^{4}\alpha_i=1$，则规模收益不变；$\sum_{i=1}^{4}\alpha_i<1$，则规模收益递减；$\sum_{i=1}^{4}\alpha_i>1$，则

① 这是联合国推荐的方法，这种方法类似于指标体系法，只是采用了生产函数的计量形式。

规模收益递增。

对式（1-65）求导则得：

$$\frac{\mathrm{dTCC}}{\mathrm{TCC}}=\alpha_1\frac{\mathrm{d}T}{T}+\alpha_2\frac{\mathrm{d}H}{H}+\alpha_3\frac{\mathrm{d}I}{I}+\alpha_4\frac{\mathrm{d}O}{O} \tag{1-66}$$

2. 知识型生产函数

这种由波西纳（Posner）、格默尔卡（Gomulka）、康沃尔（Cornwall）开创，由费格（Fagerberg）继承下来的生产函数的形式为

$$Y=A_0O^{\alpha_1}T^{\alpha_2}C^{\alpha_3} \tag{1-67}$$

式中，$A_0$ 是一个常数；$O$ 是来自国外的知识水平；$T$ 是本国创新的知识水平；$C$ 是一国利用知识的能力。

由式（1-67）可得：

$$\frac{\mathrm{d}Y}{Y}=\alpha_1\frac{\mathrm{d}O}{O}+\alpha_2\frac{\mathrm{d}T}{T}+\alpha_3\frac{\mathrm{d}C}{C} \tag{1-68}$$

据上式可知，经济增长取决于来自国外的知识（技术引进等）、本国创新的技术知识的增长，以及本国利用知识能力的增长等。

## 1.3 制度创新与经济增长关系的研究

新制度经济学的制度变迁理论以新古典经济学的“理性人”范式为基点，以产权理论和交易费用学说为理论背景，致力于分析制度的功能以及制度变迁的机制和过程（蒲小川，2007），以说明制度在社会经济发展中的作用和地位、制度变迁的原因，以及这些原因之间的相互关系。在这方面的研究中，诺斯（D. C. North）做出了开创性的贡献，他用历史与经验相结合的研究向人们表明，历史上的经济革命并不仅仅是由技术革命导致的，是制度的变迁为技术革命铺平了道路。良好的制度环境是经济增长不可缺少的要素，制度对经济增长的作用主要在于其服务和协调功能，适应生产发展要求的制度变迁会给技术变革和经济增长提供良好的土壤与巨大的发展空间。

诺斯在《制度变迁与美国经济增长》中提出了制度创新理论，分析了制度创新与经济增长的关系。他认为制度创新是能使创新者获得追加利益的现存制度的变革，其动力是个人利益最大化；其实质是通过制度的调整和变革，创新者把握新的盈利机会以实现预期的收益增长；其结果是出现制度均衡。制度创新是一个变量，制度均衡也可能在新的外在条件和潜在利益下被打破，因此制度变迁的过

程是制度均衡与制度创新交替出现的过程，一些国家（如美国）的经济增长就可以通过制度创新过程来解释（王瑞泽和陈德山，2006）。

新制度经济学认为，在制度因素中产权制度的作用最为重要，而导致制度变化的诱因和动力是产权的界定与变化。由于国家在制度创新中具有不可替代的作用，因此政府通过推行制度上的创新使产权结构更有效率是实现经济增长的有效途径（侯为民，2008）。

### 1.3.1　国外关于制度变迁与经济增长关系的研究

西蒙·库兹涅茨在关于经济增长源泉的分析上，强调了制度的重要性。他在大量统计资料的基础上对促进经济发展的各种因素进行综合分析，从数量和结构方面对经济增长的趋势做了说明。他发现了制度在经济增长中的作用，认为一个国家的经济增长，可以定义为不断扩大地供应它的人们所需要的各种各样的经济商品的生产能力有着长期的提高，而生产能力的提高是建立在先进技术基础上的，并且进行先进技术所需要的制度和意识形态上的调整（代琳琳，2008）。

在较早的研究中，舒尔茨将制度作为经济体系中的内生变量进行研究，他批评新古典经济学只注重最大化范式，从不考察实现最大化的现实制度与组织条件。舒尔茨认为，经济增长与经济制度结构之间存在着内在的联系，经济制度不仅会发生变迁，而且事实上正在不断地发生变迁，人们做出制度变迁的选择和组织制度的创新不过是为了提高效率和增进经济福利（金玮，2008）。

Kormendi 和 Meguire（1985）及 Scully（1988）在其各自的文章中探讨了反映政治自由度（包括公民自由和政治权利）的 Gastil 指数和经济增长之间的关系，发现公民自由对经济增长有轻微影响。

Knack 和 Keefer（1995）首先在经济增长文献里使用了“产权安全度”这一指标来分析产权和经济增长的关系，他们的研究结果表明，对产权的保护是经济增长的关键所在。Mauro（1995）的贡献转向良性制度在经济增长中的作用，他的研究得出腐败会阻碍经济增长的结论，他使用的制度变量是腐败指数，该指数其实是 ICRG 和 BI 的均值，其中 BI 是由一个叫 Business International 的公司提供的各国风险指数（王瑞泽和陈德山，2006）。

近年来越来越多的研究者使用经济自由化指数（economic freedom index）来实证分析制度和经济增长的关系，经济自由化指数分别由美国传统基金会（The Heritage Foundation）以及加拿大的弗雷泽研究所（Fraser Institute）提供，该指数由十几个经济指标和 50 多个经济变量组成，其分值介于 1 和 5 之间，得分越小表示经济自由程度越高（王瑞泽和陈德山，2006）。

Barro（1996）发现民主政治对经济增长总体上具有微弱的负效应，而且存在着非线性关系，即如果政治自由度水平低，则较大的民主自由会促进经济增长，但一旦政治自由度达到一个比较适度的水平，则较大的民主自由反而会危害经济增长。Barro 据此得出结论，认为西方发达国家应该将其经济制度（尤其是产权制度和自由市场理念）输送到贫穷国家以提高这些国家的福利，而不是向这些国家输出政治制度。原因很简单，这些贫穷国家的生活水平提升到一个合理水平之后，其政治制度自然会进步。早期的民主可以促进经济增长，而当经济发展到一定程度时，所有的民主制就会对经济增长产生负面的影响，若想经济继续进步，就需要更民主的制度来促进经济增长。Jurajda 和 Mitchel（2001）研究证明，在全球范围内，再分配制度是影响经济增长最重要的因素。

Ali（1997）发现经济自由比政治自由和民主权力更能影响经济增长。Dawson（1998）的研究表明，经济自由和经济增长有正的相关关系。Easton 和 Walker（1997）发现，对稳态水平的收入而言，经济自由是一个重要的解释变量，而且在新古典增长模型里加入经济自由变量将会增加模型的解释力，在有限政府的政治制度影响下可以促进经济增长（王瑞泽和陈德山，2006）。

在最近的研究中，Letty Yan-Yee Kwan 等用 9 个指标衡量制度进步的程度：国家或经济体有一个稳定的政治环境，高质量的公共和民用服务，良好的公共治理，新闻自由，建立法治、产权、劳动保护的法律保护，促进私营部门发展的衔接政策和商业环境鼓励创业的事业等，并得出制度变迁与人力资本提升具有互动关系，从而促进经济增长的结论（Letty Yan-Yee Kwan and Chi-yue Chiu，2015）。

根据杨友才（2015）对国外近年来制度创新与经济增长的研究，目前的主要研究成果有 Siong Hook Law 等（2013）在 ICRG 和 WGI 数据库基础上，使用格兰杰因果方法发现在 60 多个国家都存在制度与经济增长的双向因果关系，而高收入国家制度创新是促进经济增长的重要原因，低收入国家则经济增长是增强制度质量的重要原因；Compton 等（2013），以“经济自由度”作为制度的代理变量，发现经济自由促进了人们的收入增长。

### 1.3.2 国内关于制度创新与经济增长关系的研究

国内关于制度因素对经济增长影响的研究主要偏重于对中国改革开放及各区域的实证分析及理论构建。

刘伟和李绍荣（2001）提出结构分析方法，指出经济体制变化最为根本的在于所有制结构的变化，在所有制结构变化中最为突出的则是非国有经济比重的上升。非国有制经济比重的提高提升了全社会劳动和资本的效率，当非国有制经济部门扩大时，由制度创新决定要素产出弹性的变化，特别是资本的产出弹性将增大。他们由此构造出包括制度创新（代理变量为非国有制比重）在内的生产函数。这一研究有代表性地开创了在提出制度影响生产要素配置效率的机制的基础上，应用非国有制比重等制度变量构造生产函数，研究中国改革开放和经济增长的先河，特别是提出了制度创新决定要素产出弹性的变化思想，成为制度创新定量研究的基础。

金玉国（2001）认为1978～1999年中国宏观制度的变迁主要表现在产权制度变迁、市场化程度提高、分配格局变化和对外开放扩大四个方面。基于此，他设计了四个制度变量：非国有化率、市场化程度、国家财政收入占GDP比重和对外开放程度。通过动态关联分析得出以下结论：市场化程度对1978～1999年中国经济增长的影响力位居第一，产权制度改革的影响力仅次于市场化改革，名列第二（许莉，2009）。

王文博等（2002）认为影响一国经济增长的主要因素有制度因素、产业结构因素、劳动力因素和资本因素四个方面。为此他们设计了四个制度变量（非国有化率、市场化指数、市场化收入比重、对外开放度）来代表制度因素，并用主成分法分析制度对经济增长的贡献（许莉，2009）。

刘赣州（2003）对经济增长中资本要素作用的有关研究成果进行了总结和批判，并且建立了资本配置效率测算的计量模型，对中国经济增长中资本配置效率进行了实证分析。他的分析结果显示，中国资本配置制度安排上的缺陷使资本配置效率低下。为了使中国资本配置合理化，必须创新和完善制度安排，使资本配置制度由“政府主导型”向“市场主导型”转变。

叶飞文（2004）也构造了四个相类似的制度变量来对中国的经济增长进行实证分析，这四个制度变量分别是非国有化程度、市场化程度、社会占有财富程度和开放程度。回归分析结果显示，技术进步和制度创新在改革开放后对中国经济增长具有重要作用，使要素效率提高，技术和制度创新共同推动综合生产率提高，对经济增长贡献率为42.4%，拉动经济增长3.25个百分点（王瑞泽和陈德山，2006）。

姜忠辉和边伟军（2004）的研究采用了金玉国（2001）的制度变迁量化指标，通过对 1978 年以来的制度变革在山东省经济增长中的作用进行实证分析，发现制度变革对山东省的经济增长具有显著贡献，贡献率为25.2%。

王洪庆和朱荣林（2004）的研究用进出口总额占 GDP 的比重、市镇人口占总人口的比重、非国有工业总产值占工业总产值的比重、非国有部门固定资产总投资占全社会固定资产总投资的比重、第二和第三产业从业人数占总从业人数的比重之和作为衡量制度变迁的指标。他们利用经济计量学的方法对改革开放以来的制度变迁在河南省经济增长中的作用进行了实证分析，发现制度变迁对河南省的经济增长具有显著贡献，其贡献率为 23.17%。研究认为制度变迁是促进河南省经济增长的重要变量，并据此对经济体制改革提出了一些有益的建议（许莉，2009）。

王维国和杜修立（2005）研究了改革开放以来中国经济增长的情况。他们采用增广索洛模型，结合内生增长理论和新制度经济学，分析了中国的经济增长机制。以 1978~2001 年的数据，利用面板数据建模方法，对中国经济增长进行了经验分析，得出了实物资本的收入份额、人力资本的收入份额、劳动的收入份额及制度变迁对经济增长的影响强度依次为 0.41、0.56、0.03 和 0.147。由此可见教育投入的重要性，同时也说明制度变迁对经济影响的强度十分显著。

陈华（2005）以非国有化率来代表制度因素（非国有化率用非国有工业总产值占全部工业总产值的比重计算得到），基于科布-道格拉斯生产函数，引入代表制度因素的变量，建立计量经济模型。利用 1978～2003 年统计数据，经回归得到如下结论：当非国有化率增加 1%时，经济的生产规模将扩大 0.23%。可见制度因素对中国经济增长的影响是明显的，并以此探讨西部大开发中利用制度促进西部经济增长的问题。

章安平（2005）的研究采用金玉国（2001）的制度变迁量化指标，建立了一个包含制度因素的中国经济增长模型，并就相应指标进行了分析。采用了 1983～2001 年的数据，分析得到制度因素对中国经济增长的影响是显著的，制度因素主成分得分每增加 1 个百分点，国内生产总值增长率增加 0.2506 个百分点。此外，通过灰色关联度的分析方法对影响中国经济增长的各个制度变量的重要性进行了细致分析，得出了一些有益的建议。

宋冬林和赵新宇（2005）的研究以吉林省为例，测算了非公有制经济发展水平、市场化程度和对外开放程度三个制度变量对经济增长影响力的大小，并相应的给出吉林省和全国的制度因素对经济增长影响的综合回归模型。

郭路（2006）在新古典流派的框架下分析了制度对经济增长的影响，并使用 SEM（结构方程模型）技术对制度的量化做出一定的尝试。得出中国经济增长中劳动力的投入对经济的影响比资本投入和制度因素要小。制度因素主要是通过资本的投入和劳动力的投入来影响经济增长的。尽管在直接效应中，制度因素对经济增长起反向作用，但在总效应中，制度对经济增长起正向作用。

韩秀丽和左理（2006）采用科布-道格拉斯生产函数，基于宁夏 1985～2003 年的数据，研究得出制度因素对宁夏经济增长的影响是显著的，其贡献率为 7.15%。

高萍和孙群力（2006）的研究则是利用 1978～2003 年 28 个省（自治区、直辖市）的面板数据，采用对生产函数进行估计检验的计量经济学方法，选用资本、劳动、制度作为影响经济增长的三个因素来构建三要素模型，对计量经济模型进行估计检验，证明了制度变迁差异是地区间经济增长差异的主要因素之一。

杨晓萍（2006）的研究从科布-道格拉斯生产函数出发，建立起了经济增长与各因素增长之间的数量关系；结合中国的具体情况，引进了人力资本、R&D资本、产业结构、产权制度、市场化程度、对外开放程度等变量并且建立模型，通过对 1978～2003 年的有关数据进行实证分析，揭示出各个影响因素自身的情况及其经济增长贡献率的大小，从而进一步论证了各因素与经济增长的关系。研究指出，代表制度变迁的市场化程度和对外开放程度对经济增长的贡献率分别为 16.91%和 15.14%，表明市场化程度和对外开放程度的提高有助于中国经济的增长（许莉，2009）。

吴建国（2006）的研究模型与杨晓萍（2006）的相似，通过对长沙市经济增长因素的定量分析，得出除资本存量外，政府支出、劳动力投入和市场化程度等也是长沙经济增长的重要因素，市场化程度对经济的影响的系数为 0.5565。

李占风（2005）用相似的研究模型，对湖北省经济增长因素进行了定量分析，探讨了资本因素、制度因素和劳动力因素对经济增长的贡献，指出对外开放程度和市场化程度对湖北省经济增长的贡献率分别为 1.42%和 12.81%。

邓攀和李增欣（2006）则相似地用劳动力投入数量、产业结构变化指数、制度变迁指数、物质资本存量、人力资本存量、劳动生产率建立经济增长的计量经济模型，实证分析了制度变迁、产业结构转变、资本等要素对湖南省经济增长的贡献率。研究指出，制度因素对经济增长的贡献率为 7.49%（许莉，2009）。

黄永兴（2007）基于中国 1982～2004 年的数据资料，利用因子分析与主成分回归法，就中国经济增长因素进行了实证分析。研究得出对经济增长作用较大的 5 个因素，即政府消费、制度变迁、物质资本、国内居民消费和 R&D 资本的回归系数依次为 0.179 12、0.116 36、0.111 03、0.109 54 和 0.092 77，可见制度变迁对经济增长的影响作用仅次于政府消费（许莉，2009）。

贺东伟（2007）通过对 1953～2004 年与经济增长相关因素的统计数据进行回归分析，得出资本投入和劳动投入与经济增长的相关系数分别为 0.6739 和 0.4223，而制度变量与经济增长的相关系数为 0.0176，认为支撑中国经济增长的长期动力主要来自于要素投入，而要素投入的效果却与经济发展战略制定等一些非经济因素有关。

目前，国内关于中国改革开放中制度创新在经济增长中贡献的研究，以刘伟等的结构分析方法为代表，其主要思路是先选择制度创新的代理变量，如非国有制比重提高、市场化程度提高、分配格局变化和对外开放扩大等，然后构造生产函数。而在生产函数中，制度创新决定要素产出弹性的变化，这种方法是中国学者在国际学术界的首创，奠定了制度创新定量研究的基础。之后，正是在此基础上，按照制度决定生产要素资源的配置效率的思路，采用非参数的数据包络分析方法（姜照华，2003）研究制度创新在经济增长中的贡献率。不仅得到与实际相符合的结果（1977～2008年的中国，1992～2008年的美国，1980～2008年的英国、1987～2008年的新西兰、1980～2017年的爱尔兰等），而且可以同时发现测算国家的生产要素资源配置效率提高（或降低）的原因。

本书的测算模型基于结构分析方法关于制度决定资源配置效率的基本原理，采用客观的测算方法（DEA方法不需要估计参数），只需要固定资本存量、人力资本存量、劳动力存量及GDP四项数据，具有简单实用的特点，特别是测算结果符合经济实际，因而可以用于对某国家或地区或产业等的实证测算和进一步分析。而结构分析法采用“非国有制比重”等作为代理变量测算制度的作用，与本书测算的生产要素资源配置效率具有一致性，就1977～2017年的中国经济而言，生产要素资源配置效率主要由“非国有制比重”决定。结构分析方法可以比较具体地揭示制度创新的原因、因素和路径，因而与效率分析（DEA方法）结合起来分析制度创新对于经济增长的作用问题，效果会更好。

本书对中国的测算结果表明，改革开放后制度创新在中国经济增长中起到了相当重要的作用，制度创新对经济增长的贡献率，1978～2000年平均达到了17.8%，2001～2017年为1.0%。而在当前经济进入新常态的状态下，只有全面深化改革，大力进行制度创新，才能实现经济持续中高速增长的目标。

## 1.4 经济增长理论演变的知识图谱分析

本书选取美国科学情报研究所（ISI）建设的Web of Science数据库的网络版，应用Web of Science引文索引法，揭示经济增长文献之间的内在关系，反映经济增长理论的演进过程。

本书针对Web of Science中的SCI-EXPANDED、SSCI、A&HCI三大引文数据库进行检索，设置入库时间=所有年份，检索式设定为：主题=（“economic* growth” and model*），再以学科类别=（ECONOMICS）为精炼依据，共得到3341条数据（每一条数据记录主要包括文献的题目、作者、摘要和文献的引文）。考虑到经济增长理论的演化分析需要在一个较长的时间范围内观察进行，再根据所下载数据的特点和经济增长模型的发展阶段，将其划分为 1957～2000 年、2001～2010 年两个时间段，应用美国德雷赛尔大学信息科学与技术学院陈超美教授开发的 CiteSpace 软件①，进行知识图谱的绘制。

### 1.4.1 主要代表人物及其重要作品

对 1957～2000 年的文献进行引文分析，引文网络中出现的关键节点代表了在经济增长模型发展中的代表人物及其重要作品。在图谱中出现时间最早的关键节点为 1939 年哈罗德在《动态理论论文》（*An Essay in Dynamic Theory*）中提出了著名的哈罗德模型。与哈罗德模型密切相连的关键节点主要有两个，其一是詹姆斯·爱德华·米德（J. E. Meade）于 1960 年出版的 *A Neo-classical Theory of Economic Growth* 一书，其二是 1961 年宇泽弘文发表的 *Neutral Inventions and the Stability of Growth Equilibrium* 一文。从引文网络图谱来看，索洛发表于 1956 年的 *A Contribution to the Theory of Economic Growth* 在图谱中表现为圆圈的形式，它的中介中心度最高，为 0.22，表示该文献具有很高的结构属性，文献中所提出的索洛模型也因此成为模型演化的关键节点（图 1-1）。

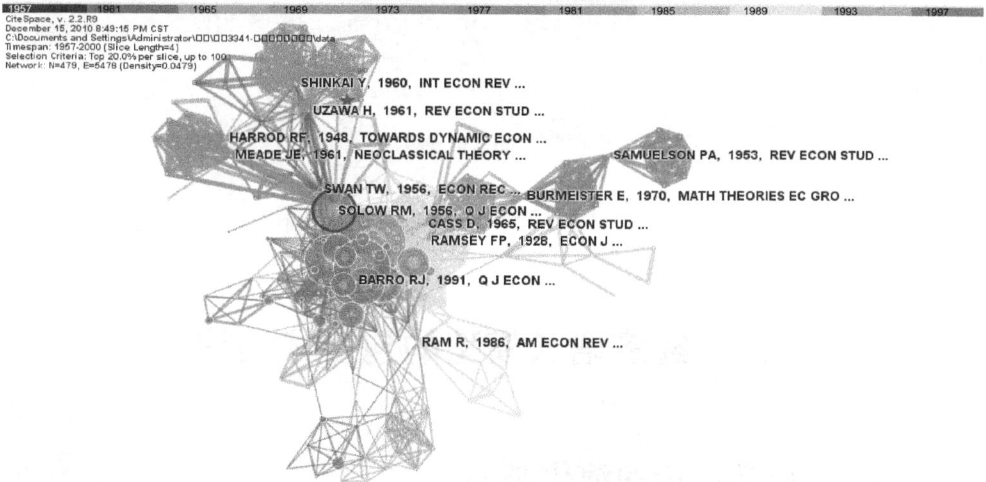


图 1-1 经济增长引文网络（1957～2000 年）

① 目前陈超美教授开发的 CiteSpace 软件已广泛用于各类自然科学理论和社会科学理论的知识图谱的绘制，以期揭示出理论的前沿和热点。

### 1.4.2 经济增长理论的发展脉络

经济增长理论主要研究经济系统中各增长要素在经济增长中的作用，按发展脉络和内在关系，其共经历了三个发展阶段：资本决定论、外生知识（技术进步）决定论（徐志平，2006），以及内生知识（技术进步）决定论。其中，资本决定论以古典增长理论的哈罗德-多马模型为代表，外生知识（技术进步）决定论以新古典增长理论的索洛模型为代表，而内生知识决定论则以内生增长理论的罗默的知识溢出模型和卢卡斯的人力资本溢出模型为代表。从图 1-2 中可以看出，巴罗、卢卡斯、罗默等内生增长理论的代表人物的论文占据了经济增长引文网络（2001～2010 年）的中心位置。

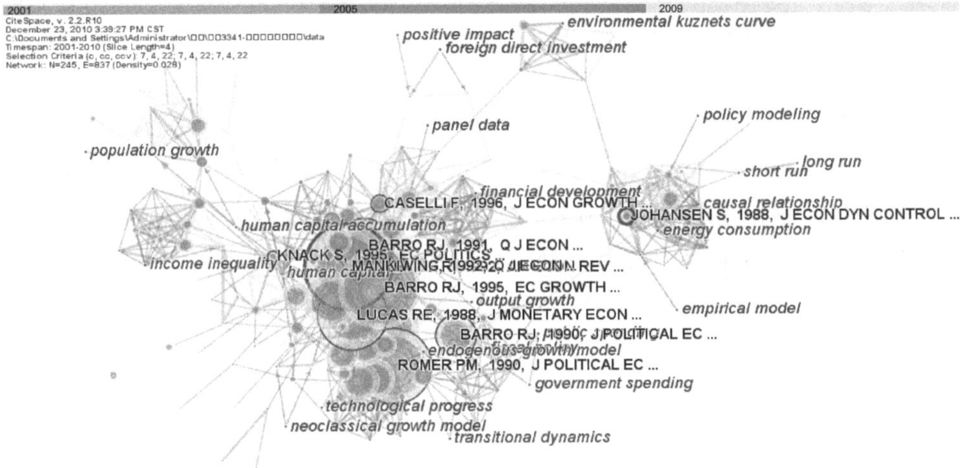


图 1-2 经济增长引文网络（2001～2010 年）

## 1.5 经济增长模型的包容式演化

### 1.5.1 科学理论的演化类型

#### 1.5.1.1 博弈演化

博弈演化的思想可追溯到 20 世纪中叶，纳什的“群体行为解释”被认为是最早的演化博弈思想成果（王文宾，2009）。它是把博弈理论分析和动态演化过程分析结合起来的一种新理论，其基本思路是在具有一定规模的博弈群体中，博弈方进行着反复的博弈活动。由于有限理性，博弈方不可能在每一次博弈中都能找到最优的均衡点。于是，他的最佳策略就是模仿和改进自己和别人过去的最有利战略（朱兵和张廷龙，2010）。

### 1.5.1.2　库恩式演化

库恩式演化又称范式演化①，库恩定义的范式是某一科学共同体在某一专业或学科中所具有的共同信念，这种信念规定了他们的共同的基本观点、基本理论和基本方法，为他们提供了共同的理论模式和解决问题的框架，从而成为该科学的一种共同的传统，并为该科学的发展规定了共同的方向。库恩式演化遵循以下规律：前科学→常规科学→反常和危机→科学革命→新的常规科学（李怀等，2013）。

### 1.5.1.3　包容式演化

包容式演化在演化过程中遵循共同的研究方法和框架，新阶段的理论包含前一阶段的重要理论成果并在此基础上不断发展。包容的演化内涵可从以下方面来加以考察。

（1）包容体现了对现有理论观点的容纳。在包容式演化过程中，各学派具有相同的理论基础和意识形态，即学者们对基本的理论概念已达成一致，理论的发展不是对基本理论的怀疑和争议，而是对相关理论研究的深入和在现有理论基础上不断融入自己的新观点。因此，包容的显性表现是对当前观点的容纳、完善和改进（李怀等，2013）。

（2）包容体现了对现有研究方法的肯定。其具体表现为包容式演化具有较强的路径依赖性。路径依赖最早用来解释经济制度的演进，这里的路径依赖是指在理论的发展过程中，当学者选择了一种研究方法后，由于惯性力量的驱使，会使这一选择不断自我强化，进而使后来的研究人员很难走出该理论模式。诺斯认为，路径依赖类似于物理学中的“惯性”，一旦进入某一路径就可能对这种路径产生依赖。某一路径的既定方向会在后续发展中得到自我强化。人们过去做出的选择决定了他们现在及未来可能的选择（李建设和王行佳，2009）。当这些选择进入锁定状态时，想要另辟新路径就显得十分困难。对侧重点不同的研究者来说，在

① 库恩的范式理论是科学哲学中最重要的理论之一，他的科学演化理论建立在对科学发展史的系统考察和大量的案例研究基础上，类似的研究还有波普尔的证伪主义、拉卡托斯的科学研究纲领方法论等。

包容式演化过程中，首先他们会接纳现阶段学者研究该问题的方式和理论模式，遵循共同的指导思想，简言之，他们在解决问题的框架和思路方面存在着一致性。

包容式演化主要包括以下四个特点。

（1）从假设条件的角度来看，包容式演化包含了基本假设条件的演变，它是一个逐步假设→逐层递进→接近现实的过程。由于各理论的发展都是在一定假设条件的基础上，通过逻辑演绎和推理过程而得出结论，因而假设条件越接近现实，越能推动结论不断向现实靠拢。如以假设演变为逻辑起点，可以把现代经济学的发展路径归结为新古典经济学、信息经济学、新制度经济学和可持续发展经济学四个不同阶段。新古典经济学分析的基础为理性人假设（以最小的经济成本去追逐最大的经济利益）、完全信息假设（在经济中进行交易的双方都具备完全的信息）、稀缺性假设（资源不能满足人们不断增长的需求）、既定的市场经济制度假设等；信息经济学对完全信息假设做出了更为接近现实的修正，即在现实经济中交易双方拥有的信息处于不对称的状态；而新制度经济学把信息视为一种稀缺而昂贵的商品，因此获取信息也是一种交易行为，必须支付一定的费用——“信息费用”，它作为交易费用的一部分而存在。另外，新制度经济学还将理性人的假设做了三方面修正：人的有限理性；人的行为并非只在于追求财富的最大化；人的机会主义倾向。由于新制度经济学的假设前提更接近于现实，因而对现实问题也就具有更强的解释力（陈安国和饶会林，2005）。可持续发展经济学对稀缺性假设和理性人假设进行了修正，新古典经济学中不同的资源间都存在一定的替代性，而可持续发展经济学中资源的可替代性受到很大程度的限制。某些稀缺性资源的不可替代性对人类的持续发展提出了挑战，同时人不再是为追逐利润最大化而对大自然有无限掠夺欲的“理性人”，而是有着长远发展眼光的“环保人”。本研究所说的包容式演化正是通过不断改进与现实状况不符的假设来发展原来的理论，从而经过每一次演化后的理论成果都拥有比前者更强的解决现实问题的能力。

（2）从建模考虑变量的角度来看，包容式演化的过程也是一个保持已有变量并不断加入新的解释变量的过程，同时演化中暗含着核心要素的内生化，即模型中的核心变量发生了外生→内生的转变。首先对内生变量和外生变量加以区分，所谓内生变量，是指在理论模型中，由给定的经济系统模型本身所决定的变量。所谓外生变量，则是指在理论模型中，经济系统模型无法决定，而是由这个模型以外的其他因素所决定的变量。也就是说，在理论模型中，当一个变量只是用来解释其他变量，而其自身却不能被该模型中的其他变量所解释时，这个变量就是外生变量；而能够被该模型中的其他变量所解释的变量就是内生变量（王敏正，2008）。包容式演化一方面在模型中不断加入新的变量；另一方面通过新变量的融入达到对原有核心变量的内生化解释。

（3）从生产函数的角度来看，包容式演化的过程也是一个模型种类不断增多的过程。生产函数所体现的是在一定时期内，在特定技术水平下，生产的最大产量和达到这一产量所使用的各种生产要素的数量之间的关系。当现有的生产函数能对经济的持续增长做出合理解释时，包容式演化会在原有生产函数的基础上，寻求生产函数在种类方面的变化以增加解释力。在包容式的演化进程中，学者们在新的假设条件和不断引入新要素的前提下，使生产函数的变量发生变化。

（4）在模型的未来发展方面，包容式演化的建模方式与理论基础有待突破。包容式演化以已有的研究框架和理论模式为依托，使研究过于拘谨，在模型的构建上缺乏创新性。由于模型所依托的理论基础一直没有脱离原始标准的制约，缺乏与其他方法的全面比较，使其进一步发展受限。同时，较强的路径依赖也在研究者的心中形成了一种心理上的契约，当出现与原有理论基础相悖的观念思想时，往往会遭到研究者们的排斥与抵抗，因而这种观念惯性使得演化过程难以向新的理论方法做突破。

## 1.5.2　经济增长模型的包容式演化轨迹

从以上对代表性经济增长模型的演化分析，得到以下四方面的演化轨迹和发展方向。

（1）模型的假设条件越来越接近现实，适应性越来越强。哈罗德-多马模型中只包含两种生产要素，即资本和劳动，假设资本-劳动比例不变，生产规模报酬不变，要素边际报酬递减，生产技术不变；索洛-斯旺模型放宽了哈罗德-多马模型的假设，认为资本和劳动能相互替代，资本-劳动比率可变，同时模型考虑了技术进步对经济增长的影响，对经济增长的假设向现实靠近了一步；阿罗模型把知识视为投资的副产品，同时做出了知识作为公共产品，具有“外溢效应”的假定，将技术进步视为由投资决定的内生变量；宇泽弘文模型假定经济中存在着教育部门，从而将索洛模型中外生技术进步的部分作用内生化；罗默继承了阿罗的知识“溢出效应”思想，认为知识是追求利润的厂商进行投资的产物；卢卡斯改进了宇泽弘文的两部门模型，假定每个生产者既从事生产，又能通过学习提高人力资本，最终揭示了人力资本才是经济持续增长的持续根源，比较符合经济发展现状；包含制度因素的模型将制度性假设引入经济增长的发展过程中，从而对复杂制度背景下发展中国家的经济发展做出了解释；而包含生态资本的经济增长模型则增加了对生态资本的假定，突出了环境因素在经济增长中的地位。因此，从总体来看，模型的发展过程也是假设条件不断接近现实的过程。

（2）建模考虑的因素越来越多，变量越来越丰富。哈罗德-多马模型将资本和劳动视为经济增长的要素，并认为经济增长的根本动力在于物质资本的积累，索洛-斯旺模型在哈罗德-多马模型的基础上，将技术因素引入增长模型的分析中，最终得出劳动力的人均产出由技术、投资率和人口增长率三个因素共同决定的结论。阿罗模型不但肯定了技术进步对经济增长的促进作用，同时从知识积累的角度实现了对技术进步的部分内生化解释。而罗默将人力资本要素直接引入模型，卢卡斯的人力资本溢出模型则从人力资本的角度实现了技术进步的内生化；包含制度因素的模型逐渐意识到制度对经济增长的促进和抑制作用，在模型中引入制度变量，开始论证政府中的某些政策能够增强促进经济增长的因素，同时某些政策也会对经济增长起到阻碍作用；包含生态资本的经济增长模型，则强调了生态环境因素对经济增长的影响作用，更加贴近当前的经济发展现状，具体的要素内生化过程如图 1-3 所示（李怀等，2013）。

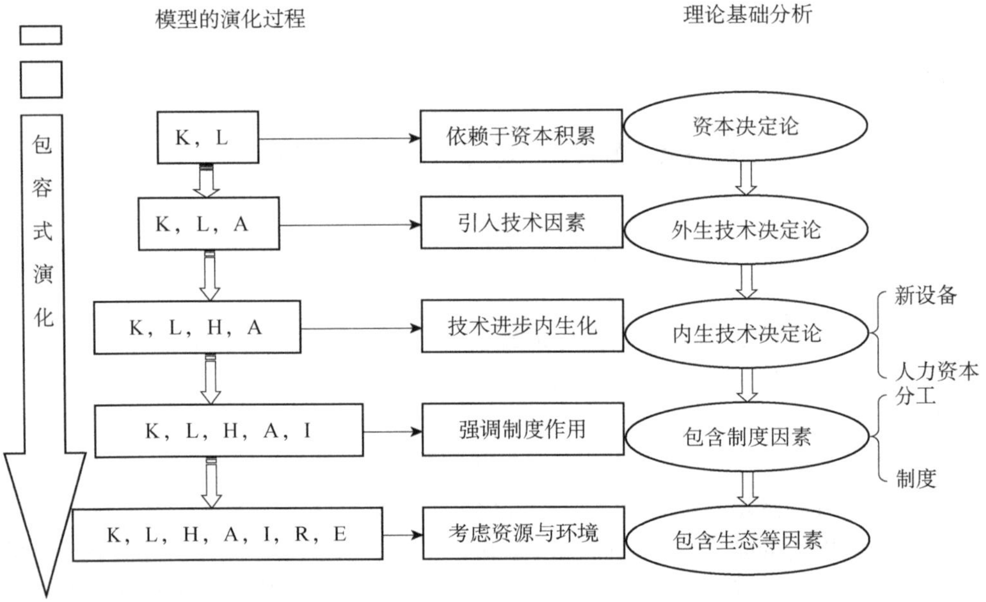


图 1-3　经济增长模型的包容式演化分析架构（王洛林和牛凤瑞，2005）

（3）从生产函数的角度来看，不同类型的模型数量越来越多。在经济增长模型演化过程中，生产函数类型的增加体现在如下几个方面：首先，由要素融入导致模型种类的增长。在索洛-斯旺模型、阿罗模型中引入了技术进步因素，卢卡斯的人力资本溢出模型则同时建立了人力资本和技术进步的关系，而包含制度因素、生态资本的经济增长模型中又增加了制度、生态资本与宏观生产函数关系的研究。其次，由模型内核心要素的内生化导致不同种类模型数量的增长。在模型要素内生化的过程中，内生要素成为推动经济发展的关键，它随着经济发展不断变化演进，经济学家分别从知识、人力资本等方面达到对外生变量的内生化解释，导致了模型种类的不断增多。最后，对生产部门的划分导致模型种类的增加。如宇泽弘文模型中假定经济系统中除了生产部门外还存在着教育部门，而罗默又将其划分为研究部门、中间产品部门和消费品部门，这种对经济部门的划分也势必得到不同的生产函数类型。由此可见，在经济增长模型的演进阶段，随着假设条件的不断完善、经济变量的逐次引入、核心要素的内生化实现及经济部门的细致划分，不同类型的模型数量也趋于增长（李怀等，2013）。

（4）从建模方式的角度来看，阶段性模型的构建依托共同的理论框架。从古典经济增长模型到新古典经济增长模型，都以科布-道格拉斯生产函数为研究基础进行扩展。模型在演化过程中仅在不同阶段融入了不同的经济增长要素，不断地将模型的外生变量内生化，因此采取的是一致的建模方式。在新增长理论中，由于开始关注经济分散化的动态均衡问题，引入了动态一般均衡分析法；而包含制度因素的模型和包含生态资本的模型仍以科布-道格拉斯生产函数为研究的基础。由此可见，经济增长模型的演变急需新的理论框架作为支撑，在经济增长模型的未来发展中，其建模方式与理论基础有待进一步的突破。

表 1-2 展示了从哈罗德-多马模型到包含生态资本的模型的演化轨迹，模型在假设条件、生产函数方面的演进路线，以及它们相对于前者模型的改进和历史缺陷。

**表 1-2　经济增长模型的演进脉络**

| 模型 | | 假设条件 | 生产函数 | 相对于已有模型的改进之处 | 缺陷 |
|---|---|---|---|---|---|
| 资本决定论模型 | 哈罗德-多马模型 | 均衡时的增长率取决于储蓄率和资本-产出率 | $G_W = s/v$ | | 假定储蓄会完全转化为投资；单一强调资本的增加对经济增长率的影响 |
| 外生技术决定论模型 | 索洛-斯旺模型 | 资本和劳动能相互替代；资本-劳动比率可变 | $Y = A(t)f(K,L)$ | 考虑了技术进步对经济增长的影响 | 均衡增长率由人口自然增长率决定；技术进步为外生变量 |
| 内生技术决定论模型 | 阿罗模型 | 知识是投资的副产品；知识是公共产品，具有“外溢效应” | $Y(t) = K(t)^{\alpha}\left[A(t)L(t)\right]^{1-\alpha}$，$0<\alpha<1$<br>$A(t) = BK(t)^{\beta}$，$B>0,\beta>0$ | 将技术进步视为由投资决定的内生变量 | 均衡增长率仍是由人口自然增长率决定 |

续表

| 模型 | | 假设条件 | 生产函数 | 相对于已有模型的改进之处 | 缺陷 |
|---|---|---|---|---|---|
| 内生技术决定论模型 | 宇泽弘文模型 | 改进了索洛单纯生产部门的模型；假定经济中存在着教育部门 | $Y = F(K, \dot{A}L_p)$<br>$\dot{A} = G(A, L_E)$ | 将索洛模型中外生技术进步的部分作用内生化；是最早的人力资本增长模型 | 均衡增长率仍是由人口自然增长率决定 |
| | 罗默的知识溢出模型 | 内生的技术进步是经济增长的核心；假定经济中存在三个部门：研究部门、中间产品部门、消费品部门；知识是厂商进行投资的产物；知识具有溢出效应 | $Y_i = AK_i^{1-\alpha-\beta}H_i^{\beta}\Sigma_{j=1}^{N}x_{ij}^{\alpha}$<br>$0<\alpha<1, 0<\beta<1$ | 拓宽了资本的外延，在模型中引入了人力资本要素 | 缺乏对制度的研究；缺乏对人类学习机制的分析；仍采用动态一般均衡法构建模型 |
| | 卢卡斯模型 | 改进了宇泽弘文的两部门模型；假定每个生产者既从事生产，又能通过学习而提高人力资本 | $Y(t) = K^{\alpha}(t)\left[u(t)h(t)N(t)\right]^{1-\alpha} \cdot h^{x}(t)$<br>$\mathrm{d}h(t)/\mathrm{d}t = h(t)\delta\left[1-u(t)\right]$ | 揭示了人力资本是经济持续增长的根源 | |
| | 贝克尔和墨菲模型 | 专业化或知识存量的增加将提高人均产出水平；分工演进受到协调成本的限制；人力资本（知识）的增长、技术进步和协调成本的降低会促进经济增长 | $Y = AH^{\alpha}n^{\theta}$<br>$C = \lambda n^{\beta}$<br>$y = AH^{\alpha}n^{\theta} - \lambda n^{\beta}$ | 分工水平由协调成本和社会知识水平决定，分工演进和知识积累相互促进决定经济增长 | |
| | 直接将制度因素引入的模型 | 社会禀赋为$L$单位劳动和$H$单位人力资本，劳动只从事最终产品的生产，人力资本中一部分从事制度创新，一部分从事技术创新 | $Y = AK^{\alpha}H^{\beta}(IL)^{1-\alpha}$<br>$\mathrm{d}A/\mathrm{d}t = \theta(H-H_1)A$ | 在经济增长模型中引入了制度因素 | |
| 包含生态资本的模型 | | 假定生态资本模型与实物资本模型相似；自然界所引起的生态资本损失为零；生态资本存量不低于其刚性阈值 | $Y(t) = K(t)^{\alpha}H(t)^{\beta}E(t)^{\gamma} \cdot \left[A(t)L(t)\right]^{1-\alpha-\beta-\gamma}$<br>$E(t) = E(N, P, Y, P_d, C, \cdots)$<br>$\dot{E}(t) = s_E Y(t) = mE(t)$ | 将生态资本作为内生变量嵌入模型 | 生态因素与资本因素并非同一层次的因素 |

本节在博弈演化和库恩式演化的基础上，提出了一种新的演化方式——包容式演化，通过对典型经济增长模型的分析发现，它们在假设条件、建模要素、生产函数和建模变量等方面均满足包容式演化的特点和机理，从而证明了经济增长模型的演化是一种包容式演化。而经济增长模型的演变急需新的理论框架作为支撑，在经济增长模型的未来发展中，其建模方式与理论基础有待进一步突破。

2

# 经济增长的共协理论

本书在第一章对 1957 年以来经济增长理论的演化进行了详细分析，通过对典型经济增长模型的分析发现，它们在假设条件、建模要素、生产函数和建模变量等方面均满足包容式演化的特点和机理：所包括的要素越来越多，模型越来越复杂；新古典经济增长理论提出了各种形式的生产函数，但这些生产函数过多过严的假设，严重脱离了实际，影响了它的适用性。在索洛-斯旺模型中，假设仅有资本和劳动两个生产要素，且这两个要素能够相互替代；其技术进步是中性的，且规模收益不变。这是不符合实际的，实际上科技、人力资本和制度等也是决定经济增长的重要因素；而新增长理论，如罗默内生增长理论的“人口、劳动力供给不变；人力资本总存量不变，其用于市场的份额不变”等假设也存在着类似的局限性；诺斯等的新制度经济学为经济增长理论开辟了新的道路，但新制度经济学缺乏对制度在经济增长中作用的定量研究；目前国内关于中国改革开放中制度创新在经济增长中贡献的研究，以结构分析方法为代表，主要思路是选择制度创新的代理变量，然后构造生产函数。而制度创新决定要素产出弹性的变化，这种方法是中国学者在国际学术界的首创。

本章将在第一章的基础上，对经济增长的共协理论进行较为系统的论述。论述的主要内容包括如下几点。

（1）共协理论关于经济增长的多种决定因素的研究。

论述了决定和影响经济增长的多种因素，包括劳动力、固定资本存量及固定资产投资、人力资本、科技、制度因素以及经济环境外部性。

（2）共协、共协利益的概念解释。

本书论述的“共协”概念的含义是指互动和协作，而在经济增长中创新与投资是互动与协作的。共协的基础是知识流动和共享，而共协利益的存在则是经济组织得以存在和发展的基础。共协利益是经济活动中各主体（投资者、就业者以及其他利益相关者）通过相互作用、互相依赖、协同行动等而获得的某种程度上共享的利益，这种利益的存在使主体之间相互支持、彼此有利、共同繁荣。

（3）经济增长模型构建的共协理论基础。

共协理论将国内生产总值分解为劳动报酬、资本收益和共协利益。通过建立劳动报酬、资本收益、共协利益与劳动力、固定资本存量及固定资产投资、人力资本、科技之间的函数关系，建立经济增长模型。

（4）制度创新和经济环境外部性在经济增长中的作用的测算方法。

从作用机理来看，制度创新对经济增长的最基本、最本质的作用是提高生产要素资源的配置效率。因而，利用测算效率的 DEA 方法测算出制度创新对经济增长的贡献率。在测算出固定资本存量、固定资产投资、科技、人力资本、劳动力、制度等因素在经济增长中的贡献率后，经济环境外部性的影响率采用剩余法进行测算。

（5）在共协理论的经济增长模型基础上推导出内生经济增长的充分条件，给出均衡时的基本特点；同时对当代经济学理论中的产出耗尽假设、分解假设（全部产出分解为资本报酬和劳动报酬）和边际收益假设（在利润最大化的条件下，生产要素的价格等于其边际产出）等假设的适用条件进行研究，从经济增长的共协理论角度揭示这些假设的局限性。

# 2.1 经济增长的决定因素

## 2.1.1 经济增长的多种决定因素

究竟是什么因素决定经济增长，人们起初认为资本和劳动力是决定经济增长的两个主要因素，这可以称为二因素论。而索洛把决定经济增长的因素归纳为科技进步、资本积累、劳动力增长这三个要素。

根据伍仁行（1988）提供的资料，丹尼森从美国经济增长的历史数据着手，并与西欧和日本相比较，对促进经济增长的各种因素在经济增长中的重要性进行了分析。对此，他在一系列著作如《美国经济增长因素和我们面临的选择》《日本为什么增长得这么快》中详细提出并研讨了决定经济增长的七个要素（Denison，1962；Denison and Chung，1976）：①就业人数及其年龄-性别构成；②工时数；③教育程度；④资本存量；⑤知识进展；⑥资源配置（低效率使用的劳动力比重的减少）；⑦规模节约（以市场的扩大来衡量）。

关于上述因素在经济增长（1929～1957年）中所占的份额的分析如下。

关于第一个因素，根据丹尼森的估计，从1929年到1957年，美国企业就业人数增加872万人，增加21.2%，年平均增长0.8%。关于年龄-性别构成，总的说来男子创造的产值是女子创造的产值的2.17倍（在相同工作时间的条件下）。

关于第二个因素，丹尼森认为，工时的缩短，一方面，减轻了疲劳程度；另一方面，则是引起产量的损失。因为劳动生产率的提高只能弥补工时缩短而引起的损失的40%～50%，其余50%～60%则被资本家负担了。

关于第三个因素，丹尼森认为，美国劳动力教育程度的迅速提高，提升了劳动者的技能，增加了劳动技术的等级，提高了经济增长的质量，从而提高了国民收入。

关于规模节约，是指由于生产规模的扩大、产量的增加，降低了成本，实现了原材料、能源的节约，因而增加了利润。值得指出的是，规模节约一般先是一个企业受益，而后扩展到其他企业。

关于知识进展，丹尼森认为知识进展是引起单位投入量的产出量持续增长的最重要和最基本的因素。知识的进展包括技术知识、管理知识的进展与由于采用新的知识而产生的结构的更新等。丹尼森特别强调管理的改进在知识进展中的重要地位，认为知识进展不光是指技术进步，而且也包括管理的进步。他还指出知识进展与其他因素不同的地方还在于，由于传播技术的发达、信息的畅通，任何一个区域或产业、企业的技术创新所创造的新产品、新物质、新技术和新经验，都会很快地传播到所有的国家。上述因素在经济增长中占有的份额见表2-1。

**表2-1 美国1929～1957年实际国民收入增长率按增长因素的分布情况分析**（%）

| 变量 | 各要素的贡献率 | | |
|---|---|---|---|
| 实际国民收入 | | | 2.93 |
| 1 总投入的增加 | | | 2.00 |
| 1.1 劳动力及其质量调整 | | 1.57 | |
| 1.1.1 就业和工时 | 0.80 | | |
| 1.1.2 教育 | 0.67 | | |
| 1.1.3 其他 | 0.10 | | |
| 1.2 资本 | | 0.43 | |
| 2 每单位投入增加的产出 | | | 0.93 |
| 2.1 知识进展 | | 0.58 | |
| 2.2 规模节约 | | 0.34 | |
| 2.3 其他 | | 0.01 | |

与丹尼森的分析类似，金森久雄（1980）在《日本经济增长讲话》一书中将影响经济增长的因素大致分为七种：①经济增长的主观原因；②知识的增长；③

资本的积累；④劳动力质和量的提高；⑤经济制度；⑥贸易；⑦自然资源。

将决定经济增长的因素区分为直接因素和间接因素，这是苏联学者卡马耶夫（1983）的一个贡献，如表 2-2 所示。但是他的分类方法是需要改进的，一方面，它把“科学研究和试验设计研究”划入“间接因素”是错误的；另一方面，还有一些间接因素没有列入，如文化氛围、社会状况、政治局势等。

**表 2-2　经济增长的因素结构和结果结构的基本图式**

| 增长因素 | | | 增长结果 |
|---|---|---|---|
| I | II | 最终产品生产 | |
| 间接因素 | 直接因素 | | |
| 劳动力资源 | 全体劳动者的劳动力 | | 消费品（物质资料、文化资料和其他资料） |
| 普通教育和专业教育制度 | | | 用于非生产性的积累和补偿非生产基金的物质资料 |
| 人口增长过程 | | | |
| 科学研究和试验设计研究 | 生产工艺和生产组织 | | 满足社会需要的物质资料 |
| 自然资源的利用 | 生产基金 | | 用于生产性积累的物质资料 |
| 周围的环境 | 社会生产的管理 | | 补偿固定生产基金损耗的物质资料 |

克鲁格曼（2019）在《克鲁格曼经济学原理》（第四版）中，将物质资本、人力资本、劳动力和科技进步作为经济增长的直接因素进行分析。

本书认为决定和影响经济增长的直接因素，除了劳动力、固定资本（固定资本存量及固定资产投资）、人力资本、科技及制度因素外，经济环境外部性（包括自然环境、社会环境、市场环境、政策环境等的外部性）也是一个重要的影响因素。这里讨论的经济增长中的经济环境外部性包括自然环境变化所带来的经济损失，以及自然环境恢复、治理和污染防治的成本增加等环境压力成本；自然资源开采条件变化所带来的资源开采压力成本；社会保障、社会救济等社会因素变化所带来的社会压力成本；落后区域的资源型产品与先进区域的加工型产品的不合理的溢价；落后区域成熟人才向先进区域流动（由此造成落后区域的人力资本流失）；落后区域远离市场中心地；先进区域与落后区域的政策环境的变化（如 1990～2000 年中国沿海区域享受到优惠政策，而中西部区域没有享受到）；等等（姜照华等，2012a，2012b）。

不能单纯从理论上推断出究竟是资本还是科技是经济增长的第一推动力。不同的经济系统，在不同的环境条件下，资本、科技、劳动力等在经济增长中的作用是不同的。例如，在有些条件下，资本起决定性作用，而在另一些条件下，科技起决定性作用；在前一阶段，资本起决定性作用，而在后一阶段，科技则起决定性作用。

### 2.1.2 制度创新的作用

制度创新有利于减少摩擦、矛盾，让人们将有限的精力与时间用到财富生产上去。制度创新能够提高效率、促进经济增长（刘赣州，2006），这是新制度经济学的一大发现。

由科斯、诺斯、威廉姆森等开创和发展起来的新制度经济学，把制度作为经济增长的重要因素（科斯等，1994）。所谓制度是管束人们行为的一系列规则（正式规则、非正式规则）及其实施机制。制度不是单一的规则，而是多种规则组成的体系，这些规则之间有着各种复杂的、非线性的动态关系。在某种意义上，这些规则之间是相互一致的、协调的，但另一方面某些规则之间也可能存在着矛盾、冲突、对立和不协调（姜照华，2004）。这种矛盾运动是制度变迁的内在动力。

正式规则是指人们有意识创造的一系列政策法则。正式规则也叫正式约束。正式约束包括政治规则、经济规则和契约，以及由这一系列的规则构成的一种等级结构，从宪法到成文和不成文法，再到特殊的细则，最后到个别契约，它们共同约束着人们的行为。

这些规则可作如下分类描述（萨缪尔森和诺德豪斯，1992）。

（1）界定两人在分工中的“责任”的规则。用亚当·斯密著名的制针的例子来说明，就是要约定哪些工作由哪些人做，所有的工人一起来完成针的制作。也可用市场的例子来说明，就是约定哪些商品由哪些人生产。用新古典经济学的语言表述，就是为人们制定行动的目标。

（2）界定每个人可以干什么、不可以干什么的规则。因为每个人追求以最小的努力（或成本）换取约定的好处的行为可能会危害他人的利益，如制造假冒伪劣产品。或者，用新古典理论的语言表述，就是为人们划定“选择空间”的边界（刘宛晨，2005）。

（3）关于惩罚的规则。约定对违反（2）中规则要付出什么样的代价。

（4）“度量衡”规则。交换的各方需要约定如何度量每个人的物理投入与物理产出。在此基础上才可能确定交换的价值量。

在非正式规则中包括伦理规范、道德观念、风俗习惯、意识形态等因素。在非正式规则中，意识形态处于核心地位。因为它不仅可以蕴涵价值观念、伦理规范、道德观念和风俗习惯，而且还可以在形式上构成某种正式制度安排的“先验”

模式（卢现祥，1996）。

制度是一种耗散结构，如果存在某种正反馈机制，就有可能把某种扰动因素放大，从而使制度变迁。从耗散结构论视角看，正式规则是人们在长期交往中无意识形成的，具有持久的生命力，并构成代代相传的文化的一部分。从历史视角来看，在正式规则设立之前，人们之间的关系主要靠非正式规则来维持，即使在现代社会，正式规则也只占整个规则很少的一部分，人们生活的大部分空间仍然由非正式规则来约束。

制度创新也就是秩序的变化过程，既可能是从无序向有序的变化，也可能是从有序向无序的变化。制度有内部制度和外部制度之分，外部制度是外在的规则及其实施机制，它表现为法律规章及市场秩序，其中意识形态、文化等起到很大作用；而从新制度产生的机理看，制度创新可以分为强制性的和诱致性的两类（姜照华，2004）。

关于制度对于经济增长的影响。科斯定理表明，在交易费用为零时，任何一种制度安排只对财富或收入的分配有影响，而对产出的构成，亦即对资源配置没有影响，有效率的结果总可以通过无代价的市场谈判达到；而在交易费用大于零时，制度安排不仅对分配有影响，而且对资源配置及产出的构成有影响。因为在某些制度安排下会产生较高的交易费用（乔根森，2001a），从而使有效益的结果不能出现。

诺斯（诺斯和托马斯，2009）在分析西方世界兴起的原因时指出，“有效率的经济组织是经济增长的关键因素；西方世界兴起的原因就在于发展一种有效率的经济组织。有效率的组织需要建立制度化的设施，并确立财产所有权，把个人的经济努力不断引向一种社会性的活动，使个人的收益率不断接近社会收益率”。

为什么首先实现现代意义上经济增长的是荷兰和英国，而不是法国和西班牙呢？诺斯回答说：“因为荷兰和英国是当时在确定制度和所有权体系——可以有效地发挥个人积极性，保证把资本和精力都用于对社会最有益的活动——方面走在最前面的两个欧洲国家。”

有效的所有权制度是使个人收益率不断接近社会收益率的基本条件。这里“所有权”的含义是指有助于确定每个人占有、使用、转让生产出来的财富的权利的一切法律、规定、惯例和条例（龚六堂，2005）。

产权制度及其相应的制度创新有利于将外部收益内在化，这是新制度经济学关于制度功能的一个重要观点。此外，制度在抑制人的机会主义动机及其行为方面也有重要的作用。综上所述，我们可以把制度功能及其对个人行为影响的过程概括成图 2-1。

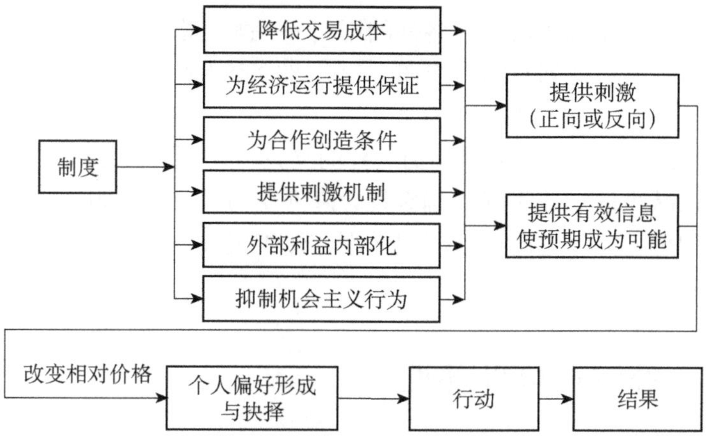


图 2-1　制度功能及其对个人行为影响

制度均衡实质上是指制度达到了“帕累托最优”（Pareto efficiency）。帕累托最优是指：此时所考察的环境已不可能通过改变产品和资源的配置，在其他人（至少一个人）的效用水平至少不下降的情况下，使任何人（至少一个人）的效用水平有所提高。反之，所谓“帕累托无效率”（Pareto inefficiency）指的就是还可能在其他人效用水平不变的情况下，通过重新配置资源和产品，使得一个或一些人的效用水平有所提高。在存在经济无效率的情况下，若进行了资源重新配置，使得某些人的效用水平在其他人的效用不变的情况下有所提高，这种“重新配置”，就称为“帕累托改进”（Pareto improvement）（徐四伟，2005）。制度变迁在某种程度上讲就是一个“帕累托改进”的过程。制度均衡类似于帕累托最优的地方在于（王文博等，2002）：现有的制度安排和制度结构已达到了理想的境地，再也没有调整的必要了。

有效率的制度应该使私人收益率不断接近社会收益率，让个人的努力与其报酬真正挂钩（陈立新，2006）。制度安排至少有两大目标，一是提供一种结构使其成员的合作获得一些在结构外不可能获得的额外收入；二是提供一种能影响法律或产权变迁的机制，以改变个人（或团体）可以合法竞争的方式。制度通过提供一系列规则界定人们的选择空间，约束人们之间的相互关系，从而减少环境中的不确定性，减少交易费用，保护产权，促进生产性活动。

制度创新在经济增长中的作用：首先在于降低制度成本。在现实世界中，信息是稀缺的，产权的执行是有成本的，市场上的交换要消耗资源，而制度创新则可以降低此等制度成本，从而为合作创造条件；制度创新改变要素相对价格，从而为经济增长提供激励机制；制度创新可以抑制“搭便车”等外部性因素。个人（单个人或其经济组织）收益率，往往不等于社会收益率（甲社会成员的经济活动，会对乙等其他社会成员产生格外的影响——如“搭便车”），这就是所谓的外部经济性问题。而制度创新的作用在于使外部收益内在化，使个人收益率接近甚至等于社会收益率（姜照华，2004）。

从新制度经济学出发，可以得到这样的结论：制度规定人们之间的相互关系，制度创新可以减少信息成本和不确定性，降低交易成本，把阻碍合作进行的因素减少到最低程度，提高生产要素配置效率，使规模收益递增，从而促进经济增长（姚洋，2018）。

### 2.1.3 经济环境外部性

外部性的概念起源于马歇尔，后经庇古和科斯的研究得以形成相关理论，并不断得到发展。参照中外一些学者对马歇尔、庇古和科斯的研究，下面首先对外部性问题的研究脉络进行整理。

#### 2.1.3.1 马歇尔的外部经济

马歇尔（1981）认为除了以往人们多次提出过的土地、劳动和资本这三种生产要素外，还有一种要素，即“工业组织”。马歇尔指出：我们把因任何一种货物的生产规模的扩大而发生的经济分为两类：第一是有赖于工业的一般发达的经济；第二是有赖于从事该工业的个别企业的资源、组织和效率的经济。他称前者为外部经济，后者为内部经济。外部经济，往往能因许多性质相似的小型企业集中在特定的地方，即通常所说的工业地区分布。他还指出，第一，任何货物总生产量的增加，一般会增大这样一个代表性企业的规模，因而就会增加它所有的内部经济；第二，总生产量的增加，常会增加它所获得的外部经济，因而使它能花费在比例上较以前小的劳动和代价来制造货物。

#### 2.1.3.2 庇古的外部效应

庇古首次用现代经济学的方法，从福利经济学的角度系统地研究了外部性问题，在马歇尔提出的“外部经济”概念基础上提出了“外部不经济”的概念和内容。庇古通过分析边际私人净产值与边际社会净产值的背离来阐释外部性。他指出，边际私人净产值是指个别企业在生产中追加一个单位生产要素所获得的产值，边际社会净产值是指从全社会来看在生产中追加一个单位生产要素所增加的产值。他认为：

如果每一种生产要素在生产中的边际私人净产值与边际社会净产值相等，它在各生产用途的边际社会净产值都相等，而产品价格等于边际成本时，就意味着资源配置达到最佳状态。但庇古认为，边际私人净产值与边际社会净产值之间存在下列关系：如果在边际私人净产值之外，其他人还得到利益，那么，边际社会净产值就大于边际私人净产值；反之，如果其他人受到损失，那么，边际社会净产值就小于边际私人净产值。庇古把生产者的某种生产活动带给社会的有利影响叫作"边际社会收益"；把生产者的某种生产活动带给社会的不利影响，叫作"边际社会成本"。

虽然庇古的"外部经济"和"外部不经济"概念是从马歇尔那里借用和引申来的，但是庇古赋予这两个概念的意义是不同于马歇尔的，马歇尔主要提到了"外部经济"这个概念，其含义是指企业在扩大生产规模时，因其外部的各种因素所导致的单位成本的降低；庇古所指的是企业活动对外部的影响。这两个问题看起来十分相似，其实所研究的是两个不同的问题或者说是一个问题的两个方面，庇古已经把马歇尔的外部性理论大大向前推进了一步（Pigou，1999）。

#### 2.1.3.3 科斯的交易费用与外部性

科斯理论（科斯，1998）是在批判庇古理论的过程中形成的。科斯对庇古税的批判主要集中在如下几个方面。

第一，外部效应往往不是一方侵害另一方的单向问题，而是具有相互性。例如，化工厂与居民区之间的环境纠纷，在没有明确化工厂是否具有污染排放权的情况下，一旦化工厂排放废水就对它征收污染税，这是不严肃的事情。因为，也许建化工厂在前，建居民区在后。在这种情况下，也许化工厂拥有污染排放权。要限制化工厂排放废水，也许不是政府向化工厂征税，而是居民区向化工厂"赎买"。

第二，在交易费用为零的情况下，庇古税根本没有必要。因为在这时，通过双方的自愿协商，就可以产生资源配置的最佳结果。既然在产权明确界定的情况下，自愿协商同样可以达到最优污染水平，可以实现和庇古税一样的效果，那么政府又何必多管闲事呢？

第三，在交易费用不为零的情况下，解决外部效应的内部化问题要通过各种政策手段的成本-收益的权衡比较才能确定。科斯将庇古理论纳入自己的理论框架之中：在交易费用为零的情况下，解决外部性问题不需要"庇古税"；在交易费用不为零的情况下，解决外部性问题的手段要根据成本-收益的总体比较来确定，也许庇古方法是有效的，也许科斯方法是有效的，这是对庇古理论的一种扬弃。

张五常（2000）的观点是，要弄清外部性的概念，首先要清楚界定产权，其次所有经济活动都可以看作是一种合约安排，因而合约要有完全性和完善性，但这要支付信息成本。

#### 2.1.3.4　政治行为的外部性

艾伦·斯密德（1999）把政治行为外部性看作是与市场外部性相区别、并能影响市场外部性的另一种东西。他把外部性换成了对“相互依存性”的讨论，较为详细地分析了政治行为的外部性问题，为政府行为外部性的研究做出了重要贡献。他认为，“如果避开对外部性的狭义理解，外部性是一个有用的术语，能与‘相互依存效应’或‘人际间机会成本’在相同意义上进行使用”。此外，他把相互依存性或外部性，从技术、金钱和政治三方面来考察，相互依存性或外部性可分为技术外部性、金钱外部性和政治外部性三种基本类型。

查尔斯·沃尔夫（1994）认为，政治行为外部性，“无论是消极的还是积极的，它都源于试图弥补一种现存市场缺陷的公共政策”。而正是在这样的活动中，政府干预可能“在远离公共政策运行的那些领域”产生“无法预料的副作用”。

#### 2.1.3.5　经济环境外部性的分类

根据新制度经济学的研究，所谓外部性实质上是私人收益率与社会收益率的差额问题。外部性分为正外部性与负外部性。正外部性是私人收益率低于社会收益率，有一部分好处被别人得了；负外部性是私人成本低于社会成本，有一部分成本转嫁给了社会或别人。外部性的产生主要有两个原因：一是产权的界定、保护和转让等是否有严格的制度约束；二是经济活动中交易费用的高低。例如，尽管产权制度约束机制很健全，但若交易费用很高，外部性就必然会产生（刘宛晨，2005）。

从私人收益率与社会收益率的关系来看，私人收益率是经济单位从事一种活动所得的净收入；社会收益率是社会从这一活动所得的总净收益（正的或负的），它等于私人收益加上这一活动使社会其他每个人所得的净收益。所谓“搭便车”实质上是使别人经济活动的私人收益率低于其社会收益率，其中的一部分收益被“搭便车”者无偿占有，这种占有可能是有意的，也可能是无意的。

本书的经济环境外部性的概念是在以往关于外部性的研究基础上提出来的，它是影响经济增长的重要因素，其对经济增长的影响可能是有利的，也可能是不利的。

1. 经济环境外部性的概念

外部性亦称外部成本、外部效应或溢出效应，是就外部因素对经济主体的影响效果而言的。萨缪尔森和诺德豪斯（1999）给外部性下的定义是：“外部性是指那些生产或消费对其他团体强征了不可补偿的成本或给予了无须补偿的收益的情形。”经济主体用A表示，经济主体A的环境用B表示。经济环境B的外部性（英文为externality，简称经济环境外部性，它是相对于经济主体A而言的）是指经济环境对经济主体造成了影响，而相应于这种影响，经济环境B却没有承担相应的义务或获得相应的回报。

2. 外部性的分类

经济环境B的外部性是针对经济主体A而言的，可以分为“正的外部性”和“负的外部性”。

经济环境负的外部性是指经济环境对经济主体产生的有利的影响，相应于这种有利影响，经济环境B却没有获得相应的回报。这时，经济环境B是有利于经济主体A的。

经济环境正的外部性是指经济环境对经济主体产生的不利的影响，相应于这种不利影响，经济环境B却没有承担相应的义务。这时，经济环境B是不利于经济主体A的。

3. 外部性的测度

就定量测度而言，相应于经济环境负的外部性，经济环境外部性的影响率为负值；相应于经济环境正的外部性，经济环境外部性的影响率为正值。

例如，在1953～1976年，中国经济环境具有正的外部性，总体来说，内外经济环境是不利于经济增长的；而在1977～2017年，经济环境具有负的外部性，总体来说，内外经济环境是非常有利于经济增长的。

1953～1976年，西方发达资本主义国家对中国进行经济封锁，阻碍中国经济发展；而中苏关系由好变坏，中国国内的“大跃进”等政治运动和恶劣气候等自然条件都影响了经济发展。

改革开放后，西方发达资本主义国家先后与中国建立友好关系，进行了规模越来越大的外商直接投资和经济技术交流；而中国与俄罗斯等国家的关系也越来越好。改革开放以来中国经济的持续高速增长，是与内外良好的经济环境密不可分的。

## 2.2 共协理论

本书论述的共协理论的主要观点可以概括为以下几点。

（1）决定经济增长的直接因素不仅包括资本（固定资本存量和增量——固定

资产投资）、劳动力、科技、人力资本，而且包括制度和经济环境外部性。这一点已在本书第二章第一节中进行了讨论。

（2）科技、人力资本与固定资产投资具有共协关系，这种共协关系是经济系统中共协利益的基础，而共协的基础是知识流动和知识共享。这将在本节中进行讨论。

（3）经济系统的产出，从收益分解的角度看不仅包括劳动报酬、资本收益，而且还包括共协利益。共协利益在某种程度上是劳动者、投资者及其他利益相关者共同的、共享的而又不能明确划分给任何一方的利益，共协利益函数的形式取决于科技、人力资本与固定资产投资的共协关系的类型。这将在本书第二章第三节中进行讨论。

### 2.2.1 创新与投资的共协关系

本书使用广义的“创新”概念。广义的“创新”概念包括科技进步、制度创新，也包括人力资本创新——在经济增长模型中以就业者就业年限的提高来度量——内化在就业者脑中的知识、智力、智慧等的增长（刘建华等，2016）。

科技进步包括技术创新和技术改造两方面的内容。技术创新是指创造和应用新知识、新技术、新工艺，采用新的生产方式和经营管理模式开发新产品，提高产品质量，提供新服务的过程。在技术创新的内涵中，不仅包括新产品、新工艺的商业化，而且包括现代科技引领的管理创新。在上述含义的基础上，本书把技术改造也纳入技术创新的范畴。这样，技术创新可以被分成四种类型：产品创新、工艺创新、技术改造带来的新知识和现代科技引领的管理创新。

共协利益来自于科技进步、人力资本积累与固定资产投资的互动，正如陈宝森（2002）评价的那样，卡尔多将技术进步型的知识进展看成是由资本积累决定的。在他看来，工具的发明所带来的进步是这一事实的充分证明。这个时代的特点是边干边学，边试验边学习。在稀缺条件带来的刺激下，人们都致力于一项工作，越做越熟练，最后，发现了做好它的办法。Arrow（1962）假定，技术进步或生产率提高是资本积累的副产品，也就是说，新投资具有溢出效应。不仅进行投资的厂商可以通过积累生产经验而提高其生产率，其他厂商也可以通过“学习”而提高他们的生产率；在罗默模型（Romer，1990）中，技术进步表现为生产知识的厂商进行投资的产物；卢卡斯认为，厂商在教育部门的自愿投资带来技术进步；在巴罗模型中，技术进步是政府投资带来的；Young（1991）则认为技术进步是发明和技术扩散（往往伴随着投资）共同作用的结果。中国学者在研究中国经济增长中资本积累与技术进步的动态融合问题（赵志耘等，2007），以及资本体现式技术进步对经济增长的贡献率问题时，均强调了固定资产投资与科技的结合问题（宋冬林等，2011）。

新技术通过新设备投资而外溢。例如，A 企业购买含有新技术的新设备，就意味着其把生产这种新设备的 B 企业的新技术某种程度上转移、转化、扩散到了 A 企业。目前关于技术外溢的问题有许多研究和论述，如 Jones（1994）和 Lee（1995）强调设备进口对经济增长率的正向刺激作用。之所以在实证上存在这样的关系，一个重要的理论观点认为大量的技术进步隐含在资本投资中。

吴易风（2005）认为，经济若要持续增长，不仅要求资本增长推动产量增长，而且还要求产量增长和利润率的变化引致资本投资的增长。生产函数概括了前者关系，投资函数概括了后者关系，并且投资函数可以把储蓄函数和收入分配联系起来。例如，假设某一时期产量的增长超过了该时期资本的增长，按照投资函数的定义，下期的资本增长率就会在产量和利润率的作用下提高，然后较高的投资按照生产函数增加产出，接着又会出现一轮投资的调整，但这个调整过程是逐渐收敛的，直到收入增长率与资本增长率彼此相等。在均衡中，增长率、利润率和资本-产量比率随时间的进程保持不变（曾永章，2007）。

Cohen 和 Levinthal（1989）也分析了外溢效应对创新的刺激作用和重要影响。他们认为，其他公司的外溢效应成为一个公司去从事它自己的研究与开发投资，这个公司才能真正获得由其他公司创造的知识和相关的利益。

Chuang（1998）假定进出口都可以引致技术学习，并建立了一个两国的追赶模型，以表明学习和技术外溢可以成为经济增长的发动机，促使各国之间的经济收敛。Ben-David 和 Loewy（1998）也持类似的看法。Dodzin 和 Vamvakids（1999）的模型给出了从进口机器设备中学习新技术，并由此带动经济增长的理论机制。他们同时利用跨国的进出口数据，证明制造业在 GDP 中所占的比重与贸易的开放度呈现显著的正相关。Hendricks（2000）认为劳动力的技能和隐含在资本投资中的技术进步之间是互补的。使用代表新技术水平的资本品，是工人提高自身技能的一个主要途径。设备价格的差异反映了扭曲的贸易政策，限制资本品的进口和过高的设备价格将抑制技术进步（张雄林，2006）。其贡献在于将技术进步的过程由“learning-by-doing”改为了“learning-by-using”（对“learning-by-trading”的具体化）（阿吉翁和霍依特，2004）。

林毅夫等（1994，1999）基于近几十年来发展中国家实施发展模式和战略转型的若干经验教训，通过对大量历史事实的归纳和系统整理，对中国的工业化过程乃至整个发展中国家的工业化实践提出了一个完整的理论解释。按照他们的研究思路，技术学习成本可以分成两部分：购置的成本和应用的成本。其中，技术购置成本是由国际市场决定的，而应用成本则主要受本国禀赋结构的影响。技术结构内生于要素投入结构，即一项技术的实现，需要通过相应的要素投入结构（包括人力资本和物质资本）来实现，而投入品的相对价格是由经济体系内部的禀赋结构所决定的。在他们看来，在技术扩散的过程中，极小化应用成本是选择适宜技术结构的关键，其基本原则在于保持技术结构和禀赋结构之间的一致性。对于遵循比较优势的经济，由于技术进步更多地隐含在引进的资本设备中，所以在全要素生产率（TFP）实证分析中，技术进步应当并不显著。这在一定程度上可以解释为什么经济增长迅速的东亚，其 TFP 反而很低（阿吉翁和霍依特，2004）。

引进设备与自主创新的共协关系。一些学者指出，资本积累与创新是互补的、协同的，更多的投资将通过提高均衡利润流而刺激创新，正如更多的创新将通过提高生产率增长率而刺激资本积累一样。在长期，这两个过程互不可缺，因为如果没有创新，递减的回报将阻止新投资；而没有净投资，那么不断增加的资本成本将抑制创新（李伯涛，2005）。

### 2.2.2 共协的含义

根据生物学的观点，共协指不同种类的生物共同生活在一起的现象，它们相互依赖、相互协作，彼此有利，同时彼此也有矛盾，可能存在相互竞争、相互破坏的一面。“共协”，可以是互利的，也可以是互损的，或者一方受益或受损而另一方不受任何影响。

在生态学中，共协指两个不同有机体之间在一定程度上有益的相互协作关系。

在社会学中，共协是指社会群体内形式不同或性质不同的人口单位之间的相互依存和协作的关系。每个单位的生存都离不开其他单位的持续存在，同时每个单位的协作就是其他单位赖以发展的条件。

（1）本书论述的“共协”概念的含义是指互动和协作，而在经济增长中创新与投资是互动与协作的。

（2）共协的基础是知识流动和共享，而共协利益的存在则是经济组织得以存在和发展的基础。

（3）在某种意义上，经济系统与其环境之间也是共协关系，好的外部环境会促进经济增长，而差的外部环境则会抑制经济增长。

这种共协理论与新古典增长理论关于长期增长率不受资本积累影响的外生增长不同。在新古典增长理论的索洛-斯旺模型中，技术进步独立于资本积累，并决定长期增长率。同样，共协理论也与 Romer（1990）、Grossman 和 Helpman

（1991）等的内生增长理论不同，内生增长理论认为产品种数、生产中的设备数量决定了长期增长率，而与资本存量无关（阿吉翁和霍依特，2004）。

## 2.2.3 共协的基础

“共协”的基础是知识的流动和共享，劳动者和投资者的协作是建立在知识流动和知识共享基础上的。知识的流动是知识内生、外溢、内化、外化的循环过程。创新（科技进步、人力资本创新——内化在就业者脑中的知识、智力、智慧等的增长、制度创新）与固定资产投资通过知识的内化、外化、内生和外溢等过程，通过干中学、知识共享而共协。这种共协既包括知识内生（新技术通过研究开发而内生于投资品中等），也包括技术外溢（物化知识通过反求工程、干中学等而从机械设备中溢出等），也是显性知识和隐性知识的相互转化过程。如图 2-2 所示，外化、内生、内化和外溢是知识流动的四种过程。

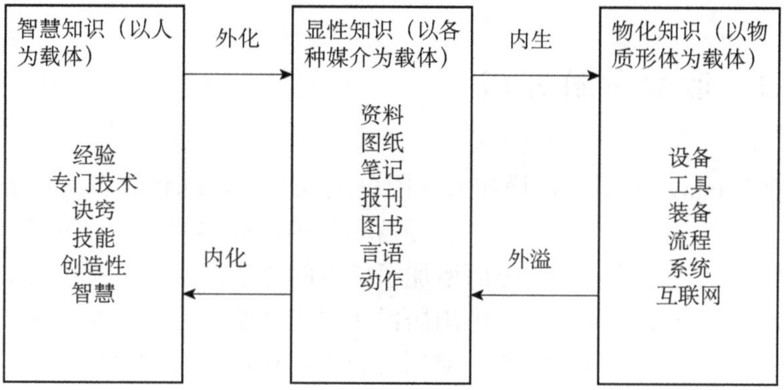


图 2-2 知识流动的四种过程

关于显性知识和隐性知识，钱德勒等（2005）在其著作中论述了野中郁次郎和竹内弘高的观点：显性知识是系统的、正式的东西。显性的知识可以用语言或数字表达，而且可以通过“硬”数据、科学公式、成文的程序或通用的原则等形式交流和共享。因此，显性知识被看成是计算机编码、化学方程式或者一套通用规则的同义词；然而，用文字和数字表达的知识仅仅是“冰山一角”，知识主要是以“隐性”（难以看到和表达的东西）的形式存在的。隐性知识是非常个性化的，很难将其正式化，因此难以和他人交流和共享，主观的见解、直觉和预感就属于此类知识；而且，隐性知识深深地植根于个人的行动、经历、理念、价值观和情感中。

更精确地，隐性知识可以划分成两个维度。第一个维度是技术维度，包含“诀窍”所指的非正式和难以记录的技巧、技艺。例如，一位技艺高超的工匠在长期的实践中积累了大量“存在于指尖”的专门技能，但是通常他并不能说出该技能背后的科学或技术原理。第二个维度是认知维度，也是更为重要的一个维度。它包括在人们心中根深蒂固的、通常被视为理所当然的图标、心智模式、信念和认知等。隐性知识的认知维度反映了人们对现实的印象（是什么）以及人们对未来的愿景（应该怎样）。虽然人们无法很轻松地把它们清楚地表述出来，但这些隐性的模式决定了我们如何认识周围的世界。

显性知识可以很容易地被计算机“处理”，以电子方式传输或存储在数据库中。但隐性知识本质上是主观的、直觉的，很难以系统的、合理的方式进行处理或传输。组织中需要交流和共享的隐性知识必须转化为文字或者数字等这些所有人都可以理解的形式，就是在这个转化过程中，完成了从隐性知识到显性知识的转化。

## 2.3 新的经济增长模型

### 2.3.1 收益分解方法

刘伟（2006a）指出，在增加值（国民收入）中，既包含着由投资所带来的财产收入，也包含着对这些投资进行经营和管理所取得的经营收入等混合收入。这种混合收入的迅速增加，一方面增加了资本的总量；另一方面也为中国经济增长提供了动力。它是改革开放后中国居民（主要是城镇居民）收入分配差距扩大的一个重要原因。按照这个逻辑，对国民收入可以做这样的分解：

国民收入=劳动者的收入+投资者的收入+混合收入 （2-1）

这表明，建立包括科技进步和制度创新等因素在内的普适的经济增长模型，应当从某种基本的经济学原理出发。共协理论方法把国内生产总值分解为劳动者报酬、投资者收益和共协利益，采用收益分解方法研究经济增长。

利用收益分解方法，国内生产总值可以分解为劳动报酬（广义的劳动报酬包括工资、社会保障、相关税收等）、资本收益（广义的资本收益包括折旧，投资者分得的利润、利息、相关税收等）和共协利益。这是经济增长的共协理论的出发点，可以表述为

国内生产总值=劳动报酬+资本收益+共协利益 （2-2）

共协利益是经济活动中各主体（投资者、就业者及其他利益相关者）通过相互作用、互相依赖、协同行动等而获得的某种程度上共享的利益，这种利益的存

在使主体之间相互支持、彼此有利、共同繁荣。在式（2-2）中，“共协利益”在股份公司账户中包括“交税额”“公积金”“未分配利润”“贷款利息”等，是独立于劳动报酬和资本收益之外的“第三项”，是“国内生产总值”中去除“劳动报酬”和“资本收益”这两项后的“剩余”，这些剩余是提高创新能力（扩大再生产和新产品生产能力）的源泉。共协利益首先是由固定资产投资、科技投入、人力资本等具有一定的“公共产品特征”的知识因素决定的，同时也与生产中的污染物排放、能源消耗、产业结构等内外环境因素有关（姜照华等，2014）。

张五常的分成理论对新制度经济学有重大发展，握有生产要素的劳动者和投资者，经过谈判形成合约，按照某个比率分配增加值，可以提高生产要素的配置效率。例如，在封建社会，佃农只要交够地租，剩下的归佃农。而改变分成比例或可以发挥双方的积极性，投入更多的生产要素，并提高要素配置效率。

从共协利益的形成机制看，共协利益首先是由固定资产投资、科技、人力资本等具有一定的“公共产品特征”的知识因素决定的，因而共协利益的函数形式可以写为

$$G=G(S,H,D,K,L,\cdots) \tag{2-3}$$

在式（2-3）中，$G$ 代表共协利益，$L$ 代表劳动力，$H$ 代表人力资本（用就业者受教育年限来计量），$S$ 代表科技投入（用研究开发经费来计量），$D$ 代表固定资产投资；$K$ 代表上期的固定资本存量（如果是年度数据，$K$ 为上一年年底的固定资本存量）。

共协利益函数有多种形式，常见的一种形式是

$$\text{共协利益}=cSHD/(LK) \tag{2-4}$$

在共协利益函数中，科技、人力资本、固定资产是结合在一起的，从数学上说它们是乘在一起的。值得指出的是，由于共协利益具有多种形式，因而式（2-3）具有多种形式，式（2-4）只是式（2-3）的一种比较简单的形式。例如，共协利益的另一种形式是 $cHD/K+cSD/K$，等等，它们代表科技投入、人力资本与固定资产投资的共协关系的不同类型（表 2-3）。

**表 2-3　劳动报酬函数、资本收益函数和共协利益函数的多种形式**

| 国家 | 时期 | 劳动报酬函数 | 资本收益函数 | 共协利益函数 |
|---|---|---|---|---|
| 中国 | 1953～1976 年 | $537(HL)^{0.76}(SD/L)^{-0.23}$ | $0.33K$ | $0.867SD/K-13.5S$ |
| | 1977～2017 年 | $(HL)^{0.413}(SD/L)^{0.2}$ | $0.213K$ | $4.54HSD/K^2$ |
| 美国 | 1900～2017 年 | $(HL)^{0.35}(SD/L)^{0.27}S^{-0.11}$ | $0.25K$ | $0.25K+1.56\dfrac{HSD}{KL}-170.52$ |
| 英国 | 1960～2017 年 | $H^{0.63}L^{-0.42}(SD)^{0.21}$ | $0.17K$ | $25.10SD/K$ |

续表

| 国家 | 时期 | 劳动报酬函数 | 资本收益函数 | 共协利益函数 |
|---|---|---|---|---|
| 韩国 | 1960～2017年 | $(HL)^{0.31}(SD/L)^{0.23}$ | $0.17K$ | $0.15LS/K$ $+0.18LD/K$ |
| 法国 | 1980～2017年 | $(HLSD)^{0.25}$ | $0.19K$ | $29.65SD/K$ |
| 德国 | 1980～2017年 | $(HL)^{0.27}(SD)^{0.20}$ | $0.15K$ | $74.03SD/K$ |
| 加拿大 | 1980～2017年 | $(HL)^{0.27}(SD)^{0.22}$ | $0.19K$ | $38.69SD/K$ |
| 日本 | 1955～2017年 | $(HL)^{0.3}(SD/L)^{0.39}$ | $0.13K$ | $112.9SD/K$ $-372.3SD/L$ |
| 澳大利亚 | 1980～2017年 | $(HL)^{0.27}(SD)^{0.22}$ | $0.18K$ | $26.18SD/K$ |
| 新加坡 | 1980～2017年 | $(HL)^{0.35}(SD/L)^{0.25}$ | $0.25K$ | $7.24HSD/K^2$ |
| 新西兰 | 1980～2017年 | $(HL)^{0.32}(SD)^{0.11}$ | $0.14K$ | $27.07SD/K+0.15L$ |
| 意大利 | 1980～2017年 | $(HL)^{0.33}(HLSD)^{0.33}$ | $0.27K$ | $134.4SDL/K^2$ |
| 爱尔兰 | 1980～2017年 | $(HLSD)^{0.24}$ | $0.26K$ | $74.77SD/K$ |
| 瑞典 | 1993～2017年 | $(HL)^{0.34}(SD/L)^{0.32}$ | $0.18K$ | $46.21SD/K$ |
| 芬兰 | 1980～2017年 | $(HL)^{0.36}(SD/L)^{0.10}$ | $0.18K$ | $7.07SHD/K^2$ |

这样，把式（2-2）写成一种比较简单的定量形式（还有其他的定量形式，详细见表2-3所列的各种形式的函数）就是

$$Y = aL^{\alpha}H^{\beta}S^{\gamma}D^{\delta} + bK + cSHD/LK + u \tag{2-5}$$

式中，$Y$代表经济系统的产出（国内生产总值），$L$代表劳动力，$H$代表人力资本（用就业者受教育年限来计量），$S$代表科技投入（用研究开发经费来计量），$D$代表固定资产投资，$K$代表上期固定资本存量，$\alpha$、$\beta$、$\gamma$、$\delta$、$a$、$b$、$c$是参数，它们由制度和环境外部性决定；$aL^{\alpha}H^{\beta}S^{\gamma}D^{\delta}$代表劳动报酬，$bK$代表资本收益，$cSHD/LK+u$代表共协利益。

### 1. 劳动报酬函数

劳动报酬函数可以写为

$$V=aL^{\alpha}H^{\beta}S^{\gamma}D^{\delta} \tag{2-6}$$

其中，既包括劳动力$L$的作用，也包括知识的作用。而知识的作用由三部分组成：物化知识，它内生于固定资产投资$D$；科技投入$S$带来的新知识；人力资本$H$，可以用受教育年限来计量，也可以采用专业人员数来计量。我们看到，在劳动报酬函数中，科技、人力资本、固定资产是共协在一起的，从数学上说它们是以指

数的形式乘在一起的。

2. 资本收益函数

固定资本存量的收益的函数形式为

$$固定资本存量的收益=bK \quad (2\text{-}7)$$

式中，$K$ 是上期固定资本存量；$b$ 是上期固定资本存量的收益系数。

## 2.3.2 经济增长率分解

按照模型（2-5），可以通过求全微分的方法建立起经济增长率模型，确定在经济增长中国内生产总值与劳动力、人力资本、科技投入、固定资本存量、固定资产投资、制度因素及经济环境外部性的关系，从而把新增长理论和新制度经济学的合理因素有机地结合起来（姜照华等，2012a）。

从生产要素的观点看，固定资本存量 $K$ 和固定资产投资 $D$ 是两个固定资本要素，而人力资本 $H$ 和科技投入.是两个知识要素（姜照华，2004；姜照华等，2012b）。

从模型（2-5）出发，可以推导出下面的经济增长率分解模型：

$$\begin{aligned}y=&\frac{bK-cSHD/LK}{Y}k+\frac{cSHD/LK+a\delta L^{\alpha}H^{\beta}S^{\gamma}D^{\delta}}{Y}d\\&+\frac{cSHD/LK+a\gamma L^{\alpha}H^{\beta}S^{\gamma}D^{\delta}}{Y}s+\frac{a\beta L^{\alpha}H^{\beta}S^{\gamma}D^{\delta}+cSHD/LK}{Y}h \quad (2\text{-}8)\\&+\frac{a\alpha L^{\alpha}H^{\beta}S^{\gamma}D^{\delta}-cSHD/LK}{Y}l+i+q\end{aligned}$$

在式（2-8）中，$y$ 是 $Y$（国内生产总值）的变化率（即经济增长率）；$k$ 是 $K$（固定资本存量）的变化率；$d$ 是 $D$（固定资产投资）的变化率；$s$ 是 $S$（科技投入）的变化率；$h$ 是 $H$（人力资本）的变化率；$l$ 是 $L$（劳动力）的变化率；$i$ 是制度创新对经济增长的作用；$q$ 是经济环境外部性对经济增长的影响。

利用式（2-8）可以方便地测算出各因素对经济增长的贡献率：

$$\eta_K=\frac{bK-cSHD/LK}{Y}\frac{k}{y};\quad \eta_D=\frac{cSHD/LK+a\delta L^{\alpha}H^{\beta}S^{\gamma}D^{\delta}}{Y}\frac{d}{y};$$

$$\eta_S=\frac{cSHD/LK+a\gamma L^{\alpha}H^{\beta}S^{\gamma}D^{\delta}}{Y}\frac{s}{y};\quad \eta_H=\frac{a\beta L^{\alpha}H^{\beta}S^{\gamma}D^{\delta}+cSHD/LK}{Y}\frac{h}{y};$$

$$\eta_L=\frac{a\alpha L^{\alpha}H^{\beta}S^{\gamma}D^{\delta}-cSHD/LK}{Y}\frac{l}{y};\quad \eta_I=i\Big/y;\quad \eta_C=q\Big/y \quad (2\text{-}9)$$

在式（2-9）中，$\eta_K$、$\eta_D$、$\eta_S$、$\eta_H$、$\eta_L$、$\eta_I$、$\eta_C$ 分别是固定资本存量增长对经济增长的贡献率、固定资产投资增长对经济增长的贡献率、科技投入对经济增长的贡献率、人力资本增长对经济增长的贡献率、劳动力增长对经济增长的贡献率、制度创新对经济增长的贡献率、经济环境外部性对经济增长的影响率。

式（2-9）中的各参数$\alpha$、$\beta$、$\gamma$、$\delta$、$a$、$b$、$c$需要通过计量经济学方法或贝叶斯方法等来确定，而$\eta_I$的测算则需要采用数据包络分析（DEA）方法。$\eta_C$（经济环境外部性对经济增长的影响率）则是“去除各种因素后的剩余”，采用余值法来测算。

### 2.3.3 各因素对经济增长贡献率测算的步骤

具体分为如下6个步骤（姜照华等，2014）。

第一步：建立经济增长事实与数据库。

包括产出$Y$（国内生产总值等）、劳动报酬$V$、固定资产投资$D$、固定资本存量$K$、人力资本$H$、科技投入$S$、劳动力$L$等的序列数据[①]。

第二步：建立劳动报酬模型。

以劳动力（就业人数或劳动小时）$L$的对数$\log L$、固定资产投资$D$乘以科技投入$S$再乘以人力资本数（人均受教育年限乘以就业人数）$H$再除以劳动力$L$后的对数$\log HSD/L$为自变量，以劳动报酬$V$的对数$\log V$为因变量，对数据进行多元回归，得到模型（2-6）。

第三步：建立投资价值模型。

如果把资本收益与共协利益之和写为$M$，并称$M$为投资价值函数，则投资价值函数的模型（简称投资价值模型）为

$$M = bK + cSHD / LK + u \qquad (2\text{-}10)$$

这样模型（2-5）可以写为

$$Y = V + M \qquad (2\text{-}11)$$

即

$$M = Y - V \qquad (2\text{-}12)$$

在式（2-12）中，$V$代表劳动报酬；$M$是资本收益与共协利益之和。

在实证测算中，由于$V$是非线性函数，因而需要首先测算出式（2-6）劳动报酬模型中的各个参数，然后再测算出式（2-10）中的各参数。也就是说，模型（2-5）的实证模型需要经过两次建模。

建立投资价值函数模型（2-10）的实证模型的方法：以固定资本存量，固定资产投资乘以科技投入再除以固定资本存量为自变量；以国内生产总值减去劳动报酬的值为因变量，对数据进行多元回归。

① 包括国内生产总值、劳动报酬、固定资产投资、（上一年的）固定资本存量、（上两年的）科技投入，以不变价格计算；人力资本=就业人数×就业者人均受教育年限，劳动力以就业人数或总的劳动时间计量。

第四步：将第二步和第三步得到的模型，代入模型（2-5），从而得到国内生产总值与劳动力、固定资本存量、固定资产投资、科技投入、人力资本、劳动力等的关系模型。

第五步：利用 DEA 方法测算出制度创新对经济增长的贡献率。

第六步：测算出固定资本存量、固定资产投资、科技、人力资本、劳动力、制度等因素在经济增长中的贡献率后，经济环境外部性的影响率按照式（2-9）采用剩余法进行测算（图 2-3）。

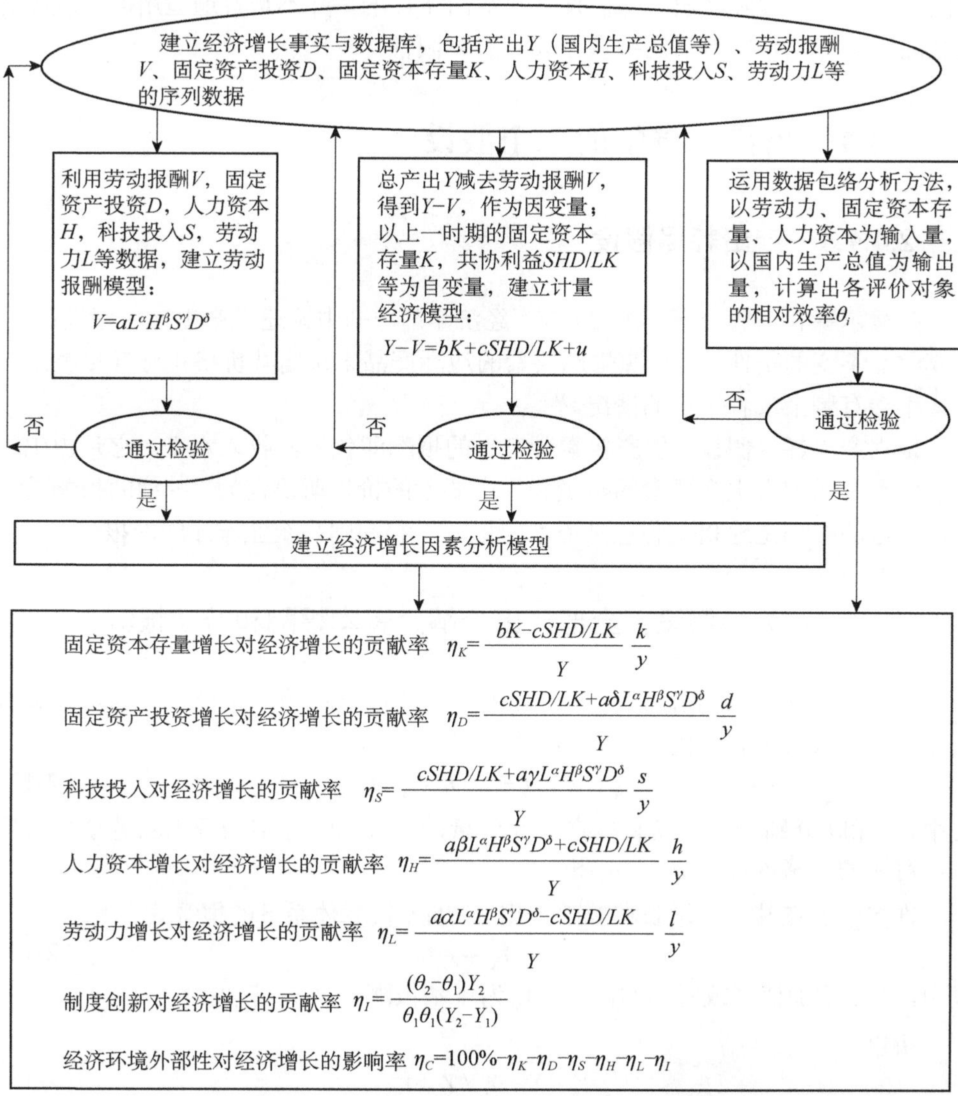


图 2-3　基于共协理论的经济增长因素分析的流程

# 2.4 经济学的三个假设与内生增长问题

当代经济学理论中常见的三个假设，即产出耗尽假设、分解假设（全部产出分解为资本报酬和劳动报酬）和边际收益假设（在利润最大化的条件下，生产要素的价格等于其边际产出）等假设是有适用条件的，并不是普遍适用的。从经济增长的共协理论角度看，这些假设均具有局限性。

## 2.4.1 当代经济学的三个假设

### 2.4.1.1 产出耗尽假设

萨缪尔森和诺德豪斯（1992）在《经济学》一书中论述了产出耗尽假设："在规模收益不变的条件下，按照生产要素的边际产品来决定其价格正好耗尽整个产出，不会有剩余或者不足的情况。"

根据产出耗尽假设，生产要素所有者的报酬即代表其收入水平。它是由生产要素所有者所拥有生产要素的数量和生产要素的价格所决定的。劳动的报酬是工资，土地的报酬是地租，利息是资本的报酬，利润则是企业家才能的报酬。

### 2.4.1.2 分解假设：全部产出分解为资本报酬和劳动报酬

乔根森（2001b）指出，将产出分为消费和投资货物，净投入分为资本和劳动服务，投入价值和产出价值间的恒等式可以写为

$$q_C C + q_I I = p_K K + p_L L \tag{2-13}$$

式中，$C$和$I$分别为消费品和投资品的数量，而$K$和$L$分别为资本和劳动投入数量，对应的价格为$q_C$、$q_I$、$p_K$和$p_L$。

许多学者在其经济增长核算中采用了 SNA 核算体系下的恒等式：

$$Y = Y_K + Y_L \tag{2-14}$$

式中，$Y$是增加值（或写为 GDP），$Y_K$为资本报酬，$Y_L$为劳动报酬。

所以，

$$Y_K / Y + Y_L / Y = 1 \tag{2-15}$$

式中，$Y_K / Y$是资本报酬在产出中的份额（以$v_K$表示）；$Y_L / Y$是劳动报酬在产出

中的份额（以 $v_L$ 表示），即

$$v_K + v_L = 1 \tag{2-16}$$

#### 2.4.1.3 边际收益假设：在利润最大化的条件下，生产要素价格等于其边际产出

很多经济学教科书在有关厂商的行为中进行了如下的推导：

假设厂商的产出由二阶连续可微的、递增的、边际生产率递减的一阶齐次的函数来表示，即

$$Y = F(K,L) \tag{2-17}$$

式中，$K$ 和 $L$ 分别为投入的总的资本存量和劳动力。这里没有引入技术进步，如果引入技术进步，可以同样得到相应的结果。

这样厂商的利润可表示为

$$F(K,L)-(r+\delta)K-\omega L \tag{2-18}$$

式中，$\delta$ 为资本折旧率，$r$ 为资本回报率，$\omega$ 为工资。

厂商的行为就是选择投入多少资本和劳动力，生产多少产品来最大化自己的利润，即

$$\max_{K,L}\left[F(K,L)-(r+\delta)K-\omega L\right] \tag{2-19}$$

由此，便得到最优性条件：

$$F'(K)=r+\delta;F'(L)=\omega \tag{2-20}$$

上面最优性条件表明，资本的边际生产率等于市场上资本的回报率加资本折旧率；工资率等于劳动力的边际生产率。

### 2.4.2 从共协理论角度看经济学的三个假设

#### 2.4.2.1 外部性与产出耗尽假设

影响经济增长的因素，主要有劳动力、固定资本（固定资本存量及固定资产投资）、知识（人力资本及科技带来的新知识等）以及制度因素和经济环境外部性（自然环境、社会环境、市场环境、政策环境等）等。“生产要素按贡献参与分配”的分配制度的内涵，指在整个社会范围内，劳动、资本、技术和管理等生产要素以其对社会财富的创造所做出的实际贡献而获取相应报酬的方式。

但是由于分配制度存在客观局限性及经济环境存在外部性，因而全部要素的

分配份额之和不可能等于 100%。现以美国为例，我们可以看到，各生产要素的报酬份额之和[①]趋近于 100%，但并不等于 100%，这绝不是因计算误差所致，而是由于存在经济环境外部性（图 2-4）。

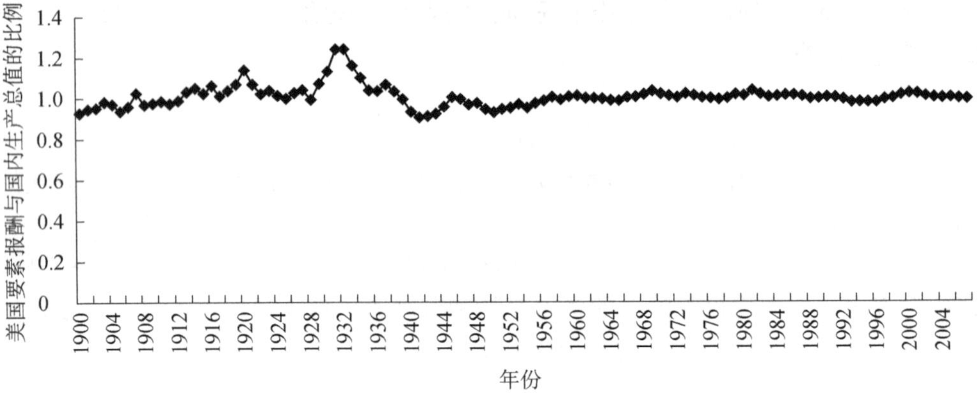


图 2-4　美国要素报酬与国内生产总值的比例

#### 2.4.2.2　收入的多项式与分解假设

国内生产总值有三种表现形态，即价值形态、收入形态和产品形态。在实际核算中，三种表现形态对应三种计算方法，即生产法、收入法和支出法。从收入形态看，国内生产总值是所有常住单位在一定时期内所创造并分配给常住单位和非常住单位的初次分配收入之和。相对应的，收入法从要素收入角度出发，认为国内生产总值是各部门劳动者收入、税金、利润、固定资产折旧等项目之和（姜照华和王青芳，2008）。

在《中国统计年鉴》中，按照收入法计算的国内生产总值由四部分组成（表 2-4 为 2005 年地区生产总值的项目结构），其计算公式为

$$收入法国内生产总值=劳动者报酬+固定资产折旧+生产税净额+营业盈余 \quad (2\text{-}21)$$

**表 2-4　地区生产总值项目结构**　　（单位：亿元）

| 地区 | 地区生产总值 | 劳动者报酬 | 固定资产折旧 | 生产税净额 | 营业盈余 |
|---|---|---|---|---|---|
| 北京 | 6 886.31 | 3 114.15 | 1 095.51 | 1 017.05 | 1 659.60 |
| 天津 | 3 697.62 | 1 164.82 | 515.77 | 727.37 | 1 289.66 |
| 河北 | 10 096.11 | 4 160.01 | 1 254.97 | 1 316.07 | 3 365.06 |

① 这里所谓的“各生产要素的报酬份额之和”是指固定资本存量要素的报酬+固定资产投资要素的报酬+科技要素的报酬+劳动力要素的报酬+人力资本要素的报酬。

续表

| 地区 | 地区生产总值 | 劳动者报酬 | 固定资产折旧 | 生产税净额 | 营业盈余 |
|---|---|---|---|---|---|
| 山西 | 4 179.52 | 1 496.72 | 634.89 | 644.88 | 1 403.03 |
| 内蒙古 | 3 895.55 | 1 599.46 | 544.87 | 433.21 | 1 318.01 |

注：本表为2005年部分省市的数据

按照共协理论，从收益分解的角度看经济系统的产出，不仅包括劳动报酬、资本收益，而且还包括共协利益。共协利益在某种程度上是劳动者、投资者及其他利益相关者的共同的、共享的而又不能明确划分给任何一方的利益。因此，将全部产出分解为资本报酬和劳动报酬这两项是错误的。

#### 2.4.2.3 规模报酬与边际收益假设

传统理论认为，生产要素分为劳动力、资本和土地。每一种要素的报酬均由该要素最后一单位投入所生产的产品数量即该要素的边际产品决定，每一种要素的服务价格即该要素所有者得到的单位收入应该等于该要素的边际产品价值。美国经济学家克拉克创立了边际生产率理论，他认为，各要素所有者在分配中的收入正好等于它们各自在生产中的贡献。具体而言，在静态经济中，劳动的收入即工资是由劳动的边际产出决定的，资本的收入即利息则是由资本的边际产出决定的。工资乘以劳动量等于劳动要素的总收入，利息乘以资本量等于资本要素的总收入（姜照华和王青芳，2008）。

按照本书论述的共协理论，从国民生产总值与生产要素收益之间关系的经济学原理出发，根据模型（2-6）可以得到工资：

$$w=\frac{aL^{\alpha}H^{\beta}S^{\gamma}D^{\delta}}{L}=aL^{\alpha-1}H^{\beta}S^{\gamma}D^{\delta} \tag{2-22}$$

劳动者的实际工资为 $w=aL^{\alpha-1}H^{\beta}S^{\gamma}D^{\delta}$，而劳动力的边际产出为 $\frac{\partial Y}{\partial L}=\alpha aL^{\alpha-1}H^{\beta}S^{\gamma}D^{\delta}$。$\alpha$ 一般是小于1的，因此实际的工资 $w$ 一般是大于理论的劳动力的边际产出 $\frac{\partial Y}{\partial L}$ 的，并且工资率是劳动力数量、固定资产投资、人力资本、科技投入等要素的函数。

吴易风（1999）等指出，在一定意义上，信息经济学的效率工资理论否定了边际工资理论。假设每个社会成员接受保留工资，在保留工资条件下愿意接受一定数量的劳动。假设同样愿意接受保留工资的工人的劳动能力是不同的，进而每个工人的产出数量是不同的。这样，如果支付所有工人相同的工资，有能力的人会偷懒。为了刺激这些人更好地工作，就需要对他们进行额外的支付，这些支付被称为信息租金。这是对工人显示其真实能力的激励，这样就形成了多劳多得的分配原则，这就是信息经济学家效率工资理论的基本观点。需要强调的是，效率工资理论的一个重要基础是认为人的能力是不同的，多劳者支付的代价不一定就大，而新古典经济学实际上承认人的能力是同质的①。

我们认为，实际工资是支付给劳动者的报酬，而劳动者的工作既包含了劳动力 $L$ 的因素，也包括知识的作用（由三部分组成：物化知识，它内生于固定资产投资 $D$；科技投入带来的新知识 $S$；人力资本 $H$）。因此，实际支付给劳动者的报酬高于劳动力的边际产出 $\dfrac{\partial Y}{\partial L}=\alpha aL^{\alpha-1}H^{\beta}S^{\gamma}D^{\delta}$。

从上面的分析可以看出，按照共协理论所得到的结果，产出耗尽假设只有在没有外部性的条件下才可能成立：只有在规模报酬不变的条件下，劳动力和资本才按照边际产出来分配；而分解假设（全部产出分解为资本报酬和劳动报酬）也是有适用条件的，这个条件是：只考虑劳动和资本两个要素，规模报酬不变，并且不存在共协利益和外部性。

### 2.4.3 内生增长问题

根据内生增长理论的思路（龚六堂，2005），对于 CES 效用函数和一般的生产函数，我们可以得到：

$$\gamma_k = f(k)/k - c/k - n - \delta$$

$$\gamma_c = \frac{1}{\theta}(f'(k)-\rho-\delta) \tag{2-23}$$

由横截性条件知道：

$$\lim_{t\to\infty}(f'(k)-\delta) > \lim_{t\to\infty}(\gamma_k + n) \tag{2-24}$$

增长率为正常数的条件为 $b-\varphi>\delta+n$。因此根据式（2-23），可以得出：

$$\gamma_c^* = \frac{1}{\theta}(b-\varphi-\delta-\rho) \tag{2-25}$$

人均消费水平增长率为正，要求 $b>\varphi+\delta+\rho$，而横截性条件要求 $\rho>n$，因此这自然保证了 $b-\varphi>\delta+n$，从而人均资本存量也会无限地增长。下面来证明 $\gamma_k^*=\gamma_c^*$。

首先，由人均资本存量的积累方程，得到：

① 异质性是信息经济学的一个重要内容。当然，效率工资将导致一定的后果，如部分工人的失业及工人之间收入的差异，也许这就是一个次优的状态。

$$\gamma_k^* = b - \varphi - \lim_{k \to \infty} c / k - n - \delta \quad (2\text{-}26)$$

若$\gamma_k^* < \gamma_c^*$，则人均资本存量的增长速度比人均消费水平的增长速度慢，因而有$\lim_{k \to \infty} c / k = 0$，因此$\gamma_k^* = b - \varphi - n - \delta$。这又与横截性条件$\lim_{t \to \infty} f'(k) > \gamma_k^* + n + \delta$矛盾，因此，综合得到$\gamma_k^* = \gamma_c^*$。

上述推导给出了出现内生经济增长的充分条件是$\varphi = \lim_{k \to \infty} cSHD / LK^2$为常数。同时，给出了均衡时的基本特点：人均消费水平、人均资本存量和人均产出的增长率为相等的正常数。这个常数为

$$\gamma_y = \gamma_k = \gamma_c = (b - \varphi - \delta - \rho) / \theta \quad (2\text{-}27)$$

进而，均衡时的消费水平与资本存量之比趋近于常数，即

$$\lim_{k \to \infty} c / k = \zeta \quad (2\text{-}28)$$

其中，$\zeta = (b - \varphi - \delta)(\theta - 1) / \theta + \rho / \theta - n$为常数。

## 2.5 小　　结

本章提出共协理论，认为科技、人力资本与固定资产投资具有共协关系，而共协的基础是知识流动和知识共享；从收益分解的角度看，经济系统的产出不仅包括劳动报酬、资本收益，而且还包括共协利益。共协利益在某种程度上是劳动者、投资者及其他利益相关者的共同的、共享的而又不能明确划分给任何一方的利益。共协利益的形式取决于科技、人力资本与固定资产投资的共协关系的类型，以此建立不同类型的经济增长模型；提出利用 DEA 方法测算制度创新对经济增长的贡献率。推导出内生增长的充分条件；同时对当代经济学理论中的产出耗尽假设、分解假设和边际收益假设的适用条件进行了研究，从经济增长的共协理论角度揭示了这些假设的局限性。

# 3

# 制度创新在经济增长中贡献率的测算与实证分析

本书第 2 章论述了决定和影响经济增长的多种因素，包括劳动力、固定资本存量及固定资产投资、人力资本、科技、制度因素及经济环境外部性。那么，这些因素在经济增长中的贡献各自为多少？劳动力、固定资本存量及固定资产投资、人力资本、科技等因素的贡献的测算，按照上一章论述的经济增长的建模方法进行测算；而制度创新贡献率的测算，按照新制度经济学关于制度创新对经济增长的最基本、最本质的作用是提高生产要素资源的配置效率的理论观点，利用 DEA 方法测算出制度创新对经济增长的贡献率。本章将对此进行详细的论述。

## 3.1　DEA 方法

### 3.1.1　$C^2R$模型

从作用机理来看，制度创新对经济增长的最基本、最本质的作用是提高生产要素资源的配置效率。因而，可以采用效率分析的方法来测算制度创新在经济增长中的贡献率，数据包络分析正是这样一种方法（姜照华，2004）。运用这种方法，以当期的劳动力总量、固定资本存量和人力资本总量为投入，以国内生产总值为产出，并进行标准化，即把各期中最大的劳动力总量标准化为 100%，其余各期的标准化值为各期的劳动力总量除以最大的劳动力数，国内生产总值、固定资本存量和人力资本总量同样处理，获得以各年为样本点的各决策单元（decision making units，DMU）的相对效率。

利用 DEA 分析生产要素资源配置效率的基本模型是 $C^2R$ 模型。$C^2R$ 模型的

一种形式为

$$(D)\begin{cases} \min\theta \\ \text{s.t.}\sum_{j=1}^{n}\lambda_j x_j \leqslant \theta x_0 \\ \sum_{j=1}^{n}\lambda_j y_j \geqslant y_0 \\ \lambda_j \geqslant 0, j=1,\cdots,n \end{cases} \tag{3-1}$$

用上述模型（$D$）来评价 $\text{DMU}_{j_0}$ 的有效性，其含义是力图在“输入可能集”中，在保持产出 $y_0$ 不变的前提下，将投入 $x_0$ 的各个分量按同一比例 $\theta(\leqslant 1)$ 减少。如果这一点能够实现，则表明可以用比 $\text{DMU}_{j_0}$ 更少的投入而使产出不变。这正说明了当下的 $\text{DMU}_{j_0}$ 必不是有效的生产活动；反之，则表明 $\text{DMU}_{j_0}$ 是有效的生产活动。而上述模型的对偶模型为

$$(D)'\begin{cases} \max\alpha \\ \text{s.t.}\sum_{j=1}^{n}\lambda_j x_j \leqslant x_0 \\ \sum_{j=1}^{n}\lambda_j y_j \geqslant \alpha y_0 \\ \lambda_j \geqslant 0, j=1,\cdots,n \end{cases} \tag{3-2}$$

用 $(D)'$ 来评价 $\text{DMU}_{j_0}$ 的有效性，即力图在“输出可能集”内，在保持投入量不变的前提下，使产出较 $y_0$ 以同一比例 $\alpha$ 扩大，如 $\alpha>1$，则表明当下的 $\text{DMU}_{j_0}$ 不是有效的生产活动。

规划问题 $(D)$ 与 $(D)'$ 的最优解之间有着非常密切的关系，一般地，设 $\lambda^*, s^{*-}, s^{*+}, \theta^*$ 为 $(D)$ 的最优解；$\lambda^{**}, s^{**-}, s^{**+}, \alpha^*$ 为 $(D)'$ 的最优解，则有

$$\lambda^{**}=\frac{\lambda^*}{\theta^*}, s^{**-}=\frac{s^{*-}}{\theta^*}, s^{**+}=\frac{s^{*+}}{\theta^*}, \alpha^*=\frac{1}{\theta^*} \tag{3-3}$$

$D$ 和 $(D)'$ 是分别从“产出不变，投入最少”与“投入不变，产出最多”两个不同的角度构造的线性规划模型，这实际上是分别在“输入可能集”与“输出可能集”的基础上研究 DMU 的有效性。

在上述模型中，各 $s$ 代表投入或产出相对于最高效率（$\theta^*=1$）时的浪费。

当 $\theta^*=1$ 时，称 $\text{DMU}_0$ 为 $\text{C}^2\text{R}$ 有效，并根据上述模型的最优解 $\lambda_j^*(j=1,\cdots,n)$ 来判别 $\text{DMU}_0$ 的规模收益，即

如果 $\sum\lambda_j^*=1$，则 $\text{DMU}_0$ 规模收益不变；

如果 $\sum\lambda_j^*<1$，则 $\text{DMU}_0$ 规模收益递增；

如果$\sum \lambda_j^* > 1$，则 $DMU_0$ 规模收益递减。

### 3.1.2 制度创新对经济增长贡献率的测算公式

利用 DEA 方法测算制度创新在经济增长中贡献率的步骤是：

第一步，利用模型（3-2）求出从基期到末期各年的相对效率。用模型（3-2）来评价 $DMU_{j_0}$ 的有效性，即力图在“输出可能集”内，在保持投入量不变的前提下，使产出较 $y_0$ 以同一比例 $\alpha$ 扩大，如 $\alpha$ >1，则表明眼下的 $DMU_{j_0}$ 不是有效的生产活动。

第二步，设基期的产出“可放大比例”为 $\alpha_1$，相对效率为 $\theta_1$；末期的产出“可放大比例”为 $\alpha_2$，相对效率为 $\theta_2$。

如果末期实际的相对效率为 $Q_2$，$Q_2 \leqslant 1$，产出为 $Y_2$，这时，相对效率达到最大时的产出则为 $Y_2/Q_2$，因而由于相对效率没有达到最大而造成的损失为 $Y_2/Q_2-Y_2$；同样，如果实际的相对效率为 $Q_1$，$Q_1 \leqslant 1$，产出为 $Y_2$，这时，相对效率达到最大时的产出则为 $Y_2/Q_1$，由于效率提高（或减少）而使损失减少量为（$Y_2/Q_1-Y_2$）-（$Y_2/Q_2-Y_2$）=$Y_2/Q_1-Y_2/Q_2$。

利用 DEA 方法测算制度创新在经济增长中的贡献率，首先，测算出基期的相对效率（$\theta_1$）和末期的相对效率（$\theta_2$）。由于制度创新使效率提高，使损失减少，而减少的损失为$i = Y_2 / \theta_1 - Y_2 / \theta_2$，这样，制度创新对经济增长的贡献率的测算公式为

$$\begin{aligned}\eta_1 &= (Y_2 / \theta_1 - Y_2 / \theta_2) / (Y_2 - Y_1) \\ &= \frac{(\theta_2 - \theta_1)Y_2}{\theta_1\theta_2(Y_2 - Y_1)} = \frac{\varphi(1+y)}{\theta y}\end{aligned} \tag{3-4}$$

在上述制度创新贡献率的测算公式中，$Y_1$ 和 $Y_2$ 分别是基期和末期的生产总值，$\theta_1$ 为基期的相对效率，$\theta_2$ 为末期的相对效率，$\varphi$ 为效率的年均变化值，$\theta$ 为效率均值，$y$ 为年均经济增长率。

表 3-1 是利用测算公式（3-4），对 15 个国家制度创新在经济增长中的贡献率的测算结果。对于不同国家，制度创新在其经济增长中的贡献率具有很大不同。许多国家的制度创新贡献率为零，或贡献率很小。这并不意味着制度创新在经济中不起作用，而是说明制度创新保证了经济运行效率不下降；否则，不进行制度创新，经济运行效率就会下降。而制度创新贡献率大于零，则说明制度创新不仅保证了经济运行效率不下降，而且能够促进经济增长率的提高。

**表 3-1 15 个国家平均每年的经济增长因素分析** （%）

| 国家 | 时期 | 经济增长率 | 固定资本存量增长的贡献率 | 固定资产投资增长的贡献率 | 科技进步的贡献率 | 人力资本增长的贡献率 | 劳动力增长的贡献率 | 制度创新的贡献率 | 经济环境外部性的影响率 |
|---|---|---|---|---|---|---|---|---|---|
| 中国 | 1953～1976 年 | 5.5 | 28 | 20 | −8 | 42 | 23 | −17 | 12 |

续表

| 国家 | 时期 | 经济增长率 | 固定资本存量增长的贡献率 | 固定资产投资增长的贡献率 | 科技进步的贡献率 | 人力资本增长的贡献率 | 劳动力增长的贡献率 | 制度创新的贡献率 | 经济环境外部性的影响率 |
|---|---|---|---|---|---|---|---|---|---|
| 中国 | 1977～2000 年 | 9.7 | 50.4 | 15.9 | 8.9 | 10.4 | 3.0 | 17.8 | −5.4 |
| | 2001～2017 年 | 9.1 | 36.1 | 22.1 | 26.0 | 6.3 | 0.6 | 1 | 7.8 |
| 英国 | 1960～1980 年 | 2.4 | 55.8 | 22.5 | 29 | 50.1 | −1.3 | −31.2 | −24.8 |
| | 1981～2008 年 | 2.5 | 35 | 16.9 | 9.9 | 18.8 | −2.7 | 18.7 | 3.3 |
| | 2009～2017 年 | 1.3 | 51 | −6.4 | 7.1 | 30.5 | −8.3 | 19.1 | 6.9 |
| 意大利 | 1980～2017 年 | 1.2 | 51.4 | 3.4 | 22.7 | 24.9 | 8.1 | −5.9 | −4.6 |
| 新西兰 | 1980～2008 年 | 2.6 | 37.8 | 11.6 | 8 | 10.4 | 7.2 | 12.4 | 12.4 |
| | 2009～2017 年 | 2.5 | 31.2 | 18.3 | 15 | 11.6 | 8.3 | 14.6 | 1.1 |
| 新加坡 | 1980～2008 年 | 6.8 | 48.3 | 15 | 36.6 | 10.7 | 2.3 | −3.7 | −9.1 |
| | 2009～2017 年 | 4.6 | 37.1 | 14.4 | 26.9 | 9.1 | 2.6 | 15.6 | −5.7 |
| 瑞典 | 1980～2008 年 | 2.4 | 25.5 | 22.5 | 47.5 | 7.5 | 0.15 | 5.2 | −8.3 |
| | 2009～2017 年 | 1.1 | 28.9 | 40.9 | 2.2 | 29.5 | 1.3 | 0 | −2.8 |
| 日本 | 1955～1972 年 | 9.5 | 15.1 | 36.8 | 54.6 | 3.9 | 0 | −6.8 | −9.8 |
| | 1973～1990 年 | 3.7 | 3.7 | 36.5 | 63.8 | 7.4 | 2.6 | −0.5 | −13.6 |
| | 1991～2017 年 | 1.0 | 6.7 | −4.8 | 61.4 | 13.4 | 3 | 11.2 | 9.2 |
| 美国 | 1900～1929 年 | 3.4 | 30 | 16.7 | 16.4 | 19.1 | 8.5 | −1.3 | 10.6 |
| | 1930～1980 年 | 3.6 | 21.2 | 16 | 39.9 | 19.8 | 5 | 21.9 | −23.7 |
| | 1981～2008 年 | 3 | 22.2 | 16.4 | 33.1 | 22.5 | 2.6 | 16.4 | −13.2 |
| | 2009～2017 年 | 2.1 | 19.6 | 8.19 | 26.7 | 24.8 | 0.46 | 22.8 | −2.4 |
| 加拿大 | 1980～2007 年 | 2.8 | 49 | 16.5 | 23.8 | 11.2 | 7.4 | −0.7 | −7.2 |
| | 2008～2017 年 | 1.7 | 70.3 | 4.9 | 2.1 | 10.1 | 7.2 | 2.7 | 2.6 |
| 韩国 | 1960～1972 年 | 8.0 | −24.4 | 91.9 | 16.6 | 9.2 | 20.7 | −6.1 | −7.7 |
| | 1973～1997 年 | 7.9 | 1.6 | 49.6 | 29.4 | 9.6 | 14.7 | 3.1 | −7.9 |
| | 1998～2008 年 | 3.7 | 37.6 | 3.6 | 29.1 | 10.9 | 6.8 | −11.2 | 23.3 |
| | 2009～2017 年 | 3.4 | 37.3 | 14.8 | 17.9 | 10.8 | 9 | 14.3 | −4.0 |
| 芬兰 | 1980～2017 年 | 2.0 | 27.6 | 16.1 | 38.3 | 11.1 | 1.3 | 18.1 | −12.3 |
| 法国 | 1980～2008 年 | 2.0 | 50.3 | 9.5 | 20.2 | 10 | 4.1 | −0.9 | 6.8 |
| | 2009～2017 年 | 0.8 | 55.1 | 10.9 | 27.5 | 16.2 | 5.4 | 6.9 | −22.0 |
| 德国 | 1990～2008 年 | 1.7 | 14.3 | 21.6 | 33.2 | 8.3 | 3.6 | −4.6 | 23.6 |
| | 2009～2017 年 | 1.0 | 23.9 | 32.6 | 26.7 | 14.6 | 6.5 | 2.1 | −6.2 |
| 澳大利亚 | 1980～2008 年 | 3.3 | 47 | 18.6 | 25.1 | 9.1 | 7.6 | 1.7 | −9.1 |
| | 2009～2017 年 | 2.6 | 46.4 | 6.5 | 15.3 | 9.4 | 7.2 | 7.3 | 7.8 |
| 爱尔兰 | 1980～2017 年 | 5.2 | 22.0 | 24.2 | 26.6 | 8.2 | 1.4 | 18.6 | −1.0 |
| 上述国家平均 | | 3.7 | 32.1 | 19.4 | 25.5 | 15.4 | 4.9 | 4.9 | −2.1 |

测算表明，制度创新是1981～2008年美国经济“高增长、高就业、低通胀”的一个重要原因。在1981～2008年，制度创新对经济增长的贡献率达到了16.4%。美国政府为企业创造了一个有利于经济增长的制度环境。例如，美国修改了《反

垄断法》《通信法》等法律法规，这促进了企业规模的扩大和经济进一步全球化。同时，股票期权制度、国家创新体系等也有力地促进了美国高科技产业的发展及至整个经济的增长（姜照华，2006）。

更为重要的是，信息技术"革命"带来了美国式的"制度创新"。乔根森（2001b）的观点是，信息与通信技术定价对 1990 年以后美国提高资源配置效率（制度创新）、促进经济增长起到了关键的作用。他们指出，信息技术设备和软件价格持续的下降平稳地提高了信息与通信技术投资的作用。1921～1970 年，美国和其他国家之间的人均通信流量每年增长约 0.7%，与此相比较，美国的实际人均 GDP 和对外贸易却每年增长约 2.7%；1970～1994 年，人均通信流量每年增长约 5.8%，而实际人均 GDP 和对外贸易则分别年均增长 1.8%和 4.9%。总之，美国的全球化，如果用人均国际通信流量来衡量，在 1970 年前落后于经济的其他指标，而在此后又领先于其他指标。

新信息技术的应用大大降低了通信费用和市场交易费用，以及企业内部的运营与管理成本①。通信成本降低对经济产生了巨大影响，表现为跨国企业内部经营活动的协调比以前方便、进入国际贸易的产品和服务的信息更多、国际金融流动成本也大幅下降。如果将来其他条件不变，通信成本的降低肯定会刺激贸易和投资取得更大的发展，特别是，必然会刺激更深层次的垂直分工（全球采购）和更大范围的产业内贸易。

## 3.2 制度创新对经济增长的促进作用：以英国为例

1981～2008 年，英国的经济增长率平均为 2.5%。分析英国这段时间经济增长的原因，固定资本存量增长的贡献率为 35%，固定资产投资的贡献率为 16.9%，这两者之和归并为固定资本贡献率（为 51.9%）；人力资本增长的贡献率为 18.8%；科技进步的贡献率为 9.9%；制度创新的贡献率为 18.7%；而经济环境外部性的影响率为 3.3%（这说明这段时间内，英国的投资环境近乎中性）②。1960～2001 年英国生产要素配置效率见图 3-1。广义的创新（科技进步、人力资本提高、制度创新）贡献率达到了 47.4%，是创新驱动的经济。

① 根据 J.赫林等提供的资料，1950～1990 年，从伦敦打往纽约的 3 分钟电话的实际成本从 53.20 美元下降到 3.32 美元。到 20 世纪末前，含有与电话内容同样信息的远程电子邮件，其成本已几乎为零。

② 这段时间内，英国经济的增长，主要原因是撒切尔政府的改革促使固定资产投资增长，从而带动经济增长。

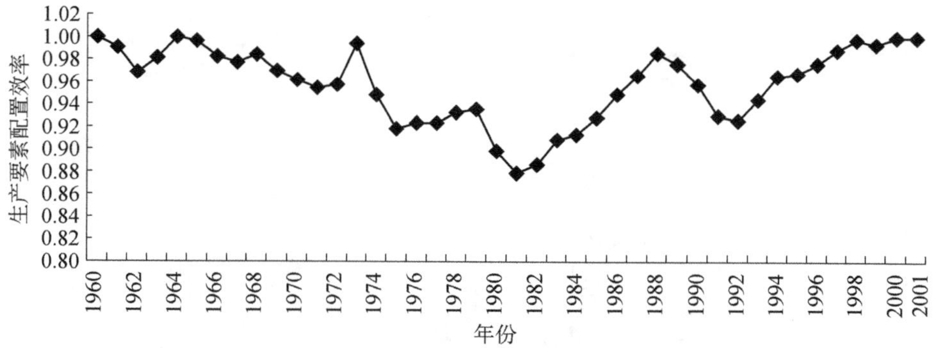


图 3-1　英国生产要素配置效率的演化（1960～2001 年）

制度创新是对英国经济增长影响比较大的因素（图 3-1）。1979 年至今的 40 多年中，英国社会发生了两次大的制度变革，第一次是撒切尔政府的改革，第二次是英国工党走“第三条道路”的改革。这两次变革对英国社会的各方面都产生了重大影响。

### 3.2.1　撒切尔政府的改革

1979 年撒切尔夫人上台以后，英国保守党政府推行了一系列重大而激进的改革计划，由于改革的幅度巨大且影响深远，有的学者甚至称之为“撒切尔革命”（Carter et al.，1992）。

与其他发达国家一样，英国当代政府行政改革的动因主要是国内外环境的变化，以及政府面临的财政危机、管理危机和信任危机。20 世纪 80 年代初期，许多国家都面临沉重的改革压力，政治领导者都感受到来自技术创新、政府角色重新定位、跨国协商机制的出现，以及经济环境快速变迁等因素的冲击（Carter et al.，1992；Guy，2001）。

导致这场改革的原因主要有以下三个方面。

（1）通货膨胀造成的经济压力（图 3-2）。

1973～1974 年，中东战争爆发，造成原油价格飙涨，导致世界能源危机，全球经济出现了严重的萧条。原本就有潜在经济危机的英国，同时面临经济停滞不前、通货膨胀和失业率却居高不下的“滞涨”困境，凯恩斯主义对此已无能为力。因为要刺激经济发展、减少失业，就会把通货膨胀率推向更高的水平；而抑制通货膨胀又会使有效需求减少，加剧经济衰退，使失业现象持续下去或更加恶化。图 3-2 表示的是英国 1967～2005 年的长期菲利普斯曲线，可以看到，曲线顺时针环绕形成圈状并且向右位移，20 世纪 70 年代英国的菲利普斯曲线圈反映了英国

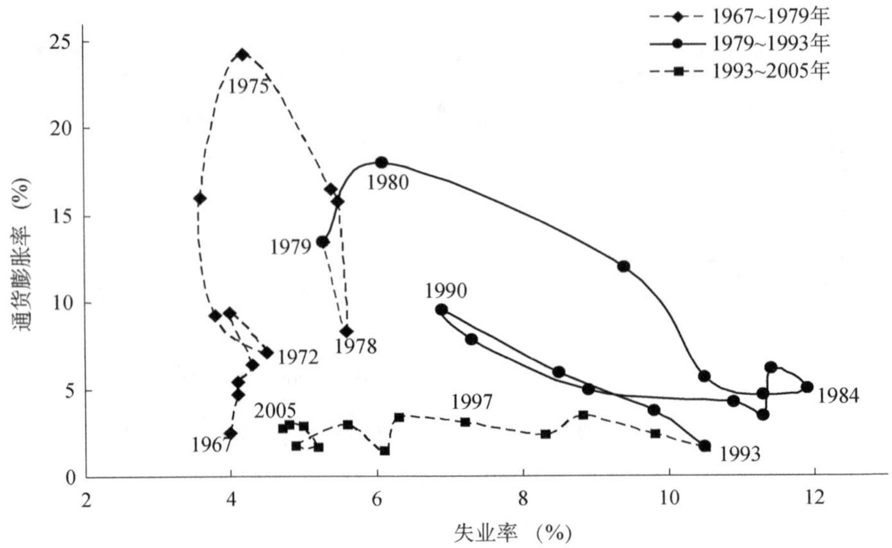


图 3-2　英国的菲利普斯曲线圈（1967～2005 年）

当时的“滞涨”困境。不仅如此，20 世纪 70 年代中期后，英镑大幅贬值，利率波动剧烈，英国政府的财政更加恶化。第二次世界大战后经济稳定下所维持的政治共识，很快就面临瓦解；原先用以支撑福利国家政策的增税和扩大公共支出政策，也随着凯恩斯经济理论的破产而遭遇到严厉的打击（Carter et al.，1992；Farnham and Horton，1996）。

（2）政府机构过于臃肿，政府开支几乎消耗了近一半的国内生产总值。

第二次世界大战后，英国的一般政府支出（general government expenditure，GGE）即呈现持续扩张的情况。1919～1938 年，英国政府在公共财货和服务方面的支出，平均只占 GDP 的 13%；1947～1970 年，这个比重提高到 20%以上；20 世纪 70 年代中期更高达 27%（Carter et al.，1992）。这些数据显示，英国政府的公共支出在第二次世界大战后呈现巨幅增长。英国人民对于政府 GGE 占 GDP 比重过高（图 3-3）的情况已经越来越难以忍受（Zifcak，1994），过分强调国有化和社会福利政策所带来的消极后果逐渐显现。1979 年，保守党政府上台后的第一份公共支出白皮书即明白指出，公共支出是英国当前经济困境的核心问题。公共支出的巨幅增长和控制不当，被认定是造成国家经济困境的主要因素（撒切尔，1998）。一方面，政府开支消耗了太多的 GDP，使得生产性投资严重不足，企业用于技术创新的资金非常之少，企业发展缺乏后劲，最终导致经济停滞，失业率居高不下；另一方面，政府财政赤字飙升，使得通货膨胀愈演愈烈，1975 年为 24.3%，1980 年为 17.9%。

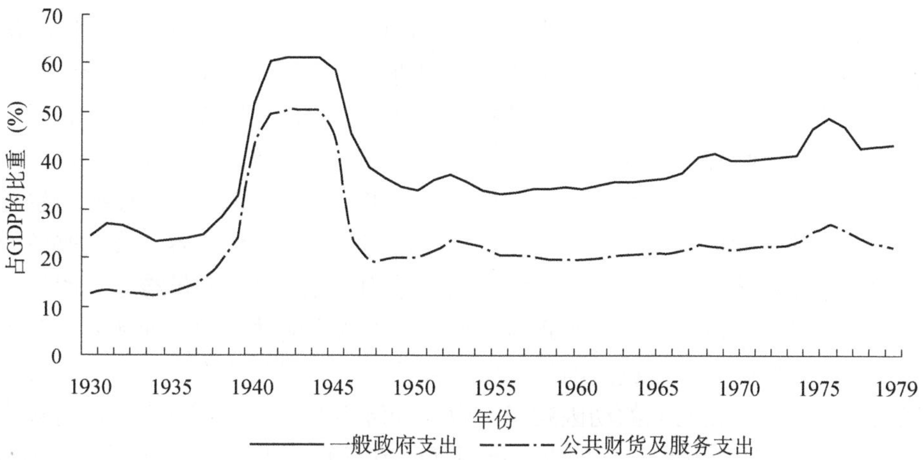


图 3-3　英国一般政府支出和公共财货及服务支出占 GDP 的比重

（3）英国政府面临政治和行政的困局。

20 世纪 60 年代末期，英国出现一种“反文化”（counter culture）的风潮，即各利益团体不再遵循顺服的政治文化传统，反而争相要求福利、高工资、对企业的补贴和其他种种利益，两大党则竞相承诺并提供给更多的利益团体以更多的福利，终至出现团体与团体之间、团体与政府之间互相阻碍并共同耗损公共资源，最后导致“公共选择的瘫痪”（paralysis of public choice）。这种现象的发生，正昭示英国第二次世界大战后和解时期所建构的协商式统合主义已告解体，政府已经不再是资源分配的强势仲裁者（Carter et al.，1992；Farnham and Horton，1996）。

撒切尔夫人上台后，针对上述情况推行了一系列改革措施。

（1）改革文官制度，大幅删减公共支出。撒切尔政府在 1979 年执政之初，即宣布将削弱文官的政治特权，强化内阁对文官系统的政治控制力，并借由缩小文官体制的规模和引进企业经营的文化来改善政府部门的管理，革除其浪费、无效率的不良方式（撒切尔，1998）。

（2）减少国家对经济的干预，推动私有化进程。撒切尔夫人上任之后即开始大刀阔斧的私有化革命①。这项改革措施被认为是 20 世纪 80 年代英国保守党政府的政治代表作。国有事业的产值也因此从 1979 年占 GDP 的 11%降至 1990 年的 5.5%。

（3）重建市场正常运转的基础，发起“供应经济学革命”，即取消政府管制，推动企业（供应方）的创新和发展。这方面的政策除了减税、私有化之外，在英国最重要、同时也引起了广泛争议的做法是取消工会的法定特权，解放了劳动力市场。与此同时，英国也取消了外汇管制，以及对物价、收入和股利的管制（胡西元，2005）。

① 那些被私有化的机构包括英国航天事业（1981）、英国电信事业（1984）、英国瓦斯事业（1986）、英国航站局（1987）、水供应及污水处理（1989）、英格兰及韦尔斯地区的电力事业（1993）及英国铁路事业（1996）。

始于 1979 年撒切尔内阁的英国新公共管理运动，也可以看作是英国经济制度创新的重要内容。英国公共服务职业化的进程开始于 20 世纪 50 年代，在 60 年代达到高潮。政策上的凯恩斯主义和行政上的职业化，使政府的规模和活动范围持续扩大，由此带来的经济、社会和政治问题在 20 世纪 70 年代石油危机之后以巨大的财政预算赤字、甚至财政危机的形式集中表现出来，这迫使撒切尔内阁走上公共服务专业化和商业化的道路，以期提高效率、降低成本。公共服务的专业化和商业化意味着政府和公共组织的内部结构、公共服务的供给方式的根本性改变，而其最终目标则是要缩小政府规模、压缩政府活动空间、创新公共服务供给方法，以更低的费用、更高的效率实现公共目标。因此，应该说英国新公共管理运动的最直接、最明显的动因就是财政和经济需要，减少预算赤字、削减公共部门、提高公共服务效率和质量成为英国行政改革的主要推动力量（张钢，2003）。

英国新公共管理运动大致可以划分为两个大的阶段，即引进私人部门管理技术和公共服务私有化阶段（1979～1987 年）、公共服务代理化和公共-私人部门伙伴关系阶段（1988 年以后）（张钢，2003）。

在公共部门中引入私人企业的竞争机制，这是新公共管理运动的一大主题。但公共部门和私人企业毕竟是两个不同的领域，管理的对象、目标、性质都有各自的特殊性，不能简单等同。就以竞争机制为例，公共领域中的那些内部不经济、必要管制的部门就不宜引入市场机制，这说明引进竞争机制本身就有一个度的问题。经济学的研究方法是否能完全解读政治和行政过程，这是一个值得思考的问题。政策制定与政策执行是行政过程的两个阶段，两者功能不同、步骤不同，但其间又有连续性，不能简单地厚此薄彼。以往偏重政策制定，弱化执行功能，当然不利于管理。反过来，面对日益增多、各有章法的执行机构，如何加强政府部门的宏观控制、有效协调职能机构与执行机构的关系，这也是实践提出的新课题。行政绩效评估是管理的一个重要内容，其具有评估标准客观、评估过程客观、评估结果客观的三维统一性，是合同承包等管理机制的运作基础，也是建立责任制度与落实内部责任制度的联系环节。但行政绩效是一个无形与有形、长期与短期、间接与直接错综融合的综合体，行政绩效评估不能简单地等同于企业绩效评估，否则，新管理主义就会简单地等同于新泰勒主义（邓仕仑，2004）。

英国新公共管理运动的实践带来了一种“全新的公共管理”。这一运动导致了对“管理主义”的信奉，这种信奉被克里斯托夫·派洛特称为“极少得到证明的假设”，即更好的管理将证明是解决一系列经济和社会痼疾的有效良方。布莱尔政府在 2000 年实行的最佳价值计划，超越了保守党政府改革的强制性竞标（compulsory competitive tendering，CCT）对经济理性的单向追求，并强调结果导向与持续改进的和谐统一。据 OECD1999～2000 年分析数据库显示，2000 年，英国政府支出变化（以占 GDP 的比重表示）比上年下降了 3%，政府雇员的薪资（以占 GDP 的比重表示）下降了 34.2%。在 2003 年英国政府 MORI 民意测验中，公众对政府部门所提供的服务质量满意度达到 55%，对政府工作人员责任认可度为 53%，其中，公众对医院满意度高达 70%。此外，通过信息网络化的政府采购建设，截至 2006 年 2 月，有 540 个客户通过“政府采购卡”付费，每月节省 800 万～900 万英镑，有效地降低了政府采购成本，提高了政府运作效率（卓越，2006）。

### 3.2.2 布莱尔政府“第三条道路”的改革

1997 年 5 月工党上台执政，英国政府基本承袭了保守党的客观经济政策，出现了第二次世界大战后首次非因政府更迭而大幅度改变经济政策的局面，保持了政策的稳定性与连续性。通货膨胀初步得到控制，经济呈低速增长态势（黄润中，1998）。

与此同时，英国政府也在进行“第三条道路”的改革。工党政府主要从福利和医疗制度、上议院世袭贵族特权、教育制度等方面进行了重大改革，在促进经济发展方面提出了新举措，并以此来推动英国经济的发展。面对知识经济时代的冲击，以布莱尔首相为首的工党政府力促高科技发展，通过调整产业、产品结构，保持了经济的持续增长。布莱尔政府主要提出了如下新举措：①向知识经济社会转型，提倡建立混合经济模式，形成所谓的“新经济”。英国在 1998 年底正式发布了《我们有竞争力的未来：创建知识经济》白皮书，将促进知识经济发展作为制定工业、科技和贸易政策的新基石（盛昭瀚等，1996）。②增强企业活力和竞争力，促进高技术企业的发展。政府运用政策来保证和鼓励平等的竞争，鼓励扩大再生产，对用于扩大再生产的利润部分酌情减免税收，对科研设施的基本建设投资或在指定的企业区内的建设费用可 100%的免税。在刺激投资和促进企业特别是高技术企业发展方面，采取鼓励措施，实施信息产业战略，帮助企业适应信息时代的产业发展。③综合运用财政和货币政策，避免经济过热或衰退，确保经济平稳健康运行。英国财政大臣布朗将英国财政政策与货币政策协调配合实现经济稳定增长称为“英国模式”，并作为一个经济增长的成功范例推荐给其他国家。工党上台执政以后实行货币政策改革，由英格兰银行独立决定利率，希望以此遏制通货膨胀，同时政府还通过扩大支出保持了相对宽松的财政政策（刘伟，2006b）。

这两次改革的成效是显而易见的，通过及时改革制度和调整经济结构，英国逐渐摆脱了“欧洲病夫”的形象，各项经济指标均得以领先于欧洲各国。

# 3.3　制度创新的层次与类型

制度是一种约束人类行为的规则，这些规则的形成既来源于不同利益主体之间的博弈均衡状态，又来源于政府的理性构建。秩序则是制度的一种现实状态，它是指在既定制度条件下，社会、经济、政治等的结构状态。

## 3.3.1　制度的层次

我们把制度由上至下分为三个层次来分析，即核心制度（或称之为根本制度）、行为秩序及实施的机制。

经济政策可以被看作是制度的一种“行动”，需要通过国家提供相应的制度安排来将自发形成的制度固定下来，自然演进的制度均衡本身并不具有合法性，只有通过国家法律的认可，它才可以维持，可自我实施的制度系统也必须具备一定的“制度框架”，这种“制度框架”便是政府提供的制度安排。

这样我们就可以讨论制度与一国法律体系的关系。根据诺斯（1994）的观点，正式制度应该包括政治规则、经济规则和契约。它们形成一个等级结构，从宪法到成文法和普通法，再到明细的规则，最后是个别的契约，这些规则共同约束着人们的行为。柯武刚和史漫飞（2000）指出，正式制度的层级结构本质上由三个不同层次的规则构成，即顶层的宪法、中层的成文法和底层的政府条例。我们认为，制度的三个层次与国家法律法规的三个层次有着对应关系，见表 3-2。

**表 3-2　制度与一国的法律体系的关系**

| 制度 | 对应法律法规 | 作用 | 可变化程度 |
|---|---|---|---|
| 根本制度 | 宪法 | 规范着一切的经济规则 | 不易改变 |
| 行为秩序 | 民商法、经济法、劳动法等部门法 | 规定了社会各个部门的行为规范 | 可以改变 |
| 实施机制 | 政策 | 规范了各项制度的具体实施 | 较易改变 |

与一个国家根本制度相对应的是这个国家的宪法，它规范着一切的经济规则。以中国为例，中国的根本制度是社会主义制度。这就是由中国宪法所规定的：“中华人民共和国是工人阶级领导的、以工农联盟为基础的人民民主专政的社会主义国家。”

由于宪法自身一般都规定了修改程序，故宪法所规定的一国的根本制度的稳定性很强，不易发生改变。在现代宪政国家，修宪的主体、修宪权限及修宪程序都受到宪法的严格限制。以美国宪法为例，美国宪法第5条规定“举凡两院议员各以三分之二的多数认为必要时，国会应提出对本宪法的修正案；或者，当现有诸州三分之二的州议会提出请求时，国会应召集修宪大会，以上两种修正案，如经诸州四分之三的州议会或四分之三的州修宪大会批准时，即成为本宪法之一部分而发生全部效力，至于采用哪一种批准方式，则由国会议决”（刘晗，2013）。

与行为秩序相对应的是一国除宪法以外的各个部门法，它规定了社会各个部门的行为规范。以中国为例，中国法律体系划分的主要法律部门除宪法外，还有行政法、民商法、经济法、劳动与社会保障法、科教文卫法、自然资源与环境保护法、刑法、诉讼法和军事法。

相较于宪法而言，对一般法律修改所设立的各种限制相对较少。因此，由各个部门法所规范的行为秩序在必要时可以改变。例如，中国宪法第六十四条规定，宪法的修改“由全国人民代表大会常务委员会或者五分之一以上的全国人民代表大会代表提议，并由全国人民代表大会以全体代表的三分之二以上的多数通过”，而对于其他法律和议案，只需“由全国人民代表大会以全体代表的过半数通过”。显然，一般的法律较宪法的修改要容易得多。

与实施机制相对应的是一国各级政府所制定的政策。这些政策法规由有关政府机构制定，并且随着实际情况的变化，政府机构会相应地对这些政策做出修订，以适应新的形势。因此，政策较容易发生改变，有相当的灵活性①。

## 3.3.2 制度创新的类型

从范围和程度上看，制度创新可以分为四种类型，即制度变革、制度改进、制度摄动和制度侧滑。

### 3.3.2.1 制度变革

如果说根本制度的演变决定经济增长的长周期，而行为秩序的变化决定经济增长的中周期，那么实施机制的调整则决定经济增长的短周期。

制度变革指的是政治-经济制度的根本变革，如从奴隶社会到封建社会的变革，从封建社会到资本主义社会的变革，以及中国1949～1952年的制度变革，

① 如果说根本制度的演变决定经济增长的长周期，而行为秩序的变化决定经济增长的中周期，那么实施机制的调整则决定经济增长的短周期。

都属于这一类型。

#### 3.3.2.2　制度改进

制度改进指的是在一段时间内，生产要素资源配置效率持续增长。以美国为例，1982～2002 年，美国的生产要素资源配置效率持续地增长（图 3-4）（同时，经济也迎来比较高速的增长），这便属于制度改进。

一般认为，20 世纪 80 年代后的美国经济增长主要应归功于第 40 任总统里根和第 42 任总统克林顿。1980 年底，里根同他的经济顾问班子研究确定了“经济复兴计划”和后来被称为“经济复兴税法”及“公平、简化和促进经济成长”的税制改革计划。这些计划的内容，可概括为四个基本要点：①减少联邦总开支的增长，办法是取消联邦政府的适当责任范围之外的活动和限制其他活动的开支增长；②把税收负担限制在最低水平，从而加强对储蓄、投资、工作、生产率和经济增长的刺激；③取消联邦政府对个人生活、企业有效经营或者州和地方政府的工作的不必要干预，减少联邦的管理负担；④支持稳妥可靠的货币政策，以鼓励经济增长和控制通货膨胀。这四方面的核心内容是通过减税、减支和减少政府干预来增加私人储蓄和投资，调动地方政府积极性，促进经济的发展（夫子，2004）。

正是这些制度上的持续改进，使美国成功走出了 1970 年以来的经济衰退，开始迎来高速的经济增长，这种经济增长在克林顿时期达到阶段高点。

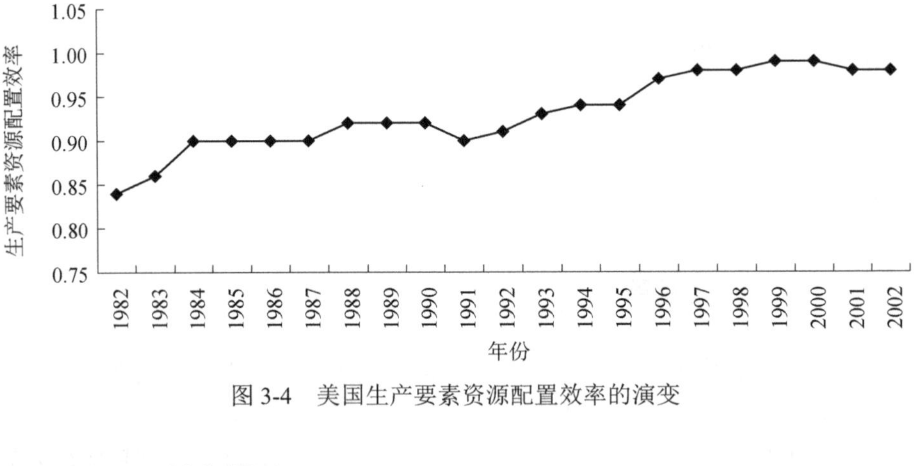


图 3-4　美国生产要素资源配置效率的演变

#### 3.3.2.3　制度摄动

制度摄动是指，在一段时间内生产要素资源配置效率在一个范围内上下波动，使制度创新实际上陷于僵滞的情况。意大利 1961～1994 年的制度创新（图 3-5）

大致就属于这种情况。

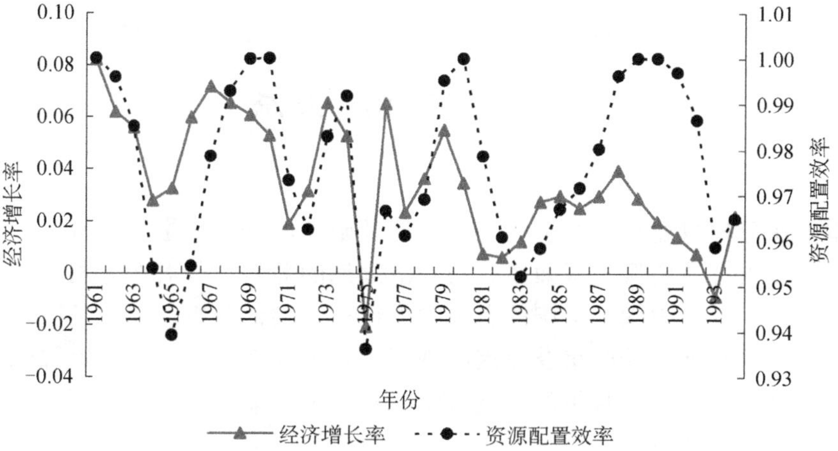


图 3-5 1961～1994 年意大利生产要素资源配置效率与经济增长率

第二次世界大战后意大利的政局表现出的最大特点，便是政府更迭频繁、突发性大。自第二次世界大战结束以来到 1986 年底，意大利共更换了 45 届政府。

在政府更迭频繁的政局下，无法保证国家政策的连续性，任何一项制度变革都很难持续地被执行。同时，在这样一种动荡的政局中，每届政府上台后都自然地将维持政权放在首位。因此，生产要素资源配置效率显现出摄动的态势，同时伴随着经济增长率的下滑。

### 3.3.2.4 制度侧滑

与制度改进相反，制度侧滑是指在一段时间内生产要素资源配置效率总体下滑的情况。中国 1955～1977 年的发展状况（图 3-6）大致就属于这种情况。

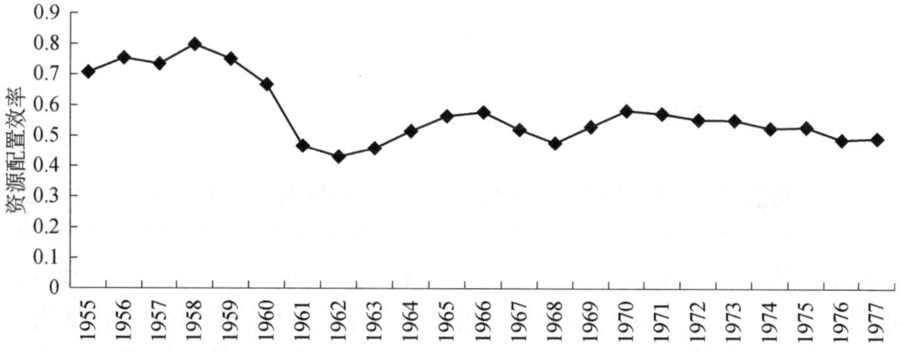


图 3-6 1955～1977 年中国生产要素资源配置效率的变化

# 3.4 生产要素资源配置效率周期与经济周期的关系

本书在分析概述传统经济周期理论的基础上，分析了生产要素资源配置效率（生产要素存量资源配置效率）与经济周期的关系，并对意大利、加拿大、日本、澳大利亚、中国和美国的有关数据进行了实证分析，验证了斯诺等的制度创新是经济长期增长的重要原因的观点。本书发现，生产要素资源配置效率周期与经济周期同步，且生产要素资源配置效率周期决定经济周期，由此提出制度经济周期的观点。

## 3.4.1 经济周期理论概述

### 3.4.1.1 太阳黑子说

杰文斯（1997）的太阳黑子说经济周期理论先后在其 1875 年和 1878 年发表的两篇论文之中提出。他发现 10 年左右会出现一次太阳黑子，而商业危机也是大概 10 年一次，于是，他研究了大量统计资料，力图从中找出规律以解释这种被他称为“完美的一致”的现象，并最终创立了太阳黑子说经济周期理论。他认为，10 年左右出现一次的太阳黑子现象会使农业歉收，而农业在经济中的地位相当重要，农业又会影响工业和其他经济活动，从而引起经济危机。该理论在杰文斯所处的时期有其积极意义，推动了经济周期理论研究的发展，但是这种理论现在看来却不能成立，因为太阳黑子对农业的影响有限，况且仅仅农业的变化也不足以引起经济周期波动。

### 3.4.1.2 心理说

经济周期的心理说主要把经济的周期性波动归因于人们悲观的和乐观的预期的交互作用（胡永刚，2002）。1867 年，穆勒发表了《论信用循环和商业恐慌的由来》，开创了经济周期心理说的先河。穆勒把经济周期归结为企业家对商业周期判断的情绪失常。英国经济学家庇古是心理说的代表性人物。他认为，“心理”具体表现为预期，而预期通常是不确定的，既可以乐观，也可以悲观，更会有错误，“乐观和悲观的错误，是互为因果，不断发生的”。他假定最初商业社会既没有人犯乐观的错误，也没有人犯悲观的错误，也就是说，投资的增加或投资的减少与社会需求保持一致。需求保持增长时，由于商人不能预见他们自己和竞争者对于市场信号的刺激所做出的反应将有什么后果，他们就开始犯乐观的错误。庇古认为投资者在心理上是相互依赖的，如果某个投资者犯了乐观的错误，其他人也会步其后尘，因此这种错误会增长得很快。这种交替出现的预期错误将最终导致经济的周期性波动。

此外，许多经济学家在其经济周期理论中都将心理因素作为解释波动的一种辅助因素，却很少将其作为影响周期的单一因素。

#### 3.4.1.3 创新说

奥地利经济学家熊彼特（1990）用创新来解释经济周期。他的基本论点为，创新（指企业家对生产要素和生产条件的一种新组合）的推行必须支付较高的代价，尤其需要银行信用的支持。熊彼特首先假设整个经济处于均衡状态，利润为零。在这种状态之下，只有那些富有冒险精神的创新者才能勇于率先把创新活动付诸实践，借助银行扩大信用贷款的帮助，增雇工人，新建厂房，增添设备，最终使企业获得垄断利润。这种垄断利润吸引大批竞争者的介入，迅速激发生产性需求和就业的增加，导致企业之间争先恐后地采购原材料，引起价格的全面上涨，出现繁荣兴旺的景象；随后，大量企业的模仿会导致垄断利润消失，企业家不得不缩减生产规模，裁减雇员，减少投资，价格随之下降，最终产生经济萧条。

#### 3.4.1.4 政治性经济周期理论

Nordhaus（1975）提出了一个完整的政治性经济周期模型，该模型把政治的经济周期归因于机会主义者在选举前的操纵，认为政治家为了有利于赢得选票而制定的经济政策是引起经济波动的主要原因之一，因此经济周期随着政治周期而变动。典型的政治性经济周期为，现任政府为了连选连任，往往在选举前采用减税或增加政府开支等扩张性财政政策来刺激经济，减少失业，形成经济繁荣景象，直至选举前夜。选举之后，为了控制这种繁荣所带来的通货膨胀，就要采取紧缩性的财政政策，从而引发经济萧条。在下一个选举周期里，同样的行为会再次出现。诺德豪斯的理论及其后由 Hibbs（1977）和 Alesina（1988）分别提出的党派模型和理性党派模型，主要是从美国选举周期角度来分析政治对经济运行产生的影响，因此对中国经济周期变动的解释力较差。

### 3.4.1.5 消费不足说

消费不足说是周期性不稳定的较为古老的解释之一，劳德达尔、西斯蒙第和马尔萨斯是消费不足说的早期代表人物。消费不足说又可以分为购买力不足造成的消费不足和过度储蓄形成的消费不足两种。购买力不足造成的消费不足说认为，经济体系未能分配足够的购买力，造成实际购买力低于产品总价值，因而社会的全部产品不能完全以至少抵偿成本的价格出售，这是造成经济收缩的主要原因；而过度储蓄造成的消费不足说认为，由于富人的储蓄倾向相对穷人高，而大部分的资本却掌握在富人手中。随着生产的发展和社会财富的增长，富人的消费虽将增加，但其增长率比起社会财富的增长率要小得多，最终会造成整个社会的储蓄超过一定的比例，而整个社会用于购买消费品的部分比例太小，引起消费不足，导致经济萧条。显然消费不足不可能形成繁荣，因此从严格意义上讲，消费不足说不构成一个完整的周期理论。

### 3.4.1.6 投资过度论

投资过度论主要从投资的角度分析经济周期的形成，其代表人物为奥地利学派的哈耶克、米塞斯和罗宾斯等人。其中心论点是：经济周期波动的主要原因在于货币方面，但也不是纯粹的货币原因，而是通过货币因素造成的生产结构的失调，使繁荣走向崩溃。货币金融当局的信用膨胀政策是干扰经济体系均衡并引起经济扩张，进而导致繁荣和萧条交替变动的根本原因。银行扩张信贷导致市场利率低于自然利率，从而工商企业贷款投资，对厂房、机器设备的需求增加，而这时银行信用扩张引起的投资和生产资料需求的增加，只能是把原来用来制造消费品的生产要素转用于制造资本品。从而，在周期的繁荣阶段，资本品生产有较快的扩张；而在萧条阶段，资本品生产又有较快的萎缩。因此，“促使繁荣趋于崩溃的原因，是生产结构实际上的失调，并非仅仅是由于银行准备不充分而形成的资金不足”。投资过度论最重要的贡献是分析了经济周期波动中的生产结构不平衡，特别是资本品生产和消费品生产之间的不平衡，此外投资过度论还分析了银行信用对经济变动的支持作用。

### 3.4.1.7 乘数–加速数说

萨缪尔森于 1939 年发表了《乘数分析和加速数原理的相互作用》一文，认为影响经济波动的最主要因素是投资的变动，仅用乘数原理不能说明经济的波动，还必须进一步把乘数原理与加速原理结合起来。萨缪尔森用时间序列分析较系统地表明了乘数和加速数之间的相互作用机制，以及由此引起的经济周期波动过程，说明了经济体系中一个小的扰动引起一个大的周期性波动的原因。其具体过程为：最初有一种自动投资出现，它将增加消费从而使乘数原理发生作用。相应的，要增加某一单位最终货物的生产，必须增加若干倍资本物品的投资。于是，在乘数原理、加速原理的共同作用下，生产增长很快达到社会生产可能性边缘，因增加资本品投入而产生的投资被迫停止。停止新的诱致投资，又将使乘数原理、加速原理从相反方向发生作用，使社会生产急剧衰退，进入萧条阶段。经过一段萧条期后，乘数原理与加速原理重新发挥作用，导致经济复苏，从而形成一个不断循环的过程。萨缪尔森的分析表明只要存在乘数原理和加速原理的作用，就足以产生一个周期性的波动，并且其更强调内生变量的作用，指出即使没有外来因素的干扰，经济仍将处于一种反复不断的循环运动之中。

#### 3.4.1.8 货币决定论

货币决定论始创于英国经济学家霍特里（R. Hawtrey）（许治，2002）。他的纯货币因素周期理论认为，经济周期纯粹是一种货币现象，经济的周期性波动主要是由货币信用体系的不稳定造成。货币流通量、货币供应量以及货币流通速度的波动将直接导致名义国民收入的波动。银行体系降低利率、扩大信用时，就会引起投资增加、生产扩张，进而导致收入增加，对经济活动产生刺激作用，使经济走向繁荣阶段。但是，由于现代货币体系建立在部分准备金的基础上，因此银行信用扩张是有限度的，当银行体系被迫紧缩货币信用时，经济便会走向萧条。按照霍特里的看法，“经济周期不过是显著的通货膨胀或通货收缩的一个缩小了的翻版而已”。

新货币决定论的代表人物是弗里德曼（M. Friedman）。弗里德曼认为，货币供应的变化导致名义国民收入发生相应的变化（Friedman and Laidler，2010）。由于工资和物价的调整滞后较多，货币供应量的较快增长或较慢增长导致总需求和实际经济活动对长期趋势的相应波动。经济扩张源于货币供应量的持续大量增加；长期较低的货币供应量增长率很可能会使经济下滑或衰退，而长期为负的货币增长率则会导致经济萧条。

#### 3.4.1.9 存货投资周期理论

该理论认为生产的水平不仅取决于销售情况，而且取决于存货投资，存货投资的变动将引起经济周期性波动。1923 年，约瑟夫·基钦（J. Kitchin）的研究指出当企业生产过多时，就会形成存货，继而就会出现减少生产的现象。企业增加存货就使生产扩张形成经济繁荣；企业减少存货就使生产收缩形成经济萧条。这样存货投资变动本身会形成轻度的繁荣与萧条交替出现的经济波动，同时又会加大因其他原因引起的经济波动幅度。由此，基钦发现了一种由存货影响的周期，当初基钦认为它的持续时间为 10 个月，但后来的研究表明，它的周期为 2～4 年。人们将这种 2～4 年的短期调整称为“存货”周期，亦称为“基钦周期”或“短周期”。

劳埃德·梅尔泽就存货投资周期给出了一个简单的解释，即企业家对他们所期望的存货销售比率有一个固定的认识。当经济扩张对其需求增加时，他们发现其存货减少，将其存货水平恢复到预定比率的努力导致新订单的增加，进而增加了就业和收入。在收缩期则发生相反的过程：企业家力图降低他们的存货水平，同时其销售下降，这种努力使收入进一步下降。

#### 3.4.1.10 理性预期周期理论

理性预期学派（亦称新古典宏观经济学派）产生于 20 世纪 70 年代，它是向凯恩斯主义发起学术挑战的一个极其重要的学派。Lucas（1975）和 Barro（1980）在均衡分析基础上用价格信息不对称说明了经济周期的产生。理性预期周期理论认为，货币供给的过度增加使一般物价上升，经济人由于信息不完全错将一般物价上升当作相对价格变动，从而扩大生产、增加投资，当他们意识到自己的判断错误时，产量和投资又跌至较低水平。因此，尽管经济人具有理性预期并追求利润和效用最大化，价格信息不完全仍会导致宏观经济的周期波动。可以看出，理性预期学派认为，随机的货币因素的冲击导致了经济的周期波动，由于其理论观点及政策主张与货币学派有密切联系，因此该学派也被称为激进的货币主义或新古典宏观经济学。

#### 3.4.1.11 实际经济周期理论

实际经济周期学派是在新古典主义理论基础上，从 1973 年、1980 年石油价格冲击以及 1972 年食品冲击的后果中发展出来的。该学派的主要代表人物有美国的基德兰德、普雷斯科特和普洛泽等（Kydland and Prescott，1990）①。实际经济周期学派认为，随机的实际因素的冲击（而不是货币的冲击）导致了经济的周

① 在实际经济周期学派的理论方法基础上，发展起了当前的动态随机一般均衡分析理论方法，新凯恩斯主义也是利用此方法发展起来的。

期性波动。实际经济周期理论把经济周期看作市场自动调节机制下正常的波动，认为周期是特有的，并且在货币存量保持以不变的增长率变动时，周期仍会存在。该理论假定，最初的经济波动来源是外生的，波动的根源包括来自需求方面的冲击，但更重要的是包括技术进步等来自供给方面的冲击。同时，假定关于这些冲击的信息是不完全的，在每一种情况下经济当事人都必须以某种方式从噪声中选取信号，而正是由于他们不能完全做到这一点才引起了经济周期波动。

### 3.4.2 制度创新周期理论

制度创新是经济长期增长的重要原因，生产要素资源配置效率周期与经济周期同步，并且生产要素资源配置效率的变化是决定经济增长率的重要因素。

造成经济周期性波动的原因是多样的，其中既有一个经济体系之内各种变量相互作用的因素（内生经济周期的因素），又有外生变量冲击的因素（外生经济周期的因素）。这些外生变量包括贸易条件、个人偏好、政府需求等来自需求方面的冲击；也包括技术进步、生产要素供给变动等来自供给方面的冲击；同时还有货币流通量、货币供应量、货币流通速度及政策法规和自然条件的变化等。上述因素导致市场供求关系的失衡，而市场供求关系的失衡又引起“市场秩序危机”[市场秩序陷入混乱，制度的实施状态（经济秩序）发生扭曲，而这种混乱将导致既无公平又无效率的状态]，从而降低生产要素资源的配置效率，影响经济的增长。

经济秩序是制度运行的结果，制度创新就是要建立并且不断地完善良好的行为秩序，在这样的制度条件下所建立起来的经济秩序，应该能对各种因素造成的经济变动及时做出反应，并且能及时有效地预防或者采取措施抑制这种经济波动。

对于由外生变量冲击造成的经济波动，制度创新就是要通过政策调整等措施引入一个负反馈的机制，这个负反馈的机制须对外生变量冲击所造成的经济变动及时做出反应，并且能及时有效地采取措施抑制这种引起经济波动的冲击。例如，如果出现了一个影响经济的外生冲击因素，如货币供应量突然变大，一个良好的制度体系就是要能及时发现它、分析它对经济的影响，并且迅速采取措施来抑制这个冲击，进而熨平经济的波动。

而对于由内生因素造成的经济周期，制度创新则是要建立一套完备的经济机制，来避免由于市场缺陷所造成的经济波动。例如，参考消费不足学派的观点，经济萧条可能是由社会财富分配严重不均而造成的消费不足引起——“富人有钱不愿花，穷人想花花不起”。一个良好的制度体系，就是要及时发现社会经济的缺陷（如社会财富分配严重不均）并且建立一套行之有效的机制去弥补这些缺陷，进而预防经济大幅波动的发生。

总的来说，制度创新就是要通过一套行之有效的机制，来纠正或者避免可能发生的市场秩序混乱或危机，从而减轻经济波动的幅度，最后推动整个经济在消费、生产、劳动力供应和储蓄方面的调整并最终导致新平衡的建立。如果通过政策调整等制度创新措施引入的机制可以使市场秩序迅速恢复到好的状态，那么经济的波动将被熨平；反之，如果通过政策调整等制度创新措施并不能使市场秩序迅速恢复到好的状态，甚至导致市场秩序更加混乱，那么经济周期的波动必会加剧。

### 3.4.3 生产要素资源配置效率周期与经济周期之间关系的计量经济学检验

从芬兰 1961～2000 年生产要素资源配置效率与经济增长率（图 3-7），可以看出制度创新与经济周期有着很强的相关关系。

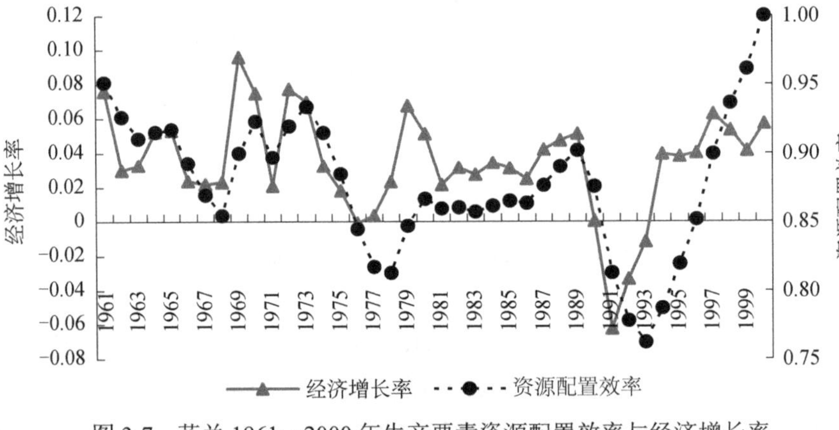


图 3-7 芬兰 1961～2000 年生产要素资源配置效率与经济增长率

为了系统研究制度创新对经济周期的影响，我们用生产要素资源配置效率的变化来衡量制度创新，用经济增长率的变动作为经济周期的指标。我们对意大利、美国、中国、日本、加拿大、澳大利亚等十几个国家的数据，利用 Eviews 软件进行了数据分析。建立如下模型：

$$\Delta y = c + c_1 \Delta\theta + u \tag{3-5}$$

其中，$y$ 为一国的经济增长率，$\Delta y$ 为经济增长率的变化，$\theta$ 为该国的生产要素资源配置效率，$\Delta\theta$ 为生产要素资源配置效率的变化，$u$ 为随机误差项。

表 3-3 为对各国数据分析的结果，模型反映了相关国家经济增长率变化 $\Delta y$ 与生产要素资源配置效率变化 $\Delta\theta$ 之间的关系。表 3-3 为计量经济学模型，样本决定系数代表模型自变量 $\Delta\theta$ 、 $y(t)$ 对因变量 $\Delta y$、 $y(t+1)$ 的决定程度；“滞后期”和“概率”是指格兰杰因果关系检验中的滞后期和概率，如对于爱尔兰，$\Delta\theta$ 不是决定 $y(t+1)$ 的原因的概率是 35%，换句话说，$\Delta\theta$ 是决定 $y(t+1)$ 的原因的概率是 65%，而滞后期是 2。

**表 3-3　若干国家经济增长率变化与生产要素资源配置效率变化之间的关系**

| 国家 | 时期 | 模型 | 样本决定系数 | 滞后期 | 概率 |
|---|---|---|---|---|---|
| 爱尔兰 | 1983～2010 年 | $y(t+1)=0.0115+0.543y(t)+1.009\Delta\theta$ | 0.65 | 2 | 0.35 |
| 中国 | 1980～2010 年 | $y(t+1)=0.037+0.558y(t)+0.51\Delta\theta$ | 0.52 | 3 | 0.137 |
| 芬兰 | 1983～2010 年 | $y(t+1)=0.00467+0.606y(t)+1.2\Delta\theta$ | 0.81 | 1 | 0.09 |
| 新西兰 | 1982～2010 年 | $y(t+1)=0.015+0.358y(t)+0.4\Delta\theta$ | 0.33 | 5 | 0.338 |
| 澳大利亚 | 1983～2010 年 | $\Delta y=-0.001+0.51\Delta\theta$ | 0.31 | 2 | 0.01 |
| 德国 | 1993～2010 年 | $\Delta y=0.002+1.466\Delta\theta$ | 0.69 | 2 | 0.02 |
| 法国 | 1983～2010 年 | $\Delta y=-0.00058+1.56\Delta\theta$ | 0.67 | 1 | 0.11 |
| 韩国 | 1963～2010 年 | $\Delta y=-0.002+1.48\Delta\theta$ | 0.63 | 1 | 0.02 |
| 加拿大 | 1983～2010 年 | $\Delta y=0.00025+1.3\Delta\theta$ | 0.38 | 2 | 0.1 |
| 美国 | 1903～2008 年 | $\Delta y=-0.001+0.387\Delta\theta$ | 0.23 | 2 | 0.015 |
| 日本 | 1958～2009 年 | $\Delta y=-0.00256+0.95\Delta\theta$ | 0.6 | 1 | 0.012 |
| 瑞典 | 1996～2010 年 | $\Delta y=0.02+1.115\Delta\theta$ | 0.87 | 2 | 0 |
| 新加坡 | 1983～2009 年 | $\Delta y=-0.002+0.869\Delta\theta$ | 0.49 | 1 | 0.13 |
| 意大利 | 1983～2010 年 | $\Delta y=0.0009+1.33\Delta\theta$ | 0.62 | 1 | 0.016 |
| 英国 | 1962～2010 年 | $\Delta y=0.00015+0.91\Delta\theta$ | 0.45 | 2 | 0.07 |

从表 3-3 可以看出，这些国家经济增长率与生产要素配置效率之间的关系可以分为两种类型。一种类型是爱尔兰、中国、芬兰和新西兰，在上述国家的模型中，自变量不仅包括 $\Delta\theta$ ，而且包括 $y(t)$ ，而因变量则是 $y(t+1)$ ，这些国家在较短的时期内都有较大的制度创新；另一种类型是澳大利亚、德国、法国和韩国等国家，在上述国家的模型中，自变量仅为 $\Delta\theta$ ，不包括 $y(t)$ ，而因变量则是 $\Delta y$ ，这些国家的生产要素配置效率在测算期内一般比较平稳①。

① 对生产要素资源配置效率与经济增长率之间关系的格兰杰因果检验说明，制度创新对经济增长是有影响的，其是经济增长的重要原因。这验证了诺斯等的制度创新是经济长期增长的重要原因的观点。而且在某种程度上，可以认为生产要素资源配置效率的周期变化是产生经济周期的重要原因。

根据上文利用 Eviews 进行计量经济学分析的结果，各国都表现出这样的规律：经济增长率或其变化与该国生产要素资源配置效率或其变化正相关，这说明制度创新对经济增长率或其变化是具有影响的，制度创新是经济增长率提高的重要因素。

## 3.5 小　　结

从作用机理来看，制度创新对经济增长的最基本、最本质的作用是提高生产要素资源配置效率。因而，可以采用效率分析的方法来测算制度创新在经济增长中的贡献率，数据包络分析正是这样一种方法（姜照华，2004）。本书运用这种方法建立了制度创新对经济增长的贡献率的测算公式，对英国、美国、中国等国家的测算结果表明了这种方法的合理性。而对生产要素资源配置效率与经济增长率之间关系的计量经济学研究说明，生产要素资源配置效率的周期变化是产生经济周期的重要原因。

# 4

# 科技进步与人力资本在经济增长中贡献率的测算

本书第 2 章论述了决定和影响经济增长的多种因素，包括劳动力、固定资本存量及固定资产投资、人力资本、科技、制度因素及经济环境外部性等，论述了基于共协理论的经济增长的建模方法，由此测算出劳动力、固定资本存量及固定资产投资、人力资本、科技等因素在经济增长中的贡献率。本章以韩国等为实证分析对象，就科技进步和人力资本在经济增长中的贡献率测算等问题进行讨论。

## 4.1 科技进步在经济增长中贡献率的测算：以韩国为例

测算科技进步在经济增长中的贡献率，需要建立相关经济增长模型，下文主要介绍劳动报酬函数模型和投资价值函数模型。

### 4.1.1 劳动报酬函数模型

以人力资本 $H$（就业者人均受教育年限）乘以劳动力人数 $L$ 的对数 $\log HL$，固定资产投资 $D$ 乘以科技投入 $S$ 再除以劳动力 $L$ 后的对数 $\log DS/L$ 为自变量，以劳动报酬 $V$ 的对数 $\log V$ 为因变量，对韩国 1960～2017 年的数据进行多元回归分析（对研究开发投入做了修改），得到如下模型：

$$V = (HL)^{0.31}(SD / L)^{0.23} \tag{4-1}$$

下文对计量经济学回归模型（4-1）的检验结果进行简单的说明。在劳动报酬

函数 $\log V$ 回归模型（附表 4-2）的相关项目中，样本决定系数等于 0.9988，表明所有自变量从总体上与因变量之间高度线性相关；修正后的样本决定系数为 0.9987，说明自变量的解释能力很强，样本回归方程对样本拟和得很好；回归标准差为 0.04；回归方程通过 F 检验，说明线性回归效果显著。同样，两个自变量都通过了 t 检验。

### 4.1.2　投资价值函数模型

投资价值函数 $M$ 被定义为国内生产总值（$Y$）减去劳动报酬（$V$），即

$$M = Y - V \tag{4-2}$$

以固定资本存量 $K$（上年的）、$LS/K$、$LD/K$ 为自变量；以投资价值 $M$ 为因变量，对韩国 1960～2017 年的数据进行多元回归，由此得到如下模型：

$$M = 0.17K + 0.15LS / K + 0.18LD / K \tag{4-3}$$

以下对计量经济学回归模型（4-3）的检验结果进行简单的说明。在投资价值函数回归模型（附表 4-3）的相关项目中，样本决定系数为 0.9970，表明所有自变量从总体上与因变量之间高度线性相关；修正后的样本决定系数为 0.9967，说明自变量的解释能力很强，样本回归方程对样本拟和得很好；回归方程通过 F 检验，说明线性回归效果显著。同样，两个自变量都通过了 t 检验。

### 4.1.3　总体模型

将模型（4-1）和模型（4-3）代入式（4-2），得到国内生产总值与劳动力、固定资本存量、固定资产投资、科技投入、人力资本的定量关系模型：

$$Y = (HL)^{0.31}(SD / L)^{0.23} + 0.17K + 0.15LS / K + 0.18LD / K \tag{4-4}$$

### 4.1.4　科技进步在经济增长中贡献率的测算公式

根据本书第 2 章的推导方法，可以方便地测算出科技进步对韩国经济增长的贡献率：

$$\eta_S = \frac{a\gamma L^{\alpha} H^{\beta} S^{\gamma} D^{\delta} + cLS / K}{Y}\frac{s}{y} \tag{4-5}$$

式中，$\eta_S$ 是科技进步对经济增长的贡献率，$y$ 是 $Y$（国内生产总值）的变化率（经济增长率），$s$ 是 $S$（科技投入）的增长率，$K$ 是固定资本存量，$D$ 是固定资产投资，$H$ 是就业者人均受教育年限，$L$ 是劳动力，$a$、$c$、$d$ 是系数。值得一提的

是，式（4-5）是根据式（4-4）导出的抽象模型，因此其只适用于对韩国科技进步对经济增长的贡献率的测算。具体到其他国家的测算公式的形式，需要根据其总体模型的形式而定。

### 4.1.5 对韩国的测算结果及分析

如同对其他地区经济增长中科技进步贡献率的测度一样，学术界关于东亚地区科技进步（用全要素生产率表示）对经济增长的贡献率也有着完全不同的看法。世界银行的一份研究报告结果表明，从20世纪60年代初期到1990年，韩国、新加坡、中国香港和台湾地区劳动力投入增长对产出增长的贡献率平均为18%左右。在这个时期，资本积累对产出增长的贡献率从中国香港地区的48%到中国台湾省的72%不等，其中这一比例在韩国是67%。技术进步对经济增长的贡献率则从韩国的14%到中国香港地区的35%不等。但从这之中也可以看出，技术进步对东亚绩优国（地区）产出增长的贡献相对于资本积累的贡献来说要小一些（张雷，2007）。

Lee ByoungKi（2004）在《全要素生产率增长：调查报告》中提出在亚洲金融危机后全要素生产率（TFP）对韩国经济增长发挥了越来越大的作用，而研究开发投资的增长在增强TFP对韩国经济增长的贡献率方面发挥了积极作用。论文在增长核算框架下使用经济增加值、劳动力和资本投入数据，提供了TFP变动的估计，指出在1972～1999年韩国TFP的平均增长率是1.92%，资本投入对GDP增长的贡献率是60.1%，劳动力投入和未调整的TFP增长对GDP增长的贡献率是15.4%和24.4%。韩国危机反映了其经济结构的弱点，为了促进TFP的增长，韩国政府致力于经济结构调整，在教育与培训的质量方面取得很大进步，吸引了大量外国直接投资和外国研究开发经费来促进经济发展，由此带来的进出口规模扩大及质量的提升也进一步促进了TFP的增长。从这点上来看，经济政策的创新将进一步促进韩国经济融入全球市场，使其全要素生产率有较快增长（张雷，2007）。

本书对韩国经济增长因素的分析，详见表4-1。

**表4-1 对1960～2017年韩国经济增长因素的测算结果** （%）

| 时间 | 资本存量增长对经济增长的贡献率 | 固定资产投资增长对经济增长的贡献率 | 科技进步对经济增长的贡献率 | 人力资本增长对经济增长的贡献率 | 劳动力增长对经济增长的贡献率 | 制度创新对经济增长的贡献率 | 经济环境外部性对经济增长的影响率 |
|---|---|---|---|---|---|---|---|
| 1960～1972年 | −24.4 | 91.7 | 16.6 | 9.2 | 20.7 | −6.1 | −7.7 |
| 1973～1997年 | 15.6 | 49.6 | 29.4 | 9.6 | 14.7 | 3.1 | −7.9 |
| 1998～2008年 | 37.6 | 3.6 | 29.1 | 10.9 | 6.8 | −11.2 | 23.3 |
| 2009～2017年 | 37.3 | 14.8 | 17.9 | 10.8 | 9.0 | 14.3 | −4.0 |

创新（科技进步、人力资本创新、制度创新）在韩国的经济增长中起到了很大作用。韩国在引进、消化吸收发达国家先进技术的基础上，不断提高自主创新能力。韩国研究开发经费占国内生产总值的比例从 1960 年的 0.2%提高到 2017 年的 4.2%；同时，其人均受教育年限也从 1960 年的 3.23 年提高到 2017 年的 14.8 年。正是科技和教育的快速、赶超式的跨越式发展①，有力地支撑了韩国经济几十年的快速发展。

本书采用效率分析（数据包络分析）的方法，从制度创新对经济增长的最根本的作用是提高生产要素资源的配置效率出发，来测算制度创新在韩国经济增长中的贡献率，得到的结果表明，1998～2008 年，制度创新在经济增长中的贡献率为−11.2%，制度创新对经济增长起抑制作用。事实上，先进的市场经济制度是韩国实现经济较高增长的一个重要保证。韩国的经济制度动态地适应了韩国生产力的发展需要，政府通过不断调整经济、科技、教育等政策，使制度对经济资源的配置效率在大多数时间内保持在经济增长的“前沿面上”；而 2009～2017 年，制度创新的贡献率则高达 14.3%。

在某种程度上，经济环境的外部性反映了投资环境。本书的测算表明，1998～2008 年经济环境的外部性对韩国经济增长的影响率为 23.3%，这说明该段时间内韩国的投资环境非常差；而 2009～2017 年经济环境的外部性对韩国经济增长的影响率为−4.0%，这说明该段时间内韩国的经济环境总体上是非常有利于经济增长的，这主要得益于韩国进行了某种程度的制度创新，以改善不利的外部经济环境。

## 4.2 人力资本创新在经济增长中贡献率的测算

### 4.2.1 人力资本创新在经济增长中贡献率的测算方法

关于教育投资收益率问题，舒尔茨教授将不同教育程度毕业生间的工资差别作为计算教育投资收益率的根据（秦宝庭和吴景曾，1999）。首先，计算出相邻各阶段学校毕业生平均收入的差额，以这一差额与某一阶段学校的人均教育费用

① 无论是在以引进外国技术为主的早期，还是在以引进技术的消化吸收为主的中期，抑或是以产业技术的自主研究开发为主的后期，韩国的固定资产投资与技术引进、技术创新都能够很好地结合在一起，从而充分利用了外国知识和技术的外溢作用，并且固定资产投资和创新这两者形成了互动关系。

的比率表示收益率。根据舒尔茨教授的计算，美国各级教育的收益率为初等教育35%、中等教育10%、高等教育11%。其次，根据各级教育投资的比率，计算出平均收益率为17.3%，按此平均教育收益率计算，在所增加的1860亿美元教育投资额中，教育的经济效益为495亿美元。它占国民收入增加部分（1520亿元）的32.6%，即教育投资对新增国民收入的贡献为32.6%。

丹尼森教授在进行增长因素分析时也探讨了教育的作用。例如，他通过对美国1929～1982年经济增长的核算，指出在国民收入年平均增长率的2.92%中，有0.4%是由教育所贡献的，这相当于教育对国民收入增长速度的贡献为13.7%（秦宝庭和吴景曾，1999）。用增长因素分析方法计算的一些国家（地区）教育对经济增长作用的结果见表4-2。

**表4-2　国民收入增长率及教育作用的国际比较**　（%）

| 国家 | 时期 | 国民收入增长率 | 教育水平提高增长率 | 教育对国民收入增长率的贡献 |
|---|---|---|---|---|
| 美国 | 1973～1982年 | 1.55 | 0.47 | 30.32 |
| 加拿大 | 1950～1967年 | 4.95 | 0.36 | 7.27 |
| 比利时 | 1950～1962年 | 3.03 | 0.43 | 14.19 |
| 丹麦 | 1950～1962年 | 3.63 | 0.14 | 3.86 |
| 法国 | 1950～1962年 | 4.70 | 0.29 | 6.17 |
| 联邦德国 | 1950～1962年 | 6.27 | 0.11 | 1.75 |
| 意大利 | 1950～1962年 | 5.60 | 0.40 | 7.14 |
| 荷兰 | 1950～1962年 | 4.07 | 0.24 | 5.90 |
| 挪威 | 1950～1962年 | 3.43 | 0.24 | 7.00 |
| 英国 | 1950～1962年 | 2.38 | 0.29 | 12.18 |
| 韩国 | 1963～1976年 | 9.28 | 0.36 | 3.90 |
| 日本 | 1953～1971年 | 8.81 | 0.34 | 3.86 |
| 阿根廷 | 1950～1962年 | 3.19 | 0.53 | 16.61 |
| 巴西 | 1950～1962年 | 5.49 | 0.18 | 3.28 |
| 智利 | 1950～1962年 | 4.20 | 0.20 | 4.76 |
| 哥伦比亚 | 1950～1962年 | 4.79 | 0.20 | 4.18 |
| 厄瓜多尔 | 1950～1962年 | 4.72 | 0.23 | 4.87 |
| 洪都拉斯 | 1950～1962年 | 4.52 | 0.29 | 6.42 |
| 墨西哥 | 1950～1962年 | 5.97 | 0.05 | 1.11 |
| 秘鲁 | 1950～1962年 | 5.63 | 0.14 | 2.49 |
| 委内瑞拉 | 1950～1962年 | 7.74 | 0.19 | 2.45 |

资料来源：Denison and chung，1976；金光锡和朴峻卿，1981；科恩，1989

有日本学者参照舒尔茨教授的方法，对 1930～1955 年日本的教育作用进行了分析。日本教育投资由 1930 年的 18 649 亿日元增加到 1955 年的 53 800 亿日元，增加了 35 151 亿日元。日本将初等教育的收益率定为 30%，中等教育为 20%，高等教育为 10%，平均为 23%。因此，教育投资的收益为 8085 亿日元，占新增国民收入的 25.8%。

按照上述方法，斯特鲁米林在《国民教育的经济意义》中对苏联 1940～1960 年的国民经济发展状况进行了分析。根据他的计算，其间国民收入增加部分中，大约有 30%是提高劳动者的教育水平引起的。

### 4.2.2　人力资本创新在经济增长中贡献率的测算公式

据第 2 章的推导方法和式（4-4），可以方便地测算出人力资本增长对韩国经济增长的贡献率：

$$\eta_H = \frac{a\beta L^{\alpha} H^{\beta} S^{\gamma} D^{\delta}}{Y} \frac{h}{y} \tag{4-6}$$

式（4-6）中，$\eta_H$ 是人力资本增长对经济增长的贡献率；$y$ 是 $Y$（国内生产总值）的变化率（经济增长率），$h$ 是 $H$（人力资本）的增长率；$D$ 是固定资产投资；$L$ 是劳动力；$a$ 是系数。值得一提的是，式（4-6）是根据式（4-4）导出的抽象模型，因此其只适用于对韩国人力资本对经济增长的贡献率的测算。

## 4.3　研究开发经费时间序列数据的选择问题

### 4.3.1　数据选择时的几点考虑

在建立经济增长核算模型时，对于如何选择研究开发经费时间序列数据，本书认为可以参照的原则如下。

（1）在建立经济增长核算模型的过程中，可以选择前期（前一期或前几期）的研究开发经费时间序列数据来建模；也可以不选择前期的研究开发经费时间序列数据，而采用当期的研究开发经费时间序列数据来建模。究竟选取前期数据还是当期数据，主要因实际问题而定，如果选取前期数据能够更好地接受计量经济学检验，而且更符合经济实际，那么就选取前期数据；否则，选取当期数据。

（2）如果选择前期数据，前期的起始期需要科学地确定。并且，研究开发经费投入具有两方面的含义：一方面，研究开发经费投入代表科技对于经济的推力；另一方面，研究开发经费投入（作为一种市场消费、一种需求）代表科技对于经济的拉力。

（3）从计量经济学的角度看，如果经过格兰杰检验证明当期的研究开发经费投入是引致当期经济总量的原因（换句话说，当期的研究开发经费投入不是引致当期的经济总量的原因的概率小于 10%），那么，就可以在经济增长核算模型中采用当期的研究开发经费投入数据；如果超前两期的研究开发经费投入是引致当期经济总量的原因，那么，就可以在经济增长核算模型中采用超前两期的研究开发经费投入数据。

### 4.3.2 研究开发经费时间序列数据的自相关

当年的研究开发经费投入 $S(t)$ 往往与上年或过去几年的研究开发经费投入直接相关，是过去研究开发经费投入的函数。例如，美国和中国都表现出了这种函数关系，见表 4-3～表 4-5。

$$S(t)=F[S(t-1),S(t-2),\cdots,S(t-n)] \qquad (4\text{-}7)$$

**表 4-3　中国研究开发经费数据**　［单位：百亿元（当年价格）］

| 年份 | 当年 | 前一年 | 前两年 | 前三年 |
|---|---|---|---|---|
| 1980 | 0.992 16 | 1.063 95 | 0.988 8 | 0.767 13 |
| 1990 | 1.483 84 | 1.429 52 | 1.373 2 | 1.542 2 |
| 1991 | 1.620 32 | 1.483 84 | 1.429 52 | 1.373 2 |
| 1992 | 1.619 1 | 1.620 32 | 1.483 84 | 1.429 52 |
| 1993 | 1.845 774 | 1.619 1 | 1.620 32 | 1.483 84 |
| 1994 | 2.087 57 | 1.845 774 | 1.619 1 | 1.620 32 |
| 1995 | 1.984 385 | 2.087 57 | 1.845 774 | 1.619 1 |
| 1996 | 2.182 823 | 1.984 385 | 2.087 57 | 1.845 774 |
| 1997 | 2.703 936 | 2.182 823 | 1.984 385 | 2.087 57 |
| 1998 | 3.000 574 | 2.703 936 | 2.182 823 | 1.984 385 |
| 1999 | 3.828 218 | 3.000 574 | 2.703 936 | 2.182 823 |
| 2000 | 4.999 744 | 3.828 218 | 3.000 574 | 2.703 936 |
| 2001 | 5.902 048 | 4.999 744 | 3.828 218 | 3.000 574 |
| 2002 | 7.266 179 | 5.902 048 | 4.999 744 | 3.828 218 |

表 4-4　中国当年研发投入与前期研发投入的关系

| 被解释变量：当年研发投入 | | | | |
|---|---|---|---|---|
| 样本范围（调整后）：1982～2002 年 | | | | |
| 解释变量 | 系数 | 标准误 | t 统计量 | 概率 |
| C | −0.787 568 | 0.403 104 | −1.953 758 | 0.068 4 |
| 前两年研发投入 | 0.651 481 | 0.193 132 | 3.373 248 | 0.003 9 |
| 前三年研发投入 | 1.126 455 | 0.222 089 | 5.072 085 | 0.000 1 |
| AR（1） | 1.299 617 | 0.236 966 | 5.484 406 | 0.000 0 |
| AR（2） | −0.632 889 | 0.229 278 | −2.760 360 | 0.013 9 |
| 样本决定系数 | 0.983 957 | 因变量的均值 | | 2.488 358 |
| 调整后的样本决定系数 | 0.979 947 | 因变量的标准差 | | 1.657 460 |
| 回归标准差 | 0.234 712 | 赤池信息量（AIC） | | 0.143 343 |
| 残差平方和 | 0.881 437 | 施瓦茨信息量（SC） | | 0.392 039 |
| 对数似然比 | 3.494 899 | F 检验统计量 | | 245.336 1 |
| DW 统计量 | 1.737 398 | 模型显著性概率值 | | 0.000 000 |

表 4-5　美国当年研发经费投入与前期科技经费投入的关系

| 被解释变量：当年研发投入 | | | | |
|---|---|---|---|---|
| 样本范围：1958～2002 年 | | | | |
| 解释变量 | 系数 | 标准误 | t 统计量 | 概率 |
| C | 87.567 38 | 1 260.010 | 0.069 497 | 0.944 9 |
| 前一年研发投入 | 1.678 990 | 0.117 811 | 14.251 53 | 0.000 0 |
| 前两年研发投入 | −0.666 015 | 0.123 553 | −5.390 534 | 0.000 0 |
| 样本决定系数 | 0.996 967 | 因变量的均值 | | 133 736.2 |
| 调整后的样本决定系数 | 0.996 822 | 因变量的标准差 | | 59 197.94 |
| 回归标准差 | 3 337.051 | 赤池信息量（AIC） | | 19.127 90 |
| 残差平方和 | 4.68E+08 | 施瓦茨信息量（SC） | | 19.248 35 |
| 对数似然比 | −427.377 8 | F 检验统计量 | | 6 902.253 |
| DW 统计量 | 1.658 523 | 模型显著性的概率值 | | 0.000 000 |

## 4.4　经济增长模型的检验问题

建立一个好的经济增长计量经济学模型需要经过如下 5 项检验（图 4-1）。

（1）理论检验。所建立的经济增长计量经济学模型应当符合某种理论，如模型（5-1）的理论基础是经济增长的共协理论。

（2）计量经济学的常规检验。包括 t 统计量、样本决定系数 $R^2$、DW 统计量、F 检验统计量。如表 4-5 是美国当年研发经费投入与前期科技经费投入的关系的计量经济学检验结果，其 t 统计量等都通过了检验。

（3）常数项的检验。例如，韩国经济增长模型中的 $M$ 模型的常数项是 1810，而此模型的因变量（国内生产总值减去劳动报酬）的最小值是 22 223，因而 $M$ 模型的常数项与模型的因变量的最小值的比是 0.08，常数项比较合理。

（4）卡尔曼滤波法检验。卡尔曼滤波法是估计变参数模型的参数演化趋势的方法，应用此种方法，可以检验计量经济学方法估计的参数是否与其基本一致及是否稳定。

（5）实证检验。检验模型的推论和预测是否符合事实，如果与事实严重不符，就需要重建模型。

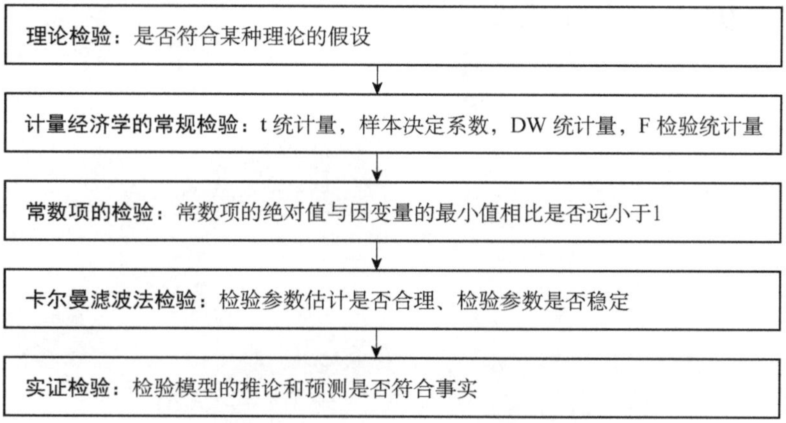


图 4-1　经济增长的计量经济学模型的 5 项检验

## 4.5 小　　结

本章以韩国等经济体为实证分析对象，就科技进步、人力资本创新在经济增长中的贡献率测算等问题进行了讨论。

本章对韩国经济增长因素的分析表明，1960～1972 年，劳动力增长的贡献率为 20.7%，人力资本增长对经济增长的贡献率为 9.2%，物质资本增长在经济增长中的贡献率为−24.4%；同时科技进步在经济增长中的贡献率为 16.6%。因此，1960～1972 年韩国的经济增长是以劳动者数量和质量的增长为第一动力的、以创新为次要动力的二元型增长模式。1973～1997 年，劳动力增长的贡献率为 14.7%，人力资本增长对经济增长的贡献率为 9.6%，物质资本增长在经济增长中的贡献率为 15.6%；同时科技进步在经济增长中的贡献率为 29.4%，制度创新的贡献率为 3.1%。因此，1973～1997 年韩国的经济增长是以创新为第一动力的、以物质资本为次要动力的二元型增长模式。而 1998 年金融危机以后，韩国经济增长方式发生了转变，经济增长模式转向了创新-资本双推动型，物质资本增长在经济增长中的贡献率降低到 37.6%；同时科技进步在经济增长中的贡献率提高到 29.1%，人力资本增长对经济增长的贡献率为 10.9%，制度创新的贡献率为−11.2%。因此，1998～2008 年韩国的经济增长是创新和投资双驱动的增长模式。2009～2017 年，劳动力增长的贡献率为 9%，人力资本增长对经济增长的贡献率为 10.8%，物质资本增长在经济增长中的贡献率为 37.3%；同时科技进步在经济增长中的贡献率为 17.9%。因此，2009～2017 年韩国的经济增长是以物质资本为第一动力、以创新为次要动力的二元型增长模式。

# 5

# 对美国等典型国家经济增长因素的分析

运用本书前文所论述的共协理论方法，本章拟对美国、日本、德国和新加坡的经济增长因素进行测算，并对测算结果进行理论分析。

## 5.1 对美国经济增长与转型的分析

本节对琼斯、乔根森和美国劳动统计局及国内关于美国经济增长的研究进行简要评述，在共协理论基础上建立起 1900～2017 年美国的经济增长模型，测算出科技进步①、人力资本、劳动力、固定资本存量、固定资产投资、制度及经济环境外部性等在美国经济增长中的贡献率，并对测算结果进行解释和分析，在此基础上进一步研究美国经济增长方式的转型，为中国建设创新型国家和促进创新驱动、经济发展方式转型提供重要的借鉴。

### 5.1.1 关于经济增长因素分析的相关研究

#### 5.1.1.1 琼斯的研究

第一代 R&D 内生经济增长模型源于罗默在 1990 年提出的内生技术变迁模

① 关于美国 1900 年以来的研究开发投入，根据马克卢普（2007）在《美国的知识生产与分配》一书中的搜集和整理，1920 年，美国研究开发投入占国内生产总值的比例为 0.09%，1930 年为 0.147%，1940 年上升为 1.37%，1950 年为 1.47%。本书对美国 1900～1930 年的研究开发投入的估计值略高于马克卢普的估计，但差距不大。

型，他认为增加中间投入能增加 R&D 部门的生产率。Jones（1995a）研究了 OECD 国家在第二次世界大战后的 R&D 投入对生产率增长的作用，发现其间 OECD 国家 R&D 开支的急剧提高对于其生产率的提高并没有实质性的作用。因此，琼斯建立了一个 R&D 内生增长模型。该模型保留了内生增长理论中的最终产出部门和知识生产部门的两部门模型框架，从而保留了知识跨时期扩散的本质特征；但放弃了内生可积累要素具有不变规模收益的假定条件，从而得出无规模效应的结论。这一假定暗示了人口或知识存量对其自身积累的贡献远不如 R&D 内生增长模型所设想的那样大（Eicher and Turnovsky，1999）。

#### 5.1.1.2　乔根森的研究

另一个比较有影响的研究来自于戴尔·乔根森。他研究了 1960～1979 年日本和美国的经济增长情况，并且将两个国家的产出增长归结为三个来源，即资本投入的贡献、劳动投入的贡献和技术进步率。通过测算，乔根森得出，在两个国家的经济增长中，资本投入的增长起决定性作用，而劳动投入对经济增长具有重要贡献（乔根森和钟学义，1989）。乔根森等人针对美国未来 25 年的劳动力供给和需求，通过建模得出以下结论：尽管老龄化如期到来，但适当的人口增长仍为 21 世纪的劳动力市场提供了充足的补给（Jorgenson et al.，2008）。劳动力的改善归功于对教育的认同和重视，这样的模式会持续一段时间，但最后终将消失。经济活动逐年的变化主要是资本积累的结果，然而拉动经济增长的驱动力在未来很长一段时间内将会转移到劳动力和技术方面。

#### 5.1.1.3　美国劳动统计局的研究

2001 年 5 月，美国劳动统计局（BLS）提出了多要素生产率的概念（Ahmed and Wilder，2001）。多要素生产率是多种要素共同作用的结果，其中包括研究开发、新技术、规模经济、组织管理技术等内容，实际上是广义的技术进步。美国劳动统计局的研究把劳动生产率与科技进步直接联系起来，并对科技进步进行了多方面的分析，大大推进了关于美国生产率的研究。而在以往的研究中，诸如索洛余值法等方法，只是将科技进步简单地定义为从总产出中扣除劳动力和资本的剩余。

#### 5.1.1.4　中国学者的研究

改革开放以来，中国经济实力发生了翻天覆地的变化，此时正值罗默、卢卡斯等一批国外著名经济学家对经济增长的理论有了新的探索，因此国内很多学者也对该领域产生了浓厚的兴趣。然而，国内对经济增长理论的探索多停留于对国外理论的消化、吸收、再创新阶段，具有突破性进展的研究少之又少。胡乃义和孙家学（2000）认为，技术创新是经济增长的根本动力，但中国的技术创新仍处于较低的水平，从这一角度来说，美国“新经济”的现象给了我们一个很好的启示。孙明高和吴育华（2004）认为，经济增长类型可分为粗放型和集约型两种，科技进步是经济增长中最活跃的要素，也是粗放型增长方式向集约型增长方式转变的动力。胡树林（2002）认为，中国以“高储蓄—高投资—高增长”的模式带动经济增长，这势必导致增长质量低的结果，只有走技术创新之路才是促进中国经济高质量增长的途径（王维国和杜修立，2005）。

## 5.1.2 对100多年来美国经济增长的测算

### 5.1.2.1 美国经济增长模型

首先，建立劳动报酬的对数模型，即 $\log V$ 模型；其次，建立 $M$ 模型。据此，本书建立的美国 1900～2017 年经济增长核算模型是：

$$Y = (HL)^{0.35}(SD/L)^{0.27} + 0.25K + 1.56HSD/KL - 170.52 \tag{5-1}$$

在模型（5-1）中，$Y$ 是国内生产总值；$K$ 是固定资本存量；$D$ 是固定资产投资；$S$ 是科技投入；$H$ 是人力资本；$L$ 是劳动力。美国劳动报酬模型和投资价值模型的检验结果分别见附表 2-2、附表 2-3。

利用模型（5-1）对美国 1900～2017 年的经济增长因素进行分析和测算，得到的结果[①]见表 5-1。

**表 5-1　本书得到的美国经济增长核算结果**　（%）

| 要素贡献率 | 1900～1929 年 | 1930～1980 年 | 1981～2008 年 | 2009～2017 年 |
|---|---|---|---|---|
| 经济增长率 | 3.4 | 3.6 | 3 | 2.1 |
| 固定资本存量增长的贡献率 | 30 | 21.2 | 22.2 | 19.6 |
| 固定资产投资增长的贡献率 | 16.7 | 16 | 16.4 | 8.19 |
| 科技进步贡献率 | 16.4 | 39.9 | 33.1 | 26.7 |
| 人力资本增长贡献率 | 19.1 | 19.8 | 22.5 | 24.8 |
| 劳动力增长贡献率 | 8.5 | 5 | 2.6 | 0.46 |

① 20 世纪以来，科技进步在美国经济发展中起到越来越重要的作用，特别是最近几十年来，创新已经成为美国经济增长的首要动力，技术创新、人力资本提升和制度创新的贡献率超过了物质资本（存量和增量）增长的贡献率。

续表

| 要素贡献率 | 1900～1929年 | 1930～1980年 | 1981～2008年 | 2009～2017年 |
|---|---|---|---|---|
| 制度创新贡献率 | −1.3 | 21.9 | 16.4 | 22.8 |
| 经济环境外部性影响率 | 10.6 | −23.7 | −13.2 | −2.4 |

### 5.1.2.2 制度创新在经济增长中的贡献率的测算

按照新制度经济学的观点，制度创新对经济增长最基本、最本质的作用是提高生产要素的配置效率。因而，可以采用效率分析的方法来测算制度创新在经济增长中的贡献率，运用数据包络分析方法，以劳动力总量、固定资本存量、人力资本存量为投入，以国内生产总值为产出，获得以各年为样本的相对效率。美国1900～2017年生产要素配置的相对效率见图5-1。

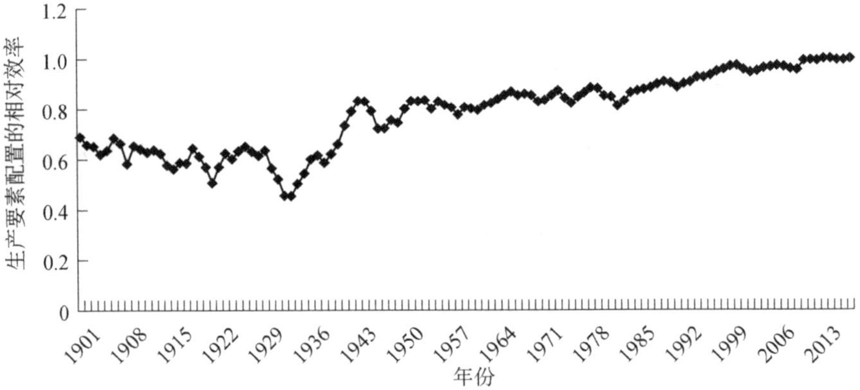


图5-1 美国1900～2017年生产要素配置的相对效率

### 5.1.2.3 分析与解释

1. 100多年来美国经济增长的特点

本书将新增长理论与新制度经济学思想及方法相结合，在分析了国内生产总值与知识、劳动力、固定资产等因素关系的基础上，从经济增长的共协理论角度出发，建立起美国经济增长的新模型；运用模型测算了美国100多年来经济增长中各因素的贡献率，从实证方面验证了理论的正确性。

根据测算结果，本书对1900年以来美国经济增长的特点做如下分析。

总体而言，100多年来，美国经济增长率平均为3.05%，波动幅度基本不大（1929～1931年等几次较大的危机除外）。就最近20余年而言，1990～2000年是信息技术革命推动下的高增长、低通胀、低失业的新经济时期；但 2001 年以后即陷入经济波动和深度调整期（特别是 2008 年开始的金融危机）。

科技进步贡献率的大小与经济增长率的大小并非线性关系，在经济增长率低的时间段，科技贡献率反而较高；但固定资产投资的贡献率与经济增长率基本呈线性关系，说明固定资产投资的增长率是决定经济增长率高低的第一位的因素。

1933～1945 年生产要素资源配置效率迅速提高，这是由于政府采用了凯恩斯主义的经济政策，加强了对市场干预的结果；1983～2000 年生产要素资源配置效率迅速提高，则是由于信息技术革命大大降低了交易成本及投资成本；2000 年以后生产要素资源配置效率也由于信息技术革命而持续提高，从 2001 年的 95.6% 提高到 2017 年的 100%。

2. 人力资本增长所起的突出作用

美国就业者的人均受教育年限，从 1900 年的 6.85 年，上升到 2017 年的 14.55 年。在上述的测算中，1900～1929 年、1930～1980 年、1981～2008 年、2009～2017 年就业者的劳动力的增长和人力资本的增长对经济增长的贡献率之和为 27.6%、24.9%、25.1%和 25.2%。

3. 外来移民带动人口和劳动力的持续增长

美国人口在 1900 年为 0.76 亿，到 2002 年增加到了 3 亿，并且一直保持增长趋势。同一时间段，美国的城市化率从 40%增长到 80%。然而，美国人口老龄化严重，老年人（65 岁及以上）的比例是过去一个世纪的 3 倍，而年轻人的比例则下降了 1/3。事实上，0～5 岁儿童的比例已经从 12.1%下降到 7%，65 岁及以上的老龄人口比例从 1900 年到 2000 年逐年增加，而 0～24 岁的年轻人的比例则总体上呈递减趋势。

移民一直是美国人口和劳动力增加的一个重要来源，1900 年美国的移民不到 50 万人，至 2000 年之前一直呈波动式上升。20 世纪 80 年代，移民人口占美国人口增长的约 1/3，至 90 年代又有所增加。2000～2001 年，移民贡献了约 40%的人口增长。

4. 科技的带动作用

美国在过去的 100 多年里经历了复杂的技术结构变迁，20 世纪相继出现了几次重大的技术变革——电力、内燃机、汽车、飞机、化学、原子能技术、航天，尤其是信息技术革命，有力地推动了美国经济的长期持续增长。

5. 制度创新的推动作用

制度创新为美国调动有利因素推动经济稳定增长提供了良好的制度保障。这主要表现在美国公司体制的三次变革和 20 世纪 80 年代以来的信息技术革命的推动（表 5-2）。

表 5-2　美国公司体制的三次变革

| 阶段 | 变革的内容 | 企业组织形式 | 特点 |
| --- | --- | --- | --- |
| 第一次公司转型（1897～1940 年） | 公司收购和兼并，大型企业都建立起自己的人事组织，对行政管理进行内部整合；国家的许多大型公司都通过纵向一体化得到扩张，建立起自己的商业链条 | 公司组织形式 | 第一次兼并浪潮主要为同一产业部门的大企业吞并小企业；第二次兼并浪潮的特点表现在从控制生产到控制原料的供应和加工，直至最终控制销售市场 |
| 第二次公司变革（1940～1970 年） | 集权化企业（U 形结构）向多部门型公司（M 形结构）转变，普遍趋势是朝着分权式管理结构发展 | 多部门的分权形式 | 第三次兼并浪潮出现在第二次世界大战后，其特点为混合合并，即在产品的生产和销售上互不联系的企业间进行合并和吞并，从而形成混合联合公司 |
| 第三次公司改革（1970 年至今） | 每个行业的公司都在寻求削减产品和服务的成本及提高质量的同时，也重新对其产品和服务的功能进行设计，通过垂直分解，将一些纵向业务外包，形成创新网络；实行新的融资手段及杠杆收购、管理层收购，努力提高创新能力 | 跨国公司 | 美国大公司纷纷成为现代跨国公司；美国的主要企业，其中许多是服务部门的企业经历了重组，并采取合适的策略应对以剧烈的竞争和创新为基本特征的国际经济 |

### 5.1.3　创新型国家与美国发展方式的转型

所谓创新型国家，是指创新贡献率（科技进步贡献率、人力资本贡献率、制度创新贡献率）在 50%以上，研究开发经费占国内生产总值的 2.5%以上，技术自有率超过 50%的国家。从这三个标准看，自 1981 年以来，美国已成为创新型国家：1981～2008 年创新贡献率为 72%，2009～2017 年为 74.1%；研究开发经费占国内生产总值的比例平均为 2.7%；有效专利中自有技术比例平均为 53%。

在创新型国家环境条件下，由于经济增长更多的是依靠创新而不是投资，因而美国经济进入耗水量、能耗强度和主要污染物不断降低，资源配置效率不断提高的新阶段。

环保法规的迅速增加和不断创新，以及技术创新等措施，促进污染物排放量持续下降。美国于 1906 年制定了《古物法》（*American Antiquities Act of 1906*），1960 年以后美国有关公害规制被正式提上日程，其开端是 1969 年的《国家环境政策法》（National Environmental Policy Act，NEPA），紧接着在 1970 年，以美国总统和议会为主导制定了很多划时代的环境法规，美国成为世界环境保护的领跑者，环境保护法规数量迅速增长。因此，20 世纪 70 年代被称为“环境的 10 年”。据《美国环境法的动向》（畠山武道和曲阳，2005）可知，到 1990 年美国联邦政府制定的环境法的数量已达到 100 多项。

美国环境保护署（EPA）的统计数据表明，1970 年以前美国的总挥发性有机化合物和氮氧化物排放量增长趋势明显，而二氧化硫的排放量在 1970 年以前呈波浪式增长态势，三者的排放量都在 1970 年左右达到顶峰，之后逐渐稳步下降。

人均水资源消耗量下降。根据 Gleick（2008）的统计，节约和高效用水可减少水的使用量，同时促进经济增长。美国人均用水量从 1977 年每人每天 1950 加仑，下降到 2000 年每人每天 1480 加仑。

本节建立起美国 1900～2017 年的经济增长模型，测算出科技进步、人力资本、劳动力、固定资本存量、固定资产投资、制度及经济环境外部性在美国经济增长中的贡献率，并对测算结果进行了解释和分析。分析认为，人力资本和劳动力是美国经济增长的重要因素，1900～1929 年、1930～1980 年、1981～2008 年、2009～2017 年的人力资本与劳动力的贡献率之和为 27.6%、24.9%、25.1%和25.2%，有力促进了美国经济的长期增长。所谓创新型国家，是指创新贡献率（科技进步贡献率、人力资本贡献率、制度创新贡献率）在 50%以上，研究开发经费占国内生产总值的 2.5%以上，技术自有率超过 50%的国家。从这三个标准看，自1982 年以来，美国已成为创新型国家。测算结果表明，从经济增长的驱动要素看，自 1982 年以来，美国已进入创新型国家的发展状态，科技进步、人力资本和制度创新在经济增长中的贡献率之和已超过 50%。在创新型国家环境条件下，美国经济进入耗水量和主要污染物排放不断降低、资源配置效率不断提高的新阶段。

## 5.2 对日本经济的测算及分析

关于东亚（日本、新加坡、韩国等）在 20 世纪 60～80 年代所创造的增长奇迹及最近 20 年来日本经济的长期停滞，国际学术界有很多争论（Lau，2003）。本书拟从共协理论的角度建立日本经济增长模型，对其 1955～2017 年的经济增长因素进行测算，并分析日本经济长期停滞的原因。

### 5.2.1 日本经济增长模型

#### 5.2.1.1 60 多年来日本经济增长的历程

回顾 60 多年来日本经济增长的历程（图 5-2），1955～1972 年是日本经济的高速增长时期，其间年经济增长率平均达到了 9.5%；1973～1980 年，历经两次世界石油危机，日本经济出现明显的波动，甚至衰退；1981～1993 年，制定和实施了一系列经济政策，国内经济出现较快增长；1993～2000年，由于经济泡沫破裂，以及1997年亚洲金融危机的严重冲击，日本经济再次出现衰退；2000年以后，随着世界经济的再次繁荣和中国经济的快速增长，日本的国际经济环境有所改善，经济开始恢复增长，但到2005年经济增长率再次出现下降。

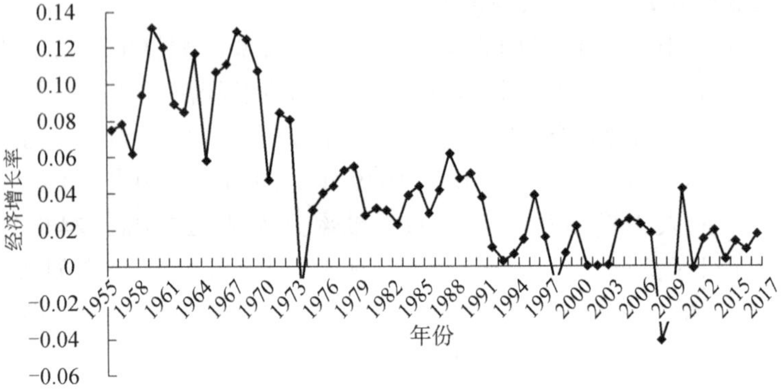


图 5-2　日本1955～2017年的经济增长率

### 5.2.1.2　日本经济增长模型

依据经济增长的共协理论以及本书附录8中数据，本书建立了如下的日本经济增长模型：

$$Y=(HL)^{0.30}(SD/L)^{0.39}+0.13K+112.9SD/K-372.3SD/L \tag{5-2}$$

式中，$Y$代表国内生产总值，$L$代表劳动力数量，$D$代表固定资产投资，$H$代表人力资本，$S$代表科技投入，$K$代表固定资本存量。在上述模型中，劳动报酬函数为$V=(HL)^{0.30}(SD/L)^{0.39}$，劳动报酬取对数后的计量经济学检验结果见附表8-2。

在上述模型中，投资价值函数为$M=0.132K+112.9SD/K-372.3SD/L$，模型检验结果见附表8-3。

### 5.2.1.3　制度创新对日本经济增长贡献率的分析

利用数据包络分析法对1955～2017年日本经济增长各要素的配置效率进行分析。从图5-3可以看出，就1990年以后而言，1991～1999年各要素的配置效率呈下降趋势，配置效率从1990年的99.4%下降到1999年的94.5%；而后又从2000年的96%提升到2005年的100%，其后又下降到2011年的97.8%，之后稳定在99%以上。

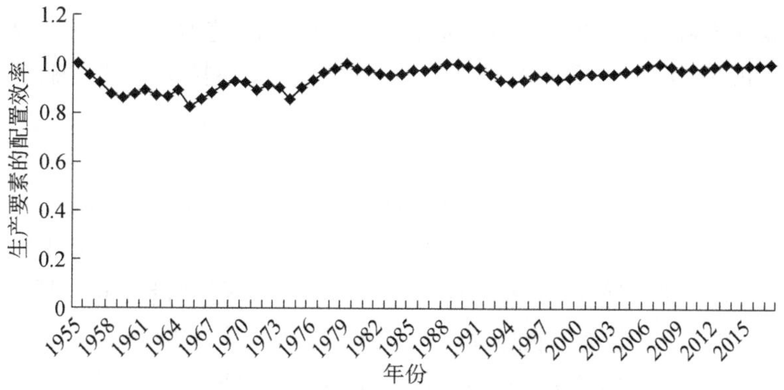


图 5-3　1955～2017 年日本经济的要素配置效率

#### 5.2.1.4　测算结果

表 5-3 给出了科技进步、人力资本增长、固定资本存量增长、固定资产投资增长、劳动力增长、制度创新、经济环境外部性等对日本经济增长的贡献率的测算结果。

**表 5-3　各因素对日本经济增长贡献率的分析**　（%）

| 贡献率 | 1955～1972 年 | 1973～1990 年 | 1991～2017 年 |
|---|---|---|---|
| 固定资本存量增长的贡献率 | 15.1 | 3.7 | 6.7 |
| 固定资产投资增长的贡献率 | 36.8 | 36.5 | −4.8 |
| 科技进步的贡献率 | 54.6 | 63.8 | 61.4 |
| 人力资本增长的贡献率 | 3.9 | 7.4 | 13.4 |
| 劳动力增长的贡献率 | 0 | 2.6 | 3.0 |
| 制度创新的贡献率 | −6.8 | −0.5 | 11.2 |
| 经济环境外部性的影响率 | −9.8 | −13.6 | 9.2 |

分析结果表明，1955～1972 年在日本经济的增长中固定资本的因素占到了 52%，那么 1993 年以后日本经济停滞的直接原因可以认为是固定资产投资的下降，而深层原因则是经济体制等经济制度的不适应。

1955～1972 年，日本的经济增长率平均达 9.5%，其中，固定资本存量增长的贡献率为 15.1%，固定资产投资增长的贡献率为 36.8%，这两者之和归并为固定资本贡献率（为 51.9%）；人力资本增长的贡献率为 3.9%，科技进步的贡献率为 54.6%，制度创新的贡献率为−6.8%，这三项之和归并为创新贡献率（为 51.7%）；而经济环境外部性的影响率为−9.8%。这说明当时日本的经济环境外部性对经济增长的影响不大，这一时期是典型的“资本-创新”推动型的高速增长期。

1973～1990 年，日本的经济增长率平均为 3.7%，其中，固定资本存量增长的贡献率为3.7%，固定资产投资的贡献率为36.5%，这两者之和归并为固定资本贡献率（为40.2%）；人力资本增长的贡献率为7.4%，科技进步的贡献率为63.8%，制度创新的贡献率为−0.5%，这三者在经济增长中的贡献率合计达到了70.7%，因而这段时间的经济增长属于创新推动型；而经济环境外部性的影响率为−13.6%，说明这段时间内的经济环境是有利于人力资本增长、科技进步和制度创新的。

1991～2017年，日本的经济增长率平均为1.0%。分析这段时期日本经济增长的原因，固定资本存量增长的贡献率为6.7%，固定资产投资的贡献率为−4.8%，这两者之和归并为固定资本贡献率（为−1.9%）；人力资本增长的贡献率为13.4%，科技进步的贡献率为61.4%，制度创新的贡献率为11.2%，人力资本增长、科技进步和制度创新这三者在经济增长中的贡献率合计达到了86.0%，而经济环境外部性的影响率为9.2%，说明日本的经济环境外部性对经济增长的影响很大，这一时期是典型的创新推动型的超低速增长期。

## 5.2.2　20世纪90年代以来日本经济衰退的原因分析

1955～1973年，日本的经济增长率平均达到了9.65%；1974～1993年，日本的经济增长率平均为3.4%；1993年以后，日本经济停滞不前。从上述增长因素分析看，主要原因在于固定资产投资贡献率的大幅下降，并且1991～2017年固定资产投资也呈下降趋势（详见本书附录8），固定资产对经济增长的贡献率为负值（−4.8%）。而造成固定资产投资下降的主要原因，则是房地产泡沫破裂的影响、产业结构变化、金融体系功能弱化、国际经济贸易环境恶化（Cororaton，2002）、政府对经济的调控和推动能力不断下降、政府主导下外向型的银企结合的经济体制及其制度对内外环境不适应、人口老龄化导致的人力资本弱化的联合作用的结果。

### 5.2.2.1　房地产泡沫破裂的影响

第二次世界大战后，日本经济高速发展，由于重化工业快速兴起和城市化进程加快，土地供给出现供不应求的现象，同时受巨额利润驱使，出现了大规模的房地产投机活动，使日本国内土地价格在20世纪90年代以前持续上涨（Smitka，2005）。20世纪90年代初，日本房地产泡沫破裂，其国内企业和银行业遭受重大损失，国内消费市场受到很大冲击。直到2003年，日本房地产市场才开始出现好转迹象（杨名和姜照华，2006）。日本不动产研究所的统计数据表明，2003年东京地区公寓式住宅的平均价格为54.5万日元/平方米，仅是1988年东京房地产业鼎盛时期的 1/5。日本房地产泡沫破裂所产生的严重后果至今仍然影响着日本经济的发展，国内市场需求不足的问题也仍然存在。

#### 5.2.2.2 产业结构变化

重化工业一直是促进日本经济发展的重要动力，曾吸引了大量投资，对其经济发展起到了重要支撑作用（马文秀和陈卫华，2000）。1980 年以后，日本调整了经济增长方式，产业结构出现较大变化。随着 1980 年以后近 20 年时间的产业结构变化，原有重化工业比例明显下降，资本投入不断减少，同时由于经济泡沫破裂后企业资金状况恶化，重化工业技术研究开发出现滞后现象，从而导致了在高科技产业发展尚不成熟的情况下，日本产业结构中占统治地位的重化工业、制造业，特别是家用电器等已经占领世界市场的主要产品出现行业性衰退。

#### 5.2.2.3 金融体系功能弱化

20 世纪 90 年代，日本的国际金融政策陷入蒙代尔-弗莱明悖论，即在资本自由流动与浮动汇率的条件下，维持汇率稳定、保持本国货币的可兑换性与促进国内经济增长的政策目标发生冲突。20 世纪 90 年代中期，日元的升值政策则是日本政府陷于悖论的体现。日元的升值并没有缓解国内已经出现的经济低迷现象，反而使日本的扩张性财政政策几乎失效，国内的政策目标也没有实现，与此同时，日元的升值降低了国际市场上日本产品的竞争力，导致需求下降（崔婧，2005）。

#### 5.2.2.4 国际经济贸易环境恶化

20 世纪 80 年代以前，日本始终实行“贸易立国”战略，不断扩展国际经济关系，为经济高速增长创造了有利的国际环境，形成了汽车、钢铁、家用电器等支柱性产业，相关产品的国际市场竞争力显著提高。但是，瑞士国际管理发展学院（IMD）的全球经济竞争力研究报告显示，日本国际竞争力由 1989～1993 年的连续第 1 位，降至 2002 年的第 30 位。这与日本国际经济关系恶化，特别是美日经济贸易关系的恶化有很大相关性。美日经济摩擦已经从半导体、汽车等工业产品市场扩大到农业、建筑、保险等多个领域（Ahn，2003）。在亚洲市场和欧洲市场，日本也遇到了不同程度的经济和贸易关系恶化问题。

### 5.2.2.5 政府对经济的调控和推动能力不断下降

1990 年之前，日本政府投资在总固定投资中的比例较高，从 1970 年的 26.5% 上升至 1980 年的 32.0%。从 1990 年开始，日本政府部门投资在总固定投资中的比例逐年下降（Mitsubishi Research Institute，2001），表明日本政府对经济的调控和推动能力在不断下降（图 5-4）。

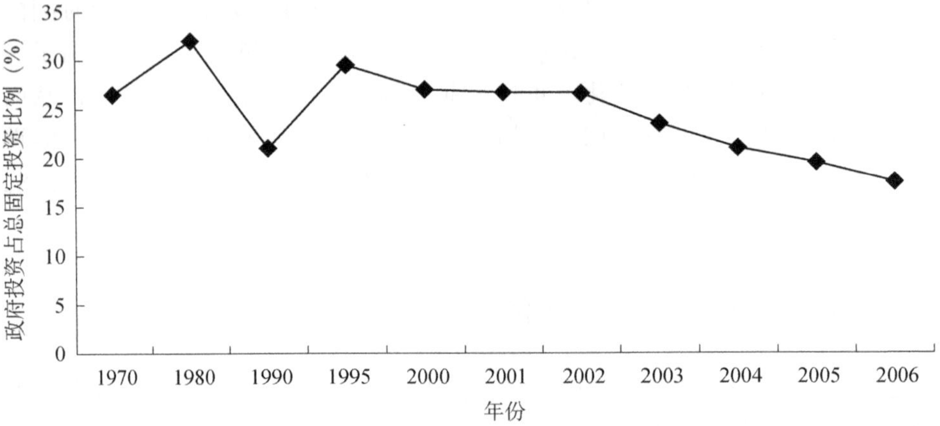


图 5-4　1970～2006 年日本政府投资占总固定投资比例

第二次世界大战后，日本确立了政府主导的外向型经济增长模式，政府在促进支柱产业发展和调节经济运行上发挥了重要作用。20 世纪 80 年代以前，在国内企业持续进行大规模固定资产投资的带动下，日本经济实现了高速增长。20 世纪 90 年代，房地产泡沫破裂，出口受阻，在很多产业出现生产能力严重过剩的情况下，固定资产投资转变为经济发展的障碍。过剩的设备和生产力成为日本经济的闲置资源，给日本企业带来消化过剩的生产力、调整生产结构的巨大困难，而银企结合的金融体系的困境及其低下的运行效率，也降低了日本经济运行的效率。日本政府多次进行财政刺激，致使日本巨额财政赤字长期存在，从而日本政府干预经济的能力也就十分有限（李怀等，2013）。

1993 年以后，日本经济停滞不前，从增长因素分析看，主要原因在于投资率、固定资产投资贡献率有较大下降，属于投资不振型；尽管同期科技进步、人力资本创新的贡献率均较高（图 5-5）。

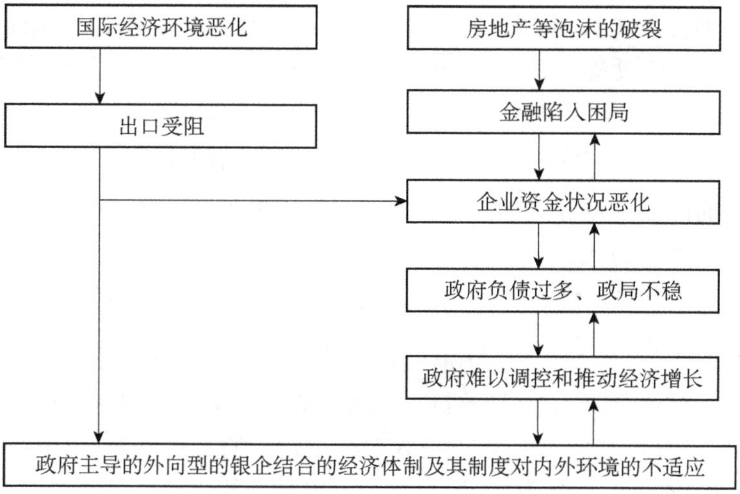


图 5-5　1993 年以后日本固定资产投资下降的综合原因

# 5.3　对德国经济增长因素的分析

## 5.3.1　德国经济发展的相关研究

2006 年，德国慕尼黑大学 IFO 经济研究所的 Andreas Cullman，在其论文《德国增长核算——通过新的 IFO 生产率数据库对生产率的估计》中，利用一种独特的数据库资料——IFO 数据库，分析了 19 世纪 70 年代以来德国经济及生产率增长的根源，并对德国经济未来十年的增长率给出了预测，得出了生产率年增长 1.67%（变动范围为±1.25%）、平均劳动生产率年增长 1.72%（变动范围为±1.00%）的结论。

Andreas Cullman 把产出增长分解成劳动投入的贡献、资本投入的贡献和全要素生产率。这种经济核算模型基于微观经济学的生产理论以及如下假设：用由劳动（$L$）和资本服务（$K$）作为主要投入的生产函数来表示生产技术，该生产函数具有规模报酬不变的特征，并且产品市场和要素市场是完全竞争的。

用到的方法论基于 Jorgenson（2000）提出的生产可能性边界的概念，资本和劳动投入具有互相替代的作用，并且把资本分为信息技术资本（IT capital）和非信息技术资本（non-IT capital）。

在生产可能性边界的概念中，产出分解为投资和消费，而投入则由资本服务

（$K$）和劳动力投入（$L$）组成。资本服务又可以分解成来自于计算机硬件（$K_c$）、软件（$K_s$）、通信设备（$K_m$）和非信息技术的资本服务（$K_n$）的资本流量。投入函数（$X$）被全要素生产率（$A$）放大了。生产可能性边界可以用公式表示为

$$Y\left(I_t,C_t\right)=AX\left(K_n,K_c,K_s,K_m,L\right) \tag{5-3}$$

在竞争的产品市场和要素市场、规模报酬不变的假设下，式（5-3）可以变成用来解释经济增长的式（5-4）。

$$\Delta\ln y=\bar{v}_{K_n}\Delta\ln K_n+\bar{v}_{K_c}\Delta\ln K_c+\bar{v}_{K_s}\Delta\ln K_s+\bar{v}_{K_m}\Delta\ln K_m+\bar{v}_l\Delta\ln L+\Delta\ln A \tag{5-4}$$

其中，$\bar{v}$ 表示平均投入份额，$\bar{v}_{K_n}+\bar{v}_{K_c}+\bar{v}_{K_s}+\bar{v}_{K_m}+\bar{v}_l=1$。

利用式（5-4）对产出进行核算，结果如表 5-4 所示。在 1970～1990 年，产出年平均增长速度为 2.5%。资本投入对产出增长的贡献率为 26.6%（或者说是贡献了 0.67%的产出增长率），这一时期产出增长的主要贡献不是由劳动和资本投入引起的，而是全要素产出率，它贡献了 70.2%，而劳动投入仅仅贡献了 3.2%。劳动投入的低贡献主要是由劳动时间在 70 年代的显著降低（−0.78%），以及在 80 年代的微小提高（0.18%）引起的。

**表 5-4　1970～2001 年德国 GDP 增长率及其源泉**　（%）

| 增长源泉 | 1970～1980 年 | 1981～1990 年 | 1991～2001 年 |
|---|---|---|---|
| GDP 增长（$Y$） | 2.73 | 2.27 | 1.49 |
| 资本贡献（$K$） | 0.43 | 0.90 | 1.09 |
| 其他 | 0.38 | 0.72 | 0.94 |
| 计算机 | 0.03 | 0.12 | 0.07 |
| 软件 | 0.01 | 0.03 | 0.05 |
| 通信 | 0.01 | 0.03 | 0.04 |
| IT 贡献 | 0.05 | 0.18 | 0.15 |
| 劳动贡献（$L$） | −0.28 | 0.44 | −0.31 |
| 全要素生产率（TFP） | 2.58 | 0.94 | 0.71 |

## 5.3.2　德国的“经济奇迹”与衰退

在德意志民主共和国（简称民主德国）和德意志联邦共和国（简称联邦德国）统一以前，联邦德国经济发展可以分成三个阶段：第一阶段，50 年代的重建，在美国的援助下，德国重新回到西方工业强国的行列；第二阶段，60 年代，以经济的快速扩张和现代化为标志，低利率带动了出口的增长；第三阶段，在 1973 年和 1979 年两次石油危机的影响下，尽管与其他欧洲国家相比德国的经济表现较好，但是也一直呈低速增长态势（表 5-5）。

**表 5-5 1938～1989 年 G7 成员国实际 GDP 增长率比较**

| 1973 年水平<br>美国=100 | | 1938～1989 年 | 1950～1989 年 | 1950～1973 年 | 1973～1989 年 | 1989 年水平<br>美国=100 |
|---|---|---|---|---|---|---|
| 美国 | 100 | 2.3 | 1.9 | 2.2 | 1.6 | 100 |
| 英国 | 87.9 | 2.0 | 2.3 | 2.5 | 1.8 | 74.2 |
| 加拿大 | 68.3 | 3.0 | 2.7 | 2.9 | 2.5 | 9.60 |
| 德国 | 67.3 | 2.6 | 3.7 | 4.9 | 2.1 | 76.4 |
| 法国 | 62.6 | 2.7 | 3.1 | 4.0 | 1.8 | 75.8 |
| 意大利 | 45.9 | 3.2 | 4.0 | 5.0 | 2.6 | 70.7 |
| 日本 | 35.0 | 5.2 | 5.2 | 8.0 | 3.1 | 96.0 |

1990 年 10 月民主德国与联邦德国统一以后，与大多数发达国家相比，德国经济表现更加低迷，陷入了低增长和高失业的困局。统一使德国东部工资和社会福利水平迅速提高，并在初期产生了巨大的国内需求，但是随后在德国东部企业主间便引发了巨大的竞争损失和急剧上升的失业率，造成了自第二次世界大战以来最严重的经济危机。德国统一最初促进了联邦德国自 80 年代末以来经济繁荣的继续，但也致使其经济过度扩张，生产从出口转向扩大的国内市场，导致经常账户从有盈余转为有赤字和超过 5%的通货膨胀。1992～1993 年德国经济又发生了严重的衰退，促使德国中央银行决定实施紧缩的货币政策。可以认为，在 2004 年以前，德国经济还没有从两德统一的冲击中充分恢复过来，当然，德国僵硬的劳动力市场和一系列不利因素也要对其经济的低迷现象负责。

在 1999 年和 2000 年，德国经济曾出现短暂的好转，但 2000 年后期，出口和建筑业萎缩导致的国内需求的减少，使得德国国内商业信心再次下降。再加上暂时的高通货膨胀和低工资增长，致使居民实际收入缩水。2001 年德国国内生产总值增长率仅为 0.8%，这是微弱的国内需求与暴跌的出口增长双重作用下的结果。股票市场的暴跌使得经济状况更加恶化。另外，国外需求停滞，而国内需求又由于劳动力市场的恶化没有好转，致使德国 GDP 增长率进一步下跌，2002 年和 2003 年更是下跌到了 0.1%和−0.1%（表 5-6）。

**表 5-6 2000～2004 年德国经济指标**

| 指标 | 2000 年 | 2001 年 | 2002 年 | 2003 年 | 2004 年 |
|---|---|---|---|---|---|
| GDP 总量（按当年价格计算）（十亿美元） | 1876 | 1858 | 1991 | 2410 | 2708 |
| GDP 总量（按当年价格计算）（十亿马克） | 2030 | 2074 | 2107 | 2128 | 2177 |
| 按 1995 年价格计算（十亿马克） | 1970 | 1986 | 1988 | 1985 | 2016 |
| GDP 增长率（%） | 2.9 | 0.8 | 0.1 | −0.1 | 1.6 |
| 劳动力总量（百万人） | 41.7 | 42.0 | 42.1 | 42.1 | 42.3 |
| 失业数（百万人） | 3.9 | 3.9 | 4.1 | 4.4 | 4.4 |
| 就业数（百万人） | 39.1 | 39.3 | 39.1 | 38.7 | 38.9 |
| 失业率（%） | 9.6 | 9.4 | 9.8 | 10.5 | 10.6 |
| OECD 国家失业率（%） | 7.2 | 7.4 | 8.2 | 9.1 | 9.6 |

第二次世界大战后，德国经济取得显著的成就，这个“经济奇迹”也让德国成为排在美国和日本之后的世界第三大经济体①。德国经济能够取得成功主要归因于外在的“马歇尔计划”的支持、缜密的财政和货币政策，以及致力于第二次世界大战后的重建工作。经济政策的一个重要元素是社会市场经济概念，这一想法最初是由保守党提出的，后来得到了左派的支持。该概念要求经济由市场力量治理，而国家仅仅扮演一个调整社会公平和纠正市场缺陷的角色。20世纪50～80年代，社会市场经济概念对和谐劳工关系起到了重要的促进作用。

然而，在过去的20年中，社会市场模式的缺点逐渐暴露出来。广泛的社会保障制度和对个人收入实行的高税收政策降低了工人工作的积极性，而高昂的人工成本、刚性的就业保护和持续疲软的国内需求也削弱了企业对劳动的需求。

在20世纪80年代，这些问题已经影响了德国经济的增长，并且严重地削弱了政府应对由于民主德国和联邦德国统一而带来的经济问题的能力。结果，在1995～2004年，德国成为欧盟15国中经济表现最差的国家。尤其是在2001～2003年，德国经济的表现更是低迷，民众要求政府有所作为的呼声越来越高。在此背景下，2003年3月，施罗德（Gerhard Schrader）总理宣布了他的改革计划——“2010议程”计划，意图改进经济增长的结构性问题。这项议程主要包含以下措施：提高失业救济金发放的标准和减少失业救济；改革社会福利保障制度，特别是公共卫生保险；放宽对个体创业的限制。

### 5.3.3 固定资产投资下降与德国经济的缓慢增长

按照经济增长的共协理论及本书附录6中数据，本书建立了如下的德国经济增长模型：

$$Y = (HL)^{0.27}(SD)^{0.20} + 0.15K + 74.03SD/K \quad (5\text{-}5)$$

在模型（5-5）中，$Y$代表国内生产总值，$L$代表劳动力数量，$H$代表人力资本，$S$代表科技投入，$D$代表固定资产投资，$K$代表固定资本存量。在上述模型中，劳动报酬函数为$V = (HL)^{0.27}(SD)^{0.20}$，劳动报酬取对数后的计量经济学检验结果见附表6-2，投资价值模型的计量经济学检验结果见附表6-3。

2009～2017年，德国的经济增长率平均仅为1.0%。分析德国这段时间经济增长的原因可以发现，固定资本存量增长的贡献率为23.9%，固定资产投资的贡

① 与其他发达国家相比，制造业和相关服务仍然是德国经济的重心，德国制造业主要包括工业机械、汽车和化工业，虽然1992～2002年其全部工业产出（不包括建筑业）占国内生产总值的份额从26.9%下降到22.3%，但在2004年又上升到23%。

献率为32.6%，这两者之和归并为固定资本贡献率（为56.5%）；人力资本增长的贡献率为14.6%，科技进步的贡献率为26.7%，这两者之和归并为知识进展贡献率（为41.3%）；制度创新的贡献率为2.1%；劳动力增长的贡献率为6.5%；经济环境外部性的影响率为−6.2%（表5-7）。

**表5-7　德国经济增长因素分析**　（%）

| 时间 | 1990～2008年 | 2009～2017年 |
| --- | --- | --- |
| 经济增长率 | 1.7 | 1.0 |
| 固定资本存量增长的贡献率 | 14.3 | 23.9 |
| 固定资产投资增长的贡献率 | 21.6 | 32.6 |
| 科技进步的贡献率 | 33.2 | 26.7 |
| 人力资本增长的贡献率 | 8.3 | 14.6 |
| 劳动力增长的贡献率 | 3.6 | 6.5 |
| 制度创新的贡献率 | −4.6 | 2.1 |
| 经济环境的贡献率 | 23.6 | −6.2 |

## 5.3.4　德国国内投资增长缓慢的原因

以1990年价格计算，2010年德国的固定资产投资为4147亿欧元，少于2000年的4272亿欧元，出现了固定资产投资减少的现象，固定资产投资对经济增长的贡献率在2000～2010年为−6%。

究其原因，在整个20世纪90年代，德国企业在国外的投资明显增加。尤其从1995年起，德国企业国外资本存量显著提高，从1995年占GDP的10%提高到2000年的28%，2000年德国企业投资国外的资本总量为5700亿欧元。与之形成对比的是，2000年美国企业投资国外的资本量仅占GDP的13.2%。数据表明，在制造业方面，德国企业国外投资量不到国外投资总量的一半，2000年大约为2200亿欧元。而最主要的国外投资领域是银行业、保险业和不动产业，2000年，德国企业在国外投资上述行业的资本存量合计为3200亿欧元。

同时应该看到，不仅德国企业在国外投资，外国企业也在德国投资。1995～2000年，外国企业增加了在德国的投资，尽管是在一个低水平上，1995年占GDP的7%，2000年占GDP的14%（约2800亿欧元）。其中，银行业、保险业和不动产业占了大约50%（约1400亿欧元），而制造业领域大约占1/3。这表明，对于外国企业来说，德国还是具有一定吸引力的。但是无论如何，德国企业投资国外的资本量大约是外国投资者投资德国的2倍。

在德国进行投资的主要是一些欧盟国家，其次是美国。美国和欧盟在德国的主要投资领域是金融业和不动产服务业，然后是制造业。中东欧国家在德国投资的主要领域是批发零售贸易行业（Geishecker and Görg，2004）。

德国的资本存量从20世纪70年代到90年代大约翻了一番。但是进入90年代后，德国资本形成的速度减慢，大约从80年代的3.4%下降到90年代的2.9%。在资本存量的增长动力中，第三产业依然保持着领先地位，但是在80年代居于第二位的制造业部门已经让位给第三产业。

#### 5.3.4.1 税率比较高

进入21世纪后，德国对外资吸引方面的表现依然低迷。联合国给出的一份年度报告显示，2004年，在外国直接投资表现指数上，德国排名第118位，在发达国家中仅仅排在日本之前。这主要是由税收税率导致的，因为企业所得税税率对国外直接投资具有明显的影响，国外投资者在选择投资国时对税收具有相当的敏感性（郑春荣和伍慧萍，2014）。UNCTAD发现，2004年，大约有20个国家降低了企业所得税，其中9个是发达国家。发达国家作为一个整体，其税率出现显著的降低，从29.7%下降到26.5%。与之形成鲜明对比的是，德国是其中三个税率提高的国家之一，从38.29%提高到38.31%（Barnard and Cantwell，2007）。

#### 5.3.4.2 劳动力流动性差，企业缺乏雇佣员工的积极性

德国不断加剧的失业问题也要归因于部门的失调，与其他OECD国家相比，德国工业部门的就业缩减得更快，而服务业部门的就业却没有相应的增加。具有较高生产率的传统工业部门就业依然具有巨大的吸引力。这是因为，工业部门的工会组织严密，在工业部门就业可以比在服务业部门就业拿到更高的薪水。工业部门失业者通常不愿意到服务业部门就业，特别是年轻的男性更愿意成为工业部门的学徒。这种不合理的现象在采矿业部门表现得更为突出，因为采矿部门可以拿到比其他工业部门更高的薪水。而背景是，采矿业在德国并不是盈利部门，采矿业之所以能够存在是由于政府的各种补助（Berthold and Fehn，2003）。德国劳动力市场的僵化主要是由以下原因引起的。

（1）强大的德国工会势力。即使是在西欧国家中，德国的工资由集体谈判决定的概率也是很高的（表5-8）。由于德国的工资协议由劳资双方通过自己的组织，即工会和雇主联合会自由谈判达成，德国工会在谈判中往往以本行业效益高的企业为标准，不考虑地区、企业规模、技术水平等方面的差别，这使得企业不得不付出较高的工资成本，同时也不利于劳动要素的流动。民主德国与联邦德国统一以来，

德国东部的工资水平得到了突飞猛进的增长，与东欧国家相比丧失了竞争力。

**表 5-8　欧洲国家集体谈判比较**　　（%）

| 国家 | 英国 | 德国 | 荷兰 |
|---|---|---|---|
| 集体谈判率 | 47 | 90 | 71 |

资料来源：王守杰和李炜，2005

而且，工会组织利用其权力，在国家、地区、行业和企业的各个层次上展开谈判，达成了系列有利于工人的集体协议，再加上种类繁多的就业保护措施，如严格的解雇程序、高昂的解雇费用、法定最低工资和工作时间限制等，抑制了企业雇佣工人的积极性，导致很多企业在雇佣员工时很谨慎（张勇和侯桃，2005）。

在工作时间方面，德国工人的平均工作时间下降很快。以德国西部为例，工人年平均工作时间从 1991 年的 1467 个小时下降到 2001 年的 1347 个小时（减少了 120 个小时）。2001 年，整个德国工人的工作时间总量是 477 亿小时，比 1991 年下降了 7%（Spitznagel，2003）。

（2）对雇员的严格保护（表 5-9）降低了企业雇佣员工的积极性。德国雇员受《劳动法》等法规的严格保护，因此，企业雇佣和解雇工人的成本都很高，僵化的劳动力市场使企业对雇佣新员工望而却步，从而导致失业人员的不断增加（戴启秀，2005）。从 20 世纪 60 年代末期起，德国解雇员工的成本就开始大幅度上升，之后就长期保持在一个高水平上。欧洲国家解雇员工的成本远高于美国（Berthold and Fehn，2003）。

**表 5-9　雇员受法律保护的严格程度指标**

| 国家 | 20 世纪 80 年代后期 | 20 世纪 90 年代后期 |
|---|---|---|
| 德国 | 2.7 | 2.8 |
| 英国 | 0.8 | 0.8 |
| 美国 | 0.2 | 0.2 |
| 瑞士 | 1.2 | 1.2 |
| 意大利 | 2.8 | 2.8 |
| 丹麦 | 1.6 | 1.6 |
| 澳大利亚 | 1.0 | 1.0 |
| 日本 | 2.7 | 2.7 |

（3）德国的高福利社会保障制度降低了工人的工作热情。周全的社会保障体系，在第二次世界大战后对于社会稳定、经济发展确实起到了重要的作用，但是过度的福利也严重削弱了工人的积极性。与其他北欧国家一样，在保护劳工失业方面，德国主要依靠慷慨的失业救济和社会福利。在某些情况下，工作收入甚至低于领取救济的收入，于是许多人宁肯领失业救济而不愿从事收入较低的工作。

（4）德国人实干精神的下降。随着经济水平的提高，尤其是德国特有的社会福利制度在为德国居民带来物质和生活享受的同时，也在一定程度上影响了德国人的工作习惯和工作态度。德国人那种一丝不苟、吃苦耐劳的意志精神越来越少见了，而不劳而获、坐享其成的颓废思想却在滋生。大多数德国人不愿做一些工作环境相对差的工作，而是趋向环境舒服、劳动报酬高的工作，尤其是那些年轻人（王全在，2005）。

### 5.3.4.3 企业负担较重

与其他发达国家相比，德国企业的负担较重，这也是近年来德国国内企业投资低迷的一个重要原因。过重的企业负担主要表现在高劳动成本和高税收两个方面。

（1）高劳动成本。与其他几个主要的工业发达国家相比，德国的劳动成本太高。以 1996 年一个工人每小时所得为例，如果以当时美元与马克的汇率计算，在德国为 31.87 美元，日本为 20.84 美元，而美国仅为 17.70 美元，中国台湾地区则低至 5.82 美元（方在庆，2001）。

德国的高工资还体现在其高额附加工资费上。据统计，1996 年德国制造业人均劳动成本为 8.62 万马克，其中直接工资为 4.74 万马克，占总成本的 55%，附加工资为 3.88 万马克，占总成本的 45%，大约是美国和日本的 2.5 倍（殷桐生，2001）。

另一个不容忽视的事实是，与其他发达国家相比，德国工人的实际工资在 20 世纪 80、90 年代增长得太快。以制造业为例，在 20 年间，德国工人的实际工资增长了大约 40%，而同期美国工人的工资基本上没有变化（Berthold and Fehn，2003）。

虽然考虑到德国的高税收和高福利政策，德国工人实际所得并没有这么高，但是如果把德国工人劳动时间缩短这一事实考虑进来，特别是跟其他几个发达国家相比已降到了最低点，情况就可想而知了。此外，德国工人退休最早、病休时间最长、旷工率也很高，这种情况使德国工业设备利用率在西方国家中是最低的。就像一些德国企业家所抱怨的，高小时工资加上超短的周工作时间，使得德国企业在与对手竞争时如同带着两副手铐。

在经济全球化加剧，尤其是资本流动国际化的今天，企业在投资时必然要选择能够实现利润最大化的国家和地区。人工成本过高，必然对企业竞争造成不利影响，迫使企业在雇佣工人时精打细算，尽可能少地使用劳动工人，以降低劳动成本。当今，许多德国工会守着高水平的工资福利不放，这种普遍的高工薪已使德国成为投资代价十分高昂的地方。面对如此高昂的劳动成本，德国国内投资不振，德国企业的国际竞争力下降自然也就不足为奇了（王全在，2005）。

（2）德国企业负担过于沉重的另一个原因是企业要承担高税收。高税收将必然导致低投资。由于资本的逐利性，特别是在资本流动日趋国际化的今天，资本无疑将避开征税较高的国家。高税收政策使得企业纷纷借助于跨国公司将资本转移到那些成本低的国家，从而获得更大的利润。而这对于福利国家而言，则是失去了对支撑国民经济很重要的税收来源。

1999 年，德国企业所得税税率为 57%，高于其他工业化国家。随着德国税收改革，这种形势有所改观。通过改革，企业所得税最高税率从 1999 年的 57% 下降到 2005 年的 38.9%。德国政府进行税收改革的目的在于通过降低税率来增加企业的投资，从而提升德国经济的竞争力，并扩大政府财源。

然而，德国并不是唯一实行税收改革的国家，相似的改革也发生在其他欧洲国家。其结果是，这次税收改革并没有明显改变德国税收在国际上的地位。因此，是否会如德国政府所愿吸引到更多的企业投资、扩大税源还不确定（Hagen and Strauch，2001）。

德国的高税收政策是与其财政政策相联系的。欧元区内，欧元汇率统一由欧洲中央银行控制，德国也就丧失了汇率这一重要的宏观经济调控工具，而更加依赖于财政的作用。由于德国财政在赤字时不以向中央银行负债来维持其支出（因为这将引致通货膨胀），而是通过发行国债来维持，政府巨额债务的利息支付又成为财政的另一个负担，所以税收在财政中的重要性更为显著。

同时，为了支付高额的福利费用，德国政府不得不一再地提高税率。而高税率带来的后果之一必然是进一步挫伤企业、个人的投资积极性。对个人而言，高税收政策导致其低消费、高工资期望、高劳动力成本；对企业而言，高税收政策使企业利润减少，从而导致投资者将资本转移到其他成本、税收相对较低的国家和地区（戴启秀，2005）。

#### 5.3.4.4 比较烦琐的市场管制

过多的管理规则和对某些行业的过度保护，窒息了风险投资活动和企业家的创新精神，使得企业创新的活力不足，并最终导致劳动生产率增长乏力。德国过于烦琐的法律和法规影响了本国企业的竞争力。当德国企业和商人在国外投资和办厂时，他们较少受到法律上的约束，而在国内却不得不与一个严密的规则网络打交道。规则的泥潭使得德国企业家少有新的想法（方在庆，2001）。

在规章制度管理的密度方面，20 世纪 80 年代，德国在西欧各国中排在倒数第三位。20 世纪 90 年代，德国的排序有所提高，但这仅是对临时雇佣规章制度管理做出放松的结果，该指数从 3.8 下降到 2.3。然而在其他因素上并没有发生变化，虽然综合指数也下降了 0.7 个点，但由于其他欧洲国家采取了同样的行动，使得德国在排序上仅提高了一位。总体来说，德国劳动力市场的规章制度管理比半数以上被观察的欧洲国家要严格得多，在世界范围内德国也是规章制度最严的国家之一，而盎格鲁-撒克逊国家（美国、英国、加拿大、澳大利亚和新西兰）则是规章制度管理密度较低的国家（Logeay 和张娜，2005）（表 5-10）。

**表 5-10　德国劳动力市场规章制度管理的国际比较**

| 指标 | 20 世纪 80 年代末 | | | 20 世纪 90 年代末 | | |
|---|---|---|---|---|---|---|
| | 指标值 | 在被观察的 OECD 国家中排序 | 在 16 个 OECD 国家中排序 | 指标值 | 在被观察的 OECD 国家中排序 | 在 16 个 OECD 国家中排序 |
| 综合指数 | 3.2 | 14（19） | 11 | 2.5 | 18（26） | 10 |
| 对一般就业的保护 | 2.7 | 13（20） | 10 | 2.8 | 21（27） | 12 |
| 一般程序的不便 | 3.5 | 18（22） | 12 | 3.5 | 24（27） | 13 |
| 解雇的难度 | 3.5 | 14（20） | 12 | 3.5 | 20（27） | 12 |

注：指数范围从 0（无规章制度）到 6（严格的规章制度）；括号内的数字为被观察的 OECD 国家

在商业壁垒方面，德国的企业进入障碍指数为 2.1，高于大多数 OECD 国家，而美国仅为 1.3，英国更低，为 0.5（表 5-11）。德国新企业的进入壁垒，主要表现在较高的进入成本和沉闷的官僚主义作风。政府办公效率方面，在德国获得政府的批准平均要 90 天，仅少于意大利，远高于其他国家。这些因素导致了一些德国企业的垄断地位，并进而影响到其产出的质量。

**表 5-11　OECD 各国商业障碍指数**

| 国家 | 所需程序步骤 | 批准天数 | 人均 GDP 成本 | 企业进入障碍指数 |
|---|---|---|---|---|
| 德国 | 7 | 90 | 0.085 1 | 2.1 |
| 澳大利亚 | 3 | 3 | 0.209 0 | 1.1 |
| 加拿大 | 2 | 2 | 0.014 0 | 0.8 |
| 法国 | 16 | 66 | 0.197 0 | 2.7 |
| 美国 | 4 | 7 | 0.009 6 | 1.3 |
| 英国 | 7 | 11 | 0.005 6 | 0.5 |
| 意大利 | 11 | 121 | 0.247 4 | 2.7 |
| 日本 | 11 | 50 | 0.114 4 | 2.3 |
| 瑞典 | 4 | 17 | 0.025 4 | 1.8 |

在产品市场管制方面，20 世纪 90 年代，德国的指数为 1.5，高于美国（1.0）、英国（0.5）等国，低于意大利（2.3）、法国（2.1）等国。总而言之，德国在产品市场管制方面与盎格鲁-撒克逊国家相比是相当高的，但是与法国和意大利相比较则是低的，在整个 OECD 国家中基本处在中间的位置（Berthold and Fehn，2003）。

# 5.4 对新加坡经济增长因素的分析

## 5.4.1 新加坡经济增长的相关研究

### 5.4.1.1 刘遵义的研究

Kim 和 Lau（1994a，1994b）应用生产函数方法分析了东亚“四小龙”——中国香港地区、韩国、新加坡和中国台湾地区，以及发达的 G5 国——法国、德国、日本、英国和美国的经济增长，用两个投入（有形资本和劳动力）建立模型。他们设定一系列假设，测算的结果表明：第一，没有技术进步的假设不能被东亚新兴工业经济体拒绝，但能被 G5 国坚决地拒绝；第二，有形资本扩张是东亚经济最重要的增长源泉，包括日本在第二次世界大战后的经济增长。技术进步是 G5 国最重要的增长源泉（除了日本），这符合 Boskin 和 Lau（1990）的早期发现。

Kim 和 Lau（1995）在生产函数中引入人力资本，用就业者平均受教育年限衡量，不改变 Kim 和 Lau（1994a，1994b）的基本发现，有形资本是东亚“四小龙”在第二次世界大战后经济增长的最重要源泉，占经济增长的 65%～85%，其次是劳动力。人力资本在第二次世界大战后东亚“四小龙”经济增长中占 6%。到 2000 年，东亚“四小龙”R&D 支出占 GDP 的比例迅速上升，已经同步或超过一些 G7 国家。在接下来很长一段时间，基于有形和无形资本的积累，东亚发展中经济体还有持续强劲增长的潜力。

新加坡经济长期增长中生产率增长的重要性是更为显著的，因为它结构性地调整了经济的更高增值空间（Lau，2003）。新加坡经济长期增长的关键因素是劳动力的教育质量，政府十分重视增加教育培训和为满足知识经济的挑战对工人进行再培训的开支（Lee，2004）。

### 5.4.1.2 Crafts 等对新加坡经济增长的研究

Crafts（1996）对新加坡经济增长的研究表明，资本投入对实际 GDP 增长有积极的贡献。实际 GDP 增长的资本投入份额在 20 世纪 80 年代前半期特别高，其中绝大部分是大规模投资建筑业的结果。1985 年新加坡经济出现衰退，80 年代后半期资本投入贡献显著下降。90 年代已经恢复到占每年实际 GDP 的 56%。这个恢复是因为这十年中大部分时间建筑和投资的投入有较大的增长。

在 1973～1996 年这段时期，资本投入是新加坡实际 GDP 增长的主要因素。对实际 GDP 的 7.4%的增长，资本投入占其中的 67%。在 20 世纪 80 年代的前半段，实际 GDP 增长中资本投入的分配是尤其显著的，它可以平均占到 99%。对建筑物的投资是那个时期最明显的表现。然而，20 世纪 80 年代后半期可以看到资本投入对产出增长的作用出现明显退化，在 1990～1996 年这段时期，它的贡献又回弹到了 51%（Soon Teck Wong and Benson Sim Soon Seng，1997）。

在 1973～1996 年，劳动的投入对实际 GDP 增长的贡献平均占 20%；而到了 1980～1985 年，劳动投入的贡献则下降到了 12%，其后又进入缓慢增长阶段。

在 1973～1996 年，多要素生产率的增长对实际 GDP 增长的贡献为年均 14%。然而，与劳动的贡献不同的是，多要素生产率增长的贡献更加不稳定。在 1985～1990 年和 1990～1996 年两个时期，多要素生产率增长的贡献是负的。然而，在这两个时期多要素生产率对实际 GDP 增长的贡献分别是 47%和 23%，其增长已经明显恢复。这将会促进更多的工艺文凭持有者，以及大学毕业生加入劳动的队伍，同时也会使现存的劳动力队伍的技能得到浓缩。从定性的角度考虑，上述多要素生产率在两个时期的表现和 Young（1991）对新加坡经济测算中得出的结论是相似的。

多要素生产率在 20 世纪 80 年代中期的表现很好，但自从达到了 1993 年 4.3%的最高点之后，多要素生产率的增长已经减少到了 1996 年的 0.8%。①

### 5.4.2 新加坡经济增长的动力分析

按照经济增长的共协理论及本书附录 10 中有关数据，本书建立了如下的新加坡经济增长模型：

$$Y = (HL)^{0.35}(SD/L)^{0.25} + 0.25K + 7.24HSD/K^2 \qquad (5\text{-}6)$$

式中，$Y$ 代表国内生产总值；$L$ 代表劳动力数量；$D$ 代表固定资产投资；$H$ 代表人力资本；$S$ 代表科技投入；$K$ 代表固定资本存量。在上述模型中，劳动报酬函数为 $V = (HL)^{0.35}(SD/L)^{0.25}$，劳动报酬取对数后的计量经济学检验结果见附表 10-2，投资价值模型的计量经济学检验结果见附表 10-3。

① Department of Statistics，Singapore. 1997. Multifactor productivity growth in Singapore：Concept，methodology and trends.

2009～2017 年，新加坡的经济增长率平均达到了 4.6%。分析新加坡经济增长的原因，可以发现，固定资本存量增长的贡献率为 48.3%，固定资产投资的贡献率为 15%，这两者之和归并为固定资本贡献率（为 63.3%）；人力资本增长的贡献率为 10.7%，科技进步的贡献率为 36.6%，制度创新的贡献率为−3.8%，这三者之和归并为创新贡献率（为 43.5%）；而经济环境外部性的影响率为−10%，说明这段时间内经济环境是非常有利于新加坡经济增长的。这段时间内，新加坡经济的较高增长一是固定资本增长的拉动，二是创新的推动，属于资本-创新双驱动型的经济增长方式。

### 5.4.3 资本–创新双驱动型的经济增长方式

#### 5.4.3.1 投资与资本的作用

新加坡有庞大的金融系统，为其经济高速发展提供了重要的资金来源。投融资体系比较完善，政府产业融资计划与商业银行体制结合较好。一方面，政府直接利用融资援助计划来推动政府所选中发展的战略性产业和投资项目；另一方面，政府还利用国家控制或控股的银行，广泛筹集社会资金支持产业发展。为了确立其国际金融中心的地位，新加坡政府除了大力支持本国金融机构的发展外，还一直鼓励海外金融机构到新加坡发展（于国安，2003）。

Crafts（1999）指出，一些国家财政系统的失败将危及资本扩张。发展中国家通常面临资本和技术短缺，而非技术劳动力的供应相对充足。对于资本缺乏而劳动力充足的经济体，为工人配备更多的资本将能大幅度地、快速地拉动生产力增长。我们也必须考虑实物资本和人力资本的关系，这个关系最可能是互补多于替代。有形或实物资本和无形资本是互补的，这暗示有更多的有形资本，而更多产的是无形资本；也暗示了如果有形资本非常少，则无形资本的投资也不可能多产。我们需要看资本水平，而不是它的增长（Bayhaqi，2000）。新加坡已经试图通过公共投资资本进行联合投资，通过税收激励去刺激私人投资（Charles River Associates Ltd.，2003）。

新加坡政府鼓励自由兴办企业，通过制定独到的投资政策，吸引国内私人资本和外资在新加坡投资。由于新加坡国内私人资本比较薄弱，政府对私人资本采取积极支持鼓励的政策，从 20 世纪 70 年代开始对私人资本实行“资本资助计划”和“小型工业资助计划”，结果私人资本的业务范围由原来的商业、金融扩展至投资、地产、采矿、旅游等领域。新加坡政府不仅鼓励国内私人投资，也制定积极的政策鼓励外商投资（李晓娣，2004）。

#### 5.4.3.2　教育的作用

Lim（1996）指出，教育对经济增长的贡献有 6 种方式：通过给予技术和工作知识逐渐提高劳动力质量；增加劳动力流动，因而刺激劳动力分配；使新知识更快地被接受，使不熟悉的投入和新知识更有效地被应用；更有效的资源分配的管理技巧；解除许多社会和机构对经济增长的阻碍；通过提高个人责任心、组织能力，长期地鼓励企业家精神的发挥（Bayhaqi，2000）。

新加坡发展了一个有竞争力的精英管理教育系统，建立和维持了一个有凝聚力和社会共识，能促进经济和工业快速发展的教育体系。教育在新加坡有非常高的地位，它能产生高水平的社会和政治效应。新加坡的教育系统是按英国教育系统的方案严密塑造的。先进水平的教育学历证明在新加坡有很高的地位。新加坡和英国在生产培训上有许多联系，对业余活动、体育和自然科学的教育很重视（Further Education Funding Council，1998）。

可供新加坡国民选择的职业技术教育类别主要有为中学毕业生提供的全日制脱产训练，为在职职工举办的继续教育和训练，为受教育程度较低的工人提供的最基本的读、写、算知识的教育，以及专门为那些希望提升或获得新技术的工人设置的调整技术训练等（胡灿伟，2002）。教育一向是新加坡的强项，并且政府在初级、中级和大学教育的投资，以及对雇员的培训计划的资助都比较充足（Charles River Associates Ltd.，2003）。

#### 5.4.3.3　科技的作用

新加坡的 R&D 政策包括对公立研究机构的公共财务支持，以及对私人部门 R&D 的刺激（如通过税收系统），并且公开地资助科学家和工程师从研究所借调到地方公司。

20 世纪 80 年代以来，新加坡政府提出了“经济重组”战略，以加快发展高科技，促进产品的升级换代，增强产品的国际竞争力。为此，政府于 1979～1981 年大幅度调高工资，迫使企业发展高科技、节约劳动力。同时采取的措施还有：对研究和发展高科技的企业给予奖励；有选择地加强对高科技领域的研究开发；鼓励外国企业向生物工程、电子高科技、高附加值的项目投资，凡向高科技、高附加值工业投资的外商，可免税 5～10 年；鼓励“先进工艺”企业（即有发展前途的企业），凡被核准为“先进工艺”的企业，均可享受5～10年减免公司税的优惠等。信息技术是新加坡发展最快的行业之一，到20世纪90年代，新加坡仅次于日本，成为亚洲电脑信息技术集中程度最高的地方，以及世界上与计算机有关产品的最大制造者之一，在某种程度上，新加坡正在变成东南亚的“硅谷”。高科技产业的发展，不仅克服了新加坡国小、资源贫乏的弱点，而且还充分利用了其较高素质的人力资源和优越的地理位置等有利条件，科技无疑成为新加坡跟踪世界潮流、推动经济不断前进的重要因素（毛勇，2002）。

新加坡创新政策的目的是通过以技术为中心的中小型企业的发展提高本地的技术发展水平，这样做的关键是拥有技术上熟练的生产人才和具有创新精神的企业家。同时，国家鼓励通过各种手段从在本国经营的外国企业中积极地获取技术溢出的好处。尽管新加坡是一个仅有400多万人口并且自然资源极度匮乏的城市国家，却显示了可观的经济绩效。这些经济绩效应归因于非深度干涉市场的政府和外来投资公司的精明经营（Mani，2000）。

### 5.4.4 推动创新与转型的政策

在世纪之交，新加坡经济出现了急剧的波动，由迅速复苏突然急转直下，陷入严重的衰退之中。1997年东南亚国家爆发了严重的金融危机，1998年新加坡经济陷入严重衰退，1999年和2000年出现快速复苏和强劲反弹，而到2001年新加坡经济又急转直下，甚至出现负增长。据新加坡官方统计数据显示，1996～2000年新加坡经济增长率分别为7.7%、8.5%、-0.9%、6.4%、9.4%（王勤，2001）。

新加坡1998年经济衰退的原因主要有以下几点。第一，对世界市场高度依赖。新加坡同日本一样，自然资源匮乏，实行的是“两头在外”的外向型经济政策，其2/3的经济活动靠外贸，因此新加坡经济极易受到外部经济波动的影响。第二，技术创新能力不足。新加坡主要是引进、模仿和改造西方已有的技术成果，属于自己开发的技术并不多。第三，对外资依赖性较强。新加坡国内私人资本脆弱，虽然政府参与企业投资，鼓励私人资本投资于制造业，但是私人资本往往投资于规模较小、资本回收期较短的纤维纺织等轻工企业。因此，新加坡经济主要依赖于国际资本，特别是来自于美国、日本和欧盟的资本（李晓娣，2004）。

政府采取了相应措施来应对这种经济情况。第一，加大实施扩张性宏观经济政策的力度，以摆脱国内经济衰退。第二，继续推进产业结构的调整与升级，以促成国内经济的转型。第三，加快对外投资步伐，扩展经济发展空间。第四，推出“中国策略”，重视发展与中国的经贸合作（王勤，2001）。第五，大力发展转口贸易，挖掘人力资源，而要挖掘人力资源这一宝藏，就必须实现国家的工业化。第六，把经济发展的重心从劳动密集型产业转向资本技术密集型产业，积极引进外资，给外商以各种优惠。第七，利用得天独厚的优越地理位置，大力发展“无烟工业”，为新加坡创收了大量外汇，这也是新加坡经济腾飞的重要原因（王鑫鳌和姚士蓉，2001）。

由于新加坡经济的开放性和该国政府实施的稳定的宏观经济政策，再加上外部环境正在不断改善，预计其会持续快速发展。但同时也是机遇与挑战并存，新加坡面临的长期挑战主要包括：科技进步、人力资本提升、制度创新乏力；来自低成本地区生产厂商愈来愈强的竞争，这种竞争将引发新加坡经济的结构调整和失业率上升，尤其是在制造业领域；过高的开放度使其极易受到国际经济危机的影响。这就需要政府采取改革措施来提升新加坡经济的竞争力和效率，在机遇面前强化自己。

## 5.5 小　结

本章基于共协理论方法，对美国、日本、德国和新加坡的经济增长因素进行测算，并对测算结果进行分析。在共协理论的基础上建立起 1900～2017 年美国经济增长模型。100 多年来，美国经济增长率平均为 3.05%，制度创新起到重要的推动作用。政府采用了凯恩斯主义的经济政策，1933～1945 年生产要素资源配置效率迅速提高。1983～2000 年生产要素资源配置效率迅速提高，则是由于信息技术革命大大降低了交易成本；人力资本增长起到突出作用，美国的就业者人均受教育年限，从 1900 年的 6.85 年，上升到 2017 年 14.55 年。

1955～1972 年，日本的经济增长率平均为 9.5%，这一时期是典型的创新-资本推动型的高速增长期，固定资本贡献率为 51.9%，创新贡献率为 51.7%，经济环境外部性的影响率为−3.5%。1973～1990 年，日本的经济增长率平均为 3.7%，这一时期的经济增长属于创新推动型。1991～2017 年，日本的经济增长率平均为 1.0%。这段时期是典型的创新推动型的超低速增长期。

德国出现过“经济奇迹”，也经历了经济低速增长。2009～2017 年，德国的经济增长率平均为 1.0%。德国这段时间经济增长的原因主要在于固定资本贡献率（为 56.5%，哈茨改革起到很大作用）和知识进展贡献率（为 41.3%）。

2009～2017 年，新加坡的经济增长率平均达到了 4.6%，这一时期是资本-创新双驱动型的经济增长方式。

# 6

# 韩国经济增长的 DSGE 分析

伴随着中国从经济增长率 10%的高速发展阶段转变到 7%左右的中高速增长阶段，经济增长的驱动力结构需要及时调整和改变，以达到新常态下经济中高速增长的目标。能否在创新驱动作为第一驱动力的新的驱动力结构下，实现经济中高速增长？这个问题得到经济学家越来越多的关注与研究。韩国在 1960～1985 年是高速增长，经济增长率在 8%以上；而 1986～2002 年则实现了中高速增长（并没有重蹈日本覆辙），平均增长率为 7%。韩国在 1985 年从高速增长转向中高速增长，又保持了 16 年的中高速增长，这值得借鉴。同时，本章也是对基于共协理论的经济增长分析的深入和更广泛的应用。为此本节利用 DSGE 方法研究韩国在 1990～2013 年这段时间内的中高端产业发展、创新驱动与经济的中高速增长的关系，以为中国提供经验借鉴。

本章内容与哈尔滨理工大学合作，根据经济增长的共协理论，建立韩国经济增长等多部门模型组①；深入研究城市化、工业化、信息化、农业现代化、外债、人口、资产负债率、生产能力利用率、财政支出、中高端产业、大学中的研发人员、来自国外的研发经费、基础研究经费、私营企业研发人员、技术贸易、出口、FDI、环保经费/GDP、环境相关税收、高耗能产业比重、固定资本存量等对经济增长、财政收入、利率、汇率、不良贷款、就业率、固定资产投资、人口、科技投入、能耗、碳排放、污染物排放等的影响，并建立他们之间的关系模型，构建 DSGE 方程组，并利用 MATLAB 软件进行模型求解和模拟仿真。

## 6.1 韩国经济增长的模型组

韩国 DSGE 模型组由居民部门、企业部门、科技部门、外贸部门、货币部门、财政部门、环境部门等多个部门的模型构成。

① 本章内容与哈尔滨理工大学合作。

## 6.1.1 居民部门模型

居民部门模型包括信息模型，四化（城市化、信息化、工业化、农业现代化）等与固定资产投资、科技、人均受教育年限、就业、失业等的关系模型。

1. 信息化模型

对于韩国，根据可以利用的测算数据，信息化模型为

$$\mathrm{INF}_{t-2} = a_1\mathrm{TE}_{t-2} + a_2\mathrm{EL}_{t-2} + a_3\mathrm{ICT}_{t-2} \tag{6-1}$$

式中，$\mathrm{INF}_{t-2}$、$\mathrm{TE}_{t-2}$、$\mathrm{EL}_{t-2}$、$\mathrm{ICT}_{t-2}$分别代表信息化指数、互联网用户数、电子信息产业增加值占工业增加值比例、ICT 投资额，$a_1$、$a_2$、$a_3$代表三个指标对信息化的贡献度，即权重系数。我们采用主成分分析法求解系数。

2. 四化与固定资产投资模型

城市化提高了城镇基础设施和住宅方面的投资需求，而且城市化建设的每一个环节都刺激相关行业的发展，增加投资需求。假定韩国四化与投资模型为

$$D_t = a_4 + a_5\mathrm{URB}_{t-2} + a_6\mathrm{HI}_{t-2} \tag{6-2}$$

式中，$D_t$代表固定资产投资，$\mathrm{URB}_{t-2}$代表城市化，$\mathrm{HI}_{t-2}$代表知识密集型产业增加值。

3. 四化与科技投入模型

按照集聚理论，城市作为知识、信息和技能中心，不断聚集科技力量，从而科技水平不断提高。

$$S_{t-2} = a_7 + a_8\mathrm{INF}_{t-2} \times \mathrm{HI}_{t-2} + a_9\mathrm{URB}_{t-2} \tag{6-3}$$

式中，$\mathrm{S}_{t-2}$代表科技投入，$\mathrm{INF}_{t-2}$代表信息化指数，$\mathrm{HI}_t$代表中高端产业增加值，$\mathrm{URB}_{t-2}$代表城市化。

4. 四化与人均受教育年限模型

按照集聚理论，城镇通常拥有较好文化、医疗、卫生等环境条件和较好的教育条件，这使城市公民受教育水平通常较显著地高于农村地区，因此四化与人均受教育年限模型为

$$E_t = a_{10} + a_{11}\mathrm{URB}_{t-2} + a_{12}\mathrm{INF}_{t-2} \tag{6-4}$$

式中，$\mathrm{E}_t$代表人均受教育年限。

5. 四化与就业模型

四化促进就业，同时就业的多少主要取决于城镇人口的数量。

假定韩国四化与就业模型为

$$L_t = a_{13} + a_{14}\left[\mathrm{URB}_{t-2} \times \mathrm{IND}_{t-2} \times \left(1 + \mathrm{INF}_{t-2}\right) \times \mathrm{AGR}_{t-2}\right] + a_{15}\mathrm{PO}_t \tag{6-5}$$

式中，$L_t$ 代表就业人数，$URB_{t-2}$ 代表城市化，$IND_{t-2}$ 代表工业化（第三产业占 GDP 的比例），$INF_{t-2}$ 代表信息化指数，$AGR_{t-2}$ 代表农业现代化（农业劳动生产率），$PO_t$ 代表人口数。

6. 就业率模型

当经济运行效率高、生产能力利用率高，即当经济处于经济周期的上升期，就业率就高；当处于经济周期的下降期时，就业率就低，因而就业率模型为

$$\mathrm{EE}_t = a_{16} + a_{17}\mathrm{EFF}_t + a_{18}\mathrm{CU}_t \tag{6-6}$$

式中，$EFF_t$ 代表经济运行效率（生产要素配置效率），$CU_t$ 代表生产能力利用率，$EE_t$ 代表就业率。

### 6.1.2 企业部门模型

1. 经济增长模型

根据本书所建立的共协理论，韩国的经济增长模型为

$$Y_t = (E_t \times L_t \times L_t)^{a_{19}} (S_{t-2} \times D_t / L_t)^{a_{20}} + a_{21}K_{t-1} + a_{22}S_{t-2}D_tE_tL_t / {K_{t-1}}^2 \tag{6-7}$$

2. 效率分解模型

假定韩国效率分解模型为

$$\mathrm{EFF}_t = a_{23} + a_{24}\mathrm{INF}_{t-2} \times CU_t + a_{25}\,\mathrm{DRT}_t \times \mathrm{CH}_t / (\mathrm{IND}_{t-2}) \tag{6-8}$$

式中，$EFT_t$ 代表经济运行效率，$INF_{t-2}$ 代表信息化指数，$CU_t$ 代表生产能力利用率，$DRT_t$ 代表资产负债率，$CH_t$ 代表汇率，$IND_{t-2}$ 代表工业化。

3. 固定资产投资模型

如果说房地产业是带动投资的“旧动能”，那么知识密集型产业（中高端产业）则是投资的新动能。按照房地产和中高端产业的带动作用，建立如下模型：

$$D_t = a_{26} + a_{27}\mathrm{FE}_t \times \mathrm{HI}_{t-2} / \mathrm{ES}_t + a_{28}\mathrm{ES}_t \tag{6-9}$$

式中，$D_t$ 代表固定资产投资，$FE_t$ 代表财政支出，$HI_{t-2}$ 代表知识密集型产业增加值，$ES_t$ 代表新建房屋许可数。

### 6.1.3 科技部门模型

1. 国际论文模型

$$\mathrm{GP}_t = a_{29} + a_{30}N_t + a_{31}\mathrm{YJ}_t + a_{32}\mathrm{FC}_t \tag{6-10}$$

式中，$GP_t$代表科技论文，$N_t$代表大学科研人员，$YJ_t$代表来自国外的研发经费，$FC_t$代表基础研究经费。

2. 在美国专利局取得授权的专利与 PCT 专利模型

$$USP_t = a_{33} + a_{34}(GP_t + PN_t) + a_{35}TR_t \tag{6-11}$$

式中，$UPS_t$代表在美国专利局取得授权的专利与 PCT 专利之和，$PN_t$代表私有企业科研人员，$TR_t$代表技术贸易规模，$GP_t$代表科技论文。

### 6.1.4 外贸部门的进出口模型

出口模型为

$$Y_t - C_t = a_{36} + a_{37}D_t + a_{38}EX_t \tag{6-12}$$

式中，$EX_t$代表出口额，$Y_t$代表国内生产总值，$C_t$代表消费，$D_t$代表固定资产投资。

### 6.1.5 货币部门模型

1. M2 模型

$$M2_t = a_{39}[(E_t \times L_t \times L_t)^{a_{40}}(S_{t-2} \times D_t / L_t)^{a_{41}} + a_{42}K_{t-1} - C_t] + a_{43}ED_t \tag{6-13}$$

式中，$ED_t$代表外债。

2. 不良贷款模型

$$NPL_t = a_{44} + a_{45}DRT_t \times (1 - EE_t) \times CH_t \tag{6-14}$$

式中，$DRT_t$代表资产负债率，$EE_t$代表就业率，$CH_t$代表韩元兑美元汇率，$NPL_t$代表加权不良贷款增量，其的计算公式为

$$NPL_t = NP_t - 0.52NP_{t-1} \tag{6-15}$$

式中，$NP_t$代表不良贷款。

3. 汇率模型

根据汇率形成机制，汇率模型为

$$CH_t = a_{46} + a_{47}ED_t / Y_t + a_{48}FDI_t / Y_t \tag{6-16}$$

式中，$CH_t$代表汇率，$ED_t$代表外债。

4. 利率模型

根据利率调整规则，利率模型为

$$R_t \times 100 = a_{49}Y_t \times P_t / (Y \times P) + a_{50}M2_t / M2 \tag{6-17}$$

式中，$R_t$代表利率，$Y_t$代表国内生产总值，$Y$代表国内生产总值的趋势值，$P_t$代表价格，$P$代表价格的趋势值，M2 代表 $M2_t$的趋势值。

5. 贷款模型

$$LO_t = a_{50}HI_t / R_t + a_{52}R_t^2 + a_{53}FE_t \tag{6-18}$$

式中，$LO_t$代表贷款，$FE_t$代表财政支出。

### 6.1.6 财政部门模型

财政收入模型

$$FB_t = a_{54} + a_{55}FE_t + a_{56}ED_t \times (1 - EE_t) \tag{6-19}$$

式中，$FB_t$代表财政收入，$FE_t$代表财政支出，$ED_t$代表外债。

### 6.1.7 环境部门模型组

1. 能耗模型

$$EC_t = a_{57} + a_{58}INF_{t-2} \times HI_{t-2} + a_{59}\,IND_{t-2} \times S_{t-2} / (Y_t \times EDI_t) \tag{6-20}$$

式中，$EC_t$代表能耗量，$S_{t-2}/Y_t$代表研发经费总支出占 GDP 比例，$EDI_t$代表高能耗产业增加值占 GDP 比例。

2. 碳排放量模型

$$CE_t = a_{60} + a_{61}EC_t + a_{62}\left[IND_{t-2} \times \left(1 + INF_{t-2}\right) \times S_{t-2}\right] / (Y_t \times EDI_t) \tag{6-21}$$

式中，$CE_t$代表碳排放量，$EDI_t$代表高能耗产业增加值占 GDP 比例。

3. 污染物排放量模型

$$PE_t = a_{63} + a_{64}EF_t + a_{65}EC_t / (ER_t \times IND_{t-2} \times INF_{t-2} \times S_{t-2} \times HI_{t-2} / Y_t) \tag{6-22}$$

式中，$PE_t$代表污染物排放量，$EF_t$代表环保经费与 GDP 比例，$EC_t$代表能耗量，$ER_t$代表环境相关税收，$S_{t-2}$代表研发经费总支出，$Y_t$代表 GDP，$HI_{t-2}$代表中高端产业增加值。

### 6.1.8 目标函数

整个经济体系的目标函数如式（6-23）所示

$$E_0\left[\sum_{t=0}^{\infty}\beta^t U(C_t, M2_t / P_t, L_t)\right] \tag{6-23}$$

式中，$U$ 是效用函数，$E$ 表示预期，$\beta^t$ 是贴现因子。

上述 22 个部门模型构成了韩国经济体系的 DSGE 模型的基本框架。其中 $[P_t]$ 是状态变量，[ $\mathrm{NPL}_t$ ， $\mathrm{EFF}_t$ ， $R_t$ ， $\mathrm{M2}_t$ ， $Y_t$ ， $\mathrm{INF}_{t-2}$ ， $D_t$ ， $S_{t-2}$ ， $L_t$ ， $E_t$ ， $\mathrm{ES}_t$ ， $\mathrm{EC}_t$ ， $\mathrm{CE}_t$ ， $\mathrm{PE}_t$ ， $\mathrm{GP}_t$ ， $\mathrm{USP}_t$ ， $\mathrm{EE}_t$ ， $C_t$ ， $\mathrm{CH}_t$ ， $\mathrm{GR}_t$ ， $\mathrm{FB}_t$， $\mathrm{LO}_t$ ]是控制变量，而[ $\mathrm{ED}_t$ ， $\mathrm{EL}_{t-2}$ ， $\mathrm{ICT}_{t-2}$ ， $\mathrm{TE}_{t-2}$ ， $\mathrm{URB}_{t-2}$ ， $\mathrm{IND}_{t-2}$ ， $\mathrm{AGR}_{t-2}$ ， $\mathrm{PO}_t$ ， $\mathrm{DRT}_t$ ， $\mathrm{CU}_t$ ， $\mathrm{FE}_t$ ， $\mathrm{HI}_{t-2}$ ， $\mathrm{EF}_t$ ， $\mathrm{ER}_t$ ， $\mathrm{EDI}_t$ ， $\mathrm{FDI}_t$ ， $\mathrm{YJ}_t$ ， $N_t$ ， $\mathrm{FC}_t$ ， $\mathrm{PN}_t$ ， $\mathrm{TR}_t$ ， $\mathrm{EX}_t$ ， $K_{t-1}$ ]是随机变量。

## 6.2 模型的对数线性化和参数求解

为了将非线性模型转化为足够好的线性模型，采用 Harald Uhlig 提出的一种相对简单的对数线性化方法。考虑一般的变量 $X_t$，定义 $X_t = X(1+x_t)$。其中不带下脚标的大写字母 $X$ 表示 $X_t$ 的趋势值，$x_t$ 表示变量的波动成分对趋势值 $X$ 的偏离。由于 $x_t$ 接近于 0，因而 $e^{x_t} = 1+x_t$。这样，在获取 1990～2013 年韩国数据基础上，利用贝叶斯估计和计量经济学方法估计参数，式（6-1）和式（6-22）可以线性化为如下的模型体系：

（1） $0 = c_t + p_t - 7.5e_t p_{t+1} - 0.3m_t$

（2） $0 = -\mathrm{eff}_t + 0.066\mathrm{inf}_{t-2} - 0.001\mathrm{dr}_t - 0.001\mathrm{ch}_t + 0.001\mathrm{ind}_{t-2} + 0.067\mathrm{cu}_t$

（3） $0 = -\mathrm{npl}_t + 0.1\mathrm{dr}_t + 0.03\mathrm{ee}_t + 0.094\mathrm{ch}_t - 0.037\mathrm{lo}_t$

（4） $0 = -r_t + 10.1y_t - 0.16p_t + 2.4m2_t$

（5） $0 = -m2_t + 0.9d_t - 0.45c_t + 0.586\mathrm{ed}_t$

（6） $0 = -y_t + 0.6842e_t + 0.45215l_t + 0.22d_t + 0.20286k_{t-1} + 0.22s_{t-2}$

（7） $0 = -\mathrm{inf}_{t-2} + 0.4012\mathrm{te}_{t-2} + 0.2854\mathrm{el}_{t-2} + 0.3149\mathrm{ict}_{t-2}$

（8） $0 = -d_t + 0.6\mathrm{urb}_{t-2} + 0.4\mathrm{hi}_{t-2}$

（9） $0 = -l_t + 0.18\mathrm{urb}_{t-2} + 0.18\mathrm{ind}_{t-2} + 0.07\mathrm{inf}_{t-2} + 0.18\mathrm{agr}_{t-2} + 0.62\mathrm{po}_t$

（10） $0 = -s_{t-2} + 0.6\mathrm{inf}_{t-2} + 0.47\mathrm{urb}_{t-2} + 0.6\mathrm{hi}_{t-2}$

（11） $0 = -e_t + 2.11\mathrm{urb}_{t-2} + 0.22\mathrm{inf}_{t-2}$

（12） $0 = -\mathrm{es}_t + 4.1d_t - 1.14\mathrm{fe}_t - 1.14\mathrm{hi}_{t-2} - \mathrm{agr}_{t-2}$

（13） $0 = -\mathrm{pe}_t - 0.831\mathrm{ef}_t + 0.084\mathrm{ec}_t - 0.084\mathrm{er}_t - 0.084\mathrm{ind}_{t-2} - 0.084\mathrm{inf}_{t-2} - 0.084s_{t-2} + 0.084y_t - 0.084\mathrm{hi}_{t-2}$

（14） $0=-\mathrm{ce}_t+1.205\mathrm{ec}_t-0.224\mathrm{ind}_{t-2}-0.224s_{t-2}+0.224y_t+0.224\mathrm{edi}_t-0.09\inf_{t-2}$
（15） $0=-\mathrm{ec}_t-0.1323\inf_{t-2}-0.1323\mathrm{hi}_{t-2}-0.03\mathrm{ind}_{t-2}-0.03s_{t-2}+0.03y_t+0.03\mathrm{edi}_t$
（16） $0=-\mathrm{gp}_t+1.72n_t+0.21\mathrm{yj}_t+0.54\mathrm{fc}_t$
（17） $0=-\mathrm{usp}_t+0.09\mathrm{gp}_t+1.37\mathrm{pn}_t+1.23\mathrm{tr}_t$
（18） $0=-c_t+y_t-0.91d_t-0.375\mathrm{ex}_t$
（19） $0=-\mathrm{ee}_t+0.038\mathrm{eff}_t+0.064\mathrm{cu}_t$
（20） $0=-\mathrm{ch}_t+0.235\mathrm{ed}_t+0.152\mathrm{fdi}_t-0.387y_t$
（21） $0=-\mathrm{lo}_t+0.267\mathrm{hi}_{t-2}-0.7r_t+0.99\mathrm{fe}_t$
（22） $0=-gr_t+1.22\mathrm{fe}_t-2.48\mathrm{ed}_t-2.4\mathrm{ee}_t$

而各随机变量模型为

（1） $0=\mathrm{ed}_t-0.89\mathrm{ed}_{t-1}+\varepsilon_{1t}$
（2） $0=\mathrm{te}_{t-2}-0.91\mathrm{te}_{t-3}+\varepsilon_{2t}$
（3） $0=\mathrm{el}_{t-2}-0.82\mathrm{el}_{t-3}+\varepsilon_{3t}$
（4） $0=\mathrm{ict}_{t-2}-0.95\mathrm{ict}_{t-3}+\varepsilon_{4t}$
（5） $0=\mathrm{urb}_{t-2}-0.92\mathrm{urb}_{t-3}+\varepsilon_{5t}$
（6） $0=\mathrm{ind}_{t-2}-0.87\mathrm{ind}_{t-3}+\varepsilon_{6t}$
（7） $0=\mathrm{agr}_{t-2}-0.76\mathrm{agr}_{t-3}+\varepsilon_{7t}$
（8） $0=\mathrm{po}_t-0.95\mathrm{po}_{t-1}+\varepsilon_{8t}$
（9） $0=\mathrm{drt}_t-0.92\mathrm{drt}_{t-1}+\varepsilon_{9t}$
（10） $0=\mathrm{cu}_t-0.34\mathrm{cu}_{t-1}+\varepsilon_{10t}$
（11） $0=\mathrm{fe}_t-0.98\mathrm{fe}_{t-1}+\varepsilon_{11t}$
（12） $0=\mathrm{hi}_{t-2}-0.97\mathrm{hi}_{t-3}+\varepsilon_{12t}$
（13） $0=\mathrm{pn}_t-0.94\mathrm{pn}_{t-1}+\varepsilon_{13t}$
（14） $0=\mathrm{er}_t-0.87\mathrm{er}_{t-1}+\varepsilon_{14t}$
（15） $0=\mathrm{edi}_t-0.55\mathrm{edi}_{t-1}+\varepsilon_{15t}$
（16） $0=\mathrm{pn}_t-0.98\mathrm{pn}_{t-1}+\varepsilon_{16t}$
（17） $0=\mathrm{yj}_t-0.49\mathrm{yj}_{t-1}+\varepsilon_{17t}$
（18） $0=\mathrm{fc}_t-1.02\mathrm{fc}_{t-1}+\varepsilon_{18t}$
（19） $0=\mathrm{ef}_t-0.94\mathrm{ef}_{t-1}+\varepsilon_{19t}$
（20） $0=\mathrm{tr}_t-1.03\mathrm{tr}_{t-1}+\varepsilon_{20t}$
（21） $0=\mathrm{ex}_t-0.89\mathrm{ex}_{t-1}+\varepsilon_{21t}$
（22） $0=\mathrm{fdi}_t-0.88\mathrm{fdi}_{t-1}+\varepsilon_{22t}$
（23） $0=k_{t-1}-0.936k_{t-2}+\varepsilon_{23t}$

## 6.3 模拟仿真分析

从 20 世纪 90 年代到现在，中国的国内生产总值波动标准差为 3.10%，而同时期韩国的国内生产总值标准差为 2.26%，其经济增长的波动程度稳定。韩国的城镇化率在 1990 年就达到了 73.8%，2013 年城镇化率更是高达 83.7%。机械运输设备行业、化学产品行业及电子信息行业的增加值在这些宏观经济指标当中波动程度偏高，也高出国内生产总值波动幅度，这表明，这三个行业的波动性对国内生产总值产生比较大的影响，减少三个指标的波动程度，对经济的稳定增长具有一定的作用。

不良贷款、技术引进、FDI、技术贸易等的标准差是所选宏观经济指标中比较大的，技术贸易规模次之，分别为 15.05%、14.34%等，对国内生产总值的波动影响显著，详见表 6-1。在表中也给出了 DSGE 模拟的标准差，DSGE 模拟的总体准确率达到 60%以上。

**表 6-1　各变量的模拟标准差和实际标准差**

| 状态变量和控制变量的标准差 | | | 随机变量的标准差 | |
|---|---|---|---|---|
| 状态变量和控制变量 | 实际的标准差 | 模拟的标准差 | 随机变量 | 标准差 |
| $eff_t$ | 0.012 | 0.004 | $ed_t$ | 0.257 |
| $npl_t$ | 0.7 | 0.013 | $te_{t-2}$ | 0.39 |
| $r_t$ | 0.167 | 0.35 | $el_{t-2}$ | 0.107 |
| $y_t$ | 0.023 | 0.03 | $ict_{t-2}$ | 0.125 |
| $inf_{t-2}$ | 0.051 | 0.051 | $urb_{t-2}$ | 0.0033 |
| $d_t$ | 0.08 | 0.041 | $ind_{t-2}$ | 0.036 |
| $l_t$ | 0.0158 | 0.0158 | $agr_{t-2}$ | 0.085 |
| $s_{t-2}$ | 0.065 | 0.0684 | $po_t$ | 0.002 |
| $e_t$ | 0.005 | 0.0129 | $drt_t$ | 0.058 |
| $es_t$ | 0.17 | 0.1128 | $cu_t$ | 0.034 |
| $pe_t$ | 0.072 | 0.067 | $fe_t$ | 0.059 |
| $ce_t$ | 0.076 | 0.043 | $hi_{t-2}$ | 0.113 |
| $ec_t$ | 0.03 | 0.017 | $ef_t$ | 0.086 |
| $gp_t$ | 0.33 | 0.14 | $er_t$ | 0.081 |
| $usp_t$ | 0.13 | 0.19 | $edi_t$ | 0.11 |
| $c_t$ | 0.031 | 0.04 | $n_t$ | 0.052 |
| $ee_t$ | 0.244 | 0.002 | $yj_t$ | 0.51 |
| $ch_t$ | 0.12 | 0.08 | $fc_t$ | 0.083 |
| $lo_t$ | 0.1 | 0.277 | $pn_t$ | 0.083 |

续表

| 状态变量和控制变量的标准差 | | | 随机变量的标准差 | |
|---|---|---|---|---|
| 状态变量和控制变量 | 实际的标准差 | 模拟的标准差 | 随机变量 | 标准差 |
| $fb_t$ | 0.048 | 0.07 | $tr_t$ | 0.143 |
| $p_t$ | 0.012 | 0.0102 | $ex_t$ | 0.176 |
| $M2_t$ | 0.051 | 0.144 | $fdi_t$ | 0.384 |
| | | | $k_{t-1}$ | 0.026 |

对于估计出参数的线性化的模型体系，应用基于MATLAB的DYNARE软件进行方差分解，就各随机冲击对状态变量和控制变量的波动值对趋势值的偏离的影响程度进行分析，如表6-2所示。

**表6-2　方差分解（%）（HP滤波，λ=100）**

| 变量 | $ed_t$ | $te_{t-2}$ | $el_{t-2}$ | $ict_{t-2}$ | $urb_{t-2}$ | $ind_{t-2}$ | $agr_{t-2}$ | $po_t$ | $drt_t$ | $cu_t$ | $fe_t$ |
|---|---|---|---|---|---|---|---|---|---|---|---|
| $p_t$ | 78 | 0 | 0 | 0 | 0 | 0 | 0 | 0 | 0 | 0 | 0 |
| $eff_t$ | 1 | 16 | 21 | 34 | 0 | 0 | 0 | 0 | 0 | 28 | 0 |
| $npl_t$ | 33 | 0 | 0 | 0 | 0 | 0 | 0 | 0 | 27 | 0 | 0 |
| $r_t$ | 74 | 0 | 0 | 0 | 0 | 0 | 0 | 0 | 0 | 0 | 0 |
| $m2_t$ | 88 | 0 | 0 | 0 | 0 | 0 | 0 | 0 | 0 | 0 | 0 |
| $y_t$ | 0 | 7 | 9 | 14 | 3 | 1 | 5 | 0 | 0 | 0 | 0 |
| $inf_{t-2}$ | 0 | 22 | 30 | 48 | 0 | 0 | 0 | 0 | 0 | 0 | 0 |
| $d_t$ | 0 | 0 | 0 | 0 | 0 | 0 | 0 | 0 | 0 | 0 | 0 |
| $l_t$ | 0 | 1 | 2 | 2 | 0 | 14 | 80 | 1 | 0 | 0 | 0 |
| $s_{t-2}$ | 0 | 4 | 6 | 10 | 0 | 0 | 0 | 0 | 0 | 0 | 0 |
| $e_t$ | 0 | 17 | 22 | 36 | 25 | 0 | 0 | 0 | 0 | 0 | 0 |
| $es_t$ | 0 | 0 | 0 | 0 | 0 | 0 | 49 | 0 | 0 | 0 | 30 |
| $pe_t$ | 0 | 0 | 0 | 0 | 0 | 0 | 0 | 0 | 0 | 0 | 0 |
| $ce_t$ | 0 | 4 | 5 | 8 | 0 | 4 | 0 | 0 | 0 | 0 | 0 |
| $ec_t$ | 0 | 4 | 6 | 9 | 0 | 0 | 0 | 0 | 0 | 0 | 0 |
| $gp_t$ | 0 | 0 | 0 | 0 | 0 | 0 | 0 | 0 | 0 | 0 | 0 |
| $usp_t$ | 0 | 0 | 0 | 0 | 0 | 0 | 0 | 0 | 0 | 0 | 0 |
| $c_t$ | 0 | 2 | 2 | 3 | 0 | 0 | 1 | 0 | 0 | 0 | 0 |
| $ee_t$ | 0 | 0 | 0 | 0 | 0 | 0 | 0 | 0 | 0 | 100 | 0 |
| $ch_t$ | 51 | 0 | 0 | 0 | 0 | 0 | 0 | 0 | 0 | 0 | 0 |
| $lo_t$ | 4 | 0 | 0 | 0 | 0 | 0 | 0 | 0 | 0 | 0 | 0 |
| $fb_t$ | 9 | 0 | 0 | 0 | 0 | 0 | 0 | 0 | 0 | 0 | 91 |

| 变量 | $hi_{t-2}$ | $ef_t$ | $er_t$ | $edi_t$ | $n_t$ | $yj_t$ | $fc_t$ | $pn_t$ | $tr_t$ | $ex_t$ | $fdi_t$ | $k_{t-1}$ |
|---|---|---|---|---|---|---|---|---|---|---|---|---|
| $p_t$ | 19 | 0 | 0 | 2 | 0 | 0 | 0 | 0 | 0 | 1 | 0 | 0 |
| $eff_t$ | 0 | 0 | 0 | 0 | 0 | 0 | 0 | 0 | 0 | 0 | 0 | 0 |
| $npl_t$ | 16 | 0 | 0 | 0 | 0 | 0 | 0 | 0 | 0 | 0 | 24 | 0 |
| $r_t$ | 22 | 0 | 0 | 0 | 0 | 0 | 0 | 0 | 0 | 3 | 0 | 0 |
| $m2_t$ | 8 | 0 | 0 | 0 | 0 | 0 | 0 | 0 | 0 | 3 | 0 | 0 |
| $y_t$ | 58 | 0 | 0 | 0 | 0 | 0 | 0 | 0 | 0 | 0 | 0 | 3 |
| $inf_{t-2}$ | 0 | 0 | 0 | 0 | 0 | 0 | 0 | 0 | 0 | 0 | 0 | 0 |

续表

| 变量 | $hi_{t-2}$ | $ef_t$ | $er_t$ | $edi_t$ | $n_t$ | $yj_t$ | $fc_t$ | $pn_t$ | $tr_t$ | $ex_t$ | $fdi_t$ | $k_{t-1}$ |
|---|---|---|---|---|---|---|---|---|---|---|---|---|
| $d_t$ | 100 | 0 | 0 | 0 | 0 | 0 | 0 | 0 | 0 | 0 | 0 | 0 |
| $l_t$ | 0 | 0 | 0 | 0 | 0 | 0 | 0 | 0 | 0 | 0 | 0 | 0 |
| $s_{t-2}$ | 80 | 0 | 0 | 0 | 0 | 0 | 0 | 0 | 0 | 0 | 0 | 0 |
| $e_t$ | 0 | 0 | 0 | 0 | 0 | 0 | 0 | 0 | 0 | 0 | 0 | 0 |
| $es_t$ | 20 | 0 | 0 | 0 | 0 | 0 | 0 | 0 | 0 | 0 | 0 | 0 |
| $pe_t$ | 2 | 96 | 1 | 0 | 0 | 0 | 0 | 0 | 0 | 0 | 0 | 0 |
| $ce_t$ | 40 | 0 | 0 | 40 | 0 | 0 | 0 | 0 | 0 | 0 | 0 | 0 |
| $ec_t$ | 78 | 0 | 0 | 3 | 0 | 0 | 0 | 0 | 0 | 0 | 0 | 0 |
| $gp_t$ | 0 | 0 | 0 | 0 | 37 | 53 | 9 | 0 | 0 | 0 | 0 | 0 |
| $usp_t$ | 0 | 0 | 0 | 0 | 0 | 0 | 0 | 29 | 70 | 0 | 0 | 0 |
| $c_t$ | 6 | 0 | 0 | 0 | 0 | 0 | 0 | 0 | 0 | 85 | 0 | 1 |
| $ee_t$ | 0 | 0 | 0 | 0 | 0 | 0 | 0 | 0 | 0 | 0 | 0 | 0 |
| $ch_t$ | 1 | 0 | 0 | 0 | 0 | 0 | 0 | 0 | 0 | 0 | 47 | 0 |
| $lo_t$ | 95 | 0 | 0 | 0 | 0 | 0 | 0 | 0 | 0 | 0 | 0 | 0 |
| $fb_t$ | 0 | 0 | 0 | 0 | 0 | 0 | 0 | 0 | 0 | 0 | 0 | 0 |

根据有关研究，仪器仪表产业、计算机和电子产品及装备制造业、医疗设备和用品（包括医药）、化学产业、机械制造业、电气设备、运输装备制造业、器具和组件制造业、电子商务、房地产和租赁业、金融业、专业服务、科学和技术服务业、信息服务业、教育文化产业等产业属于中高端产业（知识密集型产业），这些产业创新性比较强、经济效益比较好，科技人员密度、研发经费密度、专利密集度比较高。

对韩国中高端产业中的电子信息产业、计算机产业、机械运输设备产业及化学产品行业增加值进行整理与统计（图 6-1）。四个行业总增加值占到韩国工业增加值一半以上，是韩国 1990 年以后经济增长的主要驱动力。

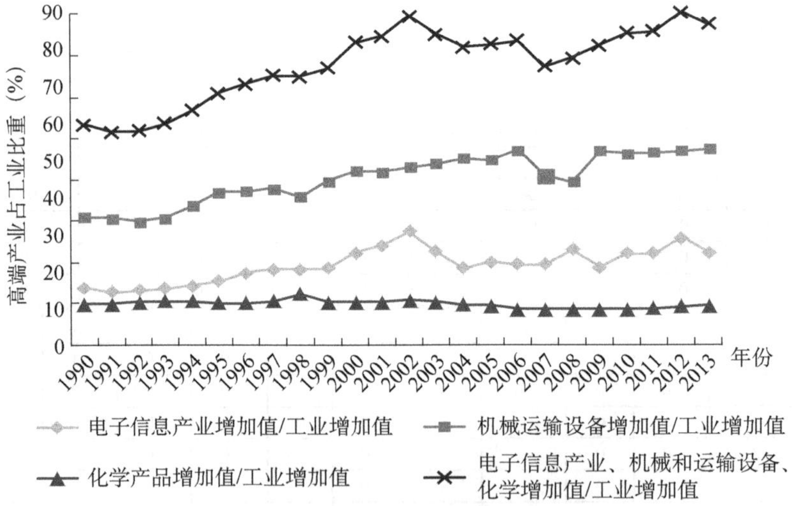


图 6-1　韩国中高端产业占工业比重

根据表 6-3，这四个行业的科技投入达到了全部科技投入的 47%，对创新起到了重要的拉动作用，也使韩国的研究开发投入达到了 GDP 的 3.5%以上。

**表 6-3　韩国中高端产业科技投入金额**

| 年份 | 化学产品（百万韩元） | 计算机产业（百万韩元） | 机械运输设备业（百万韩元） | 电子信息产业（百万韩元） | 占全部科技投入的比例（%） |
|---|---|---|---|---|---|
| 2009 | 1 376 218.797 | 1 388 5549.6 | 14 698.10 | 1 285 551.104 | 44 |
| 2010 | 1 668 544.609 | 1 722 1061.4 | 64 520.47 | 1 590 572.39 | 47 |
| 2013 | 2 544 165.734 | 2 325 1176.1 | 48 989.29 | 1 869 517.584 | 47 |

在实际的一国经济增长中，我们所能观察到的 GDP 波动、科技波动、就业波动等是外债、互联网、城市化、工业化、农业现代化、财政支出、出口、FDI、固定资本存量等所有随机变量冲击（随机变化）共同作用的结果。要分析组合冲击对国家创新体系状态变量和控制变量波动的影响，在以往的研究中具有很大的难度，但是通过建立和引入随机冲击的 DSGE 模型组式，就可以利用仿真方法分析组合冲击对状态变量和控制变量的影响了。

模拟组合冲击对状态变量和控制变量的影响。外债、互联网、信息化等冲击值详见表 6-4。在这样的组合冲击情境下，韩国在美国获得授权的专利、研究开发经费等状态变量和控制变量，在期初都产生正向的波动响应，特别是在 2～3 年内迅速对其做出程度相当的正向反应，随后逐步趋于稳态，其中，对组合冲击响应最大的是韩国利率，达到 5%，其次为 GDP 和科技，分别为 1.7%、1%；而能耗率、污染物减排、失业率、汇率则做出负向反应，详见图 6-2。

**表 6-4　组合冲击变量值**

| 冲击变量 | 冲击值 |
|---|---|
| 外债 | −0.005 |
| 互联网 | 0.005 |
| 信息服务 | 0.005 |
| ICT 产业 | 0.005 |
| 城市化 | 0.005 |
| 工业化 | 0.005 |
| 农业现代化 | 0.005 |
| 人口 | 0.005 |
| 资产负债率 | 0.005 |
| 工业生产能力利用率 | 0.005 |
| 财政支出 | 0.005 |
| 中高端产业 | 0.01 |
| 环保经费/GDP | 0.005 |
| 环境相关税收 | 0.005 |

续表

| 冲击变量 | 冲击值 |
|---|---|
| 高耗能产业比重 | −0.005 |
| 大学中的研发人员 | 0.005 |
| 来自国外的研发经费 | 0.005 |
| 基础研究经费 | 0.005 |
| 私营企业研发人员 | 0.005 |
| 技术贸易 | 0.005 |
| 出口 | 0.005 |
| FDI | 0.005 |
| 固定资本存量 | 0.01 |

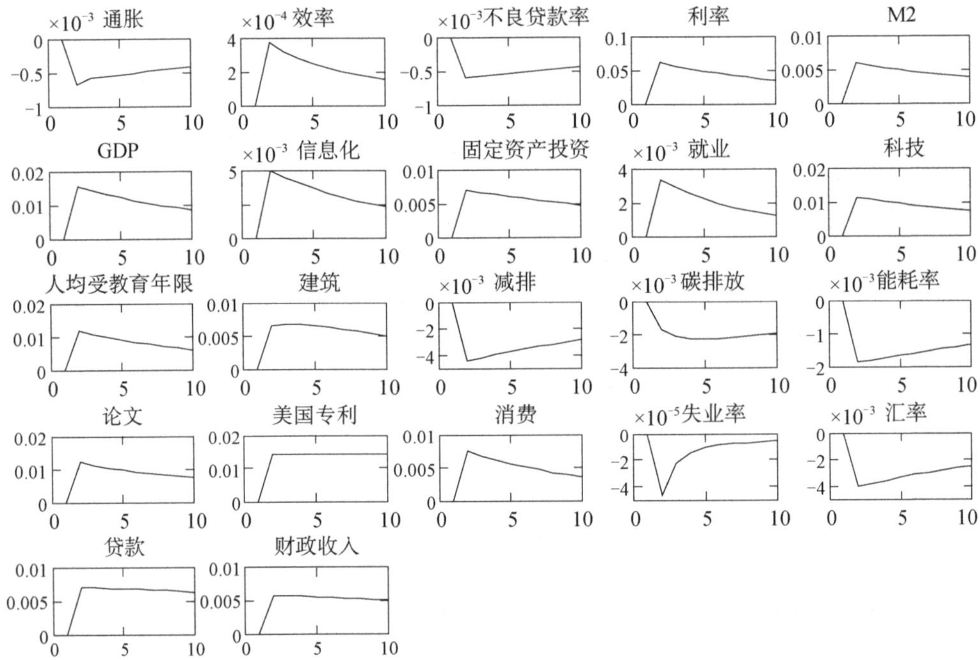


图 6-2　各变量对组合冲击的响应

# 6.4　小　　结

本章根据经济增长的共协理论，建立韩国结构改变（城市化、工业化、信息化、农业现代化、外债、资产负债率）、创新驱动（中高端产业、大学中的研发人员、来自国外的研发经费、基础研究经费、私营企业研发人员、技术贸易）与经济增长、财政金融（财政收入、利率、汇率）、环境（环保经费/GDP、环境相关税收、高耗能产业比重、能耗、碳排放、污染物排放）等之间的关系模型，构建 DSGE 方程组，并利用 MATLAB 软件进行模型求解和模拟仿真。

模拟仿真表明，外债、互联网、信息化等组合冲击情境下，韩国在美国获得授权的专利、研究开发经费等状态变量和控制变量，在期初都产生正向的波动响应，特别是在 2～3 年迅速对其做出程度相当的正向反应，随后逐步趋于稳态，其中，对组合冲击响应最大的是韩国利率，达到 5%，其次为 GDP 和科技，分别为 1.7%、1%；而能耗率则做出负向反应。这充分证明了韩国 1997 年金融危机的原因（外债对利率的冲击），以及开放创新对经济增长的驱动作用。

# 7

# 中国经济增长的DSGE分析

改革开放40多年，中国创造了经济中高速增长的奇迹，对此，从结构性改革-创新驱动的视角进行分析，归纳出中国双轨制的渐进的结构改革和不断增强的创新驱动能力的分析框架；进而，采用DSGE进行解释和分析。虽然现在的基于新凯恩斯主义的DSGE框架的宏观经济分析取得了很大成就，但仍然存在着经济增长理论落后，在模型中缺乏结构转变因素（如城镇化、工业化），缺乏科技投入、专利等创新驱动因素，缺乏金融稳定、精准扶贫、节能减排等因素，因而不能全面反映中国结构改革、创新驱动和可持续发展的经济实际。为此，把经济增长的共协理论、供给侧结构改革理论、创新驱动理论和有关的金融理论、收入分配理论、人口资源环境经济理论结合起来，构建中国改革开放、创新驱动和经济增长的新的DSGE模型体系，构建整体的预期效用函数，并把贝叶斯方法（后验均值）和计量经济学方法（先验值）等结合起来估计参数，进行模拟仿真和政策实验，从而分析出结构变量和创新变量的波动对中国经济增长与创新驱动、可持续发展的状态变量和控制变量的作用效果，为结构改革、创新驱动与金融稳定、精准扶贫和节能减排等的政策制定提供定量分析依据。

## 7.1 引　　言

结构改革和创新驱动是新时代的重大主题，中国的改革开放不断取得新突破，经济结构不断优化，金融运行总体平稳、精准脱贫有力推进、污染防治得到加强、发展新动能快速成长，经济运行保持在合理区间，人民生活持续改善。如何运用最新的经济学方法定量地分析结构改革和创新驱动，本书探索将Kydland

和Prescott（1982）开创的DSGE（动态随机一般均衡）分析用于分析这一主题。Smets和Wouters（2007）的新凯恩斯DSGE模型以劳动增强的技术进步作为其扩展，讨论美国经济周期的波动源及技术进步对劳动时间的影响。目前的DSGE研究取得了很多进展：①都以新凯恩斯主义的DSGE的框架为基础。例如，Sacha Gelfer（2019）应用“Smets和Wouters”模型，研究大衰退与金融危机。②基本都解释了财政和货币对于稳定和促进经济增长的作用。③研究表明，房地产是金融危机的根源，He Qing等（2017）分析了过去20年中国房地产市场与商业周期波动之间的相互作用，估计了具有名义黏性和附带约束的贝叶斯DSGE模型，发现来自住房市场的冲击（如贷款与价值比率和住房偏好冲击）影响着中国的宏观经济。信贷约束与房价之间的互动反馈放大了各种经济冲击的影响，在解释中国商业周期波动方面发挥了重要作用。Michael Funke等（2018）使用新西兰的DSGE模型分析宏观审慎政策和货币政策及其相互作用，发现货币政策对房价有很大的溢出效应，但它并不是新西兰房价的主要驱动因素，而房价却是由具体部门的冲击驱动的。④引入金融加速器（Gallegati et al.，2019；屈文洲等，2011）。Kaihatsu和kurozumi（2014）的估计结果表明，在金融冲击的情况下，不利的中性技术冲击导致了日本大停滞，中性技术变化的速度与所有企业的财务状况密切相关。大停滞是由不利的中性技术冲击造成的，这很可能代表企业融资的紧缩，导致研发投资减少和资源配置不当。⑤扩展到能源与环境问题。Tong Niu等（2018）开发了一个能源-环境-经济DSGE模型，包括家庭、能源、政府、最终商品和环境五个部分。该模型用于评估中国碳排放对环境税冲击的反应。该模型的核心是未来建立环境税的指数函数，这些函数与化石能源在能源使用总量中所占份额相对应。此外，环境税冲击可以通过引入清洁能源来改善能源结构，从而减少碳排放。

目前存在的主要问题：①在DSGE框架中的经济增长模型基本都是新古典的科布-道格拉斯模型，很陈旧；例外的是，Ryo Hasumi等（2018）将罗默的内生增长增型纳入具有名义价格和工资刚性的新凯恩斯DSGE模型，以评估1980年后的日本经济。通过计算趋势的历史分解，发现导致三次经济危机期间产出大幅下降的因素，但研发活动和投资冲击占实际国内生产总值和投资商业周期组成部分的较大部分。②缺乏结构因素（付才辉，2017；赵秋运和王勇，2017；胡大立，2006）。Benoît Campagne和Aurélien Poissonnier（2018）的研究表明，结构改革虽然明确地提高了产出，但可能会对福利不利。商品市场改革减少了不平等现象，而劳动力市场改革则是中性的。③各个主体的各自预期目标（效用的期望现值等）的最大化而非所有整体的预期目标最大化。④确定参数的先验值的主观性较大的问题。正如索洛所说，在短期范围内，凯恩斯主义是一个很好的近似值，肯定比任何直白的新古典主义都要好。在很长的尺度上，有趣的问题最好在新古典主义框架内研究。在五到十年的时间范围内，我们必须尽可能地把事情拼凑起来，并寻找一个能完成任务的混合模式。

为此，本书按照习近平新时代中国特色社会主义经济思想，进行了如下几点创新性的探索：①把经济增长的 DSGE 分析建立在共协理论基础上。②把结构改革和创新驱动理论引入经济增长的 DSGE 分析。供给侧结构改革，可以动用税收政策、行政管理、法制管理等手段。新结构经济学更加注重结构性指标，如工业化、知识密集型产业增加值等产业结构指标，以及行业集中度等市场结构指标；本研究构建的 DSGE 模型组中，包括了人力资本、研究开发投入、科技人员、专利授权量、创新体制、知识密集型产业等反映创新驱动的变量。③把“金融稳定、精准扶贫、节能减排”作为重要的分析内容。这些探索研究也体现了当前学术界“结构改革-创新驱动”双推动思潮（表 7-1）。

**表 7-1　20 世纪以来的几次经济学思潮**

| 时期 | 主题与背景 | 代表学者 |
|---|---|---|
| 第一次（1930～1960 年） | “有效需求-充分就业”双刺激（背景：经济危机） | 凯恩斯等 |
| 第二次（1930～1980 年） | “指令计划-工业化”双赶超（背景：计划经济体制） | 瓦·麦德维杰夫，阿巴尔金，B. D. 波波夫等 |
| 第三次（1970～2000 年） | “理性预期-货币调控”双稳定（背景：滞涨与新经济） | 卢卡斯，弗里德曼等 |
| 第四次（1970～2020 年） | “结构改革-创新驱动”双推动（背景：改革开放，新时代的中国特色社会主义经济的快速发展） | 吴敬琏，厉以宁，刘伟，林毅夫等 |

## 7.2　基于共协理论、供给侧结构改革理论、创新驱动理论的 DSGE 模型组的构建

把共协理论、供给侧结构改革理论与创新驱动理论结合起来，分析城镇化、工业化、信息化、农业现代化等结构改革对创新驱动等要素的作用，以及这些结构因素和创新因素等对经济增长和可持续发展的推动作用，基于中国 1990～2016 年的数据，构建 DSGE 模型组，并首先用计量经济学方法测算出参数，再用贝叶斯方法修正参数。

### 7.2.1 以企业为主体的结构改革、创新驱动与经济增长模块

1. 经济增长模型

刘伟（2006a）指出，在增加值（国民收入）中，既包含着由投资所带来的财产收入，也包含着对这些投资进行经营和管理所取得的经营收入等混合收入。按照这个逻辑，对国民收入可以做这样的分解：

国民收入=劳动者的收入+投资者的收入+混合收入

基于此，共协理论方法把国内生产总值分解为劳动者报酬、投资者收益和共协利益，采用收益价值分解方法研究经济增长。这可以表述为

国内生产总值=劳动报酬+资本收益+共协利益 （7-1）

共协利益是经济活动中各主体（投资者、就业者及其他利益相关者）通过相互作用、互相依赖、协同行动等而获得的某种程度上共享的利益，这种利益的存在使主体之间相互支持、彼此有利、共同繁荣。这样，中国经济增长模型为

$$\begin{aligned} Y_t = (E_t L^2{}_t)^{0.37} \times (D_t S_{t-2} / L_t)^{0.3} + 0.2 \times K_{t-1} + 16.7 D_t \times \\ S_{t-2} \times E_t \times L_t / K_{t-1}{}^2 - 14.4 \end{aligned} \qquad (7\text{-}2)$$

式中，$Y_t, E_t, L_t, S_{t-2}, D_t, K_{t-1}$ 分别代表 GDP、人均受教育年限、就业人数、研究开发投入、固定资产投资、固定资本存量。

2. 城镇化、工业化与就业模型

按照集聚理论和财政支出作用理论，城镇化和政府基础设施等支出使人口和劳动力要素从乡村向城镇集聚，提高了就业机会。中国改革的初始条件是，1978 年常住人口城市化率为 18%，外出农民工数量不足 200 万人，公有经济比重超过 95%；而到了 2016 年，常住人口城市化率提高到 57.4%，外出农民工数量也达到了 2 亿人。改革开放使大量农民变成市民，同时使非国有经济迅速发展起来，公有经济比重下降到 50%以下，这是中国创造经济奇迹的一个基本战略（根据实际条件和可能获取的外资资源，解放思想、实事求是地制定发展战略）。设 $\mathrm{URB}_{t-2}$、$\mathrm{FE}_{t-2}$、$\mathrm{UM}_t$、$U_t$、$\mathrm{AGR}_{t-2}$、$\mathrm{PO}_t$、$L_t$ 分别表示城市化、财政支出、失业率、产能利用率、农业现代化、人口和就业，则有下列就业量模型：

$$L_t = \mathrm{URB}_{t-2}^{0.033} \mathrm{FE}_{t-2}^{0.016} U_t^{0.016} (100 - \mathrm{UM}_t)^{0.016} \mathrm{AGR}_{t-2}^{-0.033} \mathrm{PO}_t^{0.87} \qquad (7\text{-}3)$$

3. 城镇化、信息化、工业化与研究开发模型

按照集聚理论，城市作为知识、信息和技能中心，在形成区域创新网络方面具有明显的优势，从而科技水平不断提高。设 $S_{t-2}$、$\mathrm{URB}_{t-2}$、$\mathrm{HI}_{t-2}$、$\mathrm{IND}_{t-2}$、$\mathrm{INF}_{t-2}$、$\mathrm{LO}_{t-2}$ 分别代表研究开发投入、城市化、知识密集型产业增加值、工业化、信息化、贷款，则有下列研究开发经费投入模型：

$$S_{t-2}=-75+0.044\mathrm{URB}_{t-2}(1+\mathrm{INF}_{t-2})\times\mathrm{IND}_{t-2}\times\mathrm{HI}_{t-2}+0.008\mathrm{LO}_{t-2} \tag{7-4}$$

4. 城镇化、信息化、工业化与固定资产投资模型

不仅在城镇基础设施和住宅方面有投资需求，而且信息化也刺激相关行业的发展，增加投资需求。则有下列固定资产投资模型：

$$D_t=\left[\mathrm{JC}_t/(\mathrm{UM}_t\times\mathrm{RF}_t)\right]^{0.733}\times\left[\mathrm{URB}_{t-2}\times(1+\mathrm{INF}_{t-2})\times\mathrm{LO}_{t-2}\times \mathrm{CRF}_t/\mathrm{IND}_{t-2}{}^{0.61}\right] \tag{7-5}$$

式中，$D_t$、$\mathrm{URB}_{t-2}$、$\mathrm{INF}_{t-2}$、$\mathrm{IND}_{t-2}$、$\mathrm{JC}_t$、$\mathrm{UM}_t$、$\mathrm{RF}_t$、$\mathrm{CRF}_t$、$\mathrm{LO}_{t-2}$分别代表固定资产投资、城市化、信息化、工业化、建成区面积、失业率、收入差距、城乡收入差距、贷款。

5. 城镇化、信息化、工业化与教育年限模型

按照集聚理论，城镇通常拥有较好文化医疗卫生等环境条件和较好的教育条件，城市公民受教育水平通常较显著地高于农村地区。设$E_t$、$\mathrm{URB}_{t-2}$、$\mathrm{INF}_{t-2}$、$\mathrm{IND}_{t-2}$分别表示人均受教育年限、城市化、信息化、工业化，则有下列就业量模型：

$$E_t=7.49+4.65\mathrm{URB}_{t-2}(1+\mathrm{INF}_{t-2})\times\mathrm{IND}_{t-2} \tag{7-6}$$

6. 房地产投资模型

房地产投资一方面取决于总的投资需求，另一方面也是基础设施带动的结果。设$\mathrm{EST}_t$、$D_t$、$\mathrm{IF}_t$、$\mathrm{HI}_{t-2}$分别代表房地产投资、固定资产投资、基础设施投资、知识密集型产业增加值，则有下列模型：

$$\mathrm{EST}_t=0.186D_t+0.26\mathrm{IF}_t-0.1\mathrm{HI}_{t-2}+0.000\,003\,12\mathrm{IF}_t^2 \tag{7-7}$$

7. 建城区面积模型

按照集聚理论，城市在专业化与多样性、人力资本积累、信息交流网络形成、交易效率提高及基础设施等方面的优势使其有利于节约土地，提高单位面积的产出。而随着产出的增长，建成区面积也需要相应地增长。设$\mathrm{JC}_t$、$Y_t$、$S_{t-2}$、$\mathrm{IND}_{t-2}$、$\mathrm{INF}_{t-2}$、$\mathrm{PU}_t$分别表示建成区面积、GDP、研究开发投入、工业化、信息化、城市人口，则有下列建成区面积模型：

$$\mathrm{JC}_t=10\,017+0.277Y_t-23(S_{t-2}\times\mathrm{PU}_t\times\mathrm{IND}_{t-2}\times\mathrm{INF}_{t-2})/Y_t \tag{7-8}$$

8. 增加值率模型

根据产业经济学中的结构-行为-绩效理论，设$\mathrm{ADD}_t$代表增加值率（绩效理论），$\mathrm{OI}_t$代表工业企业出厂价格指数与购进价格指数的比例（竞争行为），$\mathrm{ICD}_t$代表行业集中度（行业组织结构），则有下列增加值率模型：

$$\mathrm{ADD}_t = 11.1 + 15.4\mathrm{OI}_t + 0.156(\mathrm{ICD}_t / \mathrm{OI}_t) \tag{7-9}$$

9. 个体与私营部门就业模型

投资和生产要素资源配置效率的提高带动就业。设 $\mathrm{GX}_t$、$D_t$、$U_t$、$\mathrm{EFI}_t$ 分别代表个体与私营部门就业、固定资产投资、产能利用率、生产要素资源配置效率，则有下列模型：

$$\mathrm{GX}_t = 0.3D_t + 2065.7U_t \times \mathrm{EFI}_t \tag{7-10}$$

10. 持续创新模块

研究开发经费投入模型反映研究开发投入与专利授权量、研究开发人员、创新体制等之间的关系。在已具有的创新能力基础上，创新体制对全社会研究开发经费投入有很大影响。$S_{t\text{-}2}$ 代表研究开发投入，$\mathrm{PA}_t$ 代表专利授权量，$N_t$ 是代表科技活动人员数量，$SY_t$ 代表创新体制（用企业的研究开发投入占全部研究开发投入的比例度量）。研发人员的数量与专利数量、研究开发投入的关系是一种典型的 C-D 型生产函数关系，则有下述模型：

$$N_t = 20 + \mathrm{PA}_t^{0.22} \times (\mathrm{SY}_t \times S_{t-2})^{0.34} \tag{7-11}$$

### 7.2.2 居民消费与进出口模块

1. 居民消费模型

根据投资、消费和净出口三大需求理论，设 $Y_t$、$C_t$、$D_t$、$\mathrm{EX}_t$、$\mathrm{ADD}_t$ 分别代表 GDP、消费、固定资产投资、出口、增加值率，则有下列模型：

$$Y_t - C_t = 0.0244\mathrm{ADD}_t \times D_t + 1.167\mathrm{EX}_t \tag{7-12}$$

2. 出口模型

根据出口与汇率、对外投资和主要出口产品的关系，设 $\mathrm{EX}_t$、$\mathrm{IO}_t$、$\mathrm{CH}_t$、$\mathrm{CME}_t$、$\mathrm{FDI}_t$ 分别代表出口、对外投资、汇率、机械和化工产品出口、外商直接投资，则有下列模型：

$$\mathrm{EX}_t = 1000 - 0.011(\mathrm{CH}_t \times \mathrm{IO}_t) + 0.000\,003\,4(\mathrm{CME}_t \times \mathrm{CH}_t \times \mathrm{FDI}_t) \tag{7-13}$$

### 7.2.3 财政与金融模块

1. 财政赤字模型

地方政府的财政赤字主要原因在于财政支出和债务规模过大，设 $\mathrm{GB}_t$、$\mathrm{FE}_{t\text{-}2}$、

$CZ_t$ 分别代表负债、财政支出、地方财政赤字，则有下列模型：

$$CZ_t = 0.000\,016\,4FE_{t-2} \times FE_{t-2} + 0.2GB_t - 0.014\,24GB_t \times GB_t / FE_{t-2} \quad (7\text{-}14)$$

2. 财政预算内收入模型

根据就业者的劳动报酬、资本收益、财政收入与投资、消费和货币供应量、债务的关系，设 $FR_t$ 代表财政预算内收入，$GB_t$ 代表非金融部门债务（包括企业、居民、政府的债务总和），则有下列模型：

$$\begin{aligned} &0.22K_{t-1} + L_t^{0.802} E_t^{0.523} S_{t-2}^{0.244} D_t^{0.244} - FR_t - C_t + D_t \\ &= 11454.5M2_t / P_t + 0.31GB_t \end{aligned} \quad (7\text{-}15)$$

3. 利率模型

根据货币政策规则，设 $IR_t$ 代表利率的增长趋势，YT 代表 $Y_t$ 的趋势，PT 代表 $P_t$（消费者价格）的趋势，M2T 代表 $M2_t$ 的趋势，则有下列利率增长趋势模型：

$$IR_t = 3.64 + 7.2Y_tP_t / (YT \times PT) - 7.8M2_t / M2T \quad (7\text{-}16)$$

4. 贷款模型

财政政策和货币政策工具（财政支出，货币供应）可以拉动贷款，同时设 $LO_{t-2}$、$FE_{t-2}$、$IR_{t-2}$、$LR_{t-2}$、$DR_{t-2}$、$M2_{t-2}$ 代表贷款、财政支出、利率趋势、银行资产亏损率、规模以上工业企业资产负债率、广义货币流量，则有下列模型：

$$LO_{t-2} = 6719 + 0.0148FE_{t-2} / (IR_{t-2} \times LR_{t-2} \times DR_{t-2}) + 0.55M2_{t-2} \quad (7\text{-}17)$$

5. 不良贷款模型

不良贷款的多少取决于负债和利润的多少，设 $NPL_t$ 代表不良贷款的增长趋势，$DR_t$ 代表规模以上工业企业资产负债率，$IR_t$ 代表利率趋势，$LR_t$ 代表银行资产亏损率，则有下列不良贷款模型：

$$NPL_t = -0.0362 + 0.006\,85DR_t \times IR_t + 2.08LR_t \quad (7\text{-}18)$$

### 7.2.4 能源与环境模块

1. 能耗率模型

可以从信息、材料、能源的角度引入信息化因素、科技因素，并引入高耗能产业和第三产业等结构因素。高耗能产业使能耗率升高，而研究开发投入与 GDP 的比例、工业化、信息化则是降低能耗率的因素。设 $EC_t$、$EDI_t$、$S_{t-2}$、$URB_{t-2}$、$IND_{t-2}$、$INF_{t-2}$、$GF_t$、$CO_t$，分别表示能耗、六大能耗产业比例、研究开发投入、城市化、工业化、信息化、治理经费占 GDP 的比例、煤和油的消耗占能源消费的比例，则有下列能耗率模型：

$$\begin{aligned}\mathrm{EC}_t / \mathrm{Y}_t = 3.13 + 0.000\,008\,46 \times \{\mathrm{EDI}_t \times \mathrm{CO}_t \times \mathrm{Y}_t / [\mathrm{S}_{t-2} \\ \times \mathrm{URB}_{t-2} \times \mathrm{IND}_{t-2} \times \mathrm{GF}_t \times (1 + \mathrm{INF}_{t-2})]\} - 99.9 \\ \times S_{t-2} \times \mathrm{URB}_{t-2} \times \mathrm{INF}_{t-2} \times (1 + \mathrm{IND}_{t-2}) / Y_t\end{aligned} \quad (7\text{-}19)$$

2. 碳排放模型

高耗能产业使碳排放增加，而研究开发投入与 GDP 的比例、工业化、信息化则是减少碳排放的因素。设 $\mathrm{CE}_t$、$\mathrm{EC}_t$、$\mathrm{EDI}_t$、$S_{t-2}$、$\mathrm{IND}_{t-2}$、$\mathrm{INF}_{t-2}$、$\mathrm{URB}_{t-2}$、$\mathrm{CO}_t$、$\mathrm{OP}_t$，分别表示碳排放、能耗、六大能耗产业比例、研究开发投入、工业化、信息化、城市化、煤和油的消耗占能源消耗的比例、原油价格，则有下列模型：

$$\begin{aligned}\mathrm{CE}_t = 787.4 + 0.02\mathrm{EC}_t + 0.019 \times \{\mathrm{EDI}_t \times \mathrm{CO}_t / [S_{t-2} \times \mathrm{URB}_{t-2} \\ \times \mathrm{IND}_{t-2} \times (1 + \mathrm{INF}_{t-2})]\} - 10.7 \times \mathrm{OP}_t\end{aligned} \quad (7\text{-}20)$$

3. 污染物排放模型

高耗能产业使污染物排放增加，而节能减排经费与 GDP 的比例、研究开发投入与 GDP 的比例、工业化、信息化则是减少碳排放的因素。设 $\mathrm{PE}_t$、$\mathrm{EC}_t$、$\mathrm{EDI}_t$、$S_{t-2}$、$\mathrm{URB}_{t-2}$、$\mathrm{IND}_{t-2}$、$\mathrm{INF}_{t-2}$、$\mathrm{GF}_{t-2}$、$\mathrm{CO}_t$、$\mathrm{OP}_t$，分别表示污染物排放当量、能耗、六大能耗产业比例、研究开发投入、城市化、工业化、信息化、治理经费占 GDP 比例、煤和油的消耗占能源消耗的比例、原油价格，则有下列模型：

$$\begin{aligned}\mathrm{PE}_t = 2038 + 0.01\mathrm{EC}_t - 4\,573\,687 \times [S_{t\text{-}2} \times \mathrm{URB}_{t\text{-}2} \times \mathrm{IND}_{t\text{-}2} \\ \times \mathrm{GF}_{t\text{-}2} \times (1 + \mathrm{INF}_{t\text{-}2}) / \mathrm{EDI}_{t\text{-}2} \times \mathrm{CO}_{t\text{-}2}] + 0.1\mathrm{EC}_t / \mathrm{OP}_t\end{aligned} \quad (7\text{-}21)$$

## 7.3 模型求解与参数估计

### 7.3.1 整个经济体系的目标函数

不同于以往 DSGE 的预期效用函数形式，本书建立整个经济体系的预期效用函数如下：

$$E\sum_{t=0}^{\infty}\beta^t\left[\frac{C_t^{\mu}}{1-\mu}-\frac{L_t^{1-\xi}}{1-\xi}+\frac{\lambda_t \times P_{t\text{-}1} \times \mathrm{M2}_t \times \mathrm{FIN}_t \times (1+\mathrm{CAE}_t) \times \mathrm{CU}_t \times Y_t}{P_t^2 \times \mathrm{TOP}_t^2 \times (\mathrm{NPL}_t + \mathrm{LR}_t) \times \mathrm{LO}_t \times \mathrm{AR}_t \times \mathrm{GB}_t \times \mathrm{OP}_t}\right]$$

（7-22）

在此预期效用函数中，$E$ 表示预期，$\beta^t$ 是贴现因子。$\mathrm{M2}_t$、$\mathrm{FIN}_t/\mathrm{LO}_t$、$\mathrm{CAE}_t$、$\mathrm{CU}_t$、$P_t$、$\mathrm{TOP}_t$、$\mathrm{NPL}_t$、$\mathrm{LR}_t$、$\mathrm{AR}_t$、$\mathrm{GB}_t$、$\mathrm{OP}_t$ 分别代表货币供应量、直接融资比例、资本充足率、产能利用率、物价指数、城乡收入差距、不良贷款率、资产亏损率、平均税率、所有部门债务与 GDP 的比例、石油价格，$\lambda_t$ 是系数。

现在，式（7-1）～式（7-21）中[$P_t$]是状态变量，[$Y_t$、$L_t$、$S_{t-2}$、$D_t$、$E_t$、$\mathrm{EST}_t$、$\mathrm{JC}_t$、$C_t$、$\mathrm{CZ}_t$、$\mathrm{FR}_t$、$\mathrm{EX}_t$、$\mathrm{LO}_t$、$\mathrm{IR}_t$、$\mathrm{NPL}_t$、$\mathrm{ADD}_t$、$N_t$、$\mathrm{EC}_t$、$\mathrm{CE}_t$、$\mathrm{PE}_t$、$\mathrm{GX}_t$]是控制变量，[$\mathrm{FE}_{t-2}$、$\mathrm{URB}_{t-2}$、$\mathrm{INF}_{t-2}$、$\mathrm{IND}_{t-2}$、$\mathrm{AGR}_{t-2}$、$\mathrm{PO}_t$、$\mathrm{UM}_t$、$\mathrm{RF}_t$、$\mathrm{CRF}_t$、$\mathrm{HI}_{t-2}$、$\mathrm{CH}_t$、$\mathrm{IO}_t$、$\mathrm{FDI}_t$、$\mathrm{CME}_t$、$\mathrm{IF}_t$、$\mathrm{PA}_t$、$\mathrm{SY}_t$、$\mathrm{M2}_t$、$\mathrm{DR}_t$、$\mathrm{LR}_t$、$\mathrm{PU}_t$、$\mathrm{EDI}_t$、$\mathrm{GF}_t$、$\mathrm{CO}_t$、$\mathrm{OP}_t$、$\mathrm{OI}_t$、$\mathrm{ICD}_t$、$K_{t-1}$、$\mathrm{GB}_t$、$U_t$、$\mathrm{EFI}_t$]是随机变量。

在此基础上建立如下拉格朗日函数：

$$
\begin{aligned}
L = E\sum_{t=0}^{\infty}\beta^t & \left[\frac{C_t^{\mu}}{1-\mu}-\frac{L_t^{1-\xi}}{1-\xi}+\frac{\lambda_t\times P_{t\text{-}1}\times \mathrm{M2}_t\times \mathrm{FIN}_t\times\left(1+\mathrm{CAE}_t\right)\times \mathrm{CU}_t\times Y_t}{P_t^2\times \mathrm{TOP}_t^{\,2}\times(\mathrm{NPL}_t+\mathrm{LR}_t)\times \mathrm{LO}_t\times \mathrm{AR}_t\times \mathrm{GB}_t\times \mathrm{OP}_t}\right] \\
& +\eta_t(0.22K_{t-1}+L_t^{0.802}E_t^{0.523}S_{t-2}^{\;\;0.244}D_t^{0.244}-\mathrm{FR}_t-C_t+D_t \\
& -11454.5\mathrm{M2}_t/P_t-0.31\mathrm{GB}_t)
\end{aligned}
\tag{7-23}
$$

## 7.3.2 金融稳定指数

在本书建立的整个经济体系的预期效用函数中包含金融稳定指数一项，这说明金融稳定是经济健康稳定、比较快速发展的基础。金融稳定指数表现金融的稳定程度，金融稳定指数越高，表示金融状况越稳定。金融稳定指数（刘鹤，2013；蒋雨亭，2017；Shuqiang Liu，2019）的测算公式如下：

$$
\mathrm{FT}_t=\frac{P_{t\text{-}1}\times \mathrm{M2}_t\times \mathrm{FIN}_t\times\left(1+\mathrm{CAE}_t\right)\times \mathrm{CU}_t\times Y_t}{10000\times P_t^2\times \mathrm{TOP}_t^{\,2}\times(\mathrm{NPL}_t+\mathrm{LR}_t)\times \mathrm{LO}_t\times \mathrm{AR}_t\times \mathrm{GB}_t\times \mathrm{OP}_t}
\tag{7-24}
$$

美国圣路易斯联邦储备银行（St. Louis Fed Financial Stress Index©，STLFSI）曾制定金融稳定指数，采用由利率、利差、其他指标三部分组成的 18 个金融变量，可以做到每周编制一次。相对于 FCI 的月/季度监测，这可以说是个巨大的进步。

由图 7-1 所示的 1991～2018 年中国金融稳定指数的演化情况可以看出，1990～2017 年，中国的金融稳定指数总体趋势是逐步提高，但有很大波动。而 1990 年最低，特别是在 2008 年金融稳定指数达到了最高点，2009 年之后金融稳定指数稳步下降，直到 2013 年以后才转向提高。

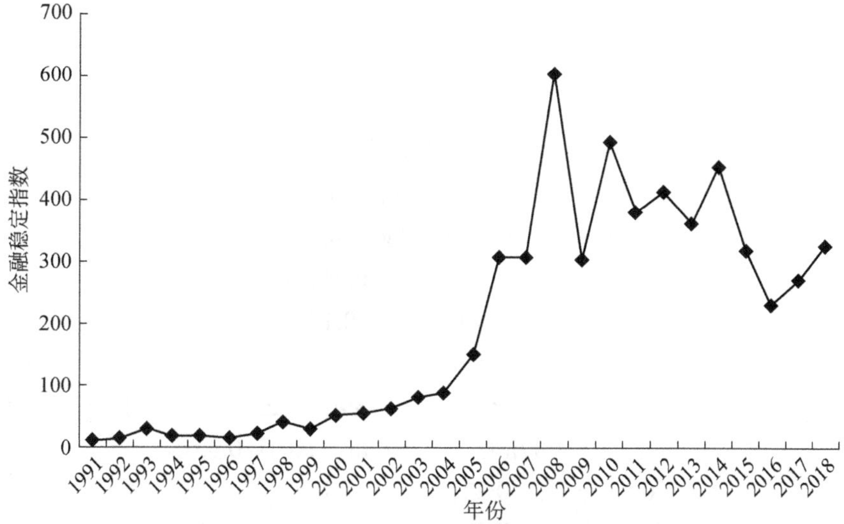


图 7-1　1991～2018 年中国金融稳定指数的演化

### 7.3.3　模型求解与参数估计

式（7-1）和式（7-22），以及各随机变量模型构成的中国经济增长与可持续发展 DSGE 模型框架，是一个非线性模型组，不便于直接求解。Harald Uhlig 提出了一种相对简单的对数线性化方法。考虑一般的变量 $X_t$，定义 $X_t = X(1+x_t)$。其中不带下脚标的大写字母 $X$ 表示 $X_t$ 的趋势值，$x_t$ 表示变量的波动成分对趋势值 $X$ 的偏离。由于 $x_t$ 接近于 0，因而 $e^{x_t}=1+x_t$。Uhlig 方法的方便之处在于不需要明确的求导数，直接做变量替换就可以了，而且这种变量替换易于机械化。使用 Uhlig 得到的结果刻画的是变量的波动成分对其趋势值的偏离程度。这样，在 1990～2017 年中国数据基础上，利用贝叶斯估计和计量经济学方法估计参数，式（7-1）和式（7-22）可以线性化为如下的模型体系：

$$0=-y_t+0.185e_t+0.22l_t+0.151s_{t-2}+0.151d_t+0.512\text{k}_{t-1} \tag{7-25}$$

$$0=-l_t+0.033\text{urb}_{t-2}+0.016\text{fe}_{t-1}+0.016u_t-0.016\text{um}_t-0.033\text{agr}_{t-2}+0.87\text{po}_t \tag{7-26}$$

$$0=-s_{t-2}+0.293(\text{urb}_{t-2}+\text{hi}_{t-2}+\text{ind}_{t-2})+0.083\text{inf}+0.87\text{lo}_{t-2} \tag{7-27}$$

$$0=-d_t+0.733(\text{jc}_t-\text{um}_t-\text{rf}_t)+0.61(\text{urb}_{t-2}+\text{lo}_t+\text{crf}_t-\text{ind}_{t-2})+0.18\text{inf}_{t-2} \tag{7-28}$$

$$0=-e_t+0.123(\text{urb}_{t-2}+\text{ind}_{t-2})+0.037\text{inf}_{t-2} \tag{7-29}$$

$$0=-\text{est}_t+1.13\text{d}_t+0.72\text{if}_t-0.584\text{hi}_{t-2} \tag{7-30}$$

$$0=-\text{jc}_t+0.62y_t-0.047(s_{t-2}+\text{ind}_{t-2}+\text{inf}_{t-2}+\text{pu}_t) \tag{7-31}$$

$$0=-c_t-0.58(\text{add}_t+d_t)-0.17ex_t+1.8y_t \tag{7-32}$$

$$0=-\mathrm{cz}_t-4.7\mathrm{gb}_t+2\mathrm{fe}_t \quad (7\text{-}33)$$

$$\begin{aligned}0=&-\mathrm{fr}_t+3.34d_t+2.96k_t+0.23l_t+1.92e_t+0.98s_t-2.13\mathrm{m}2_t\\&+2.13p_t-1.8\mathrm{gb}_t-3.7c_t\end{aligned} \quad (7\text{-}34)$$

$$0=-\mathrm{ex}_t-0.2(\mathrm{ch}_t+\mathrm{io}_t)+0.75(\mathrm{cme}_t+\mathrm{ch}_t+\mathrm{fdi}_t) \quad (7\text{-}35)$$

$$0=-\mathrm{lo}_t+0.07(\mathrm{fe}_t-\mathrm{ir}_t-\mathrm{lr}_t-\mathrm{dr}_t)+0.78\mathrm{m}2_t \quad (7\text{-}36)$$

$$0=-\mathrm{ir}_t+0.53\mathrm{ir}_{t-1}+1.04(y_t+p_t)+1.15\mathrm{m}_{2t} \quad (7\text{-}37)$$

$$0=-\mathrm{npl}_t+1.33(\mathrm{dr}_t+\mathrm{ir}_t)+1.5\mathrm{lr}_t \quad (7\text{-}38)$$

$$0=-\mathrm{add}_t+0.39\mathrm{oi}_t+0.15\mathrm{icd} \quad (7\text{-}39)$$

$$0=-n_t+0.22\mathrm{pa}_t+0.34(\mathrm{sy}_t+s_{t-2}) \quad (7\text{-}40)$$

$$0=-\mathrm{gx}_t+0.538d_t+0.759(u_t+\mathrm{efi}_t) \quad (7\text{-}41)$$

$$\begin{aligned}0=&-\mathrm{ec}_t-0.1047\mathrm{inf}_{t-2}+0.05(\mathrm{edi}_t+\mathrm{co}_t)-0.33s_{t-2}\\&-0.33\mathrm{urb}_{t-2}-0.33\mathrm{gf}_{t-2}-0.33\mathrm{ind}_{t-2}\end{aligned} \quad (7\text{-}42)$$

$$\begin{aligned}0=&-\mathrm{ce}_t+0.97\mathrm{ec}_t-0.1\mathrm{inf}_t+0.1(\mathrm{edi}_t+\mathrm{co}_t-s_{t-2}-\mathrm{urb}_{t-2}-\mathrm{ind}_{t-2})\\&-0.097\mathrm{op}_t\end{aligned} \quad (7\text{-}43)$$

$$\begin{aligned}0=&-\mathrm{pe}_t-0.03(\mathrm{gf}_t+s_{t-2}+\mathrm{ind}_{t-2}+\mathrm{urb}_{t-2}-\mathrm{edi}_t-\mathrm{co}_t)\\&-1.15\mathrm{op}_t+1.79\mathrm{ec}_t-0.01\mathrm{inf}_t\end{aligned} \quad (7\text{-}44)$$

### 7.3.4 方差分解与模拟仿真

1. HP 滤波分析

各控制变量的波动的标准差的实际值是原始数据利用 HP 滤波进行计算的结果，见表 7-2，模拟值是指本书运用所建 DSGE 模型进行模拟仿真分析的结果。Kydland-Prescot 标准差比例越接近于 1，说明模型对该变量的分析越准确。可以看出，主要控制变量的波动成分的标准差的模拟值和实际值一致，能够充分反映这些变量的波动情况。

表 7-2 控制变量模拟的准确程度

| 控制变量 | 模拟的 STD. DEV. | 实际的 STD. DEV. | Kydland-Prescot 标准差比例 |
|---|---|---|---|
| $y$ | 0.031 | 0.030 | 0.984 |
| $l$ | 0.003 | 0.002 | 0.800 |
| $s$ | 0.054 | 0.110 | 1.000 |
| $d$ | 0.110 | 0.091 | 0.827 |
| $e$ | 0.007 | 0.006 | 0.811 |
| est | 0.306 | 0.250 | 0.816 |
| jc | 0.015 | 0.068 | 0.213 |
| $c$ | 0.053 | 0.035 | 0.657 |

续表

| 控制变量 | 模拟的 STD. DEV. | 实际的 STD. DEV. | Kydland-Prescot 标准差比例 |
|---|---|---|---|
| cz | 0.240 | 0.516 | 0.466 |
| fr | 0.534 | 0.099 | 0.185 |
| ex | 0.165 | 0.280 | 0.589 |
| lo | 0.055 | 0.056 | 1.000 |
| ir | 0.184 | 0.140 | 0.763 |
| npl | 0.465 | 0.326 | 0.701 |
| add | 0.013 | 0.022 | 0.568 |
| $n$ | 0.069 | 0.060 | 0.871 |
| ec | 0.038 | 0.053 | 0.721 |
| ce | 0.062 | 0.056 | 1.000 |
| pe | 0.281 | 0.144 | 0.513 |
| gx | 0.087 | 0.068 | 0.780 |
| 平均 | | | 0.713 |

## 2. 方差分解

对于估计出参数的线性化的模型体系，应用基于 MATLAB 的 DYNARE 软件进行方差分解，就各随机冲击对状态变量和控制变量的波动值对趋势值的偏离的影响程度进行分析，如表 7-3 和表 7-4 所示（各变量省去了下角标）。

**表 7-3　各随机变量的方差分析结果**

**（方差分解 HP 滤波，λ=100）**

| 变量 | fe | urb | info | ind | agr | po | um | rf | crf | hi | ch | io | fdi | cme | if | pa |
|---|---|---|---|---|---|---|---|---|---|---|---|---|---|---|---|---|
| $p$ | 0 | 0 | 0 | 0 | 0 | 0 | 0 | 0 | 0 | 0 | 0 | 0 | 0 | 0 | 0 | 0 |
| $y$ | 0 | 0 | 25 | 2 | 0 | 0 | 3 | 0 | 3 | 1 | 0 | 0 | 0 | 0 | 0 | 0 |
| $l$ | 0 | 0 | 0 | 13 | 59 | 17 | 9 | 0 | 0 | 0 | 0 | 0 | 0 | 0 | 0 | 0 |
| $s$ | 1 | 3 | 4 | 2 | 0 | 0 | 0 | 0 | 0 | 11 | 0 | 0 | 0 | 0 | 0 | 0 |
| $d$ | 0 | 4 | 60 | 3 | 0 | 0 | 11 | 1 | 10 | 0 | 0 | 0 | 0 | 0 | 0 | 0 |
| $e$ | 0 | 31 | 49 | 20 | 0 | 0 | 0 | 0 | 0 | 0 | 0 | 0 | 0 | 0 | 0 | 0 |
| est | 0 | 1 | 10 | 0 | 0 | 0 | 2 | 0 | 2 | 0 | 0 | 0 | 0 | 0 | 84 | 0 |
| jc | 0 | 3 | 2 | 3 | 0 | 0 | 5 | 0 | 4 | 0 | 0 | 0 | 0 | 0 | 0 | 0 |
| $c$ | 0 | 4 | 17 | 0 | 0 | 0 | 4 | 0 | 4 | 1 | 1 | 7 | 19 | 0 | 0 | 0 |
| cz | 70 | 0 | 0 | 0 | 0 | 0 | 0 | 0 | 0 | 0 | 0 | 0 | 0 | 0 | 0 | 0 |
| fr | 0 | 3 | 54 | 3 | 0 | 0 | 9 | 0 | 9 | 0 | 0 | 1 | 2 | 0 | 0 | 0 |
| ex | 0 | 0 | 0 | 0 | 0 | 0 | 0 | 0 | 0 | 0 | 2 | 27 | 71 | 0 | 0 | 0 |
| lo | 1 | 0 | 0 | 0 | 0 | 0 | 0 | 0 | 0 | 0 | 0 | 0 | 0 | 0 | 0 | 0 |
| ir | 0 | 0 | 1 | 0 | 0 | 0 | 0 | 0 | 0 | 0 | 0 | 0 | 0 | 0 | 0 | 0 |
| npl | 0 | 0 | 0 | 0 | 0 | 0 | 0 | 0 | 0 | 0 | 0 | 0 | 0 | 0 | 0 | 0 |
| add | 0 | 0 | 0 | 0 | 0 | 0 | 0 | 0 | 0 | 0 | 0 | 0 | 0 | 0 | 0 | 0 |
| $n$ | 0 | 0 | 0 | 0 | 0 | 0 | 0 | 0 | 0 | 0 | 0 | 0 | 0 | 0 | 0 | 95 |
| ec | 0 | 15 | 10 | 7 | 0 | 0 | 0 | 0 | 0 | 2 | 0 | 0 | 0 | 0 | 0 | 0 |
| ce | 0 | 14 | 2 | 2 | 0 | 0 | 2 | 0 | 2 | 0 | 0 | 0 | 0 | 0 | 0 | 0 |

续表

| 变量 | fe | urb | info | ind | agr | po | um | rf | crf | hi | ch | io | fdi | cme | if | pa |
|---|---|---|---|---|---|---|---|---|---|---|---|---|---|---|---|---|
| pe | 0 | 1 | 0 | 0 | 0 | 0 | 0 | 0 | 0 | 0 | 0 | 0 | 0 | 0 | 0 | 0 |
| gx | 0 | 4 | 59 | 3 | 0 | 0 | 11 | 1 | 10 | 0 | 0 | 0 | 0 | 0 | 0 | 0 |

| 变量 | sy | m2 | dr | lr | pu | edi | gf | co | op | oi | icd | *k* | gb | *u* | efi |
|---|---|---|---|---|---|---|---|---|---|---|---|---|---|---|---|
| *p* | 0 | 12 | 0 | 48 | 0 | 0 | 0 | 0 | 34 | 0 | 0 | 5 | 0 | 0 | 0 |
| *y* | 0 | 15 | 0 | 2 | 0 | 0 | 0 | 0 | 0 | 0 | 0 | 47 | 0 | 0 | 0 |
| *l* | 0 | 0 | 0 | 0 | 0 | 0 | 0 | 0 | 0 | 0 | 0 | 0 | 0 | 2 | 0 |
| *s* | 0 | 69 | 0 | 10 | 0 | 0 | 0 | 0 | 1 | 0 | 0 | 0 | 0 | 0 | 0 |
| *d* | 0 | 10 | 0 | 1 | 0 | 0 | 0 | 0 | 0 | 0 | 0 | 0 | 0 | 0 | 0 |
| *e* | 0 | 0 | 0 | 0 | 0 | 0 | 0 | 0 | 0 | 0 | 0 | 0 | 0 | 0 | 0 |
| est | 0 | 2 | 0 | 0 | 0 | 0 | 0 | 0 | 0 | 0 | 0 | 0 | 0 | 0 | 0 |
| jc | 0 | 11 | 0 | 2 | 0 | 0 | 0 | 0 | 0 | 0 | 0 | 70 | 0 | 0 | 0 |
| *c* | 0 | 0 | 0 | 0 | 0 | 0 | 0 | 0 | 0 | 1 | 1 | 40 | 0 | 0 | 0 |
| cz | 0 | 0 | 0 | 0 | 0 | 0 | 0 | 0 | 0 | 0 | 0 | 0 | 30 | 0 | 0 |
| fr | 0 | 2 | 0 | 5 | 0 | 0 | 0 | 0 | 6 | 0 | 0 | 1 | 5 | 0 | 0 |
| ex | 0 | 0 | 0 | 0 | 0 | 0 | 0 | 0 | 0 | 0 | 0 | 0 | 0 | 0 | 0 |
| lo | 0 | 85 | 0 | 12 | 0 | 0 | 0 | 0 | 1 | 0 | 0 | 0 | 0 | 0 | 0 |
| ir | 0 | 59 | 0 | 18 | 0 | 0 | 0 | 0 | 14 | 0 | 0 | 7 | 0 | 0 | 0 |
| npl | 0 | 16 | 0 | 77 | 0 | 0 | 0 | 0 | 4 | 0 | 0 | 2 | 0 | 0 | 0 |
| add | 0 | 0 | 0 | 0 | 0 | 0 | 0 | 0 | 0 | 39 | 61 | 0 | 0 | 0 | 0 |
| *n* | 2 | 2 | 0 | 0 | 0 | 0 | 0 | 0 | 0 | 0 | 0 | 0 | 0 | 0 | 0 |
| ec | 0 | 8 | 0 | 1 | 0 | 0 | 53 | 0 | 0 | 0 | 0 | 4 | 0 | 0 | 0 |
| ce | 0 | 0 | 0 | 0 | 0 | 1 | 28 | 0 | 14 | 0 | 0 | 34 | 0 | 0 | 0 |
| pe | 0 | 0 | 0 | 0 | 0 | 0 | 3 | 0 | 93 | 0 | 0 | 1 | 0 | 0 | 0 |
| gx | 0 | 10 | 0 | 1 | 0 | 0 | 0 | 0 | 0 | 0 | 0 | 0 | 0 | 0 | 0 |

从方差分解和各控制变量之间的相关关系可以清晰地看出改革开放中经济高速增长的两条主线，一条主线是改革开放促进投资驱动，即财政支出、货币供应量的迅速增加、基础设施建设、金融改革和城市化率的较快提高，拉动房地产的高速发展，带动投资的高速增长，从而带动经济的高速增长；另一条主线是改革开放促进创新驱动，知识密集型产业及其与城市化、信息化等相结合，对就业、科技、出口、消费、GDP 的影响比较大，知识密集型产业的高速增长在经济的高速增长也起到了愈来愈大的作用。但投资驱动的力量大于创新驱动的力量。

**表 7-4　控制变量的相关关系**

**（相关关系，HP 滤波，λ=100）**

| 变量 | *p* | *y* | *l* | *s* | *d* | *e* | est | jc | *c* | cz | fr |
|---|---|---|---|---|---|---|---|---|---|---|---|
| *p* | 1.00 | 0.01 | 0.03 | 0.17 | 0.06 | 0.05 | 0.02 | 0.18 | 0.14 | 0.05 | 0.39 |
| *y* | 0.17 | 0.48 | 0.12 | 1.00 | 0.72 | 0.40 | 0.29 | 0.90 | 0.16 | 0.04 | 0.59 |
| *l* | 0.03 | 0.04 | 1.00 | 0.12 | 0.16 | 0.16 | 0.06 | 0.14 | −0.06 | 0.00 | 0.15 |

续表

| 变量 | p | y | l | s | d | e | est | jc | c | cz | fr |
|---|---|---|---|---|---|---|---|---|---|---|---|
| *s* | 0.01 | 1.00 | 0.04 | 0.48 | 0.43 | 0.30 | 0.17 | 0.30 | −0.03 | 0.08 | 0.15 |
| *d* | 0.06 | 0.43 | 0.16 | 0.72 | 1.00 | 0.50 | 0.41 | 0.47 | −0.45 | 0.03 | 0.85 |
| *e* | 0.05 | 0.30 | 0.16 | 0.40 | 0.50 | 1.00 | 0.20 | 0.06 | −0.19 | 0.00 | 0.48 |
| est | 0.02 | 0.17 | 0.06 | 0.29 | 0.41 | 0.20 | 1.00 | 0.19 | −0.18 | 0.01 | 0.34 |
| jc | 0.18 | 0.30 | 0.14 | 0.90 | 0.47 | 0.06 | 0.19 | 1.00 | 0.36 | 0.03 | 0.38 |
| *c* | 0.14 | −0.03 | −0.06 | 0.16 | −0.45 | −0.19 | −0.18 | 0.36 | 1.00 | 0.00 | −0.50 |
| cz | 0.05 | 0.08 | 0.00 | 0.04 | 0.03 | 0.00 | 0.01 | 0.03 | 0.00 | 1.00 | −0.07 |
| fr | 0.39 | 0.15 | 0.15 | 0.59 | 0.85 | 0.48 | 0.34 | 0.38 | −0.50 | − 0.07 | 1.00 |
| ex | −0.06 | 0.01 | 0.00 | 0.00 | 0.00 | 0.00 | 0.00 | 0.00 | −0.52 | 0.00 | 0.17 |
| lo | −0.01 | 0.89 | −0.01 | 0.36 | 0.31 | −0.02 | 0.12 | 0.29 | 0.00 | 0.09 | 0.00 |
| ir | 0.84 | 0.50 | 0.04 | 0.48 | 0.32 | 0.10 | 0.13 | 0.44 | 0.13 | 0.04 | 0.42 |
| npl | 0.87 | 0.05 | 0.02 | 0.15 | 0.09 | 0.05 | 0.04 | 0.15 | 0.06 | 0.02 | 0.34 |
| add | −0.02 | 0.00 | 0.00 | 0.00 | 0.00 | 0.00 | 0.00 | 0.00 | − 0.14 | 0.00 | 0.04 |
| *n* | 0.00 | 0.17 | 0.01 | 0.08 | 0.07 | 0.05 | 0.03 | 0.05 | 0.00 | 0.01 | 0.03 |
| ec | 0.01 | −0.49 | −0.07 | −0.16 | −0.27 | −0.55 | −0.11 | 0.07 | 0.15 | −0.03 | −0.16 |
| ce | 0.30 | −0.23 | 0.01 | 0.34 | 0.04 | −0.38 | 0.02 | 0.56 | 0.30 | 0.00 | 0.16 |
| pe | 0.53 | −0.15 | −0.01 | 0.01 | −0.03 | −0.11 | −0.01 | 0.07 | 0.05 | 0.00 | 0.22 |
| gx | 0.06 | 0.43 | 0.16 | 0.72 | 1.00 | 0.50 | 0.40 | 0.47 | −0.45 | 0.03 | 0.84 |

| 变量 | ex | lo | ir | npl | add | *n* | ec | ce | pe | gx |
|---|---|---|---|---|---|---|---|---|---|---|
| *p* | −0.06 | −0.01 | 0.84 | 0.87 | −0.02 | 0.00 | 0.01 | 0.30 | 0.53 | 0.06 |
| *y* | 0.00 | 0.36 | 0.48 | 0.15 | 0.00 | 0.08 | −0.16 | 0.34 | 0.01 | 0.72 |
| *l* | 0.00 | −0.01 | 0.04 | 0.02 | 0.00 | 0.01 | −0.07 | 0.01 | −0.01 | 0.16 |
| *s* | 0.01 | 0.89 | 0.50 | 0.05 | 0.00 | 0.17 | −0.49 | −0.23 | −0.15 | 0.43 |
| *d* | 0.00 | 0.31 | 0.32 | 0.09 | 0.00 | 0.07 | −0.27 | 0.04 | −0.03 | 1.00 |
| *e* | 0.00 | −0.02 | 0.10 | 0.05 | 0.00 | 0.05 | −0.55 | −0.38 | −0.11 | 0.50 |
| est | 0.00 | 0.12 | 0.13 | 0.04 | 0.00 | 0.03 | −0.11 | 0.02 | −0.01 | 0.40 |
| jc | 0.00 | 0.29 | 0.44 | 0.15 | 0.00 | 0.05 | 0.07 | 0.56 | 0.07 | 0.47 |
| *c* | −0.52 | 0.00 | 0.13 | 0.06 | −0.14 | 0.00 | 0.15 | 0.30 | 0.05 | −0.45 |
| cz | 0.00 | 0.09 | 0.04 | 0.02 | 0.00 | 0.01 | −0.03 | 0.00 | 0.00 | 0.03 |
| fr | 0.17 | 0.00 | 0.42 | 0.34 | 0.04 | 0.03 | −0.16 | 0.16 | 0.22 | 0.84 |
| ex | 1.00 | 0.01 | −0.04 | −0.02 | 0.00 | 0.00 | 0.00 | 0.00 | 0.00 | 0.00 |
| lo | 0.01 | 1.00 | 0.51 | 0.03 | 0.00 | 0.15 | −0.30 | −0.09 | −0.12 | 0.31 |
| ir | −0.04 | 0.51 | 1.00 | 0.79 | −0.01 | 0.09 | −0.16 | 0.24 | 0.33 | 0.32 |
| npl | −0.02 | 0.03 | 0.79 | 1.00 | −0.01 | 0.01 | −0.01 | 0.14 | 0.18 | 0.09 |
| add | 0.00 | 0.00 | −0.01 | −0.01 | 1.00 | 0.00 | 0.00 | 0.00 | 0.00 | 0.00 |
| *n* | 0.00 | 0.15 | 0.09 | 0.01 | 0.00 | 1.00 | −0.08 | −0.04 | −0.03 | 0.07 |
| ec | 0.00 | −0.30 | −0.16 | −0.01 | 0.00 | −0.08 | 1.00 | 0.78 | 0.26 | −0.27 |
| ce | 0.00 | −0.09 | 0.24 | 0.14 | 0.00 | −0.04 | 0.78 | 1.00 | 0.59 | 0.04 |
| pe | 0.00 | −0.12 | 0.33 | 0.18 | 0.00 | −0.03 | 0.26 | 0.59 | 1.00 | −0.03 |
| gx | 0.00 | 0.31 | 0.32 | 0.09 | 0.00 | 0.07 | −0.27 | 0.04 | −0.03 | 1.00 |

3. 模拟仿真分析

在新时代中国特色社会主义经济改革开放和高质量发展中，结构改革和“一带一路”的方向是使创新驱动的力量大于投资驱动的力量，新动能大于旧动能；在现代化经济体系中知识密集型产业将加速发展，大力进行企业产权结构和产业组织结构改革从而降低杠杆率、降低成本、化解产能过剩，同时教育和用人机制改革成为改革的一个重点。

按照上述战略思路进行模拟仿真，分析各随机变量 1%的组合冲击对状态变量和控制变量的影响，见图 7-2。

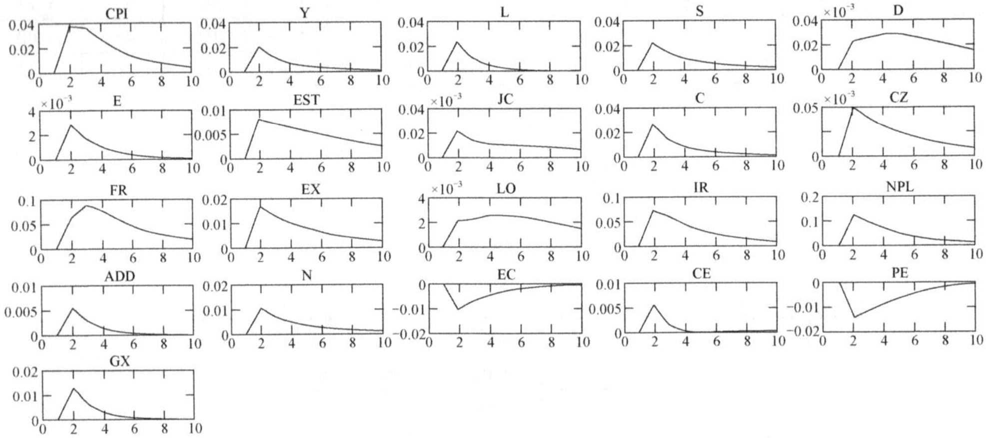


图 7-2 对于各随机变量的 1%冲击的状态变量和控制变量的相应响应

对于金融加速器效应的模拟见图 7-3，在企业资产亏损率和失业率的 1%冲击下，物价和利率趋势向上波动的最高点在 0.2%左右，不良贷款率趋势向上波动的最高点在 1.8%左右；而 GDP、就业、消费、贷款、投资、财政收入、房地产投资、建成区面积、能源消费、碳排放和污染物排放等都是向下波动。

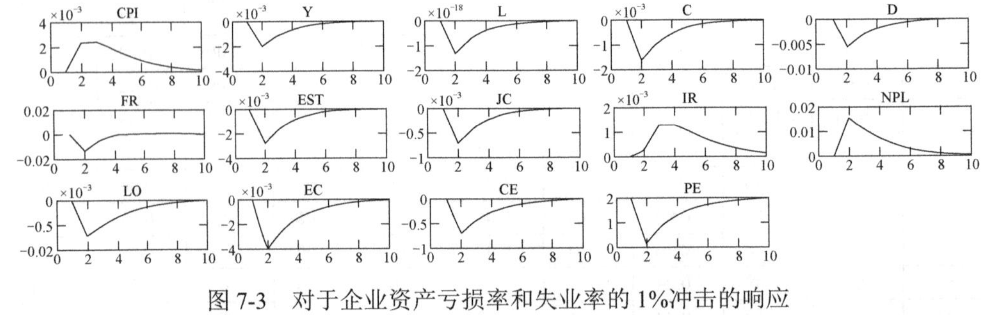


图 7-3 对于企业资产亏损率和失业率的 1%冲击的响应

状态变量和控制变量对于结构改革、创新驱动（财政支出、M2、城市化、信息化、工业化、农业现代化、人口、外商直接投资等）的响应，详见图 7-4。

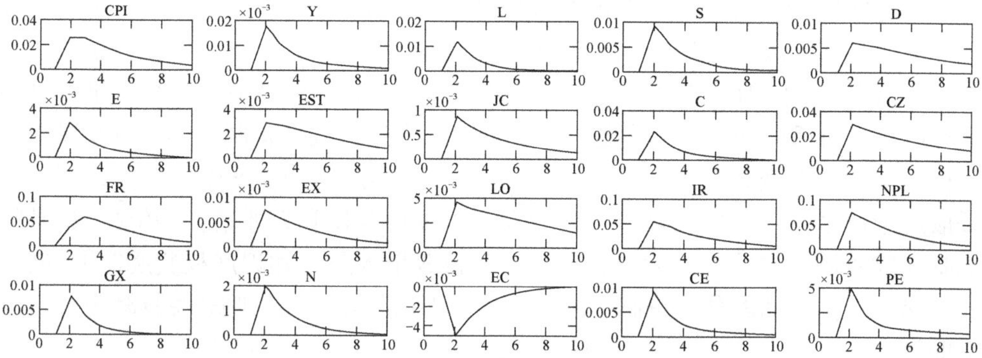


图 7-4　对于结构改革和创新驱动的响应

4. 新时代中国特色社会主义经济结构改革和创新驱动的发展趋势分析

基于上述模拟仿真，对新时代中国特色社会主义经济结构改革和创新驱动的发展趋势进行分析。今后很长一段时期内中国经济改革的主线是供给侧结构改革。在新时代中国特色社会主义经济改革开放和高质量发展中，结构改革和“一带一路”的方向是使创新驱动的力量大于投资驱动的力量，新动能大于旧动能，调结构、补短板、降杠杆、降成本和化解产能过剩；在现代化经济体系中中高端产业、知识密集型产业的比例将加速提升，中高端产业、知识密集型产品的出口也将加速增长；同时教育改革成为改革的一个重点，用人机制的创新，大学毕业生占新增就业人口的比重迅速提升，大学毕业生成为新增就业人口的大多数，既推动了城市化和工业化、信息化、农业现代化，又促使人力资本加速增长和人力资本红利作用的充分发挥，使国际化、复合型人才的流动速度加快。并在人力资本加快增值基础上，培育一大批新主体，如充分发挥市场机制和有为政府双重调控作用的创新型政府，混合所有制的国有企业和民营企业，“双一流”的高等学校和高等教育普及者，互联网金融机构，新型中介组织，创业型居民，以及设立在国外的蓬勃发展的产学研机构。

新时代中国特色社会主义经济结构改革，从“主体—动因—行为”角度，是多主体参与的改革，包括政府、企业、学校、金融、中介、居民、国外和“自然”各类主体；是多种动因驱使的改革，包括调整结构（持续提高城镇化水平、加快工业化、缩小城乡差距和区域差距、提高私营企业规模、提高市场集中度、调整财政支出结构、调整财政收入结构），降本增效（降杠杆、去产能、补短板、加快节能减排、提高质量和效率、防范金融风险），新动能（加快中高端产业和知识密集型产业发展、积极进行有效投资、加快知识产权和科技发展、形成人力资本红利、加快组织结构创新、加快发展园区和集群经济、加快信息化、加快发展现代化农业、加快建成若干千万级人口都市群)。

而这些“主体”和“动因”可以组合出100多种重要的改革行为（改革主题），为此需要对这些改革行为（改革主题）进行更深入的分析设计。例如，“企业——加快科技发展”的改革主题，也就是如何通过改革开放使企业的科技水平得以加快提高，从而适应创新驱动。首先企业要建立先进的创新机制，包括研发课题立项机制（如课题查新制度，双主持人制度，第三方评估）、产学研协同机制（如采取产学研董事会制度，以市场为导向、以项目合作和人才培养为依托）、激励机制（物质激励与非物质激励相结合，科技成果入股、知识产权奖励等）、创新人才岗位轮换与动态分配机制、流动专家和聘请外籍专家机制、税收减免及财政资助等机制)。

## 7.4 小　　结

如何从经济学的角度分析中国的结构改革和创新驱动对经济增长的作用？现有的经济增长的DSGE分析，经济增长理论落后，缺乏城镇化、信息化、产业结构等结构因素，缺乏科技、信息化等创新因素，也缺乏对资源环境问题的分析。按照习近平新时代中国特色社会主义经济思想，在经济学上实现共协理论、供给侧结构改革理论、创新驱动理论和有关的人口资源环境经济理论的综合运用，纳入了城市化、信息化、工业化、农业现代化、知识密集型产业、科技投入、科技体制等多种结构改革和创新驱动因素，同时也纳入了金融稳定、节能减排、精准扶贫（收入分配不平等）等因素，参数估计和模拟仿真结果说明，本书的研究是符合中国改革开放和经济快速发展的实际的，有可能继续完善成为继新凯恩斯主义DSGE框架之后的一个新的比较广泛适用的DSGE理论模型框架和分析方法。本书得到的几点定量结论如下。

（1）从对各控制变量的模拟仿真看，主要控制变量的波动成分的模拟值的标准差和实际值一致，能够充分反映这些变量的波动情况，平均“Kydland- Prescot方差比例”为71.3%。说明所建立的DSGE模型体系总体上比较准确。当然，尚可以改进。

（2）从方差分解可以清晰地看出经济高速增长的两条主线，一条主线是投资驱动，即基础设施建设和城市化拉动房地产的高速发展，带动投资的高速增长；另一条主线是创新驱动，知识密集型产业和城市化、信息化等的结合对就业、科技等影响比较大。而在高速经济增长中，投资驱动的力量大于创新驱动的力量。

（3）模拟结果表明，在新时代中国特色社会主义经济改革开放和现代化经济体系建设中，结构改革和“一带一路”的方向是使创新驱动的力量大于投资驱动的力量，在旧动能相对减弱，新动能加速提升的情景下，经济将实现高质量增长，增加值率提高，节能减排取得明显成效，城乡结构更加优化，产业结构更加高级化，金融和物价比较稳定，投资、消费和出口也有较快的增长。

（4）研究表明，有为政府（表现为财政支出、货币供应量两个随机变量）与有效市场的互动是保持经济较长时期内中高速增长的前提。

（5）把金融稳定指数纳入总体的预期效用函数中，并吸取金融加速器的分析方法，分析货币政策与金融稳定、企业效益之间的互动关系；并且能够对金融波动甚或危机做出及时的预测。

（6）方差分解表明，失业率、收入差距的冲击对经济增长有重要影响，降低失业率、减少收入差距和精准扶贫不仅是社会主义公民共同幸福的需要，同时也是经济快速发展的需要。

（7）方差分解表明，工业化（第三产业增加值与 GDP 比例）、污染治理经费与 GDP 的比例、石油价格（及能源结构）对节能减排的影响比较大，因而经济结构、能源结构的转变和确保污染治理经费的稳定提高是节能减排的关键。

# 8

# 中国经济增长因素测算与创新驱动-转型分析

本章按照前述的共协理论和方法，建立起中国经济增长的新模型，对1953～2017年的中国经济增长因素进行测算，并进一步对2035年中国经济转型[①]的一些主要指标进行优化预测。

## 8.1 关于中国经济增长的研究

### 8.1.1 不同学者的测算

Young（2003）使用Jorgenson等（1987）的方法研究中国经济，发现1978～1998年中国非农业部门人力资本的增长保持在每年1.1%以上。以重建数据为基础，Young发现在中国经济中TFP年均增长率达1.4%。

Wang和Yao（2001）承认中国劳动力质量的提高。然而，他们声称怀疑Young（2000）的关于特殊种类劳动力收入的数据，他们按照Barro和Lee（1997）的方法，使用以人均受教育年限表示的劳动力质量的数据，发现中国劳动力质量有明显的提高。然而，他们发现即使考虑了劳动力质量的提高，TFP的贡献依旧很大。为此，Wang和Yao提出了有选择性的劳动力份额的想法。例如，对改革之前的1953～1977年这段时期，他们假定劳动力份额为0.40，发现产出、实物资本、劳动力质量、人力资本存量及TFP分别每年增长6.46%、6.11%、2.63%、5.30%、

① 标志经济转型的一个重要指标就是创新在经济增长中的贡献率达到50%以上。

−0.57%，并且实物资本、劳动力质量、人力资本存量及 TFP 对产出的贡献分别是 56.8%、16.3%、32.8%、−5.9%。对于改革时期的 1978～1999 年，他们假定劳动力份额占 0.50，发现产出、实物资本、劳动力质量、人力资本存量及 TFP 每年的增长率分别为 9.72%、9.39%、2.73%、2.69%和 2.32%，并且实物资本、劳动力质量、人力资本存量及 TFP 对产出增长的贡献分别是 48.3%、14.0%、13.8%、23.9%。这样，在改革之前这段时期 TFP 的增长率是−0.57%，而在改革期间则为 2.32%。

李萍和高楠（2009）等利用结构方程模型，寻找测定人力资本、物质资本和技术水平的外生变量，测算出各个潜变量对经济增长的贡献。他们通过测算人力资本、物质资本和技术水平对中国经济增长的贡献水平，证明了技术水平的提高对经济增长的推动作用在中国过去的几十年里是非常大的，在一定程度上反映了技术水平的重要性。同时，他们也对克鲁格曼提出的中国经济进步和发展仅仅存在的是对汗水的依赖而不是灵感、来自于更努力地工作而不是更聪明的工作进行了证伪，测算出经济增长中技术进步的贡献率达到了 43%。为此，需要在改革与发展的基础上，以继续增强国家自主创新能力为目标，加速建立一个能发挥市场作用、根据国家战略有效动员和组织创新资源，又能激发技术创新行为主体自身活力、可以实现系统各部分有效整合的、有着中国特色的国家技术创新体系，充分发挥科技进步在经济增长中的重要作用。

陈琳（2008）运用标准的计量方法进行实证检验，结合改革开放以来中国的事实，测算了中国经济增长的要素投入贡献和全要素生产率贡献。结果显示，中国的经济增长是要素投入和包括人力资本、制度变迁、技术进步等全要素生产率综合作用的结果，其中全要素生产率的提高对经济增长做出了大约 1/3 的贡献。因此，改革开放以来中国的经济增长并不完全是投入驱动型的。

俞安军等（2007）利用 C-D 生产函数对中国经济增长的质量进行测算，并根据经济增长的质量来判断经济的增长方式。研究得出 1981～2004 年中国经济增长质量指数平均值为 0.36，即中国经济 36%的增长靠生产率的提高，64%靠资源投入的增加，中国经济处于粗放型增长阶段。资本投入对经济产出的弹性系数为 0.718，即资本投入增加 1%，经济产出增加 0.718%。资本对中国经济有显著的推动作用说明中国资本相对稀缺，资本边际产出较大。因此，扩大资本投入对推动中国经济发展仍有很大意义。中国劳动力投入对经济产出的弹性系数为 0.894，即劳动力投入增加 1%，经济产出增加 0.894%。虽然中国劳动力资源丰富，但劳动者素质较低，应着力提高劳动者素质。

刘伟和张辉（2008）将技术进步和产业结构变迁从要素生产率中分解出来，

实证度量了产业结构变迁对中国经济增长的贡献，并将其与技术进步的贡献相比较。实证研究表明，在改革开放以来的30年（截至2008年）中，虽然产业结构变迁对中国经济增长的贡献一度十分显著，但是随着市场化程度的提高，产业结构变迁对经济增长的贡献呈现不断降低的趋势，逐渐让位于技术进步，即产业结构变迁所体现的市场化的力量逐步让位于技术进步的力量。此外，研究也发现，结构变迁效应的减弱并不表明市场化改革的收益将会消失，某些发展和体制的因素仍然阻碍着资源配置效率进一步提高。从这个层面来看，中国完善市场机制的工作仍然任重而道远。

林毅夫和刘培林（2003）引入“同一时刻各经济体面对的技术前沿各不相同”的假定，改进了现有的数据包络分析方法，并用该方法将1978～2000年中国29个省（自治区、直辖市）的劳均GDP增长分解为技术效率变化、技术进步和劳均资本积累三个因素的贡献。之后，在Barro回归的基础上，通过控制发展战略的特征，检验了林毅夫（2002）归纳的发展战略对资本积累和技术进步的影响的两个假说。检验结果表明，中国地区增长的经验事实和假说相容。

### 8.1.2 关于制度创新对中国经济增长贡献率的研究

从1978年到2007年，中国的经济增长率达到了9.5%以上，改革开放取得了巨大成功，其中制度创新起到了很大的作用。对此，一些学者做了深入研究。刘伟（2006b）认为，中国1978年以来的经济体制改革和制度创新取得了巨大成就。第一，经过多年的改革，市场机制已替代计划机制成为中国资源配置的基本机制，价格信号已替代数量信号成为引导资源配置的主要信号。第二，中国的市场化转轨进程在所有的经济体制转轨国家中应属速度较快的，尤其是与俄罗斯经济转型相比较，一般认为中国市场化指数或经济自由化指数高于俄罗斯。在国际贸易实践上，承认中国市场经济地位的国家已有50个左右（刘伟和张辉，2008）。第三，中国的经济体制改革空前地促进了中国的经济发展，无论是经济增长指标、经济结构指标的变化，经济发展程度，社会发展水平，还是绝对指标的进展，相对指标的提升，改革开放以来均取得了显著的变化。

林毅夫等（1993）分析了中国渐进改革方式的三个特征。一是增量改革。中国的经济改革不是按照一个理想模式和预定的时间表进行的，新的、有效的资源配置方式和激励机制也不可能在所有经济领域立即发挥作用，而是在那些率先进行改革的部门和那些改革后发展起来的部门先行发挥作用。二是试验推广。中国的经济改革大多不是在全国范围内同时展开的，而是每项改革措施都从较小范围内的试验开始，在取得成果并进行总结的基础上加以局部推广，由点及面，不断总结和观察，进而扩大其实行范围，这种方式也意味着中国改革的局部性特征。三是非激进改革。实行非激进式的渐进改革，首先能够充分利用已有的组织资源，保持制度创新过程中制度的相对稳定和有效衔接。

樊纲等（2003）在“中国各地区市场化相对进程报告”中通过五个方面共25个指标和分指标构成一个“市场化进程”指标体系。他们指出，经历了20余年的市场化改革，中国经济已经基本上从计划经济的轨道转入市场经济轨道。

李京文（1992）的研究发现，在改革开放前的26年里，生产率增长的贡献是负值，改革开放后的12年中，生产率增长对经济增长的贡献，已由负值上升为30.3%，生产率增长已成为经济增长的首要因素。改革开放前后的鲜明对比，一定程度上证明了改革开放政策有力地促进了中国生产领域的技术进步，说明改革开放促进了经济的增长，加快了科技进步，改善了资源的合理利用，提高了经济增长的质量。邹至庄和刘满强（1995）通过研究中国1952～1980年的经济数据，估计了总量经济和5个部门（农业、工业、建筑业、运输业和商业）的生产函数，测定1978年以后的经济改革等重大制度变革对经济增长的影响，印证了制度变革对经济增长的影响。他在另一篇文章中指出，1978年中国开始经济改革以来，GDP以每年9.5%的平均水平显著增长，这种现象只能用中国政府采取了新的体制和政策来解释（邹至庄，2000）。

张军（2006）认为，政府转型、政治治理与经济增长有着密切的关联。就前者而言，由于中国政府加速了党和干部队伍的人力资本的更新速度，遂使中国较好地实现了政府，尤其是地方政府的转型；就后者而言，在保持政治体制不变的前提下，通过采用一种灵活可塑的政治治理模式，遂使市场制度、法律体系等制度不完善的局面获得了一定弥补。而这两者都不同程度地推动了中国经济的增长。

马利军（2010）认为制度因素对经济增长的长期影响在不同的发展阶段是不一样的。结合中华人民共和国成立以来的发展历程，首先运用灰色系统的关联度分析，测算出在不同时段影响经济增长的主要制度变量。通过GDP平减指数换算为1990年不变价，系统因素序列即下列五类因素：产权指标（CQ）、对外开放度指标（DWKF）、国家有效性指标（YXGJ）、工业化指标（GYH）、二元经济转型指标（EYDB）。选取1952～2008年的宏观经济数据进行测算。在此基础上采用主成分分析，分时段合成新的制度代理变量。最后通过计量回归方法，重新测算出改革开放以来制度对中国经济增长的贡献率，通过对 1978～2008 年数据的回归分析，可以看出改革开放以来制度在经济增长中起着重要作用。回归模型中制度因素的拟合系数为 0.544，说明制度因素对经济增长的弹性很大，仅次于资本因素。相反，技术进步和劳动力对经济增长的贡献远不如制度，这与中国实际的经济增长相一致，也反映出了中国现在应该转变经济增长方式，改外延式经济增长为内涵式经济增长，并且最终得出产权、对外开放、二元经济转型是影响中国经济长期增长的重要因素的结论。

从本书的测算结果看，1994 年以后中国生产要素资源的配置效率一直保持在相对较高的水平，这说明，要进一步提高中国生产要素资源的配置效率，就必须深化改革。那么，对于如何深化改革，刘伟（2017）认为：改革的核心或改革成败的关键由企业改革尤其是国有企业改革，转变为政府改革尤其是中央政府职能的转变；改革的基本内容从以构建社会主义市场经济体系为主转变为以完善市场经济秩序为主；改革的历史进程的重点由产品市场化转变为要素市场化；对改革绩效的价值判断标准开始由较为单一明确的标准向更为全面系统的综合标准转变。改革伊始，所需要解决的社会发展矛盾相对明确，生产力发展的要求也相对清晰。因此，发展，特别是经济发展及由此带来的生产力的解放和人们生活水平的改善成为最为直接、也最具说服力的评价改革的基本标准。但经过多年的改革发展，社会经济历经贫困、温饱，进入小康，此时社会发展的矛盾更为复杂，发展不均衡带来的社会问题更为尖锐，公平与效率的相互关系应当如何认识和处理更具不确定性，社会不同利益群体对于社会变革的要求的分歧更为深刻。因而，社会对于改革的评价标准日益综合化，对深化改革的目标的要求日益多元化。如何在这种评价标准综合化、目标要求多元化的历史变化中深化改革，是我们面临的新的历史性命题。

改革开放以来，中国经济创造了持续 40 多年高速增长的奇迹，而制度创新对中国改革开放后的经济增长起到了积极的促进作用。中国经济制度变革基本沿着四个方面展开：一是经济主体产权的变革，中国的所有制多元化改革通过发展民营经济、集体经济，壮大非公有制经济，对国有企业“抓大放小”，使非国有成分扩大，乡镇企业、民营企业发展迅速，多元化产权制度成为一种有效率的制度安排，成为中国经济增长活力的源泉；二是资源配置方式的变革，中国的市场化改革使资源要素配置机制发生转变，从计划经济到市场经济渐进的制度创新不断发挥积极效应，市场配置作用增大；三是全面调整发展战略，通过全面改革外贸体制及其他相应的制度措施，用外向型发展模式代替内向型发展模式；四是分配制度的变革（叶飞文，2005）。

# 8.2 1953～1976年经济增长模型及其因素分析

## 8.2.1 经济增长模型

首先，建立劳动报酬模型。以劳动力$L$（就业人数、劳动小时）乘以人力资本$H$（人均受教育年限乘以劳动力人数）的对数$\log HL$、固定资产投资$D$乘以科技投入$S$再除以劳动力$L$后的对数$\log SD/L$为自变量，以劳动报酬$V$的对数$\log V$为因变量，对中国1953～1976年的数据进行多元回归分析，结果见附表1-2。

其次，建立$M$函数模型（在数值上$M$=$Y$−$V$）。以$M$为因变量，以固定资本存量$K$、创新能力$SD/K$，科技投入$S$为自变量，对中国1953～1976年的数据进行多元回归分析，结果见附表1-3。

综合得到中国1953～1976年经济增长核算模型：

$$Y = 537.32(HL)^{0.76}(SD/L)^{-0.23} + 0.33K + 0.87SD/K - 13.5S + 152.2 \quad (8\text{-}1)$$

## 8.2.2 经济增长因素分析

本书得到的中国经济增长核算结果是，1953～1976年，人力资本和劳动力增长对经济增长的贡献率达到了42%和23%，由于1976年以前物质资本相对缺乏，主要依靠劳动者和人力资本发展经济，这是可以理解的。中国成功地快速提高人口素质，使人力资本成为经济增长的第一推动力。固定资本存量增长的贡献率为28%，固定资产投资增长的贡献率为20%，而科技进步的贡献率为−8%（科技投入主要集中在军事工业上，如“两弹一星”的研制，科技投入的增长影响固定资产投资的增长从而影响经济增长等），制度创新的贡献率为−17%（主要是由于1958年以后的“大跃进”等运动的影响），经济环境外部性影响率为12%（中国面临非常差的内外经济环境）。

# 8.3　1977～2017 年经济增长模型与核算

数据来源方面，固定资产投资、就业人数、科技投入等使用历年《中国统计年鉴》中的数据，而固定资本存量和人均受教育年限数据则引用了汤向俊在《资本深化、人力资本积累与中国经济持续增长》一文中的数据。

## 8.3.1　经济增长模型

本书首先建立中国 1977～2017 年的劳动报酬模型，即 $\log V$ 模型，其检验结果见附表 1-5；然后建立 $M$ 模型，其检验结果见附表 1-6。这样，本书建立的中国 1977～2017 年经济增长因素分析的实证模型为

$$Y=(HL)^{0.413}(SD/L)^{0.2}+0.213K+4.54HSD/K^{2} \tag{8-2}$$

在模型（8-2）中，根据格兰杰检验，$S$（科技投入）采用超前两年的数据值，如与 2003 年国内生产总值 $Y$ 相对应的是 2001 年的科技投入，即假定科技从投入到对经济增长起作用平均需要两年左右的时间；固定资本存量 $K$ 采用的是年初的数据值，如 2000 年的“固定资本存量”采用的是 2000 年初的数据值。

在两个回归模型中，所有自变量从总体上与因变量之间高度线性相关；修正后的样本决定系数（$R^2$）很高，说明自变量的解释能力很强，样本回归方程对样本拟和得很好；回归方程通过 F 检验，说明线性回归效果显著。同样地，自变量和常数项都通过了 t 检验。

## 8.3.2　经济增长因素分析

本书得到的 1977～2017 年中国经济增长核算结果见表 8-1。中国改革开放 40 多年来，资本形成速度的加快使过剩的劳动力转变为现实生产力，有力地促进了经济增长。1977～2000 年，固定资本存量增长的贡献率达到 50.4%，固定资产投资增长的贡献率为 15.9%，人力资本增长的贡献率为 10.4%，劳动力增长对经济增长的贡献率达到了 3.0%，科技进步的贡献率为 8.9%，制度创新的贡献率为 17.6%，经济环境外部性的影响率为−6.4%；而 2001～2017 年，固定资本存量增长的贡献率为 36.1%，固定资产投资增长的贡献率为 22.1%，人力资本增长的贡

献率为 6.3%，劳动力增长的贡献率为 0.6%，科技进步的贡献率达到了 26.0%，制度创新的贡献率为 1.0%，经济环境外部性的影响率为 7.8%。

**表 8-1　本书得到的中国经济增长核算结果**　（%）

| 贡献率 | 1953～1976 年 | 1977～2000 年 | 2001～2017 年 |
|---|---|---|---|
| 固定资本存量增长的贡献率 | 28 | 50.4 | 36.1 |
| 固定资产投资增长的贡献率 | 20 | 15.9 | 22.1 |
| 科技进步的贡献率 | −8 | 8.9 | 26.0 |
| 人力资本增长的贡献率 | 42 | 10.4 | 6.3 |
| 劳动力增长的贡献率 | 23 | 3.0 | 0.6 |
| 制度创新的贡献率 | −17 | 17.6 | 1.0 |
| 经济环境外部性的影响率 | 12 | −6.4 | 7.8 |

### 8.3.3　对测算结果的讨论

从表 8-1 可以看出，各因素对中国经济增长的决定作用有很大不同。

（1）制度创新对经济增长起到了强有力的推动作用。改革开放以来，中国经济创造了持续 40 多年高速增长的奇迹。1977～2000 年制度创新对中国经济增长的贡献率平均为 17.6%，这正印证了制度创新对中国改革开放后的经济增长起到了积极的促进作用。

（2）固定资产投资及固定资本存量的增长是经济增长的决定性因素。资本形成对任何经济体来说都是保证经济活力的重要因素，中国 40 多年的高速发展更是与快速资本形成有关，主要体现在 1977～2000 年固定资产投资增长和固定资本存量增长的贡献率之和达到了 66.3%，2001～2017 年固定资产投资增长和固定资本存量增长的贡献率之和达到 58.2%。

（3）科技进步起到了越来越重要的作用。2001～2017 年，科技进步对经济增长的贡献率达到了 26%。科技进步主要来自于改革开放过程中的国际技术转移和“干中学”。在通过技术购买、引进先进设备等直接引进国外先进技术的同时，外商直接投资等渠道也间接地引进了国外先进技术，并与自主创新相结合。

（4）人力资本、劳动力增长对经济增长起到了非常重要的作用。农村人口向城市的大规模转移，使过剩的劳动力转变为现实生产力，有力地促进了经济增长。中国劳动力资源开发的“制度变革+城市化+新兴产业导向”模式及其比较优势，在成功地将人口负担转化为人口红利的同时，也有力地推动了经济增长。1977～2000 年，人力资本和劳动力增长对经济增长的贡献率之和为 13.4%；而 2001～2017 年，人力资本和劳动力增长对经济增长的贡献率之和则下降为 6.9%。

（5）经济环境外部性总体上有利于经济增长。经济环境外部性的影响率代表内外经济环境对增长的影响程度，“影响率”为负值，说明经济环境是促进经济增长的。1977～2000 年，经济环境外部性的影响率为-6.4%；2001～2017 年，经济环境外部性的影响率为 7.8%。

### 8.3.4 对1978年以来中国制度创新对经济增长贡献率的评价和解释

邹至庄认为 1978 年改革时机成熟的原因有如下几点：第一，经历了多年的计划经济之后，政府官员了解了计划体制的缺陷及其改革的必要性；第二，亚洲其他地区经济的成功发展——包括被称为“四小龙”的中国台湾、中国香港、新加坡和韩国——向中国政府和中国人民表明了引入市场经济机制的必要性；第三，基于上述原因，中国人民已经为经济改革做好了准备并表示支持（何恒远，2006）。

关于中国经济体制改革的方向，吴敬琏和李剑阁（1988）撰文指出，任何一个国家的现代化都不可能在与世界隔绝的状态下实现，而必须实行对外开放。只有这样，才能发挥比较优势，享受后发性利益，实现有效益的增长。而要做到这一点，就必须在经济运行机制方面与外部世界耦合。具体说来，就是通过改革建立起与外部世界大致相同的价格形成机制和比价关系，以及合乎国际通行规范的经济法规和财政税收制度等。

改革开放以来，中国经济创造了持续 40 多年高速增长的奇迹。从 1978 年到 2017 年，中国 GDP 按当年价计算由 3679 亿元增加到 820 754 亿元，增长了 222 倍；按可比价格计算，年均增长率达到 9.75%，为世界同期人口超过 5000 万的国家中的最高增长率。对比改革开放前，中国年均增长率仅为 6%，这正印证了制度创新对中国改革开放后的经济增长起到了积极的促进作用。家庭联产承包责任制直接导致了中国农业经济超常规发展；广东、福建等沿海开放省份由于经济体制转轨，率先实行了超过内地速度的产权制度和市场制度的变革，因而经济发展速度远远地超过了内地省份，这又从另一个侧面说明了制度创新的作用（陈华，2005）。

综上所述，中国的改革开放作为渐进式的重大制度创新，有力地促进了经济增长，同时对中国的实证研究结果也证明了利用 DEA 测算效率，从而测算出制度创新贡献率的科学性。

# 8.4 中国经济创新驱动与转型的分析

## 8.4.1 经济增长中存在的主要问题

目前，中国经济增长中存在着一些迫切需要解决的问题。

（1）产能过剩导致低质量增长。

当前一些行业存在严重的产能过剩，如果产能过剩现象不能得到有效控制，就会导致一系列的负面影响，如大量的生产设备闲置，库存增加，价格下降和若干行业的亏损。这样，按照科技进步、提质增效、履行社会责任的要求，一些企业应该退出所属的产能严重过剩行业。

（2）杠杆率过高。

杠杆率过高是中国经济增长中存在的主要问题之一，中国所有非金融部门（企业、居民、政府）的债务与国内生产总值的比率（又称为杠杆率），从 1990 年的 100%提高到 2019 年的 253%。国有企业（特别是基础设施等公共事业类国有企业，如石油化工企业）杠杆率居高不下，将严重影响企业运营。如果放任杠杆率提高，可能导致一大批企业严重亏损，甚至引发金融危机；而如果过快压缩信贷和投资，则很可能带来经济增长率的快速下降，这成为一道世纪难题。因而，综合考虑债务融资对经济增长的重要性、债务融资的风险性和债务融资的成本，加快直接融资，沿着降杠杆与稳增长的均衡路径，实现降杠杆与稳增长相均衡的资本结构区间的优化，既可以降低杠杆率，又可以保持中高速的经济增长。

（3）人力资本与固定资产投资、自主创新结合的程度不够。

通过上述测算，我们看到，一方面，从各年的平均看，创新（广义的创新，包括科技进步、人力资本增长和制度创新）在经济增长中起到重要作用，2001～2017 年平均达到 49%；另一方面，人力资本对中国经济增长的作用呈现递减的趋势，从 1977～2000 年的平均 9.9%递减为 2001～2017 年的平均 8.7%，这需要做进一步的分析。

同时，由于分配体制、人才成长和晋升的激励机制等原因，人力资本的作用没有充分发挥出来。例如，近些年来，由于房地产等的拉动，物质资本投资的边际收益的增长大大快于人力资本的边际收益的增长，降低了人力资本的配置效率，影响了人力资本作用的充分发挥。

人力资本与固定资产投资、自主创新相结合是中国经济增长的重要途径，这是一种依靠低成本高素质劳动力、以先进科技为支撑、投资和创新双驱动的增长方式。因此，加强人力资本、固定资产投资、自主创新的结合是中国转变经济发展方式的主题，而国家创新体系建设及其国际化发展则是促进这种结合的重要途径。

要高度重视提高人力资本与固定资产投资、自主创新与投资相结合，充分发挥这种结合在经济社会转型中的作用。目前中国经济社会转型涉及的国内外影响因素众多，且复杂多变（崔岫和姜照华，2011），很可能出现多重拐点共现和交织作用的局面。现在，城乡收入差距拐点（刘易斯拐点：劳动力短缺，用工成本上升）、区域经济拐点（先进区域的经济增长率相对下降）、污染物排放拐点（库茨涅茨拐点：污染物排放开始下降）已经开始出现，而储蓄率拐点（储蓄率开始下降）、产业结构拐点（第二产业比例开始下降）、经济增长速度拐点（经济增长率开始下降）也已开始出现，随之而来的将是人口数量拐点（中国人口高峰期已为期不远）。在这样的情况下，提高人力资本与固定资产投资、自主创新与投资相结合的重要性将日益上升。

鉴于上述分析，本书对于提高人力资本对中国经济增长的贡献率问题的建议是，在就业人数增长率不可避免地下降的条件下，要提高就业者人均受教育年限的增长率，以弥补就业人数增长率的下降。同时，需要像过去几年的金融体制改革一样，下大力气改革人才体制、教育体制、就业体制及科技体制。这可能需要采取一些行之有效的“计划调控手段”。例如，政府出资购买一些人力资本密集度高的岗位，以供一部分大学生就业，对接收大学生就业的企业适当减免一些税收，以及给就业大学生提供公租房，加大政府创业基金力度、促进产学研合作等。

（4）以高能耗和破坏环境质量为代价的增长方式。中国过去的经济增长是以高能耗及破坏环境质量为代价的，这给我们提出警示，要着力转向资源节约型、环境友好型、人口均衡型的集约型发展方式（Omri，2013）。

### 8.4.2 中国经济增长中的产能过剩

中国当前一些行业存在严重的产能过剩，一些企业应该退出所属的产能严重过剩行业。钢铁行业是近年来产能过剩问题表现得最为突出的行业，涉及行业广、影响程度深，成为中国近年来经济发展中面临的突出问题之一。解决钢铁行业产能过剩问题对于促进中国经济增长方式转型具有显著意义。

本节在对产能过剩的成因和措施进行文献综述的基础上，结合钢铁行业数据，分析发现民营企业的过度投资是导致钢铁行业产能严重过剩的直接原因；进而通过国有企业产能的驱动力模型和民营企业产能的驱动力模型可以发现，民营企业的自我约束项的系数远远小于国有企业，这是造成民营企业过度投资从而引发钢铁行业产能严重过剩的直接因素。那么，如果要解决产能严重过剩问题，首先需要分析的是：哪些企业应当退出，退出的标准是什么。参考李怀等（2018）的分析，从优胜劣汰的市场竞争角度，从科技进步、提质增效、履行社会责任三个维度设计企业退出的评价指标体系，运用主成分分析法，确定各指标权重，并根据当前钢铁行业产能过剩的总体情况，确定各指标的标准值，从而确定退出指数的底线（即那些退出指数小于底线的企业应当退出）。

#### 8.4.2.1 钢铁行业产能严重过剩的原因与措施综述

国内学者已从多方面总结产能过剩原因，本书从企业、政府、市场和社会等多主体的角度进行合理的分类归纳，详见表 8-2。

**表 8-2 钢铁行业产能严重过剩的原因的归纳**

| 主体 | 行为 |
| --- | --- |
| 企业 | 投资的成本较低，企业具有低成本扩大产能的能力。企业之间的模仿行为和竞争行为导致过度投资，形成产能过剩。对于有利可图的行业，包括国有企业在内的企业忽视了对市场供求变化的研究、预测，一哄而上，非理性扩张是产能严重过剩的催化剂。企业投资预期扭曲和认知偏差是产能过剩的重要原因，也与钢铁企业本身的进入与退出壁垒特点有关。部分行业或企业的产能过剩是合理的，是“在位企业”阻止潜在进入企业的进入壁垒 |
| 市场 | 部分落后产能仍有一定的市场空间、生产要素价格扭曲，加剧了产能过剩矛盾。产业政策失误导致一些行业出现投资“一哄而上”局面，高昂的退出成本是产能过剩治理工作的主要障碍。有效需求不足不是产能过剩的主要原因。经济周期波动强化了部分行业的结构性过剩。产能过剩的直接成因——投资和消费关系的失调。产业组织结构和经济增长方式不合理、贸易摩擦的增加。市场组织结构不合理、市场信息的不确定性以及产业特性等，最终造成企业决策失误、过度竞争、重复建设等产业结构不合理现象。有效市场竞争不足、出口萎缩、外部市场周期波动固然能够造成产能过剩，固定资产投资过度是产能过剩的直接原因。经济的周期性波动造成产能过剩(需求视角)。行业和产品的生命周期成熟期形成产能过剩(需求视角)。产品结构与产能过剩激烈的价格战推动厂商扩大生产能力，降低平均成本，以取得竞争优势，从而进一步加大了钢铁行业的过度供给和产能过剩。钢铁行业生产企业众多、市场集中度低已经成为产能过剩日益严重的重要推动因素。过度投资是这些深层次原因所呈现出来的最直接因素。基于信息不对称下的非理性预期、经济增长方式不合理是中国（钢铁行业）产能过剩形成的深层次原因 |
| 政府 | 政府过度干预是政府主导投资项目的特殊竞争优势，政府主导型增长模式是产能过剩形成的根源。政府在行业监管和信息发布等方面的“缺位”，增加了事前预防产能过剩的难度。产能过剩的深层次成因：宏观调控缺乏系统的理性思考，政府干预缺陷降低政策执行效率，主要根源应该在于政府过度干预和错误的产业政策，中国钢铁企业产能过剩的出现与当前对重工业的过度倾斜政策有关，政府干预和国有企业改革滞后等体制性问题是根源。<br>投资体制的不合理和政府参与产业投资的强烈冲动，中央与地方、被调控企业之间对限制投资的态度存在严重的分歧，限制投资等治理措施在地方往往被束之高阁——无视或者抗拒，产能过剩问题因此而愈演愈烈。限制投资主要针对民营企业，实质也是地方政府不配合的重要因素，其根本原因还是因为这一措施会严重影响地方经济的发展(特别是民营经济比重较大的地区)，从而不利于地方官员的政治晋升。地方政府片面的政绩观：一些地方政府盲目追求经济增长政绩，唯 GDP 论英雄，导致地方投资愿望强烈，地方政府对于投资的补贴才是导致产能过剩最为重要的原因。由利益驱动导致的投资潮涌现象也是产能过剩形成的深层次原因，地方政府对微观经济主体的不当干预，导致了企业投资行为的扭曲。基于产业政策不当干预，扭曲的激励约束环境会导致企业家过度乐观的投资预期 |
| 社会 | 职工安置等问题导致企业难以退出，信息、技术、环保、健康、安全标准的缺失和执行不力也是钢铁等行业产能严重过剩的原因之一 |

关于解决产能严重过剩问题的对策，很多学者进行了多年的研究，从不同层面上对产能过剩的问题提出各自的解决方案。本书将近几年学者的不同观点从企业、政府、市场和社会等多主体的角度进行分类整理，详见表 8-3。

**表 8-3　治理钢铁产能严重过剩的措施的归纳**

| 主体 | 措施 |
|---|---|
| 企业 | 提高企业技术创新水平、鼓励企业积极走出去、加快企业兼并重组、建立产能过剩预警机制，引导企业做出科学的投资决策；企业加强自身建设、不断提高竞争力安排资金、支持企业淘汰落后产能；支持企业兼并重组，提高产业集中度；推进企业延伸产业链 |
| 国家（中央政府） | 改革政绩考核标准，取消唯 GDP 论的观点，政府引导和制定必要的宏观调控措施。学习日本：应对产能过剩采取较多的政府直接干预政策，官民协调的事前预防政策，以产业调整援助政策为主的事后干预调整，振兴出口、扩大外需，建立健全相关法律法规体系，有效进行事中、事后监管，加强执法监督；进一步建立健全相关标准体系并法制化;加强宏观调控，遏制产能扩张，加强对行业产能及产能利用率的监测，将淘汰落后产能目标任务完成情况纳入绩效考核体系，改进对政绩、业绩的考核方法与手段，完善不同层级的政府财权和事权的责任对等体制 |
| 市场 | 化解产能过剩与转型发展、稳定增长结合起来、严格控制增量，建立长效机制，创造公平竞争的市场环境，完善和严格实行市场准入制，提高进入门槛；学习美国：应对产能过剩以扩大需求为主，推出扩张性的财政政策，运用扩张性的货币政策，采取贸易保护主义政策;推动产业重组以推进技术进步。企业也要不断完善自己的规划、设计，建立长效机制，完善创新发展机制，完善顺利退出机制，完善监测预警机制，警惕抑制产能过剩的措施被消减，加强动态监控，努力保持产能的适度规模，统筹考虑国际国内两个市场，配合有关部门做好进出口协调工作，加强市场预测 |
| 地方政府 | 地方政府应切忌给企业下指标、定任务，主导企业发展规划，坚决避免政府的财税、土地等优惠政策用于产能严重过剩企业扩大产能，地方政府和行政管理部门要打破行业垄断 |
| 社会 | 把化解产能过剩与维护社会稳定结合起来，适时向社会发布行业产销、投资及产能、淘汰落后、企业重组等信息及相关政策，引导资源合理配置，加强就业政策与技术创新、节能减排、土地、社会保障等政策的协调配合；加大环保和质量执法监督力度 |

### 8.4.2.2　民营企业过度投资分析

1. 民营企业过度投资造成钢铁行业产能严重过剩

现有文献从多方面分析了钢铁行业产能严重过剩的原因，但从国有企业和民营企业投资主体的比较角度研究的文献较少。本节从国有企业和民营企业投资主体的比较研究角度进行分析。2000 年，民营企业累计净产能只有 28 万吨，而 2013 年则增长到 619 万吨；相比之下，国有控股企业产能 2000 年为 100 万吨，而到了 2013 年增长到 401 万吨。由此可见，近几年钢铁行业产能增长绝大部分来自于民营企业。简单比较发现，民营企业产能增长速度远远超过国有企业，民营企业的过度投资造成了钢铁产业的产能严重过剩。

对于民营企业过度投资的原因，研究结果表明：高管越是自信，自由现金流敏感性越强，公司过度投资现象越严重；对企业规模的追求强于对利润最大化的追求；一些经理人采用跟随其他经理人的投资策略，这种“模仿”的跟风行为也可能会导致投资过度。

2. 民营企业的约束能力相对较弱及其原因分析

外部治理环境、行业管制、政府不当干预及集体误判和企业家的过于自信等因素是导致企业过度投资的重要原因。我们发现，民营企业过度投资造成产能过剩的一个直接原因是其自我约束能力不强。

首先，建立国有企业产能的驱动力模型（8-3），其中 $CCP_t$ 表示第 $t$ 年的国有产能，$MCP_{t-1}$ 表示第 $t-1$ 年的民营产能。

$$CCP_t = 1.258CCP_{t-1} - 0.001\,92CCP^2_{t-1} + 0.000\,838CCP_{t-1} \times MCP_{t-1} \quad (8\text{-}3)$$

式中，$1.258CCP_{t-1}$ 是模型的自我增殖项，反映国有产能的自我增殖能力；$-0.001\,92CCP^2_{t-1}$ 是模型的自我约束项，反映国有企业对产能扩张的自我约束能力；$0.000\,838CCP_{t-1} \times MCP_{t-1}$ 是模型的相互作用项，反映国有企业与民营企业的相互作用。

其次，建立民营企业产能的驱动力模型。在民营企业产能的驱动力模型（8-4）中 $CCP_t$ 表示国有产能，$MCP_{t-1}$ 表示民营产能。

$$MCP_t = 1.297MCP_{t-1} - 0.000\,94MCP^2_{t-1} + 0.000\,94CCP_{t-1} \times MCP_{t-1} \quad (8\text{-}4)$$

式中，$1.297MCP_{t-1}$ 是模型的自我增殖项，反映民营企业产能的自我增殖能力；$-0.000\,94MCP^2_{t-1}$ 是模型的自我约束项，反映民营企业对产能扩张的自我约束能力；$0.000\,94CCP_{t-1} \times MCP_{t-1}$ 是模型的相互作用项，反映国有企业与民营企业的相互作用。

表 8-4 对国有企业与民营企业产能扩张驱动力进行了比较。比较发现，民营企业的自我增殖系数、相互作用系数都略大于国有企业；特别是，民营企业的自我约束项的系数远远小于国有企业，小于国有企业的 50%，这是造成民营企业过度投资、引发钢铁产业产能严重过剩的直接原因。

**表 8-4　国有企业与民营企业产能扩张驱动力的比较**

| | 自我增殖项 | 自我约束项 | 相互作用项 |
|---|---|---|---|
| 国有企业 | $1.258CCP_{t-1}$ | $-0.001\,92CCP^2_{t-1}$ | $0.000\,838CCP_{t-1} \times MCP_{t-1}$ |
| 民营企业 | $1.297MCP_{t-1}$ | $-0.000\,94MCP^2_{t-1}$ | $0.000\,94CCP_{t-1} \times MCP_{t-1}$ |

3. 民营企业自我约束力相对较弱的原因分析

归纳学者们的观点，民营企业自我约束力相对较弱的原因主要是结构、治理机制和信息不足。

结构原因包括“企业因素论”和“金融结构论”。“企业因素论”认为决定企业财务约束程度的是企业的自身因素，如产权结构、投资需求、经营绩效、信贷记录、筹资渠道、主管部门、企业改革、资产结构和企业规模。“金融结构论”则认为决定企业财务约束程度的主要是外部金融结构，如金融业的竞争程度、市场化程度和信贷资金分配的市场化程度。

治理机制原因。当前建立与社会主义市场经济相适应的现代企业制度和经营机制的民营企业还不够多，很难在企业内部内在地产生一种自我行为规范的强制力量，也缺乏外部约束机制。这样，由于民营企业的公司治理机制不够完善，缺乏比较严密的内部监督制约机制，不能很好地约束和激励管理者，从而产生过度投资的行为。

信息不足，通常是指中小企业总体处于信息不透明状态。中小企业缺乏像大型企业那样规范的财务报表等“硬信息”。民营企业规模相对较小，比较散漫。一些民营企业机遇意识较强，但规避风险的能力较弱。很多民营企业存在决策失误、资产流失、违法经营、短期行为、暗箱操作等现象，不够规范化和制度化，约束和预防不强；同时，民营企业承担的社会责任，如工作环境、员工健康与安全、员工培训、薪酬、工会权利等相对较少，标准比较低，这些也放松了民营企业的约束力。

### 8.4.2.3　企业退出评价指标体系的构建

根据上述关于钢铁行业的严重产能过剩的分析，关于哪些企业应当退出的问题，应当从优胜劣汰的市场竞争角度考虑，进一步地归纳出：那些不利于科技进步、不利于提质增效、不利于履行社会责任的企业应当退出。

1. 钢铁企业退出评价指标体系构建

根据上述构建钢铁企业退出指数的评价指标的原则，以及考虑到数据的可获得性，构建如表 8-5 所示的钢铁企业退出指数的评价指标体系。基于中国钢铁行业整体的原始数据，利用主成分分析法，确定各指标的权重。

**表 8-5　钢铁企业退出评价指标体系**

| 一级指标 | 二级指标 |
|---|---|
| 科技进步 | 新产品销售收入/主营业务收入<br>研究开发经费/主营业务收入 |
| 提质增效 | 产能利用率<br>利润总额/利息支出<br>主营业务税金及附加/销售收入<br>利润总额/销售收入<br>出口交货值/主营业务收入<br>所有者权益率 |

续表

| 一级指标 | 二级指标 |
| --- | --- |
| 履行社会责任 | 吨钢综合能耗<br>吨钢耗新水<br>吨钢粉尘排放<br>吨钢 $SO_2$ 排放<br>从业人员/销售收入 |

2. 退出底线与案例分析

以2007年的各指标为标准（产能利用率大于80%）进行分析。2013年的产能利用率为76%，存在严重的产能过剩，测算出的2013年的退出底线为0.6821，即那些退出指数小于0.68的企业应当退出钢铁行业，或进行兼并重组等，使兼并重组以后的企业的退出指数远大于0.68。例如，某上市钢铁股份有限公司2013年产能利用率为70%，出口交货值/主营业务收入为3%（全国平均为3.2%），所有者权益率为23%（全国平均为32%），主营业务税金及附加/销售收入为20%（全国平均为30%），利润总额/利息支出为−100%（全国平均为195%），利润总额/销售收入为−4%（全国平均为3%），从业人员/销售收入为35%（全国平均为41%），测得其退出指数为0.56。在2015年前三季度，由于产能过剩使得企业亏损，于是在2016年初实施全面退出产能和转型升级工作，在2016年底关停其生产基地的钢铁生产，进行兼并重组。

### 8.4.3 国有企业杠杆率与经济增长的优化区间

杠杆率过高是中国经济增长中存在的主要问题之一，对此，中国金融论坛课题组发表2017年1号央行工作论文，题为“杠杆率结构、水平和金融稳定：理论与经验”。中国金融论坛课题组认为，杠杆率居高不下，将导致经济增速下滑。如果M2/GDP快速上升，则最终将以危机爆发等方式收敛；如果过快压缩信贷和投资，则很可能引发“债务-通缩”恶性循环。中国如何选择杠杆率，这成为一道世纪难题。

本节对金融理论相关的国内外文献进行了知识图谱分析，根据Wos核心合集的数据，运用检索式TI=(leverage ratio OR cost of debt OR ownership structure OR agency costs OR capital structure OR theory of investment OR cost of capital OR Modigliani Miller OR debt ratio OR Leverage Capacity OR Leverage Cycles OR Debt Maturity OR leveraged buyouts OR Capital structure OR leverage effects OR Leverage Aversion)检索，共检索到6031篇文献，导出文献的文本信息，运用

Bicomb 提取文献中的关键词，并生成关键词矩阵，运用 Netdraw 绘制出关键词共现图谱。图谱中的节点表示关键词共现的频次，节点越大，表示关键词共现的频次越高。节点之间的连线表示关键词之间的联系。

根据笔者绘制的关键词共现图谱（图 8-1）可以看出，杠杆率问题主要围绕资本结构、所有权结构、公司治理、资金成本、杠杆作用、代理费用、债务的成本、债务到期、投资和信息不对称等，研究涉及的理论主要包括代理理论、权衡理论和信息不对称理论，研究最多的国家是中国，主要研究中小企业、上市公司、新兴市场的杠杆率相关问题。

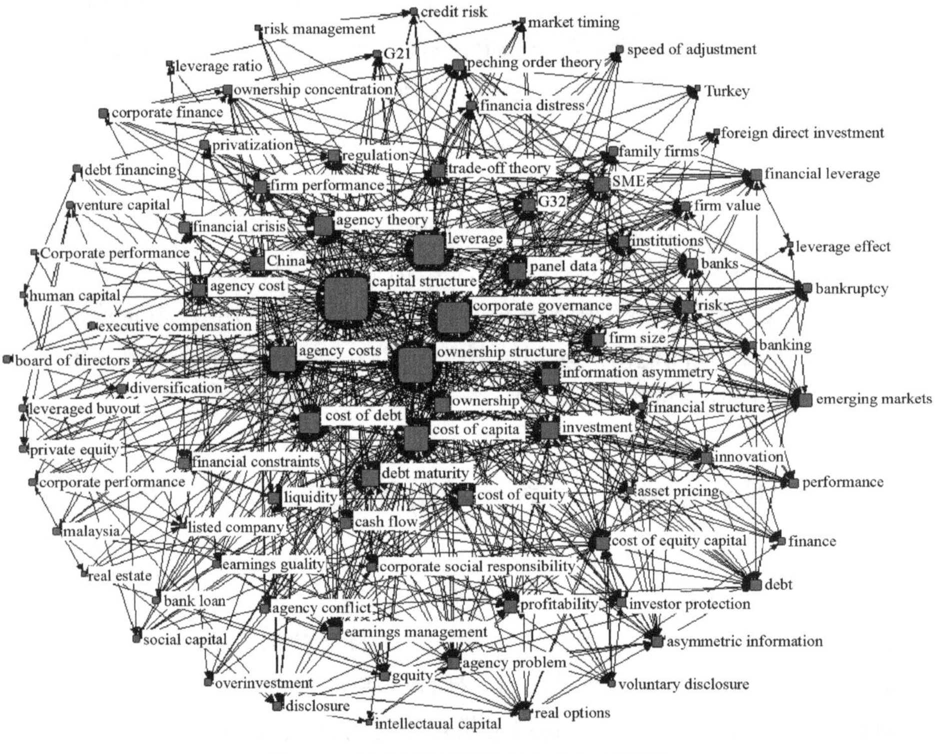


图 8-1 科技强国国际研究的知识图谱

本节在已有的 MM 理论、权衡理论、优序理论基础上，提出“次优资本结构区间理论”（表 8-6）。笔者认为，实际上存在税收、信息不对称、代理成本，因而不可能选准最优资本结构点（最优的资产负债率或杠杆率），但可以次优地选择一个包括最优资本结构点的区间。在这个区间内，允许资产负债率或杠杆率的波动，甚至较大的波动，尚可以有效控制风险，并且达到适宜的增长率目标。进一步地，在次优资本结构区间理论基础上，综合考虑债务融资对经济增长的重要性、债务融资的风险性和债务融资的成本，基于新的经济增长模型，按照优化理性预期的方法，确定能够实现降杠杆与稳增长相均衡的次优资本结构区间，选择降杠杆与稳增长的均衡路径，丰富和发展了经济增长的周期理论（李怀等，2019）。

**表 8-6 几种资本结构理论的比较**

| 资本结构理论 | 理论观点 | 假设条件 |
|---|---|---|
| 任意资本结构理论（MM 理论） | 企业的总价值不受资本结构的影响，可以选择任意的资本结构 | 无税收，信息对称，无代理成本 |
| 最优资本结构理论（权衡理论，优序理论） | 债务结构的最优水平就处在财务杠杆边际递增收益与财务杠杆边际成本相等之点上 | 企业市场价值与企业财务杠杆呈递增关系。但负债增加时，企业的破产成本和重组成本也相应增加 |
| 次优资本结构区间理论（本书归纳的理论） | 实际的选择处于包括最优资本结构点的区间内 | 存在税收，存在信息不对称，存在代理成本 |

本书的次优资本结构区间的确定方法是，对于杠杆率 $B/Y$［其中 $B$ 表示债务余额，$Y$ 表示 GDP（增加值）］的优化，首先考虑到稳增长，其次考虑杠杆率 $B/Y$ 提升对于资本所有者的促进作用，同时考虑 $B/Y$ 提升所带来的风险，以及融资成本，因而杠杆率 $B/Y$ 的优化目标函数为

$$E\sum\beta^t[\alpha_1 Y_t+\alpha_2 B_t-\alpha_3 B_t^{\ 2}/Y_t-\alpha_4(\alpha_5\,\mathrm{RI}_t+rB_t+\alpha_6\,\mathrm{RO}_t)] \tag{8-5}$$

而经济增长模型为

$$Y_t=a(H_tL_t)^{\alpha_7}(S_{t-2}D_t/L_t)^{\alpha_8}+bK_{t-1}+cS_{t-2}D_tH_t/K_t^{\ 2} \tag{8-6}$$

投资与债务的关系为

$$D_t=\alpha_9 B_t\times T_t/Q_t \tag{8-7}$$

其中，$B$、$Y$、RI、RO、$D$、$K$、$S$、$H$、$L$、$T$、$Q$ 分别代表债务、GDP（增加值）、留存收益、普通股股权、固定资产投资、固定资本存量、研究开发投入、人力资本、就业人数、企业发展质量指数、融资约束；$\alpha$、$a$、$b$、$c$ 代表各类参数。

这样，建立拉格朗日函数：

$$\begin{aligned}LAG=&\lambda E\sum\beta^t[\alpha_1 Y_t+\alpha_2 B_t-\alpha_3 B_t^{\ 2}/Y_t-\alpha_4(\alpha_5\,\mathrm{RI}_t+rB_t+\alpha_6\,\mathrm{RO}_t)]\\&+\eta[a(H_tL_t)^{\alpha_7}(S_{t-2}D_t/L_t)^{\alpha_8}+bK_{t-1}+cS_{t-2}D_tH_t/K_t^{\ 2}-Y_t]\end{aligned} \tag{8-8}$$

并且

$$\partial LAG/\partial B_t=0$$

求得

$$B_t/Y_t=\frac{a\alpha_8(H_tL_t)^{\alpha_7}(S_{t-2}D_t/L_t)^{\alpha_8}T_t/\mathrm{Q}_tD_t+cS_{t-2}T_tH_t/\mathrm{Q}_tK_t^{\ 2}+\alpha_2T_t/Q_t-\alpha_4r_t}{2\alpha_3} \tag{8-9}$$

由此求得最优的杠杆率，进而按照 $Y_t$ 的上下限，求出对应的次优的资本结构

区间。

进而建立包括持续创新指标（研发经费/销售收入，专业技术人员/就业人员数，就业者人均受教育年限）、充分带动指标（税收/销售收入，劳动报酬/销售收入，销售收入/固定资产净值，销售收入/总资产）、精细控制指标（存货/销售收入，销售费用/销售收入，管理费用/销售收入，销售费用/销售收入，中间投入成本/销售收入）、高效增长指标（息税前利润/资产总额，留存收益/资产总额，流动资产/流动负债，息税前利润/利息费用）的指标体系，以企业的数据为样本，运用主成分分析法，进行权重确定，从而确定出企业的发展质量的评价指标值的演变。在此基础上，运用基于结构分解的计量经济学和面板 SVAR 方法分析杠杆率的影响因素。相关理论有基于关于经济增长的周期理论和杠杆率理论的 Friedman 的货币理论，Fisher 的大萧条债务通缩理论，Bernanke、Gertler 和 Gilchrist 的“金融加速器”理论，Minsky 的金融不稳定理论，Korteweg 和 Strebulaev 的企业杠杆率顺周期理论，Halling、Yu 和 Zechner 的企业杠杆率逆周期理论等。具体到国有企业杠杆率分析，可把国企债务与 GDP 比例的分类划分为国企债务与国有工业利润的比例、国企利润/全部工业利润、工业利润/非金融企业债务、非金融企业债务/贷款、贷款与社会融资比例、社会融资与 M2 比例、M2/GDP 等 7 个指标，在此基础上，基于结构分解，建立计量经济学模型，从而分解出各个比例因素对国企债务与 GDP 比例的作用效果，确定各个因素的相对作用。

本节首先对相关的国内外文献进行了知识图谱分析，发现杠杆率问题主要围绕资本结构、所有权结构、公司治理、资金成本、杠杆作用、代理费用、债务的成本、债务到期、投资和信息不对称等进行研究，进而对相关的 MM 理论、权衡理论、优序理论进行分析。在此基础上，本节提出“次优资本结构区间理论”，认为在存在税收、信息不对称、代理成本等的现实环境中，不可能选准最优的资产负债率或杠杆率，但可以次优地选择一个包括最优资本结构点的区间。在这个区间内，可以有效控制风险，并且达到适宜的增长率目标。进而可以基于经济增长的共协理论的模型，选择降杠杆与稳增长的均衡路径。

## 8.4.4 建设科技强国

### 8.4.4.1 科技强国的理论基础

本节基于对世界科学中心转移理论、创新生态系统和国家创新体系理论、开放式创新与创新国际化理论、协同创新理论的综合应用，以及对国内外有关科技强国的相关研究（穆荣平等，2017）的梳理，提出“基础研究与应用开发协调度”“技术自主度”的测算公式，进而从“科技资源投入—科技资源配置—科技资源产出”及“结构—行为—绩效”的二维评价角度建立世界科技强国评价指标体系，使用主成分分析法确定权重，并建立模型组同时使用趋势外推法进行数据预测，以中美两国为对象进行了对比分析。结果表明：中国在科技研发能力和主要科技成就方面呈稳定增长趋势，但在科技资源配置效率提升上缓慢，到2035年中国科技强国评分与美国差距将大大减小。并基于中美科技强国发展的差距，对中国科技强国路径的建设提出加大研究开发经费的投入、完善人才培养机制、加强国际合作等建议。

在2016年5月30日召开的全国科技创新大会、两院院士大会、中国科协第九次全国代表大会上，习近平同志发表重要讲话，明确提出了建设世界科技强国的目标。到2020年时使我国进入创新型国家行列，到2030年时使我国进入创新型国家前列，到新中国成立100年时使我国成为世界科技强国。

世界科技强国必然是创新型国家，必然在科技领域具有压倒性优势，应当是世界原创性知识产出强国、技术产出强国和科技新产业创造强国（张志强，2017）。世界科技强国也必然是世界科学中心。中国建设科技强国需要走新时代中国特色社会主义的发展道路，需要总结已经发展为世界科技强国的国家的经验教训，以基础研究的世界领先地位为前提，以国际通用技术、关键核心技术网络结构为核心地位，以国际化的、整合化的开放共享和协同合作的科技的超前引领性的体制机制创新和适宜的政策为有力推动，把中国建设成为世界主要的科学中心。

*1. 以往研究基础的知识图谱*

国内外学者都对科技强国及创新型国家的建设进行过研究。Davies（1995）基于《科学时间表》所收录的重大科技成果数据显示，近代历史上大部分时期的世界科技格局都是若干科技强国并存状态。英国在17世纪崛起为世界科技强国时期率先建立专利制度，创造了有利于科技发展的环境（Maddison，2011）。Popescu（2014）以欧盟为研究对象研究了研究开发支出与科技人力资源对欧盟高科技产业出口的影响，并横向比较了欧盟各国在上述因素上的差异。关于科技强国更详细的研究状况，在Elsevier数据库中搜索“high tech countries”“science and technology power”“advanced country in the technology”“fastest growing economy”等关键词，利用bibExcel对文献中的关键词进行提取并用network处理，得到如图8-2所示的知识图谱。

由知识图谱可得，关于科技强国的研究主要集中在研发投入、教育投入、人力资源、政府政策、国际技术交流与合作、新兴网络技术等方面，其中研发投入、教育投入、人力资源、政府政策及国际技术交流合作都属于科技资源的投入及配置，新兴网络技术则是科技成就的主要表现。

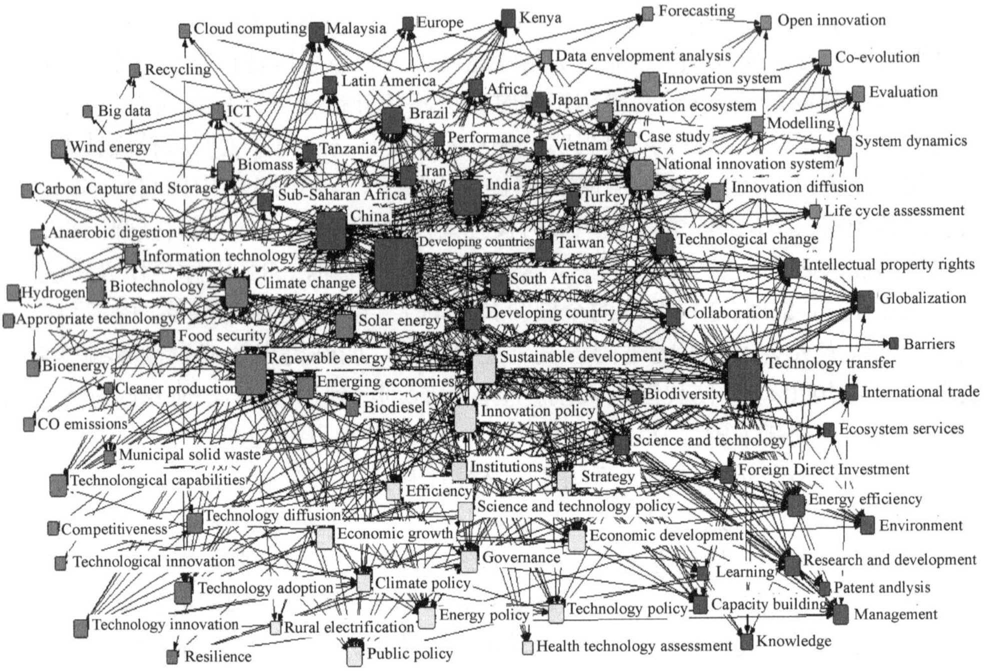


图 8-2　科技强国国际研究的知识图谱

国内学者冯江源（2016）提出科技强国要有一定的体量和规模，在世界核心领域具有话语权并占据主导地位，与全球多个国家都建立广泛合作。樊春良（2016）认为美国科技政策的重点是基础研究和国防技术，战后政府加大对科学技术的投入，进而创建了现代高效动态的美国科技创新体系。柳卸林等（2018）从供给、需求和制度角度的科技创新生态系统观来分析一个国家能否成为世界科技强国。此外，我国有学者还基于系统论的视角（袁旭梅等，2018；玄兆辉等，2018），从国家创新体系的不同纬度，开展国家科技强国建设需要的要素、能力、环境及网络关系等问题。例如，张永凯和陈润羊（2013）分析了美国、日本、德国、法国和英国等科技强国在科技投入、吸引人才和官产学研结合等方面的科技政策。胡志宇（2014）借鉴英国以科技创新视角确立产业规划以提升我国国民经济整体产业。陈劲和黄海霞（2018）基于中国科技创新成就对美国、德国、英国、日本和印度五个国家的科技创新强国发展战略进行了比较分析。白春礼（2017）提出科学建设世界科技强国需要制定不同阶段的目标任务和路线图。刘云等（2014）对不同阶段的国家创新政策进行了系统分析，结合国家战略的新形势和新需求提出了加快我国国家创新体系战略的制定等启示。李婷和周小亮（2018）梳理科研人员流动的理论基础与激励机制，对我国科技强国战略的发展路径同发达国家之间的差异进行了比较。刘盖（2017）通过对美国、日本等国的知识产权保护现状的对比分析，得出有效保护知识产权可以推动世界科技强国的构建。胡鞍钢等（2016，2017）基于2050年中国现代化目标、世界科技创新强国目标和制造强国目标提出世界科技创新强国建设三阶段的发展路径。

综合来看，对于科技强国的研究大多局限于美国及欧洲等传统科技实力雄厚的发达国家和地区，主要从科技实力、研发投入、人才结构等多个维度对此进行研究（Yuasa，1962），而中国学者对于科技强国的研究大多局限于科技领域的规划展望等，鲜有科技强国建设的系统指标体系。

2. 世界科学中心转移理论

纵观世界科技发展，意大利、英国、法国、德国、美国、苏联及日本曾先后成为世界科技中心和科技强国，在各个时期，这些国家开辟了新的科学领域，在理论和基础研究及实用研究方面都为科学发展做出了突出贡献，这些国家也直接受益于此，科学研究的发展带动了产业的升级，在国际市场上形成了强大的竞争力。例如，从1880年到1900年20年间，德国在世界制造业产业的份额不断上涨，在基础研发、实际应用等方面逐步走到了世界前列，这为其成为世界科技中心奠定了良好基础，从诺贝尔奖项数据来看，从设立诺贝尔奖的1901年到1920年，德国获得诺贝尔奖的人数达20人之多。同样，在经历一百余年的铁路和电气化革命，第二次世界大战后美国一跃成为世界科技中心直至今天。学界对此有专门研究，1954年，英国科学学学者首次在《历史上的科学》一书序言中阐述“世界科学活动中心”及转移问题。日本学者汤浅光朝（1962）定义“世界科学中心”，一个国家的重大科学成果超过全世界总数的25%即为世界科学中心，16世纪以来意大利、英国、法国、德国、美国先后成为世界科学中心。我国学者赵红洲（1984）采用不同研究方法也得到类似结论。孙玉涛和国容毓（2018）指出美国之所以能够长期占据世界科学活动中心位置是因为科学家跨国迁移，并运用诺贝尔奖获得者数据对世界科学活动中心转移进行实证。

3. 创新生态系统与国家创新体系理论

在经济全球化、环境动荡性的背景下，创新生态系统的提出其实是对竞争本质的认识，创新生态系统对于建设世界科技强国至关重要，特别是在当前国际贸易摩擦与纠纷不断升级转化的大背景下，限制以高端通用微处理器（CPU）为代表的信息基础元器件出口已经成为部分国家制约我国的撒手锏，面对这种情况，我们只有通过良好的创新生态系统培育和增强本国创新能力，在高端创新和原始基础创新方面不断深入研究，探索未知科学领域并形成属于本国的未来竞争优势，为建设世界科技强国打好基础、为防范潜在风险做好准备。

在创新生态系统研究方面，黄和霍洛维茨（2015）提出创新的雨林法，帮助政府、投资人和创业者激发创新活力，实现多方共赢，构建超越硅谷的创新生态圈。Adner 和 Kapoor（2010）提出创新公司的成功取决于其他创新者在其环境中的努力，外部创新挑战的影响取决于它们的规模，还取决于它们在生态系统中相对于焦点企业的位置。Matei 和 Aldea（2012）通过 IUS 数据库来衡量和比较 EU27 成员国与克罗地亚、冰岛、挪威、瑞士和土耳其的国家创新系统的绩效。刘云等（2014）系统回顾和分析了不同阶段的政策演进特征，结合实施创新驱动发展战略的新形势和新需求，提出了要加快制定我国国家创新体系国际化战略和政策的若干启示。

4. 开放式创新与创新国际化理论

在知识经济时代，一个国家或区域仅仅依靠内部资源进行高成本的创新活动，已经难以满足快速发展的市场需求以及适应日益激烈的市场竞争。在这种背景下，“开放式技术创新”正在逐渐成为国家或区域创新的重要模式。一个区域或企业应把外部创新的作用上升到和封闭式创新模式下的内部创意同样重要的地位，均衡协调内部和外部资源进行创新。在科技强国建设过程中会面临各种资源、人力（李燕萍等，2019）、资金及技术等难题，在这种条件下，更为开放的合作环境、更具包容性的合作态度、更为广泛的合作形式和领域将为科技强国建设之路扫清许多障碍。

Chesbrough 和 Quinn（2004）提出开放式创新概念，从资源视角指出了其包含两方面内容，即同时利用企业内外部创新资源和内外部商业化资源。创新国际化是增强企业和国家核心竞争力的重要途径（杨雪等，2015）。

5. 协同创新理论

创新理论是由经济学家熊彼特在 20 世纪初期提出的，他认为创新是通过各种生产要素的有效组合生产新产品并投放市场获得经济效益的过程。20 世纪 70 年代，协同理论由德国斯图加特大学教授哈肯（H. Haken）提出，最初是应用于激光等物理方面的研究并涉及计算机科学和系统科学。随着多学科交叉趋势和科技经济结合趋势不断加强，协同理论后来慢慢地被应用到创新领域，形成了协同创新思想及理论。

### 8.4.4.2 科技强国指标体系构建

1. 世界科技强国指标体系研究

国际上代表性的国家创新能力和竞争力评价体系主要有世界经济论坛的《全球竞争力报告》、瑞士洛桑国际管理学院（IMD）的《世界竞争力年鉴》、经济合作与发展组织（OECD）的《科学技术工业记分牌》、欧盟创新政策研究中心的《欧洲创新记分牌》、加拿大马丁繁荣研究所的《全球创造力指数》、欧盟委员会研究与创新总署的《欧洲科学、研究和创新绩效报告》。

目前国内研究涉及科技强国发展的评价指标主要集中在科技创新领域，如胡志坚等（2018）基于中国科学技术发展战略研究院发布的《国家创新指数报告》，从指标发展趋势和潜力分析的视角指出我国科技创新发展的近期和中长期努力方向。张志强等（2018）以国际上有关国家竞争力和创新能力评价的主要代表性指标体系和研究报告为基础，进一步明确了包含研发投入强度、研发人员比例、高被引论文占比、PCT专利申请、知识产权贸易、诺贝尔科学奖等在内的多项定量指标目标，以及世界主要的科学中心、重大科技基础研究设施、原创重大科学理论发现等一系列定性指标体系。陈劲和黄海霞（2018）基于中国科技创新成就提出了科技创新强国评价核心指标，包括科学论文引用、专利水平、产业技术能力、知识产权净收入和标准制定。陈劲和陈钰芬（2006）结合技术创新和中国企业创新设计了一类新的企业技术创新绩效评价指标体系。娄伟（2018）从科研能力、科技创新能力、科技发展范式、科技产品及工程的水平、科技标准制定、科技在国内外的影响力等多个角度来分析科技强国的典型特征。

世界科技强国是创新型国家的高级阶段，对其建设进程进行监测评价体现为对国家科技创新能力的综合评价。国内外机构从国家竞争力、创新能力等方面对各个国家的科技发展进行过评价与排名，详细情况见表8-7。

2. 基于多种理论的指标选择

基于对国内外各研究机构及学者在科技强国方面所做的研究，本书提出构建世界科技强国指标体系的基本框架。建设科技强国需要依托科技研发能力，完善资源配置并不断提升科技成就。

基于科学学与科技管理理论选择评价指标，从世界科技中心转移理论看，研究开发经费占世界比重、论文数量占世界比重、三方专利族数量占世界比重，是评价科技强国的重要指标；从创新生态和创新体系理论看，风险投资与固定资产投资的比、基础研究经费占全部经费比重、高新技术产品出口额比进口额、知识密集产业比重，也是评价科技强国的重要指标；从开放创新和协同创新理论看，国际合作论文占全部论文比重、外国在本国申请的专利占专利总数比重、技术输出额比技术输入额、企业对高校的投入占高校经费比重反映国家和企业对科研的重视程度，也是评价科技强国的重要指标。这样，科技强国的评价指标体系，可以从科技资源投入—科技资源配置—主要科技成就，以及“结构—行为—绩效”，这两个维度根据世界科技中心转移理论等理论研究的成果选择指标进行评价。

（1）科技资源投入。建设世界科技强国，需要各国政府、企业、高校等部门不断加大科技资源的投入。可用风险投资与固定资产投资的比反映创业对科技的影响；以基础研究经费占全部研发经费比重、高校研发经费占全部研发经费比重反映国家各部门及高校对科技的投入情况；以科技活动人员占就业人数比重反映国家对科研人员的重视及发展程度；以研究开发经费占世界比重反映国家在世界科研总投入的位置状况。

**表 8-7　科技强国评价指标及方法**

| 序号 | 指标名称 | 发布机构 | 年份 | 指标体系构成 | 方法 | 数据依据 | 结果排名 |
|---|---|---|---|---|---|---|---|
| 1 | Top 10 Countries with Highest Technology in the World | Country Detail 网站 | 2015 | 武器制造、软件技术、科学论文数量、基础科学研究、制造业、农业、高新企业数量、高科技项目数量 | 加权法 | 官方网站数据 | 1 日本、2 芬兰、3 美国、4 韩国、5 德国、6 印度、7 英国、8 加拿大、9 中国、10 以色列 |
| 2 | The World's Most Tech-Ready Countries 2015 | KNOWLEDGE 网站 | 2015 | 政治和监管环境；商业和创新环境；基础设施；可负担性；技能；个人使用；业务用途；政府使用；经济影响；社会影响 | 加权法 | Global Information Technology Report（GITR） | 1 新加坡、2 芬兰、3 瑞典、4 荷兰、5 挪威、6 瑞士、7 美国、8 英国、9 卢森堡、10 日本（62 中国） |
| 3 | 15 Countries That Are Technologically Advanced | The Clever 网站 | 2017 | 高新企业数量、数字网络、制造业、生物科学、环境科学、移动通信、风险投资公司数量、军事投入、基础科学研究、机器人技术、太空技术等 | 加权法 | 问卷调查所得数据 | 1 美国、2 日本、3 印度、4 中国、5 德国、6 俄罗斯、7 以色列、8 韩国、9 加拿大、10 新加坡、11 瑞典、12 芬兰、13 英国、14 法国、15 菲律宾 |
| 4 | The 25 Best Countries in the World | U.S.News 网站 | 2018 | 冒险，公民身份，文化影响，企业家精神，遗产，推动者，商业开放，权力和生活质量 | 问卷调查法；加权法 | 问卷调查所得数据 | 1 瑞士、2 加拿大、3 德国、4 英国、5 日本、6 瑞典、7 澳大利亚、8 美国、9 法国、10 荷兰 |
| 5 | 全球创新指数国家排名 | 世界知识产权组织、康奈尔大学、欧洲工商管理学院 | 2018 | 制度、人力资本和研究、基础设施、市场成熟度、商业成熟度、知识和技术产出、创造性产出 | 创新产出指数/投入指数 | 全球创新指数（GII）报告 | 1 瑞士、2 荷兰、3 瑞典、4 英国、5 新加坡、6 美国、7 芬兰、8 丹麦、9 德国、10 爱尔兰（17 中国） |
| 6 | 彭博创新指数 | 彭博资讯集团 | 2018 | 研发支出、制造业附加值、生产率、高科技密度、高等教育率、研发人员密集度和专利活动 | 专家打分法 | Bloomberg 2018 Innovation Index | 1 韩国、2 瑞典、3 新加坡、4 德国、5 瑞士、6 日本、7 芬兰、8 丹麦、9 法国、10 爱尔兰（19 中国） |
| 7 | 全球创造力指数 | 加拿大马丁繁荣研究所（Martin Prosperity Institute） | 2015 | 技术、人才、宽容度：人均发明专利、研发投入、拥有高等教育文凭的成年人人数、从事创造性工作的人数、对移民、少数族裔和同性恋的态度 | 加权汇总 | 《2015 年全球创造力指数》 | 1 澳大利亚、2 美国、3 新西兰、4 加拿大、5 丹麦、6 芬兰、7 瑞典、8 冰岛、9 新加坡、10 荷兰（62 中国） |
| 8 | 国家创新指数报告 | 中国科学技术发展战略研究院 | 2016～2017 | 创新资源、知识创造、企业创新、创新绩效和创新环境 | 标杆分析法 | 官方网站数据及统计年鉴 | 1 美国、2 日本、3 瑞士、4 韩国、5 丹麦、6 瑞典、7 德国、8 荷兰、9 新加坡、10 英国（17 中国） |

（2）科技资源配置。科技资源的有效配置是建设科技强国的基本保障。可用企业研发经费占全部研发经费比重反映企业对科技的重视程度；用国际合作论文占全部论文比重反映科研成果的认可程度；以外国在本国申请的专利占专利总数比重（外国申请者在中国获得的专利数/中国授权的专利总数）反映国家的创新能力及国际认可度；以技术输出额比技术输入额反映国家技术成果的输入输出状况；以企业对高校的研发投入占高校研发经费比重反映企业对科研的重视程度。

（3）主要科技成就。科技成就是建设科技强国的重要体现，通常是以发表的论文量及专利量来体现。可以被引用论文数占总论文数比重、论文数量占世界比重、三方专利族数量占世界比重反映国家科学技术的发展状况；以高新技术产品出口额比进口额、知识密集产业增加值占 GDP 比重反映高科技产品的发展规模。

基于以上指标分析，建立世界科技强国评价指标体系。该指标体系由二级指标构成，其中一级指标主要包括科技资源投入、科技资源配置和主要科技成就，共计 15 项二级指标。

现在构造复合指标“基础研究经费占全部研发经费比重×企业对高校的研发投入占高校研发经费比重/高校研发经费占全部研发经费比重”，这个指标的测算结果为“基础研究经费×企业对高校的研发投入/全部研发经费的平方”，因而这一指标反映“研究与开发的协调度”；同样，“技术输出额比技术输入额/（外国申请者在中国获得的专利数/中国授权的专利总数）”反映“技术的自主度”。这样，“研究与开发的协调度”、“技术的自主度”这两个指标代替了“基础研究经费占全部研发经费的比例”、“企业对高校的研发投入占高校研发经费比重”、“高校研发经费占全部研发经费比重”，“技术输出额比技术输入额”、“外国申请者在中国获得的专利数/中国授权的专利总数”这五个指标。因而，评价科技强国的二级指标确定为 12 个，如表 8-8 所示。

**表 8-8　世界科技强国评价指标体系及权重**

| 一级指标 | 二级指标 | | | 权重 |
|---|---|---|---|---|
| | 结构 | 行为 | 绩效 | |
| 科技资源投入 | | 风险投资与固定资产投资的比（%） | | 0.1 |
| | | 研究与开发的协调度（%） | | 0.051 |
| | | 科技活动人员占就业人数比重（%） | | 0.104 |
| | | 研究开发经费占世界比重（%） | | 0.105 |
| 科技资源配置 | 企业研发经费占全部研发经费比重（%） | | | 0.07 |
| | | 国际合作论文占全部论文比重（%） | | 0.1 |

续表

| 一级指标 | 二级指标 | | | 权重 |
|---|---|---|---|---|
| | 结构 | 行为 | 绩效 | |
| 科技资源配置 | | 技术的自主度（%） | | 0.103 |
| | | 高新技术产品出口额比进口额（%） | | 0.03 |
| 主要科技成就 | | | 知识密集产业增加值占GDP比重（%） | 0.024 |
| | | | 被引用论文数占总论文数比重（%） | 0.1 |
| | | | 论文数量占世界比重（%） | 0.1 |
| | | | 三方专利族数量占世界比重（%） | 0.106 |

#### 8.4.4.3 中国到2035年初步建成科技强国

美国和中国分别是世界第一大和第二大经济体，两国的科技发展一直备受世界瞩目。美国是世界上当之无愧的科技强国，以美国为对比对象，收集美国和中国科技强国的评价指标数据，通过科技资源投入、科技资源配置和主要科技成就三方面的对比，可以找到与美国相比，中国在建设世界科技强国的进程中存在的不足，进而为谋划中国的科技强国之路提出针对性建议。

1. 数据选取与评价方法

根据所建立的世界科技强国指标体系，收集中国和美国的相关数据。数据收集主要来自于《中国统计年鉴》、《中国科技统计年鉴》、《中国科学技术指标》、美国《科学与工程指标》、日本《科学技术白皮书》及OECD官方网站数据等。其中，中国数据方面，风险投资数据主要来自《中国科学技术指标》第七章高技术的产业发展中的第四节风险投资，科技活动人员、基础研究经费、企业对高校投入经费、高校科研经费、企业科研经费投入、高新技术产品进出口额等数据主要来自《中国科技统计年鉴》的部分章节，历年固定资产投资数据来自《中国统计年鉴》，美国大部分数据均来自美国《科学技术与工程指标》，中美三方专利族世界占比、发表论文数量占世界论文数量比数据来自OECD官方网站数据，中美被引用论文占比数据来自日本《科学技术白皮书》。

2. 中美科技强国总体评价分析

根据以上所论述的公式及方法可以求得中国和美国两个国家的科技强国评分，具体情况如图8-3所示。

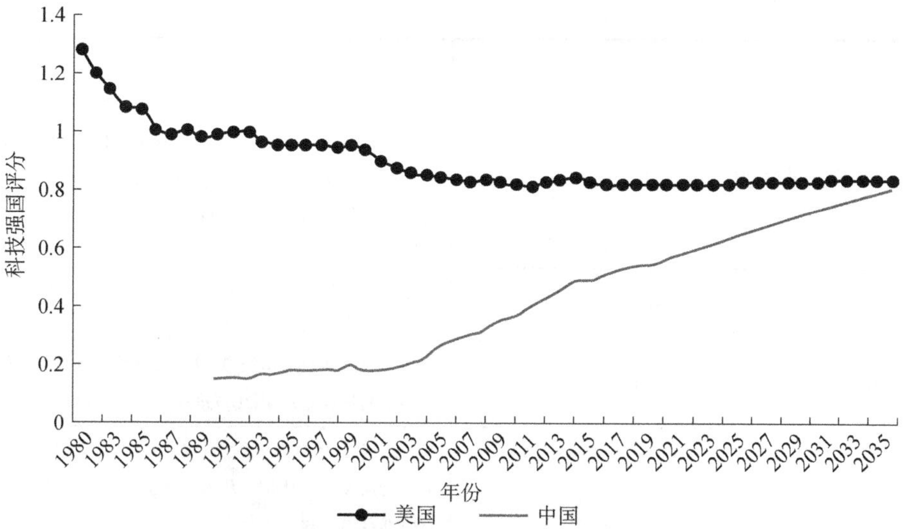


图 8-3　中美科技强国评分趋势预测

由于本书建立的世界科技强国指标体系是选用的相对指标，所以美国整体评分下滑代表的是其在世界上的份额相对减弱，而非绝对数值的减少。具体从图 8-3 可以看出美国身为世界科技强国，其科技强国评分一直保持在 0.8 以上，虽然美国科技强国评分自 1980 年出现下滑趋势，并在 2000 年金融危机时出现评分的波动，但是这并不影响美国科技强国的地位，同时也说明世界其他国家的崛起对美国科技强国的发展具有一定影响。对比可以看出，中国自 1990 年以来，在建设科技强国的道路上从未懈怠，从图 8-3 也可看出，中国的科技强国评分一直呈现上升趋势，中国与美国的科技强国评分差距不断缩小，说明中国的科技实力正在不断加强，建设科技强国进程加快。

3. 预测分析

依据世界科学中心转移理论、创新生态系统和国家创新体系理论、开放式创新与创新国际化理论、协同创新理论等理论，构建中美科技强国指标相关的模型组，以便进行数据的预测，具体如表 8-9、表 8-10。

**表 8-9　中国建设科技强国模型组**

| 模型 | 指标解释 |
|---|---|
| $B_t = 0.12G_t + 0.38W_t + 2.56M_t$ | $B_t$ 为企业投入经费；$W_t$ 为技术引进经费；$M_t$ 为技术市场成交额；$G_t$ 为政府投入资金 |
| $G_t = 0.0009W_tM_t + 7.46R_t - 220.73$ | $G_t$ 为企业支出的研究开发经费；$W_t$ 为技术引进经费；$R_t$ 为全社会研究开发经费；$M_t$ 为技术市场成交额 |

续表

| 模型 | 指标解释 |
| --- | --- |
| $J_t = 88.88A_tH_tG_t + 45.63O_t - 0.11$ | $J_t$ 表示 SCI 收录的中国学者（包括与外国学者合作）发表的论文占总收录比重，$A_t$ 表示多机构合作的论文所占比例，$H_t$ 表示国际合作论文占全部论文比例，$G_t$ 表示平均相对引用次数，$O_t$ 表示研究开发经费占全世界比例 |
| $X_t = 14B_t + 0.00098W_t - 1370.6$ | $X_t$ 为企业新产品销售收入；$B_t$ 为企业投入经费；$W_t$ 为技术引进经费 |
| $\mathrm{HI}_t = -145.5 + 1.94\mathrm{FI}_t + 0.03U_t - 0.01\dfrac{\mathrm{FI}_tU_t}{\mathrm{FDI}_t}$ | $\mathrm{HI}_t$ 为高技术产品出口额；$\mathrm{FI}_t$ 为创业风险投资；$U_t$ 为发明专利授权量；$\mathrm{FDI}_t$ 为外商直接投资 |
| $R_t = I_t^{0.31}P_t^{0.31}N_t^{0.57}$ | $R_t$ 为全社会研究开发经费；$I_t$ 为企业研发经费投入占全社会研发投入比例；$P_t$ 为中国获得的国内专利；$N_t$ 为研究开发人员 |
| $K_t - 2000 = J_t^{0.75}R_t^{0.75} + Y_t^{0.45}$ | $K_t$ 为中国在国外获得的专利数；$J_t$ 为 SCI 收录的中国学者（包括与外国学者合作）发表的论文占总收录比重；$R_t$ 为全社会研究开发经费；$Y_t$ 为国内生产总值 |
| $S_t = 0.004\dfrac{A_tP_t}{V_tK_t} + 0.0047\dfrac{V_tP_t}{K_t} + 0.011$ | $S_t$ 为技术输出额与技术引进额的比例；$A_t$ 为多机构合作的论文所占比例；$V_t$ 为高新技术产品出口额比进口额；$K_t$ 为中国在国外获得的专利数；$P_t$ 为中国获得的国内专利 |

**表 8-10　美国科技强国模型组**

| 模型 | 指标解释 |
| --- | --- |
| $G_t = 0.088P_{t-1} + 0.096Y_{t-1}G_{t-1} / Q_tN_t$ | $G_t$ 表示企业支出的研究开发经费，$P_{t-1}$ 表示企业获取的专利授权，$G_{t-1}$ 表示第 $t-1$ 年的政府财政科技投入，$Y_{t-1}$ 表示第 $t-1$ 年的 GDP，$N_t$ 表示具有博士学位的研究开发人员数，$Q_t$ 表示国外专利比例 |
| $M_t = -25.94 + 0.003X_tP_{t-1} + 0.000\,2W_t - 0.000\,015W_t^2$ | $M_t$ 表示风险投资，$X_t$ 表示企业对大学的经费投入与大学的全部研究开发经费的比例，$P_{t-1}$ 表示上一时期的专利数量，$W_t$ 表示专利对论文的引用 |
| $J_t = 1.835Q_tU_t$ | $J_t$ 表示国际合作论文占全部论文比例，$Q_t$ 表示外国在美国申请的专利数占美国授权专利总数的比例。$U_t$ 表示受聘于美国的在美国以外出生的科学家和工程师人数占全部科学家和工程师总数的比例 |
| $L_t = 111.37N_t + 130\,021.3H_t + 4\,790H_t / (W_tK_tX_t)$ | $L_t$ 表示国际合作论文，$N_t$ 表示具有博士学位的研究开发人员数，$W_t$ 表示专利对论文的引用，$H_t$ 表示基础研究经费占全部经费的比例，$K_t$ 表示工业与大学合作的论文比例，$X_t$ 表示企业对高校的投入占高校经费比例 |

续表

| 模型 | 指标解释 |
| --- | --- |
| $R_t - C_t = 0.088P_t$ | $R_t$ 表示全社会的研究开发经费，$C_t$ 表示企业使用的研究开发经费，$P_t$ 表示企业的专利授权量 |
| $B_t = -6\,847.46 + 0.198G_{t-1}/(Q_tI_t) + 2.79Y_{t-1}I_t$ | 企业的创新投入 $B_t$ 主要由政府投入 $G_{t-1}$、国外专利比率 $Q_t$、经济规模（上一年 GDP）（$Y_{t-1}$）、经济体制 $I_t$（用企业的研究开发投入占全部研究开发投入的比例度量）等因素带动的 |
| $S_t = 2.008\,8 + 1.15V_t/Q_t - 6.82J_t$ | $S_t$ 代表技术输出额与技术引进额的比例，$Q_t$ 代表外国申请者取得授权的专利占美国授权专利总数的比例、$V_t$ 代表高新技术产品出口额与进口额的比例，$J_t$ 表示国际合作论文占全部论文比例 |
| $R_t = I_t^{-1.014}P_{t-1}^{0.47}O_t^{0.47}$ | $R_t$ 代表当年研究开发经费支出，$P_{t-1}$ 是上年美国国内申请者获得的美国专利与商标局的专利授权量，$O_t$ 是当年科技活动人员数量，$I_t$ 代表创新体制（用企业的研究开发投入占全部研究开发投入的比例度量） |

通过表 8-9 可以预测中国科技强国指标体系中的企业研究开发经费占全部经费比重、国际合作论文占全部论文比重、高新技术产品出口额比进口额、技术输出额与技术引进额的比等指标 2020～2035 年的数据，表 8-10 可以预测美国科技强国指标体系中的企业研究开发经费占全部经费比重、国际合作论文占全部论文比重、技术输出额与技术引进额的比等指标 2020～2035 年的数据。

4. 趋势外推法预测分析

国内外学者在时间序列数据的预测方法这方面进行了大量研究。Burridge 等（1998）研究了控制理论中的自回归移动平均的预测方法。Reddiick（2004）认为通过单指数平滑模型和 ARMA 模型可以对时间序列数据进行预测。章登义等（2014）基于聚类隐马尔科夫模型实现对多步时间序列的预测。趋势外推法是一种把研究对象从过去到现在的发展趋势顺延外推的预测方法，它的主要依据原理是经济增长趋势抛物线延伸理论，适用于数据多且预算期限较长的指标数据。依据过去事物发展的规律，加以推导，便可以对数据的未来态势进行预测。本书提出的关于建设世界科技强国的 2 个评价指标均是在中美两国科技及经济发展态势的基础上所提出的，满足趋势外推法的要求，因此可以采用趋势外推法进行数据的预测。

趋势外推法模型的自变量是时间 $t$，因变量是时序指标 $Y$，拟合函数为 $Y = f(t)$。根据原有数据，得到相应的拟合方程，然后依据时间进行外推以得到相应时刻的时间序列的预测值。本书通过趋势外推法进行数据预测的主要步骤如下：①确定中美两国相应的 12 个科技强国指标数据是否存在变化趋势。本书首先利用 SPSS 进行单样本游程检验，它的零假设 $H_0$ 是总体不变值的出现是随机的，如果出现统计量 $Z$ 的 $P$ 值小于 0.05，则拒绝零假设，即说明中美两国建设科技强国的指标数据不是随机的，有规律可循。②建立各个指标的趋势曲线拟合模型。拟合过程通过 SPSS 软件完成，在这个步骤中，需要结合已搜集数据对趋势曲线拟合模型选择，常见的趋势曲线拟合模型有线性模型、二次曲线模型、三次曲线模型、指数模型以及 Logistic 模型等。③有效性检验。建立趋势曲线拟合模型后，需要验证其拟合的有效性。检验有效性的方法主要是相关性检验和最佳无偏估计。本书主要采用相关性检验，即通过判定系数的 $R^2$ 值来确定相应的最优趋势曲线拟合模型，其中，$R^2$ 值越接近于 1 说明相关性越好。以科技人员数量与就业人数的比例这一数据为例，对比常见的趋势曲线拟合模型线性模型、二次曲线模型、三次曲线模型、指数模型及 Logistic 模型的 $R^2$ 值，从而确定科技人员数量与就业人数的比例的最优趋势曲线拟合模型，进而对数据进行预测。

涉及中美科技强国评价指标的共 30 个数据，其中测算“研究与开发的协调度（%）”和“技术的自主度”需要 5 个数据。由于篇幅较长，本书以科技人员数量与就业人数的比例这一数据为例，建立其最优趋势外推模型，然后进行曲线拟合分析，除依据模型组预测的数据外，其余数据均运用趋势外推模型进行预测。

利用 SPSS 软件，分别用线性模型、二次曲线模型、三次曲线模型、指数模型以及Logistic模型对1990～2017年我国科技人员数量与就业人数的比例这一数据的发展轨迹进行拟合。分别对 5 种拟合模型进行拟合优度和显著性检验，结果如表 8-11 所示。由表 8-11 数据可知，二次曲线模型和三次曲线模型的回归方程的判定系数 $R^2$ 达到 0.95 以上，并且最接近 1，说明在这五种拟合方程中，二次曲线模型和三次曲线模型拟合得最好。当 Sig.<0.01 时，说明回归方程显著；此外，对各个方程的显著性检验是 F 检验，即当回归方程显著时，二次曲线的 F 值最大。伴随科技发展，科技人员数量在就业人数中所占比例越来越大，结合这一实际情况，决定采用二次曲线模型，设定置信度为 95%。

**表 8-11　5 种模型拟合优度情况**

| 模型 | $R^2$ | F | df1 | df2 | Sig. |
|---|---|---|---|---|---|
| 线性 | 0.855 | 153.377 | 1 | 26 | 0.000 |
| 二次曲线 | 0.980 | 609.609 | 2 | 25 | 0.000 |
| 三次曲线 | 0.981 | 404.031 | 3 | 24 | 0.000 |
| 指数 | 0.933 | 364.470 | 1 | 26 | 0.000 |
| Logistic | 0.933 | 364.470 | 1 | 26 | 0.000 |

以时间为自变量，设定 1990 年为 $t$=1，建立预测模型，具体如下

$$Y = 0.000\,079x^2 - 0.000\,9x + 0.000\,2 \tag{8-10}$$

对已经建立的二次曲线模型进行拟合优度检验、显著性检验和回归系数显著

性检验，具体结果见表 8-12～表 8-14。此回归方程的判定系数 $R^2$ 为 0.980，说明该模型能够解释科学技术人员与就业人数比例数据变化的 98%，拟合优度比较高。估计值的标准误是 0.002，F 值的相伴概率值即 Sig.值趋近于 0，同时，两个回归系数的 t 值的 Sig.值均趋近于 0，说明回归系数的变化可以较好地解释变量的变化，拟合方程较好。综合来看，方程整体拟合程度较好，符合实际，因此可以用于未来对科技人员数量与就业人数比例数据的预测。

**表 8-12　二次曲线模型的拟合优度检验**

| $R$ | $R^2$ | 调整 $R^2$ | 估计值的标准误 |
|---|---|---|---|
| 0.990 | 0.980 | 0.978 | 0.002 |

**表 8-13　方差分析表**

| | 平方和 | df | 均方 | F 值 | Sig. |
|---|---|---|---|---|---|
| 回归 | 0.006 | 2 | 0.003 | 609.609 | 0.000 |
| 残差 | 0.000 | 25 | 0.000 | | |
| 总计 | 0.006 | 27 | | | |

**表 8-14　回归系数显著性检验**

| 未标准化系数 | | 标准化系数 | t 值 | Sig. |
|---|---|---|---|---|
| B | 标准误 | Beta | | |
| −0.0009 | 0.000 | −0.496 | −4.225 | 0.000 |
| 7.922E-005 | 0.000 | 1.464 | 12.464 | 0.000 |
| 0.0002 | 0.001 | | 8.825 | 0.000 |

5. 对 2035 年的预测

根据模型组预测法和趋势外推法，可以确定包括企业研究开发经费占全部经费比重、国际合作论文占全部论文比重、高新技术产品出口额比进口额、技术输出额与技术引进额的比和中国科技人员数量与就业人员的比等 30 个变量的预测值。中国和美国建设科技强国的 15 个指标自 2020 年至 2035 年的预测数据如表 8-15 和表 8-16 所示。依据中国和美国建设科技强国的评价指标体系，通过对美国和中国的评价指标的定量预测，得出美国 1980～2035 年和中国 1990～2035 年的科技强国整体趋势，如图 8-3 所示。

从图 8-3 中可以看出，中国在 2020 年以后将保持稳定增长趋势，其科技强国步伐不断向前，科技强国评分不断提升，美国科技强国评分则以较为平缓的趋势下降，至 2035 年，美国科技强国评分将达到 0.73，中国科技强国评分将达到 0.71，中国科技强国评分虽在美国之下，但差距在不断缩小。

**表 8-15　测算美国 2020～2035 年科技强国指标的相关数据**

| 年份 | 风险投资与固定资产投资的比 | 基础研究经费占全部经费比重 | 企业对高校的投入占高校经费比重 | 高校研究开发经费占全部研究开发经费比重 | 科技活动人员占就业人数比重 | 研究开发经费占全世界比重 | 企业投入比例（经济体制） | 被引用论文数占比（%） | 发表论文数量占世界论文数量比重（%） | 外国申请者在美国获得的专利数/美国授权的专利总数 | 国际合作论文占全部论文比重 | 技术输出额比技术输入额 | 高新技术产品出口额比进口额 | 三方专利族世界占比 | 知识密集产业增加值占 GDP 比重 |
|---|---|---|---|---|---|---|---|---|---|---|---|---|---|---|---|
| 2020 | 0.020 | 0.173 | 0.102 | 0.134 | 0.076 | 0.291 | 0.673 | 18.000 | 20.200 | 0.560 | 0.351 | 1.608 | 0.778 | 0.246 | 0.568 |
| 2021 | 0.020 | 0.173 | 0.103 | 0.134 | 0.078 | 0.290 | 0.674 | 17.500 | 20.000 | 0.565 | 0.356 | 1.600 | 0.770 | 0.244 | 0.569 |
| 2022 | 0.020 | 0.173 | 0.104 | 0.135 | 0.080 | 0.290 | 0.675 | 17.000 | 19.800 | 0.570 | 0.361 | 1.592 | 0.762 | 0.242 | 0.570 |
| 2023 | 0.020 | 0.173 | 0.105 | 0.136 | 0.082 | 0.289 | 0.676 | 16.500 | 19.600 | 0.575 | 0.366 | 1.584 | 0.754 | 0.240 | 0.571 |
| 2024 | 0.020 | 0.174 | 0.106 | 0.136 | 0.086 | 0.289 | 0.676 | 16.000 | 19.400 | 0.580 | 0.371 | 1.576 | 0.746 | 0.238 | 0.572 |
| 2025 | 0.021 | 0.174 | 0.107 | 0.137 | 0.090 | 0.288 | 0.677 | 15.500 | 19.200 | 0.585 | 0.376 | 1.568 | 0.738 | 0.236 | 0.573 |
| 2026 | 0.021 | 0.174 | 0.108 | 0.137 | 0.094 | 0.288 | 0.678 | 15.000 | 19.000 | 0.590 | 0.381 | 1.560 | 0.730 | 0.234 | 0.574 |
| 2027 | 0.021 | 0.174 | 0.109 | 0.138 | 0.098 | 0.287 | 0.679 | 14.500 | 18.800 | 0.595 | 0.386 | 1.552 | 0.722 | 0.232 | 0.575 |
| 2028 | 0.021 | 0.174 | 0.110 | 0.139 | 0.103 | 0.287 | 0.680 | 14.000 | 18.600 | 0.600 | 0.391 | 1.544 | 0.714 | 0.230 | 0.576 |
| 2029 | 0.021 | 0.175 | 0.111 | 0.139 | 0.108 | 0.286 | 0.680 | 13.500 | 18.400 | 0.605 | 0.396 | 1.536 | 0.706 | 0.228 | 0.577 |
| 2030 | 0.021 | 0.175 | 0.112 | 0.140 | 0.112 | 0.286 | 0.681 | 13.000 | 18.200 | 0.610 | 0.401 | 1.528 | 0.698 | 0.226 | 0.578 |
| 2031 | 0.021 | 0.175 | 0.113 | 0.140 | 0.116 | 0.285 | 0.682 | 12.500 | 18.000 | 0.615 | 0.406 | 1.520 | 0.690 | 0.224 | 0.579 |
| 2032 | 0.021 | 0.175 | 0.114 | 0.141 | 0.119 | 0.285 | 0.683 | 12.000 | 17.800 | 0.620 | 0.411 | 1.512 | 0.682 | 0.222 | 0.580 |
| 2033 | 0.021 | 0.175 | 0.115 | 0.142 | 0.121 | 0.284 | 0.684 | 11.500 | 17.600 | 0.625 | 0.416 | 1.504 | 0.674 | 0.220 | 0.581 |
| 2034 | 0.021 | 0.176 | 0.116 | 0.142 | 0.123 | 0.284 | 0.684 | 11.000 | 17.400 | 0.630 | 0.421 | 1.496 | 0.666 | 0.218 | 0.582 |
| 2035 | 0.022 | 0.176 | 0.117 | 0.143 | 0.129 | 0.283 | 0.685 | 10.500 | 17.200 | 0.635 | 0.426 | 1.488 | 0.658 | 0.216 | 0.583 |

**表 8-16　测算中国 2020～2035 年科技强国指标的相关数据**

| 年份 | 风险投资与固定资产投资的比 | 基础研究经费占全部经费比重 | 企业对高校的投入占高校经费比重 | 高校研究开发经费占全部研究开发经费比重 | 科技活动人员占就业人数比重 | 研究开发经费占全世界比重 | 企业投入比例（经济体制） | 被引用论文数占比（%） | 发表论文数量占世界论文数量比重（%） | 外国申请者在中国获得的专利数/中国授权的专利总数 | 国际合作论文占全部论文比重 | 技术输出额比技术输入额 | 高新技术产品出口额比进口额 | 三方专利族世界占比 | 知识密集产业增加值占 GDP 比重 |
|---|---|---|---|---|---|---|---|---|---|---|---|---|---|---|---|
| 2020 | 0.0067 | 0.06 | 0.2844 | 0.08 | 0.0482 | 0.2809 | 0.7315 | 17.55 | 22 | 0.09 | 0.1049 | 0.06 | 1.1448 | 0.0891 | 0.444 |
| 2021 | 0.0068 | 0.07 | 0.2843 | 0.08 | 0.0523 | 0.2859 | 0.732 | 17.7 | 22.2 | 0.09 | 0.1129 | 0.08 | 1.1453 | 0.0931 | 0.45 |
| 2022 | 0.0069 | 0.07 | 0.2842 | 0.08 | 0.0565 | 0.2909 | 0.7325 | 17.85 | 22.4 | 0.09 | 0.1209 | 0.10 | 1.1458 | 0.0971 | 0.456 |
| 2023 | 0.0070 | 0.08 | 0.2841 | 0.09 | 0.0609 | 0.2959 | 0.733 | 18 | 22.6 | 0.09 | 0.1289 | 0.12 | 1.1463 | 0.1011 | 0.462 |
| 2024 | 0.0071 | 0.08 | 0.2840 | 0.09 | 0.0654 | 0.3009 | 0.7335 | 18.15 | 22.8 | 0.09 | 0.1369 | 0.14 | 1.1468 | 0.1051 | 0.468 |
| 2025 | 0.0072 | 0.09 | 0.2839 | 0.09 | 0.0702 | 0.3059 | 0.734 | 18.3 | 23 | 0.09 | 0.1449 | 0.16 | 1.1473 | 0.1091 | 0.474 |
| 2026 | 0.0073 | 0.09 | 0.2838 | 0.09 | 0.075 | 0.3109 | 0.7345 | 18.45 | 23.2 | 0.09 | 0.1529 | 0.18 | 1.1478 | 0.1131 | 0.48 |
| 2027 | 0.0074 | 0.10 | 0.2837 | 0.10 | 0.08 | 0.3159 | 0.735 | 18.6 | 23.4 | 0.09 | 0.1609 | 0.20 | 1.1483 | 0.1171 | 0.486 |
| 2028 | 0.0075 | 0.10 | 0.2836 | 0.10 | 0.0852 | 0.3209 | 0.7355 | 18.75 | 23.6 | 0.09 | 0.1689 | 0.22 | 1.1488 | 0.1211 | 0.492 |
| 2029 | 0.0076 | 0.11 | 0.2835 | 0.10 | 0.0906 | 0.3259 | 0.736 | 18.9 | 23.8 | 0.09 | 0.1769 | 0.24 | 1.1493 | 0.1251 | 0.498 |
| 2030 | 0.0077 | 0.11 | 0.2834 | 0.11 | 0.096 | 0.3309 | 0.7365 | 19.05 | 24 | 0.09 | 0.1849 | 0.26 | 1.1498 | 0.1291 | 0.504 |
| 2031 | 0.0078 | 0.12 | 0.2833 | 0.11 | 0.101 | 0.3359 | 0.737 | 19.2 | 24.2 | 0.09 | 0.1929 | 0.28 | 1.1503 | 0.1331 | 0.51 |
| 2032 | 0.0079 | 0.12 | 0.2832 | 0.11 | 0.107 | 0.3409 | 0.7375 | 19.35 | 24.4 | 0.09 | 0.2009 | 0.30 | 1.1508 | 0.1371 | 0.516 |
| 2033 | 0.0080 | 0.13 | 0.2831 | 0.12 | 0.113 | 0.3459 | 0.738 | 19.5 | 24.6 | 0.09 | 0.2089 | 0.32 | 1.1513 | 0.1411 | 0.522 |
| 2034 | 0.0081 | 0.13 | 0.2830 | 0.12 | 0.119 | 0.3509 | 0.7385 | 19.65 | 24.8 | 0.09 | 0.2169 | 0.34 | 1.1518 | 0.1451 | 0.528 |
| 2035 | 0.0082 | 0.14 | 0.2829 | 0.12 | 0.125 | 0.3559 | 0.739 | 19.8 | 25 | 0.09 | 0.2249 | 0.36 | 1.1523 | 0.1491 | 0.534 |

6. 结果与讨论

通过建立世界科技强国指标体系并对比中国与美国科技强国评分，以及对中美两国科技指标 2020～2035 的预测，得出如下结论：①中国在研发能力和主要科技成就方面评分自 1990 年以来不断提升，说明中国的科技发展能力在不断加强。②中国在科技资源配置方面评分上升较为缓慢，近年来与美国的差距并未减小。③中国虽重视科技，不断努力发展科技，到 2035 年与美国整体差距虽然减小，但美国依旧活跃在科技领域的前沿。

通过对中美科技强国评价指标的对比，发现中国若要建设成为美国一样的世界科技强国，还有一段路要走。中国在建设科技强国的进程中，需要着力在以下几方面做出努力。

1）加大研究开发经费的投入。从本书数据分析可得，美国之所以成为世界科技强国，离不开美国政府及企业对科研的大力投入。基础科学的发展是国家科技发展的基石，中国建设世界科技强国需要加强基础科学的研究，不断提升自身创新能力，缩短与美国等发达国家在科技核心领域的差距。

2）完善人才培养机制，保证科技活动人员数量。由本书数据分析可知，美国一直在科技人才培养方面投入较多，且科技人员比例一直领先中国。培养科技人才并非一朝一夕，中国首先需要完善高等教育环境，营造良好的科研氛围，为创新型人才的培养提供广阔的发展空间。中国不仅要培养本国优秀的科研人员，还要不断吸引国际上的顶尖人才，同时也要防止人才流失。

3）加强国际合作。由本书中的国际合作论文占比这一数据可以分析出，中国在国际上的合作一直落后美国，虽然近年来在不断加强，但与美国依旧存在比较大的差距。近年来，无论是在论文产出还是专利数量上，中国与国际科研机构及科研人员的合作虽有增加，但依旧不如美国。应加强国际合作，为国家建设世界科技强国打下坚实的基础。

4）加快科技体制机制改革，大力提高研究与开发的协调度和技术的自主度。因而需要提高基础研究经费占全部研发经费比重、技术输出额比技术输入额、高校研究开发经费占全部研究开发经费比重。

### 8.4.5 加快新兴技术与新兴产业发展

加快新兴技术和新兴产业发展是解决本书 8.4.1 节提出的人力资本与固定资产投资、自主创新结合的程度不够的问题的重要途径，是科技强国的重要宗旨，也是供给侧结构改革、结构升级和创新驱动的重点，那么新兴产业将发展到多大的规模？基于创新经济学的 Bass 模型是新兴产业规模预测的主流方法，但以往对 Bass 模型中的创新系数和模仿系数的研究不够，严重限制了这种方法的应用。本节从科学计量学和专利计量学的角度，运用论文引用量、专利引用量等指标确定 Bass 模型中的创新系数和模仿系数，并以生物医药的市场规模的预测为例，分析新兴产业的发展趋势。

1. 基础模型与数据

基本的 Bass 模型把新产品采纳者分为两类：创新采纳者和模仿采纳者。创新采纳者由创新系数 $p$ 反映采纳趋势，模仿采纳者由模仿系数 $q$ 反映采纳趋势。基本的 Bass 模型并未考虑尚未采纳者的反向影响：在实际扩散中，尚未采纳者中的保守人群往往会尝试反向影响以减少新产品进一步被采纳。定义 $r$ 为负反馈因子，称负因子。因此，Bass 模型可进一步修正如下：

$$n(t)=\frac{dN(t)}{\mathrm{d}t}=p\left[m-N(t)\right]+q\frac{N(t)}{m}\left[m-N(t)\right]-r\frac{m-N(t)}{m}\left[m-N(t)\right] \quad (8\text{-}11)$$

其中，$n$（$t$）表示 $t$ 时刻新产品采纳者数量；$N$（$t$）表示 $t$ 时刻新产品采纳者累计总量。模型共有 4 个参数，$m$ 表示潜在采纳者数量，$p$ 表示创新系数，即尚未采纳产品的消费者在公共媒介传播影响下采纳该产品的可能性，$q$ 表示模仿系数，即潜在采纳者收到已采纳者影响而采纳该产品的可能性，$r$ 为负因子，即潜在采纳者受到尚未采纳新产品的保守消费者的反向影响。

本书基于式（8-11）建立 Bass 模型对生物医药的市场规模进行分析，其中 $N(t)$表示生物医药市场总规模，$t$ 为生产时期，$N(t\text{-}1)$代表上一年度生物医药市场规模。$M$ 表示全部医药市场规模，$Q$ 表示三年内生物医药论文被引量，$P$ 表示三年内生物医药专利引用量，$W$ 表示三年内生物医药工艺专利数量，$B$ 表示三年内生物医药专利总数，$A$ 表示三年内生物医药技术成熟度。

定义：$x_1=N(t-1)$、$x_2=M(t-1)-N(t-1)\times Q\times A(t-1)/P$、$x_3=W\times N(t-1)\times x_2/M(t-1)/B$、$x_4=x_2^2/M(t-1)$、$x_5=Q/P$。相关数据，如表 8-17 所示。

**表 8-17　1991～2014 年相关数据**

| 年份 | $n(t)$ | $x_1$ | $x_2$ | $x_3$ | $x_4$ | $x_5$ |
|---|---|---|---|---|---|---|
| 1990 | 4 | 4 | 6 330 | 55 | 117 124 | 34 |
| 1991 | 5 | 4 | 3 219 | 29 | 54 528 | 39 |
| 1992 | 6 | 5 | 4 157 | 40 | 81 927 | 45 |
| 1993 | 7 | 6 | 5 367 | 55 | 123 048 | 51 |
| 1994 | 8 | 7 | 4 584 | 61 | 80 854 | 39 |
| 1995 | 9 | 8 | 4 468 | 71 | 69 227 | 29 |
| 1996 | 11 | 9 | 4 063 | 91 | 55 022 | 22 |

续表

| 年份 | $n(t)$ | $x_1$ | $x_2$ | $x_3$ | $x_4$ | $x_5$ |
|---|---|---|---|---|---|---|
| 1997 | 13 | 11 | 3 628 | 87 | 41 399 | 16 |
| 1998 | 14 | 13 | 2 859 | 77 | 24 244 | 12 |
| 1999 | 17 | 14 | 2 262 | 61 | 14 315 | 9 |
| 2000 | 20 | 17 | 2 510 | 80 | 16 632 | 9 |
| 2001 | 24 | 20 | 2 614 | 97 | 17 983 | 9 |
| 2002 | 30 | 24 | 3 304 | 128 | 23 734 | 9 |
| 2003 | 37 | 30 | 4 736 | 203 | 43 141 | 12 |
| 2004 | 44 | 37 | 6 218 | 303 | 68 188 | 15 |
| 2005 | 50 | 44 | 8 074 | 435 | 106 686 | 18 |
| 2006 | 60 | 50 | 6 947 | 403 | 73 578 | 15 |
| 2007 | 84 | 60 | 6 199 | 406 | 54 746 | 13 |
| 2008 | 90 | 84 | 5 425 | 477 | 39 130 | 11 |
| 2009 | 97 | 90 | 4 982 | 436 | 31 022 | 9 |
| 2010 | 140 | 97 | 4 589 | 398 | 24 540 | 8 |
| 2011 | 155 | 140 | 3 917 | 464 | 17 127 | 7 |
| 2012 | 170 | 155 | 4 542 | 567 | 21 900 | 7 |
| 2013 | 180 | 170 | 5 141 | 670 | 26 723 | 8 |
| 2014 | 194 | 180 | 5 861 | 770 | 33 072 | 9 |

2. 计量经济学检验

为分析所选取的因素对生物医药的市场规模的影响，我们考虑建立多元线性回归方程。运用 EVIEWS 软件估计模型参数，回归结果如表 8-18 所示。

**表 8-18　多元线性回归结果**

| | 相关系数 | 标准差 | t 统计量 | 概率 |
|---|---|---|---|---|
| C | −30.222 5 | 16.236 83 | −1.861 35 | 0.079 1 |
| $x_1$ | 1.306 707 | 0.168 773 | 7.742 376 | 0 |
| $x_2$ | 0.017 886 | 0.007 997 | 2.236 672 | 0.038 2 |
| $x_3$ | −0.120 96 | 0.068 574 | −1.763 94 | 0.094 7 |
| $x_4$ | −0.000 76 | 0.000 359 | −2.111 49 | 0.049 |
| $x_5$ | 0.483 014 | 0.410 215 | 1.177 465 | 0.254 3 |
| $R^2$ | 0.985 955 | Mean dependent var | | 53.088 92 |
| 调整的 $R^2$ | 0.982 054 | S.D. dependent var | | 56.758 1 |
| S.E. of regression | 7.603 463 | Akaike info criterion | | 7.107 403 |
| Sum squared resid | 1 040.628 | Schwarz criterion | | 7.401 916 |
| Log likelihood | −79.288 8 | Hannan-Quinn criter. | | 7.185 537 |
| F 统计量 | 252.724 8 | DW 指数 | | 2.407 063 |
| Prob(F-statistic) | 0 | | | |

从这一回归结果可以看出，$R^2=0.9860, \overline{R}^2=0.9821$，表明拟合效果很好。F=252.7248，远大于临界值，因此通过了 F 检验，且 $x_1$、$x_2$、$x_3$、$x_4$ 的 $P$ 值均小

于 0.05，通过了统计检验，得出多元回归模型：

$$Y = -30 + 1.31x_1 + 0.0179x_2 - 0.12x_3 - 0.00076x_4 + 0.483x_5 \quad (8\text{-}12)$$

基于模型（8-12）进行预测，根据生物医药科技的发展趋势和技术成熟度，到 2035 年，生物医药的市场规模将达到全部医药市场的 44%，详见表 8-19。

**表 8-19　生物医药市场预测数据**

| | 生物医药市场规模/全部医药市场规模 | 生物医药（十亿美元） | 医药（十亿美元） | 论文被引频次 | 专利总数 | 工艺专利数量 | 专利被引 | 技术成熟度 |
|---|---|---|---|---|---|---|---|---|
| 1990 | 0.02 | 4.37 | 190.00 | 259 361 | 1 526 | 574.00 | 7 606 | 0.44 |
| 1995 | 0.03 | 9.30 | 300.00 | 646 722 | 1 438 | 8 570 | 22 126 | 0.63 |
| 2000 | 0.05 | 19.50 | 380.00 | 1 085 413 | 10 044 | 71 080 | 123 508 | 0.80 |
| 2005 | 0.08 | 50.00 | 656.00 | 1 349 276 | 11 103 | 8 306.00 | 73 806 | 0.75 |
| 2010 | 0.16 | 140.00 | 896.00 | 633 054 | 12 750 | 97 900 | 82 562 | 0.79 |
| 2015 | 0.17 | 197.47 | 1 145.01 | 386 069 | 13 318 | 10 143.00 | 44 373 | 0.76 |
| 2020 | 0.24 | 347.94 | 1 461.35 | 405 762 | 15 439 | 12 046.00 | 51 441 | 0.80 |
| 2025 | 0.29 | 543.48 | 1 865.10 | 426 460 | 17 898 | 14 307.70 | 59 634 | 0.84 |
| 2030 | 0.35 | 832.40 | 2 380.39 | 448 214 | 20 749 | 16 993.00 | 69 132 | 0.89 |
| 2035 | 0.44 | 1321.77 | 3 038.04 | 471 077 | 24 054 | 20 182.00 | 80 143 | 0.93 |

基于创新经济学、科学计量学和专利计量学，本节建立新兴产业市场的预测模型，掌握世界新兴技术和新兴产业的发展趋势，对于推进供给侧结构改革，促进人力资本、投资与创新的结合，从而促进高质量的经济增长具有重要的战略意义。例如，根据表 8-19 的预测，生物医药市场规模占全部医药市场规模的比例将从 2020 年的 24%提高到 2035 年的 44%，这就为相关企业和政府部门制定相应的科技和产业发展方案以及政策措施提供了依据。

## 8.5　2020～2035 年中国经济持续快速增长与新转型的预测

中国经济持续增长与转型，就是要从严重产能过剩、能耗强度高、污染严重的经济增长方式转变为投资—消费均衡的、创新第一驱动的、能耗强度低、污染程度低、低碳的经济增长方式（姜照华等，2012a）。设计这种新的增长方式（刘伟，2013），在经济学上，需要分析结构转变过程（沈坤荣和周密，2013）。

### 8.5.1 结构性改革与结构转变

第三产业的增加值占国内生产总值比例（工业化指数）和常住人口城镇化率都呈上升趋势，预计到2035年工业化指数将达到65%，常住人口城镇化率达到70%以上。城乡收入比例（农村居民收入与城镇居民收入的比例），提高到39%；收入最高的20%的居民占全部居民的收入份额稳定在44%左右，详见表8-20。

表8-20 到2035年的重要的结构转变 （%）

| 年份 | 常住人口城镇化率 | 信息化指数 | 工业化指数 | 农业现代化（农业劳动生产率） | 失业率 | 城乡收入比例 | 收入最高的20%的居民占有的收入份额 |
|---|---|---|---|---|---|---|---|
| 1992 | 26 | 1 | 32 | 14 | 2 | 39 | 42 |
| 2000 | 30 | 13 | 36 | 23 | 3 | 36 | 46 |
| 2005 | 41 | 25 | 41 | 25 | 4 | 31 | 47 |
| 2010 | 46 | 56 | 42 | 43 | 4 | 31 | 49 |
| 2015 | 54 | 84 | 47 | 63 | 5 | 37 | 45 |
| 2016 | 55 | 88 | 48 | 72 | 5 | 37 | 45 |
| 2030 | 68 | 134 | 61 | 130 | 3 | 39 | 44 |
| 2035 | 71 | 152 | 65 | 158 | 3 | 39 | 44 |

### 8.5.2 就业人数的预测

基于表8-20，结合到2035年人口预测为14.44亿人（联合国，2019），根据集聚理论，新型城镇化、信息化、工业化和农业现代化协同推动理论，劳动力要素从乡村向城镇集聚，提高了就业人数。利用下列模型预测2035年的就业人数：

$$\begin{aligned} L_t = & -110.7+48.2\text{URB}_{t-2}(1+\text{INF}_{t-2})-52.2\text{IND}_{t-2} \\ & -81.4\text{AGR}_{t-2}+0.667\text{PO}_t \end{aligned} \quad (8\text{-}13)$$

式中，$\text{URB}_{t-2}$、$\text{INF}_{t-2}$、$\text{IND}_{t-2}$、$\text{AGR}_{t-2}$、$\text{PO}_t$、$L_t$分别表示城市化、信息化、工业化、农业现代化、人口和就业，到2035年就业人数预测为8.336亿人。

### 8.5.3 研究开发投入与GDP的比例预测

在全球化的竞争浪潮中，越来越多的实例证实，科技将成为未来国际竞争中取胜的关键因素。相关统计数据表明，发达国家的研究开发经费占GDP的比重，目前平均在2.5%以上。2012年中国研究与开发（R&D）经费支出10 240亿元，比上年增长17.9%，占国内生产总值的1.97%。2017年R&D经费占GDP的比例提高到了 2.2%，而今后中国的研究开发经费占 GDP 的比重呈逐年稳步上升趋势（图 8-4），根据本书第 7 章的模型（7-4）略加修改测算，预计到 2035 年将达到 3%以上，为建设成为科技强国提供重要基础。

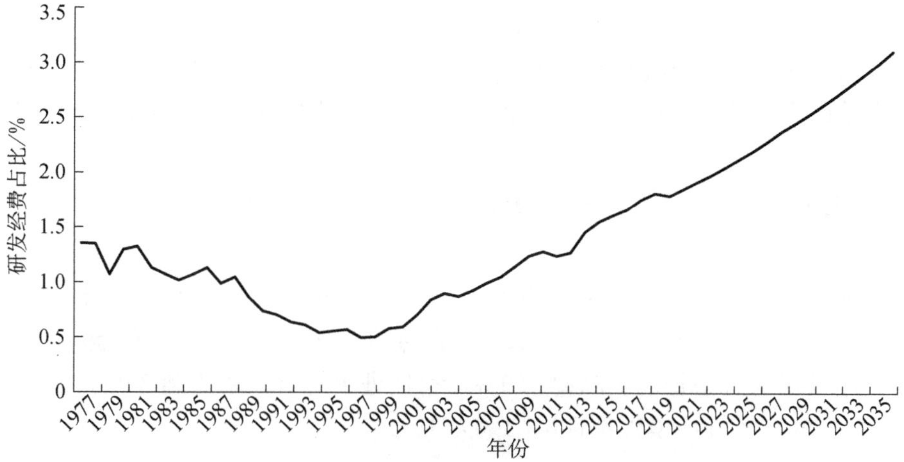


图 8-4　研究开发经费占 GDP 的比重变化趋势

### 8.5.4　固定资产投资率的演变趋势

固定资产投资率在 1997～2012 年提高很快，2013 年达到了高水平，之后又经历了一个下降的过程，到 2035 年将稳定在 60%以上。随着创新型国家建设的不断深入，根据本书第 7 章的模型（7-5）略加修改测算，投资率在 2020～2035 年将呈现略有下降的趋势（图 8-5）。

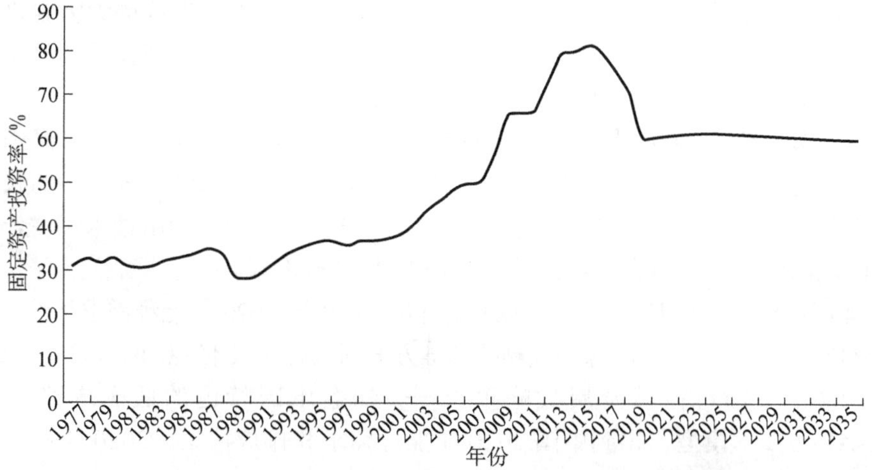


图 8-5　1977～2035 年中国固定资产投资率变化趋势

### 8.5.5 人均受教育年限演变趋势

中国的人均受教育年限和劳动生产率一直保持着稳步增长的态势。这说明中国近些年优先发展教育、建设人力资源强国的举措起到了明显的作用（王圣元等，2016），到2035年中国就业者人均受教育年限将接近14年，中国具有高等教育学历的人数已位居世界前列，中国将加速完成从人口大国向人力资本强国的转变。

### 8.5.6 2020～2035年中国经济增长预测

2020～2035年，预计中国经济增长率平均为5.3%，其中固定资本存量增长的贡献率为26%，固定资产投资增长的贡献率为20%，人力资本的贡献率为12%，劳动力增长对经济增长的贡献率为1%，科技进步的贡献率达到34%，制度创新贡献率为6%，经济环境外部性影响率为1%。

### 8.5.7 能源消耗和碳排放量的历史性转折

关于2020年中国能源消耗量的预测，目前主要有如下几项重要研究。

（1）付娟等（2010）通过分析中国历年能源需求量变化规律，建立基于遗传算法的能源需求Logistic中长期预测模型。预测2020年能源消费总量45.63亿～47.83亿吨。

（2）戴彦德等（2010）从解释既定的经济社会发展目标入手，对人口、城市化、工业化、经济增长模式和路径、资源可获得性、技术进步等重大因素进行诠释，设计出不同的能源需求及碳排放情景，根据情景分析和模型计算的结果，得到在节能情景中，2020年能源消费总量将达到48亿吨。

（3）李金铠（2009）用经济计量的研究方法对中国改革开放以来能源消费与经济增长之间数量关系做了实证分析，建立了能源消费与国民经济之间的长期协整方程和广义差分回归模型。假定目前能源消费状况和能源利用技术不变，2020年中国能源消费总量将在45.121亿～45.134亿吨标准煤。

（4）国务院发展研究中心（2012）做过预测：中国2020年能源需求基准情景为48.2亿吨标准煤，而国家能源局预测的基准方案则只有43.2亿吨，两者差距5亿吨。《2009 中国可持续发展战略报告——探索中国特色的低碳道路》利用IPAC-ALM/技术模型，得到中国2020年能源需求和排放情景。2020年中国一次能源需求量在标准情况下为48.172亿吨标准煤。

根据本书第 7 章的模型（7-19）测算，到 2025 年左右能源消费总量将达到 63 亿吨标准煤，而 2035 年能源消费总量将减少为 61 亿吨标准煤。2025 年左右将实现能源消耗和碳排放、污染物排放的历史性转折，2025 年左右能源消耗和碳排放、污染物排放达到历史高点，之后能源消耗和碳排放、污染物排放呈现下降趋势。

根据本书第 7 章的模型（7-20）测算，2025 年预计二氧化碳排放量在 148.14 亿吨，2035 年碳排放量下降为 122 亿吨（图 8-6 和图 8-7）。

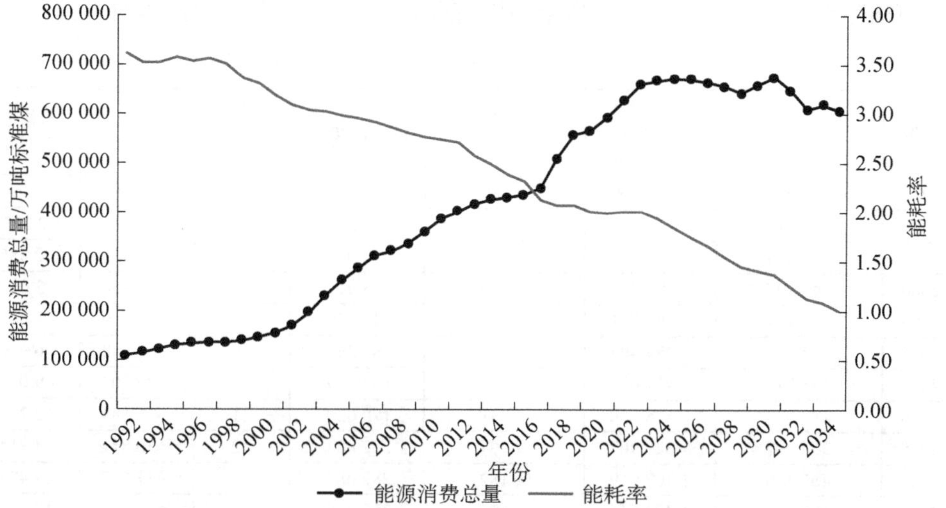


图 8-6　中国 2020～2035 年能源消耗预测

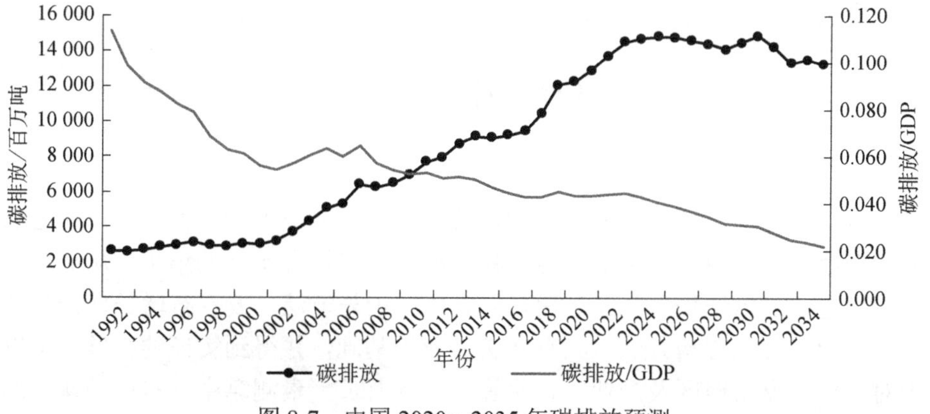


图 8-7　中国 2020～2035 年碳排放预测

## 8.5.8　污染物排放预测

根据本书第 7 章的模型（7-21）测算，污染物排放当量到 2025 年左右将达到

8815 万吨，而 2035 年将减少为 6436 万吨。

中国的污染物排放量表现出典型的库兹涅兹曲线趋势，曲线显示随着经济的发展，环境呈先恶化后逐步改善的趋势。库兹涅兹曲线对于发展时期，尤其是处于转型时期的社会经济体来说具有重要意义。在经济发展初期，资源环境对于经济发展所需的承载力较大，政府对污染的治理投入较低，因而污染物排放量呈上升趋势，随着经济进一步发展，国家防治污染的意识得到加强，那么环境会得到一定的改善。库兹涅兹曲线对当今中国有非常大的参考价值（表 8-21）。

**表 8-21　到 2035 年中国经济–能源–环境的若干重要目标**

| 年份 | GDP（1990 年价格，亿元） | 固定资本存量（1990 年价格，亿元） | 滞后二年科技（1990 年价格，亿元） | 固定资产投资（1990 年价格，亿元） | 受教育年限（年） | 能源消费总量（万吨标准煤） | 碳排放（百万吨） |
|---|---|---|---|---|---|---|---|
| 1977 | 5 901 | 16 800 | 80 | 1 835 | 5 | 56 396 | 1 200 |
| 1990 | 18 548 | 45 070 | 137 | 5 218 | 7 | 103 922 | 2 200 |
| 1995 | 33 073 | 61 205 | 185 | 12 080 | 8 | 131 176 | 2 886 |
| 2000 | 49 997 | 97 452 | 300 | 18 417 | 8 | 146 964 | 3 058 |
| 2005 | 79 444 | 164 721 | 739 | 38 359 | 8 | 261 369 | 5 047 |
| 2010 | 132 374 | 284 407 | 1 701 | 87 367 | 9 | 360 648 | 6 966 |
| 2015 | 193 741 | 437 631 | 3 125 | 157 899 | 10 | 429 905 | 9 095 |
| 2020 | 282 083 | 618 656 | 5 231 | 170 020 | 11 | 525 584 | 12 273 |
| 2025 | 362 907 | 827 902 | 7 994 | 222 888 | 12 | 630 811 | 14 814 |
| 2030 | 465 346 | 1 107 919 | 12 182 | 282 084 | 13 | 627 028 | 14 477 |
| 2035 | 600 521 | 1 482 646 | 18 679 | 357 905 | 14 | 606 105 | 12 243 |

## 8.6　小　　结

本章从共协理论角度研究了中国经济增长因素测算的理论基础、建模方法和各要素在经济增长中贡献率的测算方法，得到比较符合实际的结果。从测算结果和整个理论的逻辑结构看，经济增长的共协理论与方法，吸收新增长理论与新制度经济学的合理思想与方法，具有坚实的理论基础，并得到实证的检验，可以应用于对其他国家或地区及产业、企业等的经济增长因素测算中。本章所建立的模型不仅通过了计量经济学检验，而且与中国经济增长事实相符。

1. 中国经济的转型

1953～1976 年，中国经济属于依靠劳动者–积累物质资本型的增长方式。人力资本和劳动力增长对经济增长的贡献率达到了 42%和 23%，这两项合计为

65%，人的因素的增长成为第一推动力。固定资本存量增长的贡献率为28%，固定资产投资增长的贡献率为20%，而科技进步的贡献率和制度创新的贡献率都为负值（刘建华和姜照华，2015）。

1977～2000年，固定资本存量增长的贡献率达到50.4%，固定资产投资增长的贡献率为15.9%，这两项合计为66.3%，资本的增长成为第一推动力。人力资本的贡献率为10.4%、劳动力增长对经济增长的贡献率为3.0%，科技进步的贡献率为8.9%，制度创新的贡献率为17.6%，经济环境外部性的影响率为-6.4%。

2001～2017年固定资本存量增长和固定资产投资增长的贡献率之和为58.2%，科技进步的贡献率为26.0%，人力资本增长的贡献率为6.3%，制度创新的贡献率为1.0%，科技进步、人力资本、制度创新这三者的贡献率合计为33.3%，为投资-创新双驱动模式。

2. 中国经济的新转型

本书根据建立的模型预测，2020～2035年，中国经济增长率平均为5.3%。其中固定资本存量增长的贡献率为26%，固定资产投资增长的贡献率为20%，人力资本的贡献率为12%，劳动力增长对经济增长的贡献率为1%，科技进步的贡献率达到34%，制度创新贡献率为6%，经济环境外部性影响率为1%。

2035年，工业化指数将达65%，常住人口城镇化率达到70%以上。农村居民收入与城镇居民收入的比例，提高到39%；收入最高的20%的居民占全部居民的收入份额稳定在44%左右，就业人数预测为8.336亿人。

研究开发经费占GDP的比重呈逐年稳步上升趋势，预计到2035年将达到3%以上，建设成为科技强国；固定资产投资率在2020～2035年将呈现下降的趋势；到2035年中国就业者人均受教育年限将接近14年，发展成为人力资本强国。

2025年左右将实现能源消耗和碳排放、污染物排放的历史性转折，2025年左右能源消耗和碳排放、污染物排放达到历史高点，之后能源消耗和碳排放、污染物排放呈现下降趋势。

# 9

# 研究结论

本书论述经济增长的共协理论及模型，并对中国、美国等国家的经济增长进行了实证研究，在有关数据的支持下，建立起它们的经济增长模型，并对其经济增长因素进行分析。

本书基于 15 个国家的较长时期的实际数据，研究了经济增长核算的理论基础、建模方法和各要素在经济增长中贡献率的测算方法，得到比较符合实际的结果。从核算结果和整个理论的逻辑结构看，经济增长的共协理论和价值分解方法，将新增长理论与新制度经济学的合理思想与方法有机结合起来，具有坚实的理论基础，并得到实证检验，可以应用于对其他国家或地区及产业等的经济增长核算中。

（1）本书通过“共协”来概括技术的外溢及创新与投资、经济环境的互动。本书使用的“共协”概念主要有如下含义：创新（技术创新、人力资本创新——知识与智力等的创新、制度创新）与固定资产投资通过双向的知识外溢、知识共享而共协互动。这种共协既包括内生（技术内生于投资等），也包括外生（研发、教育）对投资、经济增长的直接促进作用；共协的基础是知识共享，而共协利益的存在则是经济组织得以存在和发展的基础。在某种意义上，经济系统与其环境之间也是共协关系，好的外部环境会促进经济增长，差的外部环境则会抑制经济增长。快速的经济增长有利于形成好的外部环境，低速的经济增长则可能带来差的外部环境。

（2）理论基础的创新。如果说哈罗德模型和索洛模型的理论基础是凯恩斯均衡理论，那么新增长理论就缺乏必要的理论基础，新增长理论对生产函数的构建缺乏根据；而本书根据共协理论，把国内生产总值分解为劳动者报酬、投资者收益和共协利益，进而建立劳动报酬函数、投资收益函数和共协利益函数，从而推导出科技进步、人力资本等因素在经济增长中贡献率的测算公式，具有坚实的理论基础。

（3）对增长因素的分析更全面。本章对增长因素的分析不仅包括劳动力、固定资本存量、固定资产投资、人力资本、科技因素，而且引入了制度和经济环境外部性因素。“当期的固定资产投资”和“固定资本存量（上期）”这两个变量相当于以往的“当期的固定资本存量”这一个变量；而吸收新制度经济学的合理思想，引入经济环境外部性因素，则使新的理论方法对实际问题具有了更好的解释能力。

（4）新的模型通过了计量经济学检验并与各国经济增长事实相符。根据Barro、Temple、朱勇、朱保华、沈坤荣等的整理，基于趋同假说的经济增长理论的经验研究，主要结论大致可归纳成以下几点：经济增长率大致与人均收入的初始值呈负相关关系，世界年平均经济增长率约为2%；物质资本投资存在边际收益递减的倾向；人力资本与经济增长的联系较弱，并具有一定的内生性和时间滞后性；研究开发规模与经济增长率之间的联系较弱；由于均衡指标的不同，政府规模与经济增长的相互联系不是能够唯一确定的；收入分配的不平等将阻碍经济增长，但其作用机制不清楚；对外贸易与经济增长的相互联系依赖于衡量对外贸易程度的指标；政治稳定与经济增长密切相关（朱保华，1999）。

而卡尔多提出了现代经济增长的6个总量特征：人均产出持续增长，且其增长率不趋于下降；人均物质资本持续增长；资本回报率近乎稳定；物资资本-产出比近乎稳定；劳动和物质资本在国民收入中所占份额近乎稳定；人均产出的增长率在各国之间差距巨大（沈坤荣，2003）。

本书的研究结论如下。

（1）对15个国家经济增长源泉的比较。表3-1是本书针对各种因素对15个国家的经济增长的贡献率的测算结果。不同国家，各种因素在经济增长中的贡献率具有很大不同。许多国家的制度创新贡献率为零或贡献率很小，这并不意味着制度创新在经济中不起作用，而是说明制度创新保证了经济运行效率不下降。

对15个国家的测算显示，经济增长率的平均值是3.7%，制度创新对经济增长的贡献率平均为5.1%，固定资本存量增长对经济增长的贡献率平均为32.2%，固定资产投资增长对经济增长的贡献率平均为19.5%，科技进步对经济增长的贡献率平均为25.3%，人力资本增长对经济增长的贡献率平均为15.3%，劳动力增长对经济增长的贡献率平均为4.9%，经济环境外部性对经济增长的影响率平均为−1.93%，这说明就平均而言，经济环境是有利于经济增长的。

（2）实现经济较高增长的一个重要途径是制度创新，落后国家赶上先进国家的突破点在于制度创新。从制度创新对经济增长的最基本、最本质的作用是提高生产要素资源的配置效率出发，采用效率分析（数据包络分析）的方法来测算制度创新在经济增长中的贡献率，不仅可以得到与实际相符合的结果（1978～2017年的中国，1992～2017年的美国，1980～2017年的英国、1987～2017年的新西兰、1980～2017年的爱尔兰等），而且可以同时发现测算对象生产要素资源的配置效率提高（或降低）的原因。

（3）经济环境的外部性对经济增长的影响。在某种程度上，经济环境的外部性反映了投资环境。在测算中，那些投资环境好（或投资环境得到改善），经济环境外部性对经济增长影响率为负值的国家，其经济增长率都较高，如中国（1978～2002 年）、美国（1992～2000 年）、爱尔兰（1974～2000 年）、韩国（1974～2000 年）等。

（4）近年来，各国共协利益占国内生产总值的比例趋于提高。

（5）经济增长率与储蓄率、投资率有很大关系，固定资产投资增长率是经济增长率的决定性因素。固定资本高增长是经济增长的决定因素，而科技投入的高增长不一定带来经济的高增长。那些获得较高经济增长率的国家（如中国、韩国等），储蓄率、投资率都很高；而那些科技投入增长较快、研究开发经费占国内生产总值比重较高的国家并不一定伴随经济的高增长，如 1990 年以后的日本、芬兰、瑞典等。只有科技投入与固定资产投资同时持续较快增长，才能保证经济又好又快增长，这对中国来说至关重要。

（6）平均每个劳动者的收益是递增的，工资率随着固定资产投资、科技投入、人力资本这三者的增长而不断增长。而劳动者的报酬与国内生产总值的比趋于稳定，目前各国保持在 45%～60%。

（7）知识外溢问题。就科技投入占国内生产总值的比重而言，在测算期内，各国都小于 4.5%；而就科技的“收益”占国内生产总值的比重而言，在测算期内，各国都普遍大于 20%。原因在于研究开发与固定资产投资的相互作用。企业通过固定资产投资，把外部知识溢入企业内部并与其自主创新结合起来，从而大大提高了科技投入的产出效率和科技的“收益”。这与内生增长理论认为“知识内生于固定资产投资之中”的观点是一致的。

（8）人力资本的价格。人力资本价格的高低，首先取决于固定资产投资和科技投入。如果固定资产投资多（经济较为发达）、科技投入多（科技水平较高），那么人力资本的价格就高。正因为如此，人才往往流入发达地区，形成人才荟萃的“洼地”，从而使经济更快增长；而经济又好又快增长，又会有更多的固定资产投资、更多的科技投入，从而吸引更多的人才，形成循环集聚机制（姜照华，2006）。

（9）与卡尔多的结论类似，本书认为资本收益率近乎稳定，劳动和物质资本在国内生产总值中所占份额近乎稳定。

（10）目前新凯恩斯主义的 DSGE 研究取得了很大成就，但也存在的许多问题：①在 DSGE 框架中的经济增长模型基本都是新古典的 C-D 模型，很陈旧；很少有学者将罗默和卢卡斯的内生增长模型纳入动态随机一般均衡研究；②缺乏结构因素（如城镇化、工业化），缺乏科技投入、专利等创新驱动因素，缺乏金融稳定、精准扶贫、节能减排等因素；③假设各个主体的各自预期目标（效用的期望现值等）的最大化，而非所有整体的预期目标最大化；④确定参数的先验值的主观性较大。

为此，按照习近平新时代中国特色社会主义经济思想，把经济增长的共协理论、供给侧结构改革理论、创新驱动理论和有关的金融理论、收入分配理论、人口资源环境经济学理论等结合起来，构建结构转变、创新驱动和经济增长的新的DSGE模型体系，构建整体的预期效用函数，并把贝叶斯方法（后验均值）和计量经济学方法（先验值）等结合起来估计参数，进行模拟仿真和政策实验，从而分析出结构变量和创新变量的波动对经济增长与创新驱动、可持续发展的状态变量和控制变量的作用效果，从而为结构改革、创新驱动与金融稳定、精准扶贫和节能减排等的政策制定提供定量分析依据。从对中国等的DSGE分析结果看，本书的基于共协理论的结构转变、创新驱动视角的DSGE研究框架是合理的而且适用的。

# 参考文献


阿吉翁 P，霍依特 P. 2004. 内生增长理论. 陶然，等译. 北京：北京大学出版社.

白春礼. 2017. 科学谋划和加快建设世界科技强国. 中国科学院院刊，32（5）：446-452.

北京大学中国国民经济核算与经济增长研究中心. 2006. 中国经济增长报告：对外开放中的经济增长. 北京：中国经济出版社.

陈安国，饶会林. 2005. 从经济学的基本假设看现代经济学的发展. 经济问题，（1）：6-8.

陈宝森. 2002. 剖析美国“新经济”. 北京：中国财政经济出版社.

陈华. 2005. 制度对我国经济增长的作用分析. 社科纵横，（2）：66-67.

陈劲，陈钰芬. 2006. 企业技术创新绩效评价指标体系研究. 科学学与科学技术管理，（3）：86-91.

陈劲，黄海霞. 2018. 建设科技创新强国理论与实践探索. 中国科技论坛，（1）：7-15.

陈立新. 2006. 论生产要素按贡献分配是社会主义初级阶段的分配原则. 商业研究，（5）：9-11.

陈琳. 2008. 改革以来中国经济增长因素的分析及测算. 经济经纬，（3）：24-27.

陈杨林，软署芬. 2009. 我国居民消费跨期替代弹性与储蓄分析. 中国西部科技，（2）：68-68.

崔婧. 2005. 浅谈日本经济衰退的制度性原因及启示. 中共山西省委党校学报，28（4）：70-72.

崔岫，姜照华. 2011. 人力资本在中国经济增长中的贡献率. 科学学与科学技术管理，（12）：168-172.

代琳琳. 2008. 制度变迁与经济增长——基于开封市数据的检验. 河南大学硕士学位论文.

戴启秀. 2005. 从大选看德国改革困境.德国研究，（4）：35-38，79.

戴彦德，朱跃中，白泉. 2010. 中国 2050 年低碳发展之路——能源需求暨碳排放情景分析. 经济研究参考，（26）：2-22.

邓攀，李增欣. 2006. 包含制度因素的湖南省经济增长因素的实证分析. 科技情报开发与经济，（19）：115-116.

邓仕仑. 2004. 英国新公共管理运动实践特征与效应分析. 福建行政学院福建经济管理干部学院学报，（z1）：15-16.

杜红平. 2015. 创新国际化测量研究综述. 科技进步与对策，（13）：150-155.

多马 E. 1983. 经济增长理论. 郭家麟，译.北京：商务印书馆.

樊春良. 2016. 美国是怎样成为世界科技强国的. 人民论坛·学术前沿，（16）：38-47.

樊纲，王小鲁，张立文，等. 2003. 中国各地区市场化相对进程报告. 经济研究，（3）：9-18.

方在庆. 2001. 全球化对德国科技、经济竞争力的影响. 科技导报，（8）：62-64.
冯江源. 2016. 大国强盛崛起与科技创新战略变革——世界科技强国与中国发展道路的时代经验论析. 人民论坛·学术前沿，（16）：6-37.
冯梅，陈鹏. 2013. 中国钢铁产业产能过剩程度的量化分析与预警. 中国软科学，（5）：110-116.
夫子. 2004. 减税——美国前总统里根的伟大演出. 国际税收，（8）：78-79.
付才辉. 2017. 新结构经济学：一场经济学的结构革命——一种（偏）微分方程思路下内生（总量）生产函数的解读. 经济评论，3：81-103.
付娟，金菊良，魏一鸣，等. 2010. 基于遗传算法的中国清洁能源需求 Logistic 预测模型. 水电能源科学，（9）：175-178.
付敏杰. 2016. 分税制二十年：演进脉络与改革方向. 社会学研究，31（5）：215-240，245-246.
复旦大学欧洲问题研究中心. 2005. 欧盟经济发展报告. 上海：复旦大学出版社.
高萍，孙群力. 2006. 制度变迁对区域经济增长影响的实证分析——以经济体制变迁和产权制度变迁为例. 财经科学，（11）：53-60.
龚六堂. 2005. 高级宏观经济学. 武汉：武汉大学出版社.
郭路. 2006. 中国经济增长的制度分析与实证研究. 经济经纬，（1）：24-27.
国务院发展研究中心. 2012. 2020 年中国能源需求预测. 北京：研究报告.
哈罗德 R F. 1981. 动态经济学. 黄范章译. 北京：商务印书馆.
韩秀丽，左理. 2006. 包含制度创新因素的经济增长模型实证分析——以宁夏为例. 重庆工商大学学报，（A01）：39-40.
何恒远. 2006. 转型期区域差距的政治经济逻辑——基于新政治经济学的视角. 南开大学博士学位论文.
贺东伟. 2007. 经济增长、要素投入与发展战略选择——对我国经济增长的长期机制的实证分析. 西安财经学院学报，（1）：60-64.
侯为民. 2008. 双重因素约束下的中国经济增长. 中国人民大学博士学位论文.
侯永丰. 2013. 中国钢铁行业产能过剩现状及治理措施. 中国外资，（18）：169，171.
胡鞍钢，刘生龙，任皓. 2017. 中国如何成为世界科技创新强国（2015—2050）. 中国科学院院刊，（5）：474-482.
胡鞍钢，周绍杰，任皓. 2016. 供给侧结构性改革——适应和引领中国经济新常态. 清华大学学报（哲学社会科学版），31（2）：2-7.
胡灿伟. 2002. 新加坡经济快速增长　职业技术教育功不可抹. 继续教育与人事，（11）：13-15.
胡大立. 2006. 中国区域经济发展差距与民营经济发展差距的相关性分析. 上海经济研究，（2）：17-25.
胡乃义，孙家学. 2000. 技术创新与经济增长. 山东省工会管理干部学院学报，（6）：89-92.
胡神松. 2012. 我国知识产权教育与文化战略研究. 武汉理工大学博士学位论文.

胡树林. 2002. 对技术创新与我国经济增长质量的思考. 经济师，(4)：14-15.
胡西元. 2005. 试论英国布莱尔政府的“第三条道路”. 河南教育学院学报（哲学社会科学版），(4)：101-104.
胡永刚. 2002. 当代西方经济周期理论. 上海：上海财经大学出版社.
胡永远，杨胜刚. 2003. 经济增长理论的最新进展. 经济评论，(3)：74-76.
胡志坚，玄兆辉，陈钰. 2018. 从关键指标看我国世界科技强国建设——基于《国家创新指数报告》的分析. 中国科学院院刊，33（05)：471-478.
胡志宇. 2014. 英国从科技创新的视角评价战略性产业的做法及其启示. 全球科技经济瞭望，29（07)：80-84.
黄茂兴，李闽榕. 2012. 省域经济综合竞争力预测模型的选择实验与效果分析. 管理世界，(07)：1-9，53.
黄润中. 1998. 英国经济分析与启示. 中国人民大学硕士学位论文.
黄永兴. 2007. 中国经济增长因素的计量分析. 安徽工业大学学报：自然科学版，(1)：122-126.
黄 V W，霍洛维茨 G. 2015. 硅谷生态圈：创新的雨林法则. 诸葛越，等译. 北京：机械工业出版社.
姜照华. 2003. 知识进展、制度创新与经济增长理论. 科学学与科学技术管理，(11)：46-48.
姜照华. 2004. 中国区域经济增长因素分析. 大连大学学报，(5)：66-69.
姜照华. 2006. 科技进步与经济增长的分配理论——对十五个国家的测算. 科学学与科学技术管理，(9)：113-118.
姜照华，马娇. 2018. 结构性改革和创新驱动对中国经济增长作用的 DSGE. 工业技术经济，11：3-11.
姜照华，王青芳. 2008. 分配理论与经济学的三个假设. 科技创新导报，(2)：115-116.
姜照华，刘则渊，丛婉，等. 2012a. 科技进步与中国经济发展方式转型优化分析——共生理论的视角. 科学学研究，(12)：1802-1809.
姜照华，刘建华，等. 2012b. 区域创新与生态效率革命. 北京：科学出版社.
姜照华，刘建华，刘爽，等. 2014. 创新驱动增长模式的共协理论分析：以中兴通讯为例. 科技管理研究，(9)：1-5.
姜忠辉，边伟军. 2004. 制度变迁对山东省经济增长的影响分析. 生产力研究，(9)：95-97.
蒋雨亭. 2017. 我国商业银行的金融创新、绩效增长与金融监管. 东北财经大学博士学位论文.
杰文斯 W S. 1997. 政治经济学原理. 郭大力，译. 北京：商务印书馆.
金光锡，朴峻卿. 1981. 韩国经济高速增长因素. 北京：新华出版社.
金森久雄. 1980. 日本经济增长讲话. 萧明伟，译. 北京：中国社会科学出版社.
金玮. 2008. 西部制度变迁对经济增长的贡献研究——基于西部六省 1978～2004 年宏观经济制度变迁的实证研究. 西北大学博士学位论文.
金玉国. 2001. 宏观制度变迁对转型时期中国经济增长的贡献. 财经科学，(2)：24-28.

景跃军，王晓峰. 2006. 美国三次产业结构现状及未来趋势变动分析. 东北亚论坛，15（1）：111-115.
卡马耶夫. 1983. 经济增长的速度和质量. 陈华山，等译. 武汉：湖北人民出版社.
凯恩斯 J M. 2009. 就业、利息和货币通论. 陆梦龙，等译. 北京：中国社会科学出版社.
科恩 E L. 1989. 教育经济学. 王玉昆等，译. 上海：华东师范大学出版社.
克鲁格曼. 2019. 克鲁格曼经济学原理. 4 版. 赵英军译. 北京：中国人民大学出版社.
柯武刚，史漫飞. 2000. 制度经济学：社会秩序与公共政策. 北京：商务印书馆.
科斯 R. 1998. 社会成本问题. 盛洪，陈郁译. 上海：上海三联书店.
科斯 R，阿尔钦 A，诺斯 D. 1994. 财产权利与制度变迁. 林毅夫，译. 上海：上海三联书店，上海人民出版社.
联合国. 2019. 2019 年世界人口展望报告. 纽约.
李伯涛. 2005. 内生创新增长理论评介. 中国人民大学硕士学位论文.
李怀，赵万里. 2007. 中国非公有制经济发展的战略创新. 首都经贸大学学报，（6）：39-46.
李怀，姜照华，姜朝妮. 2013. 经济增长模型演化的知识图谱分析与共生理论：对日本的测算. 哈尔滨商业大学学报（社会科学版），（6）：3-14.
李怀，姜照华，等. 2018. 钢铁产业产能过剩的原因与解决措施. 东北财经大学研究报告.
李怀，姜照华，等. 2019. 国有企业降杠杆与经济增长率的区间. 东北财经大学研究报告.
李怀，王冬，吕延方. 2011. 中国产业整合趋势、机理及其绩效分析——基于 2003—2008 年上市企业并购案例的微观视角. 宏观经济研究，（10）：27-39.
李建设，王行佳. 2009. 基于路径依赖理论的企业文化变革. 大连海事大学学报（社会科学版），（3）：49-52.
李金铠. 2009. 中国未来能源需求预测与潜在危机. 财经问题研究，（2）：16-21.
李京文. 1992. 生产率与中国经济增长的研究（1953—1990 年）. 数量经济技术经济研究，（1）：66-70.
李克强. 2018-03-23 . 政府工作报告——二〇一八年三月五日在第十三届全国人民代表大会第一次会议上. 人民日报，第 1 版.
李克强. 2019-03-17. 政府工作报告——二〇一九年三月五日在第十三届全国人民代表大会第二次会议上. 光明日报，第 1 版.
李萍，高楠. 2009. 解析中国经济增长之谜：技术进步及其贡献——基于结构方程的测算. 天府新论，（4）：54-57.
李婷，周小亮. 2018. 科技强国战略下海上丝绸之路核心区科研人员流动机制创新的路径研究. 发展研究，（7）：102-107.
李晓娣. 2004. 新加坡经济振兴与衰退的原因及启示. 当代财经，（9）：87-90.
李燕萍，刘金璐，洪江鹏，等. 2019. 我国改革开放 40 年来科技人才政策演变、趋势与展望——

基于共词分析法. 科技进步与对策，36（10）：108-117.

李占风. 2005. 湖北省经济增长模型及实证分析. 中南财经政法大学学报，（1）：61-64.

林毅夫. 2002. 发展战略、自生能力和经济收敛. 经济学（季刊），（1）：269-300.

林毅夫. 2018. 新结构经济学. 北京：北京大学出版社.

林毅夫，刘培林. 2003. 经济发展战略对劳均资本积累和技术进步的影响——基于中国经验的实证研究. 中国社会科学，（4）：18-32.

林毅夫，蔡昉，李周. 1993. 论中国经济改革的渐进式道路. 经济研究，（9）：3-11.

林毅夫，蔡昉，李周. 1994. 中国的奇迹：发展战略与经济改革. 上海：上海三联书店.

林毅夫，蔡昉，李周. 1999. 比较优势与发展战略——对“东亚奇迹”的再解释. 中国社会科学，（5）：4-20.

刘盖. 2017. 科技强国路径机制探析——以知识产权保护为视角. 安徽科技，（1）：30-31.

刘赣州. 2003. 中国经济增长中资本配置效率的实证分析. 山东财政学院学报，（6）：24-28.

刘赣州. 2006. 论西方经济学的收入分配研究范式的演变及启示. 经济纵横，（6）：46-49.

刘晗. 2013. 宪法修正案与“法外修宪”：美国宪政变迁研究. 清华法治论衡，（2）：200-214.

刘鹤. 2013. 两次全球大危机的比较研究. 北京：中国经济出版社.

刘建华，姜照华. 2015. 基于共协理论的创新驱动—投资互动的中国经济转型战略. 科学学与科学技术管理，（2）：25-33.

刘建华，姜照华，等. 2016. 新常态下的创新驱动与转型升级：以河南省为例. 北京：科学出版社.

刘宛晨. 2005. 新制度经济学视角下的公有产权变革公平与效率问题研究. 湖南大学博士学位论文.

刘伟. 2006a. 中国经济增长报告（2006）. 北京：中国经济出版社.

刘伟. 2006b. 经济发展和改革的历史性变化与增长方式的根本转变. 经济研究，（1）：4-10.

刘伟. 2010. 从需求管理到供给管理：中国经济增长报告 2010. 北京：中国发展出版社.

刘伟. 2013. 促进经济增长均衡与转变发展方式. 学术月刊，（2）：70-81.

刘伟. 2017. 坚持新发展理念 建设中国特色社会主义现代化经济体系. 中国高校社会科学，（6）：13-18.

刘伟，李绍荣. 2001. 所有制变化与经济增长和要素效率提升. 经济研究，（1）：3-9.

刘伟，张辉. 2008. 中国经济增长中的产业结构变迁和技术进步. 经济研究，（11）：4-15.

刘霞辉. 2014. 供给侧结构性改革助推中国经济增长——2015 年宏观经济分析及思考. 学术月刊，（4）：54-62.

刘勇. 2005. 中国经济周期波动与政策选择. 西北大学硕士学位论文.

刘云，叶选挺，杨芳娟，等. 2014. 中国国家创新体系国际化政策概念、分类及演进特征——基于政策文本的量化分析. 管理世界，（12）：62-69.

刘则渊. 1998. 知识经济学和知识价值观. 中国科技论坛，（5）：36-39.

柳美君，李伟平，王元地. 2015. 技术创造-扩散网络对比研究——基于省际 2008—2012 年高校数据. 中国科技论坛，（12）：101-107.

柳卸林，丁雪辰，高雨辰. 2018. 从创新生态系统看中国如何建成世界科技强国. 科学学与科学技术管理，39（3）：3-15.

娄伟. 2018. 科技强国的典型特征及其分析. 科技导报，36（21）：69-75.

卢现祥. 1996. 西方新制度经济学. 北京：中国发展出版社.

马克卢普 F. 2007. 美国的知识生产与分配. 孙耀君，译. 北京：中国人民大学出版社.

马克思 K. 1978. 机器、自然力和科学的应用. 中国科学院自然科学史研究所，译. 北京：人民出版社.

马歇尔 A. 1981. 经济学原理. 朱志泰，译. 北京：商务印书馆.

马利军. 2010. 对制度影响经济长期增长的重新测算——基于中国的实证研究. 当代经济，（13）：140-143.

马文秀，陈卫华. 2000. 日本的经济增长与产业结构调整. 日本问题研究，（4）：9-13.

毛勇. 2002. 新加坡经济迅速发展的原因. 东南亚纵横，（6）：10-13.

莫纪宏. 2010. 论宪法与基本法律的效力关系. 河南社会科学，（5）：8-12.

穆荣平，樊永刚，文皓. 2017. 中国创新发展：迈向世界科技强国之路. 中国科学院院刊，32（5）：512-520.

诺斯 D C. 1994. 制度、制度变迁与经济绩效. 刘守英，译. 上海：上海三联书店.

诺斯 D C，托马斯 R P. 2009. 西方世界的兴起. 历以平，蔡磊，译. 北京：华夏出版社.

普赖尔 F. 2004. 美国资本主义的未来. 黄胜强，等译. 北京：中国社会科学出版社.

蒲小川. 2007. 中国区域经济发展差异的制度因素研究. 复旦大学博士学位论文.

钱德勒 A D，哈格斯特龙 P，瑟尔韦 O. 2005. 透视动态企业：技术、战略、组织和区域的作用. 吴晓波，耿帅，译. 北京：机械工业出版社.

乔根森 D W. 2001a. 生产率第 1 卷：战后美国经济增长. 李京文，等译. 北京：中国发展出版社.

乔根森 D W. 2001b. 生产率第 2 卷：经济增长的国际比较. 李京文，等译. 北京：中国发展出版社.

乔根森 D W，钟学义. 1989. 日本和美国的生产率和经济增长. 数量经济技术经济研究，（4）：74-78.

秦宝庭，吴景曾. 1999. 知识与经济增长. 北京：科学技术文献出版社.

屈文洲，谢雅璐，叶玉妹. 2011. 信息不对称、融资约束与投资—现金流敏感性——基于市场微观结构理论的实证研究. 经济研究，（6）：105-117.

撒切尔 M. 1998. 通往权力之路——撒切尔夫人自传. 本书编译组译. 北京：当代世界出版社.

萨缪尔森 P A，诺德豪斯 W D. 1992. 经济学. 十二版. 高鸿业，等译. 北京：中国发展出版社.

萨缪尔森 PA，诺德豪斯 WD. 1999. 经济学. 十六版. 萧琛，等译. 北京：华夏出版社.
沈坤荣. 2003. 新增长理论与中国经济增长. 南京：南京大学出版社.
沈坤荣，周密. 2013. 经济增长理论与中国经济增长——沈坤荣教授访谈. 学术月刊，(6)：173-176.
盛昭瀚，朱乔，吴广谋. 1996. DEA 理论，方法与应用. 北京：科学出版社.
斯密 A. 1972. 国民财富的性质和原因的研究. 郭大力，等译. 北京：商务印书馆.
斯密德 A. 1999. 财产、权力和公共选择——对法和经济学的进一步思考. 黄祖辉，等译. 上海：上海人民出版社.
史清琪，秦宝庭，陈警，等. 1988. 以生产函数为基础的技术进步模型. 软科学研究方法，(2)：3-9.
宋冬林，赵新宇. 2005. 制度因素对经济增长影响的实证分析——以吉林省为例. 经济纵横，(1)：64-66.
宋冬林，王林辉，董直庆. 2011. 资本体现式技术进步及其对经济增长的贡献率（1981—2007）. 中国社会科学，(2)：91-106.
宋家第，汤兵勇. 1992. 科技进步作用测算的一种新方法. 系统工程理论与实践，(5)：26-31.
苏敬勤，任禹霏，姜照华. 2019. 颠覆性技术的市场占有率的科学计量学和专利计量学分析. 大连理工大学研究报告.
孙明高，吴育华. 2004. 科技进步在社会进步与经济增长中的作用. 科学管理研究，(5)：76-78.
孙秀林，周飞舟. 2013. 土地财政与分税制：一个实证解释. 中国社会科学，(4)：40-59，205.
孙玉涛，国容毓. 2018. 世界科学活动中心转移与科学家跨国迁移——以诺贝尔物理学奖获得者为例. 科学学研究，36（7)：1161-1169.
索洛 R. 1989. 经济增长论文集. 北京：北京经济学院出版社.
汤浅光朝. 1984. 科学文化史年表. 张利华，译. 北京：科学出版社.
畠山武道，曲阳. 2005. 美国环境法的动向. 全国外国法制史，(7)：510-520.
王洪庆，朱荣林. 2004. 制度变迁对河南省经济增长贡献的实证分析. 生产力研究，(10)：90-91.
王立国，韩国高. 2013. 化解产能过剩矛盾 简政放权后须有配套的制度建设和改革措施. 中国投资，(S2)：5-6
王立国，王晓姝，付扬. 2012. 铝工业行业产能过剩成因及治理对策研究. 宏观经济研究，(8)：9-17，25.
王洛林，牛凤瑞. 2005. 中国战略机遇期的经济发展研究报告（2005—2020）. 北京：社会科学文献出版社.
王敏正. 2008. 论经济增长模型内生性逻辑及其启示. 思想战线，(3)：105-109.
王勤. 2001. 新加坡经济的衰退及政府的对策. 东南亚南亚研究，(4)：21-25.
王全在. 2005. 德国社会福利保障考察. 内蒙古财经学院学报（综合版)，(2)：82-84.

王瑞泽，陈德山. 2006. 经济增长模型中的制度变量及其代理变量的选择：一个文献综述. 山东经济，（2）：14-18.
王圣元，陈万明，周蔓. 2016. 供给侧改革中的人力资本结构优化研究. 工业技术经济，（11）：18-22.
王守杰，李炜. 2005. 大国崛起的逻辑：社会和谐与经济增长——英、德两大国崛起的启示. 世界经济与政治论坛，（3）：8-13.
王维国，杜修立. 2005. 新经济增长理论、新制度经济学与经济增长的收敛性——中国经济增长的经验分析.统计与信息论坛，（4）：5-9.
王文宾. 2009. 演化博弈论研究的现状与展望. 统计与决策，（3）：158-161.
王文博，陈昌兵，徐海燕. 2002. 包含制度因素的中国经济增长模型及实证分析. 当代经济科学，（2）：33-37.
王鑫鳌，姚士蓉. 2001. 狮城沧桑——新加坡经济飞速发展浅探. 小城镇建设，（10）：54-55.
沃尔夫 C. 1994. 市场或政府——权衡两种不完善的选择/兰德公司的一项研究. 谢旭，译. 北京：中国发展出版社.
吴建国. 2006. 基于资本—制度—劳动力因素的长沙市经济增长模型. 统计与决策，（18）：91-92.
吴敬琏，李剑阁. 1988. 经济体制改革的目标和战略. 前线，（8）：3-6.
吴蔚. 1999. 美国经济增长方式分析. 世界经济，（12）：69-74.
吴易风. 1999. 西方经济学. 北京：中国人民大学出版社.
吴易风. 2005. 当代西方经济学流派与思潮. 北京：首都经济贸易大学出版社.
伍仁行. 1988. 经济增长理论. 经济研究参考资料.
习近平. 2016. 为建设世界科技强国而奋斗——在全国科技创新大会、两院院士大会、中国科协第九次全国代表大会上的讲话. 北京：人民出版社.
习近平. 2017. 决胜全面建成小康社会 夺取新时代中国特色社会主义伟大胜利——在中国共产党第十九次全国代表大会上的报告. 北京：人民出版社.
熊彼特 J. 1990. 经济发展理论. 杜贞旭，等译. 北京：商务印书馆.
徐四伟. 2005. 物业税制度研究. 厦门大学博士学位论文.
徐志平. 2006. 大连人力资本与经济增长实证研究. 大连理工大学硕士学位论文.
许莉. 2009. 环境因素内生的中国经济增长分析. 大连理工大学硕士学位论文.
许治. 2002. 从制度变迁周期看经济增长. 经济问题探索，（8）：8-11.
玄兆辉，曹琴，孙云杰. 2018. 世界科技强国内涵与评价指标体系. 中国科技论坛，（12）：28-34，51.
姚洋. 2018. 发展经济学. 北京：北京大学出版社.
杨名，姜照华. 2006. 日本式经济增长轨迹成因分析与展望. 经济与管理研究，（3）：82-85.
杨晓萍. 2006. 中国经济增长因素的实证分析.内蒙古农业大学学报（社会科学版），（3）：27-29.

杨雪，顾新，王元地. 2015. 企业外部技术搜寻平衡研究——基于探索-开发的视角. 科学学研究，（06）：109-116.

杨友才. 2015. 制度变迁、路径依赖与经济增长的模型与实证分析——兼论中国制度红利. 山东大学学报哲学社会科学版，（4）：141-150.

叶飞文. 2004. 要素投入与中国经济增长. 北京：北京大学出版社.

叶飞文. 2005. 关于中国经济长期长路径的研究. 投资研究，（5）：21-26.

殷桐生. 2001. 德国经济与“德国病”. 国际论坛，（2）：66-69.

于国安. 2003. 新加坡经济发展的成功经验及有关问题的进一步思考. 经济研究参考，（70）：31-41.

于立，王建林. 2008. 纵向价格双轨制：“电荒”的经济分析与出路. 中国工业经济，（10）：43-52.

俞安军，韩士专，张顺超. 2007. 利用 C-D 函数测算中国经济增长的质量及方式. 统计与决策，（24）：48-49.

袁嘉新. 1991. 探讨测算科技进步在经济增长中的贡献份额. 中国软科学，（1）：31-34.

袁旭梅，蔡书文，王伟，等. 2018. 高新技术产业协同创新系统建模与仿真. 科技进步与对策，35（4）：63-71.

曾永章. 2007. 后凯恩斯主义经济增长理论述评. 云南大学硕士学位论文.

张钢. 2003. 英国的新公共管理运动与公共部门研究的范式转换. 自然辩证法通讯，（1）：44-50.

张国强，温军，汤向俊. 2011. 中国人力资本、人力资本结构与产业结构升级. 中国人口•资源与环境，（10）：138-146.

张军. 2006. 政府转型、政治治理与经济增长：中国的经验. 云南大学学报（社会科学版），（4）：35-40.

张雷. 2007. 韩国经济增长中的科学技术、教育因素分析. 大连理工大学硕士学位论文.

张舒雅. 2014. 对中国经济双轨制改革的思考. 经济师，（1）：67-70.

张五常. 2000. 经济解释. 北京：商务印书馆.

张雄林. 2006. 知识集聚研究. 天津大学博士学位论文.

张永凯，陈润羊. 2013. 世界科技强国科技政策的趋同趋势及我国的应对策略. 科技进步与对策，30（2）：108-111.

张勇，侯桃. 2005. 西方发达国家劳动就业的比较研究及其启示. 当代财经，（3）：22-27.

张志强. 2017. 洞察科技发展趋势，支撑科学发展决策——《世界科技研究与发展》2017 年卷首语. 世界科技研究与发展，39（1）：1-2.

张志强，田倩飞，陈云伟. 2018. 科技强国主要科技指标体系比较研究. 中国科学院院刊，33（10）：1052-1063.

章安平. 2005. 内含制度因素的中国经济增长模型及实证分析. 统计与决策，（12）：8-11.

章登义，欧阳黜霏，吴文李. 2014. 针对时间序列多步预测的聚类隐马尔科夫模型. 电子学报，

42（12）：2359-2364.

赵红洲. 1984. 科学能力学引论. 北京：科学出版社.

赵秋运，王勇. 2017. 新结构经济学的理论溯源与进展——庆祝林毅夫教授回国从教 30 周年. 财经研究，3：3-40.

赵志耘，吕冰洋，郭庆旺，等. 2007. 资本积累与技术进步的动态融合：中国经济增长的一个典型事实. 经济研究，（11）：18-31.

郑春荣，伍慧萍. 2014. 德国蓝皮书：德国发展报告（2014）. 北京：社会科学文献出版社.

朱保华. 1999. 新经济增长理论. 上海：上海财经大学出版社.

朱兵，张廷龙. 2010. 产业集群知识共享机制的演化博弈分析. 科技与经济，（2）：48-50.

朱勇. 1999. 新增长理论. 北京：商务印书馆.

卓越. 2006. 英国新公共管理运动的理论与实践. 新视野，（6）：72-74.

邹至庄. 2000. 21 世纪初的中国经济改革与政策. 中国外资，（11）：14-16.

邹至庄，刘满强. 1995. 中国的资本形成与经济增长. 数量经济技术经济研究，（3）：35-43.

Adner R，Kapoor R. 2010. Value creation in innovation ecosystems：How the structure of technological interdependence affects firm performance in new technology generations. Strategic Management Journal，31（3）：306-333.

Aghion P，Howitt P. 1998. Market structure and the growth process. Review of Economic Dynamics，1（1）：276-305.

Ahmed Z Z，Wilder P S. 2001. Multifactor productivity trends in manufacturing industries，1987-96. Monthly Labor Review，124（6）：3-12.

Ahn K. 2003. Are East Asian economies dynamically efficient? Journal of Economic Development，28（1）：101-110.

Alesina A. 1988. Credibility and policy convergence in a two-party system with rational voters. American Economic Review，78（4）：796-805.

Ali A. 1997. Economic freedom，democracy and growth. Journal of Private Enterprise，13（1）：1-20.

Arrow K J. 1962. The economic implications of learning by doing. Review of Economic Studies，29（80）：155-173.

Asian Productivity Organization. 2004. Total factor productivity growth：Survey report. Tokyo：Asian Productivity Organization.

Barnard H，Cantwell J. 2007. World investment report 2005：Transnational corporations and the internationalization of R&D，United Nations Conference on Trade and Development，United Nations，New York and Geneva（2005）. Research Policy，36（8）：1288-1291.

Barro R J. 1980. A capital market in an equilibrium business cycle model. Econometric Society，48（6）：1393-1417.

Barro R J. 1996. Democracy and growth. Journal of Economic Growth，1（1）：1-27.

Barro R，Lee J W. 1997. International measures of schooling years and schooling quality. American Economic Review，Papers and Proceedings，86（2）：218-223.

Bayhaqi A. 2000. Education and macroeconomic performance in Indonesia：A comparison with other ASEAN economies. Institute of Southeast Asian Studies.

Ben-David D，Loewy M B. 1998. Free trade，growth，and convergence. Journal of Economic Growth，3（2）：143-170.

Berthold N，Fehn R. 2003. Unemployment in Germany：Reasons and remedies. CESifo Working Paper，（2）.

Boskin M J，Lau L J. 1990. Post-war economic growth in the Group-of-Five Countries：A new analysis. Working paper，3521，NBER，Cambridge MA.

Burridge P，Wallis，Kenneth F. 1988. Prediction theory for autoregressive moving average processes. Econometric Reviews，7（1）：65-95.

Campagne B，Poissonnier A. 2018. Structural reforms in DSGE models：Output gains but welfare losses. Economic Modelling，（75）：397-421.

Cannone D，Bartolo N，Matarrese S，et al. 2014. Perturbative unitarity of inflationary models with features. Physical Review D Particles，5（6）：128-135.

Carter N，Klein R，Day P. 1992. How organizations measure success：The use of performance indicators in government. London：Rout ledge.

Charles River Associates Ltd. 2003. Innovation policies in Singapore，and applicability to New Zealand. Ministry of Economic Development Wellington.

Chesbrough C E，Quinn J B. 2004. Open innovation：The new imperative for creating and profiting from technology. Journal of Engineering & Technology Management，21（3）：241-244.

Chuang Y C. 1998. Learning by doing，the technology gap，and growth. International Economic Review，39（39）：697-721.

Cohen W M，Levinthal D A. 1989. Innovation and learning：The two faces of R&D. Economic Journal，99（397）：569-596.

Compton R A，Giedeman D C，Hoover G A. 2013. A distributional analysis of the benefits of economic freedom. European Journal of Political Economy，33（1）：121-133.

Cororaton B C. 2002. Technological innovations in Japan and S&T experiences in the Philippines：Drawing policy lessons for the Philippines. Philippine Institute for Development Studies Discussion Paper Series.

Crafts N. 1996. Deindustrialisation and Economic Growth. Economic Journal，12（8）：234-241.

Crafts N. 1999. Economic growth in the twentieth century. Oxford Review of Economic Policy，（4）：

4-41.

Davies M. 1995. A thousand years of science and scientists：988 to 1988. History of Science，（33）：239-251.

Dawson J W. 1998. Institutions，investment，and growth：New cross-country and panel data evidence. Economic Inquiry，36（4）：603-619.

Denison E F. 1962. The sources of economic growth in the United States and the alternatives before us. Committee for Economic Development.

Denison E F，Chung W K. 1976. How Japan's Economy Grew So Fast：The Sources of Postwar Expansion. Washington，D. C.：The Brookings Institution.

Dodzin S，Vamvakidis A. 1999. Trade and industrialization in developingagricul-tural economies. Washington，DC：IMF Working Paper 99/145.

Easton S T，Walker M A. 1997. Income，growth，and economic freedom. American Economic Review，87（2）：328-332.

Eicher T S，Turnovsky S J. 1999. Non-scale models of economic growth. Economic Journal，109（457）：394-415.

Ethier W J. 1982. National and international returns to scale in the model theory of international trade. American Economic Review，72（3）：389-405.

Farnham D，Horton S. 1996. Managing the New Public Services. London：Macmillan.

Friedman M. 1948. A monetary and fiscal framework for economic stability. American Economic Review：38（3）：245-264.

Funke M，Kirkby R，Mihaylovski P. 2018. House prices and macroprudential policy in an estimated DSGE model of New Zealand. Journal of Macroeconomics，（56）：152-171.

Further Education Funding Council. 1998. Post-school education and training in Singapore：International report from the inspectorate September 1998.

Friedman M，Laidler D. 2010. Trade-offs in monetary policy//Leeson R. David Laidler's Contributions to Economics. Basingstoke：Palgrave Macmillan UK.

Gallegati M，Giri F，Palestrini A. 2019. DSGE model with financial frictions over subsets of business cycle frequencies. Journal of Economic Dynamics and Control，（100）：152-163.

Gaspar J，Vasconcelos P B，Afonso O. 2014. Economic growth and multiple equilibria：A critical note. Economic Modeling，36（36）：157-160.

Geishecker I，Görg H. 2004. Investment by German firms abroad—unpatriotic? Economic Bulletin，41（11）：407-410.

Gelfer S. 2019. Data-rich DSGE model forecasts of the great recession and its recovery. Review of Economic Dynamics，（32）：18-41.

Gleick P. 2008. Water conflict chronology. https：//www.worldwater.org.

Grossman G M，Helpman E. 1991. Innovation and Growth in the Global Economy. Cambridge，MA：Mit Press.

Guy P B. 2001. The Future of Governing：Four Emerging Models（2ND）. Kansas：University Press of Kansas.

Hagen J V，Strauch R R. 2001. German public finances：Recent experiences and future challenges. Zei Working Papers.

Hasumi R，Iiboshi H，Nakamura D. 2018. Trends，cycles and lost decades：Decomposition from a DSGE model with endogenous growth. Japan and the World Economy，（46）：9-28.

He Q，Liu F G，Qian Z X，et al. 2017. Housing prices and business cycle in China：A DSGE analysis. International Review of Economics & Finance，52（02）：246-256.

Hendricks L. 2000. Equipment investment and growth in developing countries. Journal of Development Economics，61（2）：335-364.

Hibbs D A. 1977. Political parties and macroeconomic policy. American Political Science Review，71（71）：1467-1487.

Hosoya K. 2012. Growth and multiple equilibria：A unique local dynamics. Economic Modelling，29（5）：1662-1665.

Jones C I. 1994. Economic growth and the relative price of capital. Journal of Monetary Economics，34（3）：359-382.

Jones C I. 1995a. Time series test of endogenous growth models. Quarterly Journal of Economics，110（2）：495-525.

Jones C I. 1995b. R&D-Based models of economic growth. Journal of Political Economy，103（4）：759-784.

Jones C I and Williams J C. 1998. Measuring the social return to R&D. Quarterly Journal of Economics，113（4）：1119-1135.

Jorgenson D W. 1996. Technology in growth theory. Conference Series. Federal Reserve Bank of Boston：45-89.

Jorgenson D W. 2000. Raising the speed limit：US economic growth in the information age. Brookings Papers on Economic Activity，3（2）：125-130.

Jorgenson D W，Goettle R J，Ho M S，et al. 2008. U. S. labor supply and demand in the long run. Journal of Policy Modeling，30（4）：603-618.

Jorgenson D W，Gollop P M，Fraumeni B M. 1987. Productivity and U. S. economic growth. Cambridge，MA：Harvard University Press.

Jovanovic B. 1997. Learning and Growth// Kreps D，Wallis K，eds. Advances in Economics and

Econometrics：Theory and Applications. Cambridge：Cambridge University Press.

Jurajda S，Mitchel J. 2001. Markets and growth. SSRN Electronic Journal. DOI：10. 2139/ssrn. 277136.

Kaihatsu S，Kurozumi T. 2014. What caused Japan's great stagnation in the 1990s? Evidence from an estimated DSGE model. Journal of the Japanese and International Economies，（34）：217-235.

Kim J I，Lau L J. 1994a. The sources of economic growth of the East Asian newly industrialized countries. Journal of the Japanese & International Economies，8（3）：235-271.

Kim J I，Lau L J. 1994b. The sources of economic growth of the newly industrialized countries on the pacific rim. Proceedings of the Economic Development of ROC and the Pacific Rim in the 1990s and beyond：61-103.

Kim J I，Lau L J. 1995. The role of human capital in the economic growth of the East Asian newly industrialized countries. Asia-Pacific Economic Review，1（3）：3-22.

Kitchin J. 1923. Cycles and trends in economic factors. Review of Economics & Statistics，5（1）：10-16.

Knack S，Keefer P. 1995. Institutions and economic performance：Cross-country tests using alternative institutional measures. Economics & Politics，7（3）：207-227.

Kormendi R C，Meguire P G. 1985. Macro-economic determinants of growth：Cross-Country evidence. Journal of Monetary Economics，16（2）：141-163.

Kuhlmann A. 2006. German Productivity. A reassessment via the new IFO productivity database. IFO Working Paper.

Kydland F E，Prescott E C. 1982. Time to build and aggregate fluctuations. Econometrica，50（6）：1345-1370.

Kydland F E，Prescott E C. 1990. Business cycles：Real facts and a monetary myth. Quarterly Review：3-18.

Lau L J. 2003. The sources of East Asian economic growth revisited. Cornell University：6-7.

Lee B K. 2004. Measuring total factor productivity：Survey report. Tokyo：Asian Productivity Organization.

Lee J W. 1995. Capital goods imports and long-run growth. Journal of Development Economics，48（1）：91-110.

Letty Yan-Yee Kwan，Chi-yue Chiu. 2015. Country variations in different innovation outputs: The interactive effect of institutional support and human capital. Journal of Organizational Behavior，Special Issue：Contextualizing Creativity and Innovation Across Cultures，36（7）:1050-1070.

Lim D. 1996. Explaining Economic Growth：A New Analytical Framework. Cheltenham，Glos：Edward Elgar Publishing.

Liu S Q，Qian Q，Zhao D W，et al. 2019. Algorithm of financial stability index based on structural reform. Lisbon：29th EBES Conference.

Logeay C，张娜. 2005. 对劳动力市场制度及失业问题的最新研究. 经济资料译丛，(1)：75-82.

Lucas R E. 1975. An equilibrium model of the business cycle. Journal of Political Economy，83（6）：1113-1144.

Lucas R E. 1988. On the mechanics of economic development. Journal of Monetary Economics，22（1）：3-42.

Maddison A. 2001. The World Economy：Historical Statistics. Paris：OECD Publishing.

Mani S. 2000. Policy Instrument for Stimulation R&D in the Enterprise Sector：Second Annual Global Development Network Conference（GDN2000）：6，25.

Mankiw N G，Romer D，Weil D N. 1992. A contribution to the empirics of economic growth. The Quarterly Journal of Economics，107（2）：407-437.

Massey A. 1997. Globalization and marketization of government services：Comparing contemporary public sector developments. New York：St. Martin's Press.

Matei M M，Aldea A. 2012. Ranking national innovation systems according to their technical efficiency. Procedia - Social and Behavioral Sciences，62（1）：968-974.

Mauro P. 1995. Corruption and growth. Quarterly Journal of Economics，110（3）：681-712.

Michael S. 2005. Japanese macroeconomic dilemmas：The implications of demographics for growth and stability. The Journal of Japanese Studies，31（2）：5-9.

Mitsubishi Research Institute. 2001. Outlook for Japan's economy 2000. Japan：Mitsubishi Research Institute.

Nicholas C，Gianni T. 1996. Economic Growth in Europe Since 1945. London：Cambridge University Press.

Niu T，Yao X L，Shao S，et al. 2018. Environmental tax shocks and carbon emissions：An estimated DSGE model. Structural Change and Economic Dynamics，（47）：9-17.

Nordhaus W D. 1975. The political business cycle. Review of Economic Studies，42（2）：169-190.

Omri A. 2013. $CO_2$，emissions，energy consumption and economic growth nexus in MENA countries：Evidence from simultaneous equations models. Energy Economics，40（2）：657-664.

Peretto P F. 1998. Technological change，market rivalry，and the evolution of the capitalist engine of growth. Journal of Economic Growth，3（1）：53-80.

Pigou A C. 1999. The Economics of Welfare. Beijing：China Social Sciences Publishing House.

Popescu S. 2014. Nonlocality beyond quantum mechanics. Nature Physics，10（4）：264-270.

Rass M，Dumbach M，Danzinger F，et al. 2013. Open innovation and firm performance：the mediating role of social capital. Creativity and innovation management，22（2）：177-194.

Reddiick C G. 2004. An empirical examination of revenue forecasting techniques in local governments. Municipal Finance Journal，winter：25-48.

Romer P M. 1986. Increasing returns and long-run growth. Journal of Political Economy，94（5）：1002-1037.

Romer P M. 1987. Growth based on increasing returns due to specialization. American Economic Review，77（2）：56-62.

Romer P M. 1990. Endogenous technological change. Journal of Political Economy，98（5）：71-102.

Sacha G. 2019. Data-rich DSGE model forecasts of the great recession and its recovery. Review of Economic Dynamics，3（2）：18-41.

Samuelson P A. 1939. Interactions between the multiplier analysis and the principle of acceleration. Review of Economics and Statistics，21（2）：75-78.

Samuelson P A. 1992. Factor-price equalization by trade in joint and non-joint production. Review of International Economics，1（1）：1-9.

Scully G W. 1988. The institutional framework and economic development. Journal of Political Economy，96（3）：652-662.

Sheshinski E. 1967. Optimal accumulation with learning by doing. Essays on the theory of optimal economic growth.

Siong Hook Law，Thong Cheen Lim，Normaz Wana Ismail. 2013. Institutions and economic development：A Granger causality analysis of panel data evidence. Economic Systems，（37）：610-624.

Smets F，Wouters R. 2007. Shocks and frictions in US business cycles：A Bayesian DSGE Approach. American Economic Review，97：586-606.

Smitka M. 2005. The analysis of swelling soil hazard control in the Three Gorges Reservoir Region. Disaster & Control Engineering，31（4）：407-413.

Solow R M. 2000. Toward a macroeconomics of the medium run. Journal of Economic Perspectives，14（1）：151-158.

Soon Teck Wong，Benson Sim Soon Seng. 1997. Department of statistics，Singapore，total factor productivity growth in Singapore：Methodology and trends. Capital Stock Conference，7：3.

Steliana Sandua ，Bogdan Ciocanelb. 2014. Impact of R&D and innovation on high-tech export. Procedia Economics and Finance，15：80-90.

Stokey N L. 1988. Learning-by-doing and the introduction of new goods. Journal of Political Economy，96（4）：701-717.

Spitznagel E. 2003. Hours and volume of work in Germany. Paris group meeting.

Uzawa H. 1965. Optimal technical change in an aggregate model of economic growth. International Economic Review，6（1）：18-31.

Wang Y，Yao Y. 2001. Sources of China's economic growth，1952-1999：Incorporating human capital accumulation. China Economic Review，14（1）：32-52.

Wong S T，Sim B. 1997. Total factor productivity growth in Singapore：Methodology and trends. Capital Stock Conference，（4）：1-8.

Young A. 1991. Learning by doing and the dynamic effects of international trade. Quarterly Journal of Economics，106（2）：369-405.

Young A. 1998. Growth without scale effects. Journal of Political Economy，106（1）：41-63.

Young A. 2000. Gold into base metals：Productivity growth in the People's Republic of China during the reform period. NBER working papers 7856.

Young A. 2003. Gold into base metals：Productivity growth in the People's Republic of China during the reform period. Journal of Political Economy，111（6）：1220-1261.

Yuasa M. 1962. Center of scientific activity：Its shift from the 16th to the 20th century. Japanese Studies in the History of Science，1（1）：57-75.

Zifcak S. 1994. New Managerialism：Administrative Reform in Whitehall and Canberra. Buckingham：Open University Press.

Zou Z Z. 2000. China's economic reform and policies at the beginning of the 21st Century. Foreign Investment in China，（11）：12-14.

# 附录 1

# 中国经济增长数据和模型

1）1953～1976 年

（1）数据及其来源。

1978 年以前的固定资本存量采用了邹至庄和刘满强（1995）的数据；固定资产投资、劳动力、研究开发经费等使用《中国统计年鉴》数据；1953～1976 年的研究开发经费数据采用的是政府财政科技投入；1977 年以后的固定资本存量和就业者人均受教育年限数据使用了汤向俊于 2011 年发表的《资本深化、人力资本积累与中国经济持续增长》一文中的数据。

**附表 1-1　中国经济增长数据**（1990 年价格）

| 年份 | GDP（亿元） | 固定资本存量（亿元） | 劳动力（百万人） | 劳动报酬/GDP | 就业者人均受教育年限（年） | 固定资产投资/GDP | 研究开发经费/GDP（%） |
|---|---|---|---|---|---|---|---|
| 1953 | 1615.61 | 420.8 | 213 | 0.58 | 2.7 | 0.12 | 0.08 |
| 1954 | 1683.46 | 455.3 | 218 | 0.58 | 2.78 | 0.14 | 0.18 |
| 1955 | 1798.01 | 488 | 223 | 0.60 | 2.86 | 0.16 | 0.28 |
| 1956 | 2067.65 | 526.4 | 230 | 0.57 | 2.95 | 0.16 | 0.38 |
| 1957 | 2173.15 | 567.6 | 237 | 0.59 | 3.04 | 0.21 | 0.51 |
| 1958 | 2635.86 | 634.5 | 266 | 0.50 | 3.13 | 0.18 | 0.63 |
| 1959 | 2867.86 | 733.2 | 261 | 0.43 | 3.22 | 0.25 | 0.75 |
| 1960 | 2859.3 | 821.7 | 259 | 0.46 | 3.32 | 0.3 | 0.87 |
| 1961 | 2078.64 | 856.2 | 256 | 0.62 | 3.42 | 0.32 | 0.99 |
| 1962 | 1962.31 | 873.7 | 259 | 0.69 | 3.52 | 0.19 | 1.13 |
| 1963 | 2162.49 | 906 | 266 | 0.64 | 3.63 | 0.15 | 1.36 |
| 1964 | 2558.15 | 952.5 | 277 | 0.57 | 3.74 | 0.17 | 1.59 |
| 1965 | 2993.07 | 1017 | 287 | 0.52 | 3.89 | 0.2 | 1.87 |
| 1966 | 3313.28 | 1100.1 | 298 | 0.51 | 4.04 | 0.2 | 1.80 |
| 1967 | 3124.42 | 1153.8 | 308 | 0.58 | 4.2 | 0.22 | 1.73 |
| 1968 | 2996.3 | 1206.5 | 319 | 0.59 | 4.37 | 0.18 | 1.66 |
| 1969 | 3502.79 | 1269.6 | 332 | 0.55 | 4.55 | 0.17 | 1.59 |

续表

| 年份 | GDP（亿元） | 固定资本存量（亿元） | 劳动力（百万人） | 劳动报酬/GDP | 就业者人均受教育年限（年） | 固定资产投资/GDP | 研究开发经费/GDP（%） |
|---|---|---|---|---|---|---|---|
| 1970 | 4182.32 | 1378.8 | 344 | 0.51 | 4.73 | 0.21 | 1.55 |
| 1971 | 4475.07 | 1499.7 | 356 | 0.50 | 4.92 | 0.24 | 1.53 |
| 1972 | 4645.19 | 1614.3 | 359 | 0.51 | 5.12 | 0.25 | 1.51 |
| 1973 | 5012.09 | 1745.3 | 367 | 0.51 | 5.32 | 0.25 | 1.49 |
| 1974 | 5127.29 | 1876.2 | 374 | 0.51 | 5.53 | 0.24 | 1.47 |
| 1975 | 5573.36 | 2022.9 | 382 | 0.49 | 5.75 | 0.27 | 1.44 |
| 1976 | 5484.34 | 2155.1 | 389 | 0.53 | 5.98 | 0.29 | 1.49 |

（2）中国经济增长模型：

$$Y = 537.32(HL)^{0.76}(SD/L)^{-0.23} + 0.33K + 0.87SD/K - 13.5S + 152.2 \quad （附 1-1）$$

**附表 1-2　1953～1976 年中国劳动报酬模型**

| 被解释变量：$\log V$ | | | | |
|---|---|---|---|---|
| 解释变量 | 系数 | 标准误 | t 统计量 | 概率 |
| C | 2.730 231 | 0.169 864 | 16.073 07 | 0.000 0 |
| $\log HL$ | 0.757 707 | 0.133 338 | 5.682 596 | 0.000 0 |
| $\log SD/L$ | −0.233 484 | 0.120 964 | −1.930 186 | 0.070 4 |
| AR（1） | 0.767 804 | 0.225 318 | 3.407 653 | 0.003 4 |
| AR（2） | −0.431 496 | 0.209 817 | −2.056 530 | 0.055 4 |
| 样本决定系数 | 0.915 817 | 因变量的均值 | | 2.893 723 |
| 调整后的样本决定系数 | 0.896 009 | 因变量的标准差 | | 0.139 747 |
| 回归标准差 | 0.045 065 | 赤池信息量（AIC） | | −3.164 699 |
| 残差平方和 | 0.034 525 | 施瓦茨信息量（SC） | | −2.916 735 |
| 对数似然比 | 39.811 69 | F 检验统计量 | | 46.234 97 |
| DW 统计量 | 1.844 689 | 模型显著性的概率值 | | 0.000 000 |

**附表 1-3　1953～1976 年中国投资价值模型**

| 被解释变量：$M$ | | | | |
|---|---|---|---|---|
| 解释变量 | 系数 | 标准误 | t 统计量 | 概率 |
| C | 152.195 7 | 42.642 49 | 3.569 109 | 0.002 8 |
| $K$ | 0.326 132 4 | 10.355 25 | 3.149 440 | 0.006 6 |
| $SD/K$ | 0.866 791 | 0.162 929 | 5.320 061 | 0.000 1 |
| $S$ | −13.500 80 | 3.511 089 | −3.845 188 | 0.001 6 |
| 样本决定系数 | 0.983 734 | 因变量的均值 | | 723.826 9 |
| 调整后的样本决定系数 | 0.980 480 | 因变量的标准差 | | 338.594 4 |
| DW 统计量 | 1.38 | 显著性的概率 | | 0.000 000 |

2）1977～2017年

（1）数据。

**附表1-4　中国经济增长数据（1990年价格）**

| 年份 | GDP（百亿元） | 劳动力（百万人） | 固定资本存量（百亿元） | 研究开发经费（百亿元） | 固定资产投资（百亿元） | 就业者人均受教育年限（年） | 劳动报酬/GDP |
|---|---|---|---|---|---|---|---|
| 1977 | 59.01 | 394 | 188 | 0.80 | 18.35 | 5.90 | 0.50 |
| 1978 | 65.92 | 401 | 206 | 0.89 | 21.50 | 5.87 | 0.50 |
| 1979 | 70.93 | 410 | 218 | 0.76 | 22.61 | 5.78 | 0.51 |
| 1980 | 76.32 | 424 | 227 | 0.99 | 25.11 | 5.76 | 0.51 |
| 1981 | 80.29 | 437 | 237 | 1.06 | 24.65 | 5.79 | 0.53 |
| 1982 | 87.59 | 453 | 250 | 0.99 | 27.03 | 5.84 | 0.54 |
| 1983 | 97.14 | 464 | 265 | 1.04 | 30.11 | 5.90 | 0.54 |
| 1984 | 111.91 | 482 | 285 | 1.14 | 36.19 | 5.97 | 0.54 |
| 1985 | 127.02 | 499 | 317 | 1.36 | 42.02 | 6.06 | 0.53 |
| 1986 | 138.19 | 513 | 353 | 1.57 | 46.39 | 6.16 | 0.53 |
| 1987 | 154.22 | 528 | 391 | 1.52 | 53.37 | 6.27 | 0.52 |
| 1988 | 171.65 | 543 | 435 | 1.80 | 58.16 | 6.47 | 0.52 |
| 1989 | 178.69 | 553 | 478 | 1.54 | 50.37 | 6.67 | 0.52 |
| 1990 | 185.48 | 639 | 515 | 1.37 | 52.18 | 6.86 | 0.53 |
| 1991 | 202.54 | 648 | 555 | 1.43 | 59.92 | 6.95 | 0.52 |
| 1992 | 231.30 | 656 | 602 | 1.48 | 72.89 | 7.04 | 0.51 |
| 1993 | 263.68 | 664 | 672 | 1.62 | 90.01 | 7.12 | 0.52 |
| 1994 | 298.22 | 672 | 756 | 1.62 | 106.05 | 7.21 | 0.52 |
| 1995 | 330.73 | 680 | 852 | 1.85 | 120.80 | 7.29 | 0.53 |
| 1996 | 363.80 | 689 | 954 | 2.09 | 133.74 | 7.45 | 0.53 |
| 1997 | 397.64 | 696 | 1061 | 1.98 | 142.00 | 7.60 | 0.53 |
| 1998 | 428.65 | 700 | 1149 | 2.18 | 156.56 | 7.74 | 0.53 |
| 1999 | 461.23 | 706 | 1234 | 2.70 | 167.95 | 7.87 | 0.52 |
| 2000 | 499.97 | 712 | 1294 | 3.00 | 184.17 | 8.01 | 0.51 |
| 2001 | 541.47 | 721 | 1354 | 3.83 | 204.64 | 8.13 | 0.51 |
| 2002 | 590.75 | 728 | 1359 | 5.00 | 236.02 | 8.26 | 0.51 |
| 2003 | 653.58 | 733 | 1365 | 5.90 | 284.76 | 8.43 | 0.50 |
| 2004 | 719.60 | 738 | 1396 | 6.32 | 328.29 | 8.61 | 0.49 |
| 2005 | 794.44 | 743 | 1460 | 7.39 | 383.59 | 8.79 | 0.49 |
| 2006 | 886.59 | 749 | 1559 | 8.85 | 440.71 | 8.97 | 0.48 |
| 2007 | 1001.85 | 754 | 1699 | 10.57 | 499.94 | 9.16 | 0.48 |
| 2008 | 1098.02 | 756 | 1873 | 12.59 | 604.27 | 9.41 | 0.48 |
| 2009 | 1199.04 | 758 | 2142 | 14.93 | 789.97 | 9.66 | 0.48 |

续表

| 年份 | GDP（百亿元） | 劳动力（百万人） | 固定资本存量（百亿元） | 研究开发经费（百亿元） | 固定资产投资（百亿元） | 就业者人均受教育年限（年） | 劳动报酬/GDP |
|---|---|---|---|---|---|---|---|
| 2010 | 1323.74 | 761 | 2474 | 17.01 | 873.67 | 9.92 | 0.48 |
| 2011 | 1446.85 | 764 | 2859 | 17.99 | 953.03 | 10.17 | 0.48 |
| 2012 | 1559.70 | 767 | 3325 | 19.86 | 1134.11 | 10.44 | 0.48 |
| 2013 | 1691 | 770 | 3586 | 24.69 | 1348.46 | 10.45 | 0.48 |
| 2014 | 1814 | 772 | 3907 | 28.20 | 1449.88 | 10.51 | 0.49 |
| 2015 | 1939 | 774 | 4277 | 31.25 | 1578.99 | 10.54 | 0.50 |
| 2016 | 2069 | 776 | 4675 | 34.43 | 1653.77 | 10.65 | 0.50 |
| 2017 | 2212 | 776 | 5076 | 38.75 | 1679.49 | 10.84 | 0.49 |

（2）中国经济增长模型。

$$Y=(HL)^{0.413}(SD/L)^{0.2}+0.213K+4.54HSD/K^{2} \qquad \text{（附 1-2）}$$

从模型附 1-1 和模型附 1-2 可以看出，中国在 1978 年以前的经济中，科技投入在劳动报酬的增长中起到“负”的作用，科技进步对经济增长具有“负”的贡献率；而 1998 年改革开放后，科技进步对经济增长具有“正”的贡献率，而过多的投资对经济增长也有“负”作用。

**附表 1-5　1977～2017 年中国劳动报酬对数模型**

| | | | | |
|---|---|---|---|---|
| 被解释变量：$\log V$ | | | | |
| 模型估计方法：最小二乘法 | | | | |
| 样本范围（调整后）：1978～2017 年 | | | | |
| 观察值的个数：40（调整端点后） | | | | |
| 18 次迭代后实现收敛 | | | | |
| 解释变量 | 系数 | 标准误 | t 统计量 | 概率 |
| $\log HL$ | 0.413 | 0.03 | 14.46 | 0 |
| $\log SD/L$ | 0.20 | 0.03 | 7.42 | 0 |
| AR(2) | 0.93 | 0.03 | 34.98 | 0 |
| 样本决定系数 | 0.98 | 因变量的均值 | | 5.35 |
| 调整后的样本决定系数 | 0.90 | 因变量的标准差 | | 1.03 |
| 回归标准差 | 0.04 | 赤池信息量（AIC） | | −3.36 |
| 残差平方和 | 0.07 | 施瓦茨信息量（SC） | | −3.23 |
| 对数似然比 | 68.56 | F 检验统计量 | | −3.32 |
| DW 统计量 | 0.91 | 模型显著性的概率值 | | 0 |
| 特征根 | 0.96 | | | |

**附表 1-6　1977～2017 年中国投资价值模型**

| | | | | |
|---|---|---|---|---|
| 被解释变量：$M$ | | | | |
| 模型估计方法：最小二乘法 | | | | |
| 样本范围（调整后）：1980～2017 年 | | | | |
| 观察值的个数：38（调整端点后） | | | | |
| 14 次迭代后实现收敛 | | | | |
| 解释变量 | 系数 | 标准误 | t 统计量 | 概率 |
| $K$ | 0.213 | 0.01 | 31.90 | 0.00 |
| $HSD / K^2$ | 4.54 | 1.09 | 4.18 | 0.00 |
| $AR(2)$ | 1.57 | 0.11 | 14.14 | 0.00 |
| $AR(4)$ | −0.89 | 0.12 | −7.40 | 0.00 |
| 样本决定系数 | 0.99 | 因变量的均值 | | 359.01 |
| 调整后的样本决定系数 | 0.99 | 因变量的标准差 | | 328.66 |
| 回归标准差 | 16.37 | 赤池信息量（AIC） | | 8.53 |
| 残差平方和 | 8843.97 | 施瓦茨信息量（SC） | | 8.70 |
| 对数似然比 | −153.82 | F 检验统计量 | | 8.59 |
| DW 统计量 | 1.58 | 模型显著性的概率值 | | 0 |
| 特征根 | .93−.28i | .93+.28i | −.93+.28i | −.93−.28i |

**附表 1-7　中国生产要素配置效率分析**

| 年份 | 效率 | 固定资本的浪费率 | 劳动力的浪费率 | 人力资本的浪费率 |
|---|---|---|---|---|
| 1977 | 0.6500 | 0 | 0.1732 | 0.0382 |
| 1978 | 0.6864 | 0 | 0.1796 | 0.0459 |
| 1979 | 0.6895 | 0 | 0.1759 | 0.0553 |
| 1980 | 0.6942 | 0 | 0.1766 | 0.0679 |
| 1981 | 0.6815 | 0 | 0.1706 | 0.074 |
| 1982 | 0.6993 | 0 | 0.1757 | 0.0867 |
| 1983 | 0.7271 | 0 | 0.1769 | 0.0868 |
| 1984 | 0.7812 | 0 | 0.1882 | 0.0964 |
| 1985 | 0.8161 | 0 | 0.1878 | 0.0959 |
| 1986 | 0.8101 | 0 | 0.1689 | 0.0863 |
| 1987 | 0.8242 | 0 | 0.1518 | 0.0776 |
| 1988 | 0.8308 | 0 | 0.1262 | 0.0614 |
| 1989 | 0.7848 | 0 | 0.0856 | 0.0389 |
| 1990 | 0.7616 | 0 | 0.1354 | 0.0849 |
| 1991 | 0.7803 | 0 | 0.1147 | 0.0741 |
| 1992 | 0.8662 | 0 | 0.1191 | 0.0807 |
| 1993 | 0.9392 | 0 | 0.1047 | 0.0759 |
| 1994 | 0.986 | 0 | 0.0635 | 0.0458 |
| 1995 | 1 | 0 | 0 | 0 |
| 1996 | 1 | 0 | 0 | 0 |

续表

| 年份 | 效率 | 固定资本的浪费率 | 劳动力的浪费率 | 人力资本的浪费率 |
|---|---|---|---|---|
| 1997 | 1 | 0 | 0 | 0 |
| 1998 | 0.9956 | 0 | 0 | 0.001 |
| 1999 | 0.9872 | 0 | 0 | 0.0026 |
| 2000 | 0.9887 | 0 | 0 | 0.0022 |
| 2001 | 0.9877 | 0 | 0 | 0.0026 |
| 2002 | 0.9912 | 0 | 0 | 0.0021 |
| 2003 | 1 | 0 | 0 | 0 |
| 2004 | 0.9894 | 0 | 0.0019 | 0 |
| 2005 | 0.9807 | 0 | 0.0037 | 0 |
| 2006 | 0.9754 | 0 | 0.0075 | 0 |
| 2007 | 0.9789 | 0 | 0.0108 | 0 |
| 2008 | 1 | 0 | 0 | 0 |
| 2009 | 0.9912 | 0 | 0 | 0.0032 |
| 2010 | 0.9934 | 0 | 0 | 0.0056 |
| 2011 | 0.9877 | 0 | 0 | 0.0072 |
| 2012 | 0.9901 | 0 | 0 | 0.0122 |
| 2013 | 1 | 0 | 0 | 0 |
| 2014 | 1 | 0 | 0 | 0 |
| 2015 | 1 | 0 | 0 | 0 |
| 2016 | 0.9971 | 0 | 0 | 0 |
| 2017 | 1 | 0 | 0 | 0 |

# 附录 2

# 美国经济增长数据和模型

（1）数据及其来源

GDP、劳动力、劳动报酬、固定资本存量、固定资产投资来自于《美国统计摘要》，就业者人均受教育年限来自于 Futoshi Yamauchi 和 Yoshihisa Godo 的 *Human Capital Accumulation，Technological Change and International Spillovers：Comparative Growth Experience from Japan，Korea and the United States1*；研究开发经费来自于《美国统计摘要》、Richard T. Hamilton 和 Robert Strausz-Hupe 的研究报告 *International Technological Progress*，以及 *Science & Engineering Indicators-2000* 的 *Chapter 1. Science and Technology in Times of Transition：the 1940s and 1990s*，1953 年以前的一些年份的研究开发经费数据由本书作者测算所得。

**附表 2-1　美国经济增长数据**（2000 年价格）

| 年份 | GDP（十亿美元） | 固定资产投资（十亿美元） | 固定资本存量（十亿美元） | 劳动报酬（十亿美元） | 劳动力（千人） | 就业者人均受教育年限（年） | 研究开发经费（十亿美元） |
|---|---|---|---|---|---|---|---|
| 1900 | 326.49 | 35.91 |  | 156.06 | 29 269 | 6.85 |  |
| 1901 | 365.67 | 40.22 | 808.187 3 | 174.79 | 30 201 | 6.91 | 27.75 |
| 1902 | 368.93 | 40.58 | 840.514 8 | 178.19 | 31 008 | 6.97 | 32.18 |
| 1903 | 385.26 | 42.38 | 889.006 | 186.08 | 31 654 | 7.03 | 33.57 |
| 1904 | 381.99 | 42.02 | 937.497 2 | 184.5 | 31 894 | 7.09 | 36.21 |
| 1905 | 408.11 | 44.89 | 977.906 6 | 197.12 | 32 992 | 7.15 | 37.05 |
| 1906 | 457.09 | 54.85 | 1 018.316 | 220.77 | 34 608 | 7.21 | 40.81 |
| 1907 | 463.62 | 55.63 | 1 058.725 | 229.03 | 35 172 | 7.27 | 47.08 |
| 1908 | 424.44 | 50.93 | 1 107.217 | 209.67 | 34 137 | 7.33 | 49.14 |
| 1909 | 496.27 | 59.55 | 1 155.708 | 245.16 | 35 791 | 7.39 | 46.26 |
| 1910 | 509.33 | 61.12 | 1 204.199 | 251.61 | 36 413 | 7.5 | 55.58 |
| 1911 | 522.38 | 62.69 | 1 260.772 | 258.06 | 36 790 | 7.57 | 56.03 |
| 1912 | 551.77 | 66.21 | 1 317.345 | 268.71 | 37 930 | 7.64 | 59.55 |
| 1913 | 558.3 | 67 | 1 373.918 | 271.89 | 38 711 | 7.71 | 65.11 |
| 1914 | 532.18 | 58.54 | 1 422.41 | 259.17 | 38 003 | 7.78 | 68.11 |

续表

| 年份 | GDP（十亿美元） | 固定资产投资（十亿美元） | 固定资本存量（十亿美元） | 劳动报酬（十亿美元） | 劳动力（千人） | 就业者人均受教育年限（年） | 研究开发经费（十亿美元） |
|---|---|---|---|---|---|---|---|
| 1915 | 528.91 | 58.18 | 1 462.819 | 257.58 | 37 947 | 7.85 | 67.05 |
| 1916 | 568.09 | 62.49 | 1 495.146 | 276.66 | 39 699 | 7.92 | 68.76 |
| 1917 | 574.62 | 63.21 | 1 535.556 | 297.08 | 39 857 | 7.99 | 76.12 |
| 1918 | 643.19 | 70.75 | 1 559.801 | 332.53 | 40 214 | 8.06 | 79.3 |
| 1919 | 620.33 | 68.24 | 1 584.047 | 320.71 | 40 811 | 8.13 | 91.33 |
| 1920 | 594.21 | 65.36 | 1 608.293 | 307.21 | 40 868 | 8.2 | 90.57 |
| 1921 | 541.97 | 48.78 | 1 656.784 | 280.2 | 38 767 | 8.27 | 86.16 |
| 1922 | 626.86 | 56.42 | 1 697.193 | 324.09 | 41 288 | 8.34 | 81.84 |
| 1923 | 705.22 | 77.57 | 1 745.684 | 364.6 | 43 987 | 8.41 | 98.42 |
| 1924 | 701.95 | 77.21 | 1 794.176 | 362.91 | 43 645 | 8.48 | 114.95 |
| 1925 | 760.72 | 83.68 | 1 850.749 | 393.29 | 45 280 | 8.55 | 118.63 |
| 1926 | 806.43 | 88.71 | 1 907.322 | 416.92 | 46 368 | 8.62 | 133.13 |
| 1927 | 806.43 | 88.71 | 1 963.895 | 427.41 | 46 396 | 8.69 | 145.96 |
| 1928 | 809.7 | 89.07 | 2 028.55 | 429.14 | 46 657 | 8.76 | 150.8 |
| 1929 | 865.2 | 103.82 | 2 093.205 | 432.6 | 47 718 | 8.83 | 156.27 |
| 1930 | 790.7 | 86.98 | 2 157.86 | 406.66 | 44 726 | 9 | 172.17 |
| 1931 | 739.9 | 66.59 | 2 223.12 | 384.97 | 40 630 | 9.08 | 158.14 |
| 1932 | 643.7 | 45.06 | 2 249.03 | 341.03 | 35 906 | 9.16 | 159.08 |
| 1933 | 635.5 | 38.13 | 2 239.91 | 333.51 | 35 926 | 9.24 | 148.05 |
| 1934 | 704.2 | 49.29 | 2 221.52 | 365.97 | 39 191 | 9.32 | 155.7 |
| 1935 | 766.9 | 53.68 | 2 222.48 | 391.27 | 41 162 | 9.4 | 183.09 |
| 1936 | 866.6 | 77.99 | 2 238.31 | 443.61 | 44 511 | 9.48 | 210.9 |
| 1937 | 911.1 | 82 | 2 288.06 | 475.87 | 47 517 | 9.56 | 251.31 |
| 1938 | 879.7 | 70.38 | 2 344.36 | 459.73 | 44 732 | 9.64 | 277.89 |
| 1939 | 950.7 | 85.56 | 2 380.19 | 495.98 | 46 534 | 9.72 | 281.5 |
| 1940 | 1 034.1 | 93.07 | 2 427.05 | 532.35 | 48 545 | 9.8 | 318.48 |
| 1941 | 1 211.1 | 133.22 | 2 484.79 | 619.36 | 51 739 | 9.91 | 361.94 |
| 1942 | 1 435.4 | 200.96 | 2 616.75 | 756.31 | 55 577 | 10.02 | 520.77 |
| 1943 | 1 670.9 | 233.93 | 2 878.42 | 920.5 | 56 390 | 10.13 | 732.05 |
| 1944 | 1 806.5 | 252.91 | 3 184.4 | 997.73 | 55 814 | 10.24 | 985.83 |
| 1945 | 1 786.3 | 214.36 | 3 451.36 | 986.39 | 54 527 | 10.35 | 1 210.36 |
| 1946 | 1 589.4 | 143.05 | 3 573.72 | 855.1 | 57 270 | 10.46 | 1 250.41 |
| 1947 | 1 574.5 | 173.2 | 3 492.78 | 838.89 | 60 162 | 10.57 | 1 220.66 |
| 1948 | 1 643.2 | 197.18 | 3 452 | 866.13 | 60 763 | 10.68 | 1 316.28 |
| 1949 | 1 634.6 | 196.15 | 3 446.24 | 867.81 | 59 978 | 10.79 | 1 485.45 |
| 1950 | 1 777.3 | 231.05 | 3 474.87 | 939.48 | 61 413 | 10.9 | 1 588.83 |
| 1951 | 1 915 | 248.95 | 3 520.46 | 1 023.76 | 65 017 | 11.04 | 1 848.39 |
| 1952 | 1 988.3 | 258.48 | 3 649.21 | 1 088.79 | 66 158 | 11.13 | 2 121.82 |
| 1953 | 2 079.5 | 270.34 | 3 792.21 | 1 152.11 | 67 126 | 11.3 | 2 338.24 |
| 1954 | 2 065.4 | 278.03 | 3 950.56 | 1 135.86 | 65 459 | 11.33 | 2 680.5 |
| 1955 | 2 212.8 | 297.1 | 4 086.83 | 1 204.02 | 66 877 | 11.37 | 2 891.2 |

续表

| 年份 | GDP（十亿美元） | 固定资产投资（十亿美元） | 固定资本存量（十亿美元） | 劳动报酬（十亿美元） | 劳动力（千人） | 就业者人均受教育年限（年） | 研究开发经费（十亿美元） |
|---|---|---|---|---|---|---|---|
| 1956 | 2 255.8 | 298.11 | 4 228.07 | 1 260.67 | 68 365 | 11.372 | 3 175.6 |
| 1957 | 2 301.1 | 297 | 4 378.9 | 1 285.04 | 68 577 | 11.408 | 4 156.5 |
| 1958 | 2 279.2 | 288.1 | 4 526.37 | 1 265.95 | 66 863 | 11.448 | 4 689.2 |
| 1959 | 2 441.3 | 324.82 | 4 649.37 | 1 354.14 | 68 317 | 11.49 | 5 043.9 |
| 1960 | 2 501.8 | 324.11 | 4 796.2 | 1 408.69 | 69 195 | 11.528 | 5 708.2 |
| 1961 | 2 560 | 332.31 | 4 945.43 | 1 434.86 | 69 090 | 11.64 | 6 179 |
| 1962 | 2 715.2 | 357.9 | 5 101.06 | 1 516.64 | 70 374 | 11.712 | 6 490.3 |
| 1963 | 2 834 | 377.36 | 5 278.12 | 1 583.77 | 70 930 | 11.722 | 6 876.1 |
| 1964 | 2 998.6 | 405.65 | 5 458.87 | 1 675.08 | 72 290 | 11.774 | 7 616.9 |
| 1965 | 3 191.1 | 437.72 | 5 666.32 | 1 772.83 | 74 289 | 11.808 | 8 184.6 |
| 1966 | 3 399.1 | 465.94 | 5 915.2 | 1 910.11 | 77 540 | 11.846 | 8 516.5 |
| 1967 | 3 484.6 | 465.45 | 6 201.18 | 1 988.39 | 79 129 | 11.904 | 9 023.6 |
| 1968 | 3 652.7 | 486.36 | 6 468.46 | 2 104.52 | 80 943 | 11.944 | 9 260.8 |
| 1969 | 3 765.4 | 501.05 | 6 727.89 | 2 208.91 | 82 985 | 11.996 | 9 378.8 |
| 1970 | 3 771.9 | 485 | 6 988.13 | 2 241.71 | 82 607 | 12.04 | 9 422.2 |
| 1971 | 3 898.6 | 501.72 | 7 213.81 | 2 279.11 | 82 278 | 12.13 | 9 040.4 |
| 1972 | 4 105 | 543.29 | 7 405.27 | 2 403.73 | 84 095 | 12.17 | 8 830.8 |
| 1973 | 4 341.5 | 586.93 | 7 616.08 | 2 547.06 | 87 391 | 12.232 | 9 032.1 |
| 1974 | 4 319.6 | 561.58 | 7 873.76 | 2 563.54 | 88 794 | 12.308 | 9 211.8 |
| 1975 | 4 311.2 | 514.83 | 8 119.12 | 2 497.56 | 87 257 | 12.416 | 9 109.5 |
| 1976 | 4 540.9 | 556.55 | 8 300.98 | 2 635.28 | 89 371 | 12.446 | 8 911.2 |
| 1977 | 4 750.5 | 618.02 | 8 489.72 | 2 761.32 | 92 358 | 12.468 | 9 322.7 |
| 1978 | 5 015 | 688.39 | 8 706.29 | 2 920.01 | 96 772 | 12.496 | 9 644.9 |
| 1979 | 5 173.4 | 727.81 | 8 987.48 | 3 029 | 100 332 | 12.558 | 10 112.7 |
| 1980 | 5 161.7 | 691.21 | 9 306.57 | 3 056.5 | 100 850 | 12.616 | 10 613.7 |
| 1981 | 5 291.7 | 700.34 | 9 595.92 | 3 088.35 | 101 731 | 12.694 | 11 092.7 |
| 1982 | 5 189.3 | 657.87 | 9 891.02 | 3 070.22 | 100 516 | 12.778 | 11 586.8 |
| 1983 | 5 423.8 | 706.34 | 10 123.91 | 3 132.48 | 101 595 | 12.824 | 12 203.4 |
| 1984 | 5 813.6 | 819.96 | 10 334.88 | 3 333.97 | 106 054 | 12.876 | 13 077 |
| 1985 | 6 053.7 | 874.99 | 10 648.7 | 3 478.05 | 108 330 | 12.898 | 14 325.9 |
| 1986 | 6 263.6 | 897.81 | 10 998.82 | 3 607.17 | 110 093 | 12.926 | 15 575.7 |
| 1987 | 6 475.1 | 911.5 | 11 303.53 | 3 757.32 | 113 061 | 12.962 | 15 978.9 |
| 1988 | 6 742.7 | 934.68 | 11 592.07 | 3 920.01 | 116 092 | 12.984 | 16 279.8 |
| 1989 | 6 981.4 | 964.5 | 11 881.58 | 4 003.7 | 118 634 | 13.03 | 16 697.4 |
| 1990 | 7 112.5 | 960.05 | 12 176.52 | 4 091.42 | 120 071 | 13.066 | 17 042.7 |
| 1991 | 7 100.5 | 911.34 | 12 472.75 | 4 079.9 | 119 124 | 13.162 | 17 576.1 |
| 1992 | 7 336.6 | 955.55 | 12 697.31 | 4 208.38 | 120 039 | 13.28 | 17 947.1 |
| 1993 | 7 532.7 | 1 012.55 | 12 906.04 | 4 301.2 | 121 955.5 | 13.312 | 18 005 |
| 1994 | 7 835.5 | 1 086.33 | 13 151.4 | 4 428.62 | 124 923 | 13.358 | 17 619.8 |
| 1995 | 8 031.7 | 1 148.39 | 13 413.4 | 4 552.68 | 126 916 | 13.362 | 17 624.6 |
| 1996 | 8 328.9 | 1 241.37 | 13 738.41 | 4 678.07 | 128 887 | 13.39 | 18 716.7 |

续表

| 年份 | GDP（十亿美元） | 固定资产投资（十亿美元） | 固定资本存量（十亿美元） | 劳动报酬（十亿美元） | 劳动力（千人） | 就业者人均受教育年限（年） | 研究开发经费（十亿美元） |
|---|---|---|---|---|---|---|---|
| 1997 | 8 703.5 | 1 341.27 | 14 113.81 | 4 885.79 | 131 912 | 13.382 | 19 733 |
| 1998 | 9 066.9 | 1 463.11 | 14 529.52 | 5 202.97 | 133 986 | 13.418 | 20 831.6 |
| 1999 | 9 470.3 | 1 583.13 | 14 987.13 | 5 473.8 | 136 186 | 13.388 | 21 979.4 |
| 2000 | 9 817 | 1 679 | 15 477.21 | 5 782.7 | 138 151 | 13.53 | 23 302.7 |
| 2001 | 9 890.7 | 1 649.63 | 15 994.8 | 5 802.88 | 138 283 | 13.58 | 24 751.9 |
| 2002 | 10 074.8 | 1 595.81 | 16 387.47 | 5 830.93 | 137 916 | 13.6 | 26 715.3 |
| 2003 | 10 377.04 | 1 610.93 | 16 876.13 | 5 930.48 | 138 987 | 13.63 | 27 602.93 |
| 2004 | 10 740.24 | 1 781.56 | 17 276.93 | 6 071.46 | 140 493.1 | 13.66 | 27 280.21 |
| 2005 | 11 062.45 | 1 901.34 | 17 676.16 | 6 179.48 | 142 991 | 13.69 | 28 430.5 |
| 2006 | 11 350.07 | 1 971.35 | 18 119.4 | 6 332.2 | 145 682 | 13.72 | 29 623.68 |
| 2007 | 11 588.42 | 1 883.85 | 18 504.48 | 6 472.13 | 147 304 | 13.75 | 30 825.2 |
| 2008 | 11 634.77 | 1 720.96 | 18 974.44 | 6 479.4 | 146 639 | 13.78 | 32 228.31 |
| 2009 | 11 740 | 1 574.69 | 19 421 | 6 397.89 | 142 107 | 13.86 | 33 067.458 79 |
| 2010 | 12 249 | 1 513.63 | 19 639 | 6 639.87 | 141 350 | 13.95 | 33 293.427 14 |
| 2011 | 12 421 | 1 640.36 | 19 861 | 6 786.42 | 142 218 | 14.03 | 33 324.086 17 |
| 2012 | 12 698 | 1 676.89 | 20 201 | 6 966.07 | 144 863 | 14.11 | 35 522.451 61 |
| 2013 | 12 997 | 1 705.08 | 20 548 | 7 105.80 | 146 211 | 14.2 | 36 293.469 25 |
| 2014 | 13 263 | 1 748.85 | 20 900 | 7 267.63 | 148 463 | 14.28 | 37 396.058 53 |
| 2015 | 13 464 | 1 798.93 | 21 262 | 7 399.57 | 151 163 | 14.37 | 37 791.219 26 |
| 2016 | 13 690 | 1 825.54 | 21 634 | 7 502.75 | 153 363 | 14.46 | 38 097.809 49 |
| 2017 | 13 985 | 1 867.26 | 22 058 | 7 695.79 | 155 356 | 14.55 | 38 647.31 |

注：“固定资本存量”滞后一年，“研究开发经费”滞后两年

（2）美国经济增长模型

$$Y = (HL)^{0.35}(SD/L)^{0.27} + 0.25K + 1.56HSD/KL - 170.52 \quad （附 2\text{-}1）$$

式中，$Y$ 是国内生产总值，$K$ 是固定资本存量，$D$ 是固定资产投资，$S$ 是科技投入，$H$ 是人力资本，$L$ 是劳动力。

**附表 2-2　美国劳动报酬模型**

| | | | | |
|---|---|---|---|---|
| 被解释变量：$\log V$ | | | | |
| 模型估计方法：最小二乘法 | | | | |
| 样本范围（调整后）：1904～2016 年 | | | | |
| 观察值的个数：113（调整端点后） | | | | |
| 20 次迭代后实现收敛 | | | | |
| 解释变量 | 系数 | 标准误 | t 统计量 | 概率 |
| $\log HL$ | 0.349 517 | 0.017 763 | 19.676 89 | 0 |
| $\log SD/L$ | 0.273 285 | 0.026 583 | 10.2803 | 0 |
| $\log S$ | −0.109 544 | 0.048 66 | −2.251 209 | 0.026 4 |
| $AR(2)$ | 0.842 695 | 0.096 079 | 8.770 904 | 0 |

续表

| 解释变量 | 系数 | 标准误 | t 统计量 | 概率 |
| --- | --- | --- | --- | --- |
| *AR*(4) | 0.133 532 | 0.098 224 | 1.359 464 | 0.176 8 |
| 样本决定系数 | 0.998 788 | 因变量的均值 | | 7.197 591 |
| 调整后的样本决定系数 | 0.998 744 | 因变量的标准差 | | 1.162 564 |
| 回归标准差 | 0.041 208 | 赤池信息量（AIC） | | −3.497 139 |
| 残差平方和 | 0.183 393 | 施瓦茨信息量（SC） | | −3.376 458 |
| 对数似然比 | 202.588 3 | F 检验统计量 | | −3.448 168 |
| DW 统计量 | 0.899 766 | 模型显著性的概率值 | | 0 |
| 特征根 | 0.99 | −.00+.37i | −.00−.37i | −0.99 |

**附表 2-3　美国投资价值模型**

| 被解释变量：*M* | | | | |
| --- | --- | --- | --- | --- |
| 模型估计方法：最小二乘法 | | | | |
| 样本范围：1902～2017 年 | | | | |
| 观察值的个数：116 | | | | |
| 解释变量 | 系数 | 标准误 | t 统计量 | 概率 |
| *K* | 0.252 125 | 0.012 872 | 19.586 41 | 0 |
| *HSD* / *KL* | 1.556 347 | 0.465 733 | 3.341 716 | 0.001 1 |
| *C* | −170.520 6 | 72.194 94 | −2.361 947 | 0.019 9 |
| *AR*(2) | 0.810 159 | 0.062 334 | 12.996 97 | 0 |
| 样本决定系数 | 0.998 126 | 因变量的均值 | | 1 848.145 |
| 调整后的样本决定系数 | 0.998 075 | 因变量的标准差 | | 1 776.545 |
| 回归标准差 | 77.936 52 | 赤池信息量（AIC） | | 11.583 54 |
| 残差平方和 | 680 299.3 | 施瓦茨信息量（SC） | | 11.678 49 |
| 对数似然比 | −667.845 4 | F 检验统计量 | | 19 880.73 |
| DW 统计量 | 0.880 509 | 模型显著性的概率值 | | 0 |

**附表 2-4　美国生产要素配置效率分析**

| 年份 | 效率 | 固定资本的浪费率 | 劳动力的浪费率 | 人力资本的浪费率 |
| --- | --- | --- | --- | --- |
| 1901 | 0.6894 | 0 | 0.1079 | 0.0375 |
| 1902 | 0.6576 | 0 | 0.1049 | 0.0365 |
| 1903 | 0.6512 | 0 | 0.1051 | 0.0366 |
| 1904 | 0.619 | 0 | 0.0998 | 0.0346 |
| 1905 | 0.6351 | 0 | 0.1057 | 0.0371 |
| 1906 | 0.6841 | 0 | 0.1197 | 0.0428 |
| 1907 | 0.6635 | 0 | 0.1171 | 0.0419 |
| 1908 | 0.582 | 0 | 0.0975 | 0.0341 |
| 1909 | 0.653 | 0 | 0.115 | 0.0409 |
| 1910 | 0.6402 | 0 | 0.1136 | 0.0409 |
| 1911 | 0.6284 | 0 | 0.1114 | 0.0401 |

续表

| 年份 | 效率 | 固定资本的浪费率 | 劳动力的浪费率 | 人力资本的浪费率 |
|---|---|---|---|---|
| 1912 | 0.6364 | 0 | 0.1159 | 0.0421 |
| 1913 | 0.622 | 0 | 0.1151 | 0.0422 |
| 1914 | 0.5765 | 0 | 0.103 | 0.0374 |
| 1915 | 0.5606 | 0 | 0.0991 | 0.0361 |
| 1916 | 0.5862 | 0 | 0.1092 | 0.0409 |
| 1917 | 0.5838 | 0 | 0.1087 | 0.0412 |
| 1918 | 0.6434 | 0 | 0.1206 | 0.0463 |
| 1919 | 0.6112 | 0 | 0.1162 | 0.0454 |
| 1920 | 0.5683 | 0 | 0.107 | 0.0418 |
| 1921 | 0.506 | 0 | 0.0875 | 0.033 |
| 1922 | 0.569 | 0 | 0.1064 | 0.0419 |
| 1923 | 0.6228 | 0 | 0.1259 | 0.0515 |
| 1924 | 0.601 | 0 | 0.1187 | 0.0482 |
| 1925 | 0.632 | 0 | 0.1298 | 0.0538 |
| 1926 | 0.6507 | 0 | 0.1365 | 0.0574 |
| 1927 | 0.6299 | 0 | 0.1305 | 0.0547 |
| 1928 | 0.613 | 0 | 0.1262 | 0.0529 |
| 1929 | 0.6353 | 0 | 0.1333 | 0.0566 |
| 1930 | 0.5636 | 0 | 0.1057 | 0.0438 |
| 1931 | 0.5213 | 0 | 0.0834 | 0.0322 |
| 1932 | 0.4554 | 0 | 0.0592 | 0.0202 |
| 1933 | 0.4533 | 0 | 0.0594 | 0.0211 |
| 1934 | 0.5021 | 0 | 0.0763 | 0.0308 |
| 1935 | 0.5429 | 0 | 0.089 | 0.0381 |
| 1936 | 0.6002 | 0 | 0.11 | 0.0501 |
| 1937 | 0.6158 | 0 | 0.1232 | 0.0586 |
| 1938 | 0.5857 | 0 | 0.1057 | 0.0488 |
| 1939 | 0.6207 | 0 | 0.1179 | 0.0562 |
| 1940 | 0.6595 | 0 | 0.1321 | 0.0649 |
| 1941 | 0.7334 | 0 | 0.1576 | 0.0798 |
| 1942 | 0.7902 | 0 | 0.18 | 0.092 |
| 1943 | 0.8315 | 0 | 0.1823 | 0.0906 |
| 1944 | 0.8294 | 0 | 0.1688 | 0.0805 |
| 1945 | 0.7921 | 0 | 0.1503 | 0.07 |
| 1946 | 0.7211 | 0 | 0.1522 | 0.0774 |
| 1947 | 0.7228 | 0 | 0.1673 | 0.0907 |
| 1948 | 0.7556 | 0 | 0.178 | 0.0994 |
| 1949 | 0.7454 | 0 | 0.1709 | 0.0965 |
| 1950 | 0.8 | 0 | 0.1892 | 0.1098 |
| 1951 | 0.8316 | 0 | 0.2111 | 0.1271 |
| 1952 | 0.8308 | 0 | 0.2116 | 0.1285 |
| 1953 | 0.8341 | 0 | 0.2117 | 0.1312 |
| 1954 | 0.8008 | 0 | 0.1897 | 0.1151 |

续表

| 年份 | 效率 | 固定资本的浪费率 | 劳动力的浪费率 | 人力资本的浪费率 |
|---|---|---|---|---|
| 1955 | 0.8293 | 0 | 0.1988 | 0.1207 |
| 1956 | 0.8163 | 0 | 0.1979 | 0.1195 |
| 1957 | 0.8056 | 0 | 0.1911 | 0.1143 |
| 1958 | 0.7768 | 0 | 0.1713 | 0.1001 |
| 1959 | 0.8066 | 0 | 0.1801 | 0.1055 |
| 1960 | 0.8016 | 0 | 0.1781 | 0.104 |
| 1961 | 0.7952 | 0 | 0.1706 | 0.0999 |
| 1962 | 0.8152 | 0 | 0.1751 | 0.1031 |
| 1963 | 0.8227 | 0 | 0.1729 | 0.0999 |
| 1964 | 0.8386 | 0 | 0.1758 | 0.1013 |
| 1965 | 0.8549 | 0 | 0.1806 | 0.1036 |
| 1966 | 0.8686 | 0 | 0.1905 | 0.1099 |
| 1967 | 0.8536 | 0 | 0.1856 | 0.1066 |
| 1968 | 0.8603 | 0 | 0.187 | 0.1068 |
| 1969 | 0.8538 | 0 | 0.1868 | 0.1068 |
| 1970 | 0.8285 | 0 | 0.1708 | 0.0948 |
| 1971 | 0.8342 | 0 | 0.163 | 0.0896 |
| 1972 | 0.8541 | 0 | 0.1688 | 0.0932 |
| 1973 | 0.8737 | 0 | 0.1811 | 0.1028 |
| 1974 | 0.8431 | 0 | 0.173 | 0.0987 |
| 1975 | 0.823 | 0 | 0.154 | 0.0862 |
| 1976 | 0.8476 | 0 | 0.1629 | 0.0924 |
| 1977 | 0.8646 | 0 | 0.1743 | 0.1008 |
| 1978 | 0.8842 | 0 | 0.1922 | 0.1144 |
| 1979 | 0.8809 | 0 | 0.199 | 0.1211 |
| 1980 | 0.8524 | 0 | 0.1842 | 0.1107 |
| 1981 | 0.8478 | 0 | 0.1768 | 0.1059 |
| 1982 | 0.8122 | 0 | 0.1545 | 0.0905 |
| 1983 | 0.8316 | 0 | 0.156 | 0.0915 |
| 1984 | 0.8651 | 0 | 0.1749 | 0.1069 |
| 1985 | 0.8722 | 0 | 0.1753 | 0.1062 |
| 1986 | 0.8781 | 0 | 0.1744 | 0.1049 |
| 1987 | 0.8851 | 0 | 0.1812 | 0.1108 |
| 1988 | 0.8992 | 0 | 0.1898 | 0.1175 |
| 1989 | 0.9085 | 0 | 0.1946 | 0.1221 |
| 1990 | 0.9036 | 0 | 0.1898 | 0.1186 |
| 1991 | 0.8861 | 0 | 0.1717 | 0.1069 |
| 1992 | 0.9008 | 0 | 0.1714 | 0.1107 |
| 1993 | 0.9076 | 0 | 0.1739 | 0.1132 |
| 1994 | 0.9257 | 0 | 0.184 | 0.1231 |
| 1995 | 0.9264 | 0 | 0.1825 | 0.1207 |
| 1996 | 0.9351 | 0 | 0.1802 | 0.1184 |
| 1997 | 0.9492 | 0 | 0.1836 | 0.1189 |

续表

| 年份 | 效率 | 固定资本的浪费率 | 劳动力的浪费率 | 人力资本的浪费率 |
|---|---|---|---|---|
| 1998 | 0.9586 | 0 | 0.1785 | 0.1141 |
| 1999 | 0.9696 | 0 | 0.1728 | 0.1049 |
| 2000 | 0.9726 | 0 | 0.1629 | 0.1023 |
| 2001 | 0.9564 | 0 | 0.144 | 0.0873 |
| 2002 | 0.946 | 0 | 0.1194 | 0.0646 |
| 2003 | 0.9518 | 0 | 0.1095 | 0.0556 |
| 2004 | 0.9628 | 0 | 0.1027 | 0.0495 |
| 2005 | 0.9674 | 0 | 0.0994 | 0.0468 |
| 2006 | 0.9719 | 0 | 0.0998 | 0.0478 |
| 2007 | 0.9678 | 0 | 0.089 | 0.0385 |
| 2008 | 0.9493 | 0 | 0.0641 | 0.0167 |
| 2009 | 0.9555 | 0 | 0.0298 | 0 |
| 2010 | 0.9923 | 0.0005 | 0.0159 | 0 |
| 2011 | 0.9944 | 0.0051 | 0.0109 | 0 |
| 2012 | 0.9926 | 0 | 0.0078 | 0 |
| 2013 | 1 | 0 | 0 | 0 |
| 2014 | 1 | 0 | 0 | 0 |
| 2015 | 0.9945 | 0.0006 | 0 | 0 |
| 2016 | 0.9942 | 0.0068 | 0 | 0 |
| 2017 | 1 | 0 | 0 | 0 |

# 附录 3

# 英国经济增长数据和模型

（1）数据及其来源

研究开发经费来自于 Organization for Economic Co-operation and Development 的 Main Science and Technology Indicators full database 及 National Science Foundation；就业者人均受教育年限来自于 Andrea Bassanini 和 Stefano Scarpetta 的 *Does Human Capital Matter for Growth in OECD Countries? Evidence from Pooled Mean-group Estimates*（Economics Department working papers No. 282）；劳动报酬和 GDP 等来自于英国统计局及 Groningen Growth and Development Centre 和 The Conference Board，Penn World Table，version 9.1。

**附表 3-1　英国经济增长数据**（2000 年价格）

| 年份 | GDP（十亿英镑） | 研究开发经费/GDP（%） | 就业者人均受教育年限（年） | 劳动力（千人） | 劳动报酬/GDP | 固定资产投资/GDP | 净资本（十亿英镑） |
|---|---|---|---|---|---|---|---|
| 1960 | 313.21 | 1.47 | 7.59 | 24 178 | 0.588 019 | 0.122 27 | |
| 1961 | 321 | 1.48 | 7.67 | 24 452 | 0.599 694 | 0.147 14 | 650 |
| 1962 | 324.99 | 1.48 | 7.66 | 24 627 | 0.601 992 | 0.160 64 | 676 |
| 1963 | 340.3 | 1.48 | 7.7 | 24 657 | 0.597 113 | 0.150 32 | 706 |
| 1964 | 358.9 | 1.46 | 7.75 | 24 946 | 0.592 386 | 0.145 26 | 734 |
| 1965 | 368 | 1.52 | 7.82 | 25 199 | 0.593 844 | 0.163 49 | 762 |
| 1966 | 375.18 | 1.58 | 7.88 | 25 351 | 0.597 999 | 0.168 75 | 797 |
| 1967 | 383.79 | 1.68 | 7.94 | 24 987 | 0.591 807 | 0.167 95 | 834 |
| 1968 | 399.49 | 1.7 | 8.01 | 24 836 | 0.584 324 | 0.174 29 | 871 |
| 1969 | 407.66 | 1.7 | 8.07 | 24 858 | 0.580 782 | 0.178 89 | 912 |
| 1970 | 417.4 | 1.6 | 9.2 | 24 753 | 0.595 089 | 0.175 65 | 955 |
| 1971 | 425.77 | 1.6 | 9.3 | 24 533 | 0.585 057 | 0.173 00 | 997 |
| 1972 | 441.21 | 1.5 | 9.4 | 24 510 | 0.589 813 | 0.172 02 | 1 038 |
| 1973 | 473.48 | 1.5 | 9.5 | 25 076 | 0.594 675 | 0.156 85 | 1 080 |
| 1974 | 465.53 | 1.5 | 9.6 | 25 148 | 0.627 848 | 0.171 07 | 1 119 |
| 1975 | 462.37 | 1.5 | 9.7 | 25 055 | 0.62 | 0.168 66 | 1 162 |
| 1976 | 475.34 | 1.5 | 9.8 | 24 845 | 0.625 323 | 0.157 90 | 1 202 |
| 1977 | 486.58 | 1.6 | 9.9 | 24 865 | 0.595 804 | 0.154 21 | 1 238 |

续表

| 年份 | GDP（十亿英镑） | 研究开发经费/GDP（%） | 就业者人均受教育年限（年） | 劳动力（千人） | 劳动报酬/GDP | 固定资产投资/GDP | 净资本（十亿英镑） |
|---|---|---|---|---|---|---|---|
| 1978 | 503.14 | 1.8 | 10 | 25 014 | 0.589 558 | 0.147 29 | 1 273 |
| 1979 | 516.96 | 2 | 10.1 | 25 394 | 0.588 216 | 0.145 50 | 1 306 |
| 1980 | 505.69 | 2.2 | 10.2 | 25 327 | 0.598 292 | 0.150 78 | 1 339 |
| 1981 | 499.26 | 2.39 | 10.3 | 24 345 | 0.592 368 | 0.142 30 | 1 372 |
| 1982 | 508.24 | 2.3 | 10.4 | 23 908 | 0.573 607 | 0.125 14 | 1 399 |
| 1983 | 527.29 | 2.21 | 10.4 | 23 626 | 0.562 665 | 0.127 05 | 1 418 |
| 1984 | 540.2 | 2.2 | 10.5 | 24 019 | 0.561 039 | 0.128 97 | 1 440 |
| 1985 | 560.64 | 2.25 | 10.6 | 24 390 | 0.556 022 | 0.136 74 | 1 464 |
| 1986 | 584.24 | 2.27 | 10.7 | 24 545 | 0.558 284 | 0.134 86 | 1 494 |
| 1987 | 608.6 | 2.2 | 10.7 | 24 931 | 0.548 993 | 0.131 20 | 1 525 |
| 1988 | 640.22 | 2.15 | 10.8 | 25 859 | 0.549 244 | 0.137 61 | 1 556 |
| 1989 | 654.02 | 2.16 | 10.9 | 26 689 | 0.556 765 | 0.154 18 | 1 594 |
| 1990 | 659.17 | 2.16 | 11 | 26 935 | 0.567 203 | 0.162 89 | 1 643 |
| 1991 | 650.09 | 2.08 | 11.2 | 26 153 | 0.572 728 | 0.160 16 | 1 696 |
| 1992 | 651.57 | 2.09 | 11.3 | 25 573 | 0.569 224 | 0.143 17 | 1 743 |
| 1993 | 667.8 | 2.12 | 11.6 | 25 342 | 0.556 822 | 0.135 94 | 1 777 |
| 1994 | 698.92 | 2.08 | 11.6 | 25 543 | 0.542 537 | 0.127 39 | 1 807 |
| 1995 | 719.18 | 1.99 | 11.7 | 25 856 | 0.537 724 | 0.131 04 | 1 834 |
| 1996 | 738.05 | 1.92 | 11.8 | 26 099 | 0.531 962 | 0.129 64 | 1 865 |
| 1997 | 763.47 | 1.84 | 11.9 | 26 567 | 0.533 815 | 0.131 20 | 1 896 |
| 1998 | 786.3 | 1.83 | 11.959 5 | 26 838 | 0.541 153 | 0.135 98 | 1 930 |
| 1999 | 803.02 | 1.88 | 12.019 3 | 27 212 | 0.545 979 | 0.153 05 | 1 969 |
| 2000 | 827.43 | 1.86 | 12.079 39 | 27 528 | 0.552 275 | 0.145 36 | 2 022 |
| 2001 | 845.69 | 1.74 | 12.139 79 | 27 756 | 0.563 166 | 0.147 17 | 2 070 |
| 2002 | 866.58 | 1.72 | 12.200 49 | 27 966 | 0.56 | 0.159 87 | 2 120 |
| 2003 | 899.64 | 1.7 | 12.261 49 | 28 230 | 0.56 | 0.146 15 | 2 181.769 |
| 2004 | 925.8 | 1.68 | 12.322 8 | 28 530 | 0.55 | 0.148 57 | 2 233.671 |
| 2005 | 951.49 | 1.73 | 12.384 41 | 28 819 | 0.54 | 0.133 90 | 2 289.286 |
| 2006 | 976.23 | 1.75 | 12.446 34 | 29 076 | 0.54 | 0.143 16 | 2 332.319 |
| 2007 | 1 011.69 | 1.78 | 12.508 57 | 29 277 | 0.54 | 0.162 78 | 2 385.579 |
| 2008 | 1 001.9 | 1.77 | 12.7 | 29 488 | 0.53 | 0.300 60 | 2 461.067 |
| 2009 | 962.08 | 1.85 | 12.763 5 | 29 003 | 0.55 | 0.136 96 | 2 536.295 |
| 2010 | 979.39 | 1.77 | 12.827 32 | 29067 | 0.55 | 0.143 66 | 2 588.883 |
| 2011 | 995.99 | 1.69 | 12.835 65 | 29 506 | 0.54 | 0.146 04 | 27 398.647 85 |
| 2012 | 1 009.04 | 1.67 | 12.856 9 | 29 825 | 0.54 | 0.147 19 | 27 819.067 42 |
| 2013 | 1 030.70 | 1.67 | 12.896 97 | 30 156 | 0.54 | 0.149 27 | 28 252.434 69 |
| 2014 | 1 060.47 | 1.60 | 12.926 6 | 30 814 | 0.53 | 0.060 23 | 28 715.501 65 |
| 2015 | 1 085.70 | 1.65 | 12.955 8 | 31 278 | 0.53 | 0.143 38 | 28 252.434 69 |
| 2016 | 1 105.99 | 1.67 | 12.987 9 | 31 684 | 0.53 | 0.059 40 | 28 715.501 65 |
| 2017 | 1 124.44 | 1.67 | 12.999 4 | 31 981 | 0.53 | 0.139 71 | 28 252.434 69 |

注：“研究开发经费/GDP”滞后两年，净资本滞后一年

（2）英国经济增长模型

$$Y = H^{0.63}L^{-0.42}(SD)^{0.21} + 0.17K + 25.10SD / K \quad （附 3-1）$$

式中，$Y$ 是国内生产总值，$K$ 是固定资本存量，$D$ 是固定资产投资，$S$ 是科技投入，$H$ 是人力资本，$L$ 是劳动力。

**附表 3-2　英国劳动报酬模型**

| | | | | |
|---|---|---|---|---|
| 被解释变量：$\log V$ | | | | |
| 模型估计方法：最小二乘法 | | | | |
| 样本范围（调整后）：1965～2017 年 | | | | |
| 观察值的个数：53（调整端点后） | | | | |
| 19 次迭代后实现收敛 | | | | |
| 解释变量 | 系数 | 标准误 | t 统计量 | 概率 |
| $\log SD$ | 0.212 539 | 0.034 216 | 6.211 63 | 0 |
| $\log HL$ | 0.205 869 | 0.008 922 | 23.074 78 | 0 |
| $\log H / L$ | 0.423 176 | 0.124 091 | 3.410 194 | 0.002 |
| $AR(1)$ | 0.734 276 | 0.117 431 | 6.252 819 | 0 |
| $AR(5)$ | −0.247 02 | 0.121 806 | −2.027 984 | 0.052 2 |
| 样本决定系数 | 0.989 119 | 因变量的均值 | | 8.018 704 |
| 调整后的样本决定系数 | 0.987 564 | 因变量的标准差 | | 0.179 49 |
| 回归标准差 | 0.020 016 | 赤池信息量（AIC） | | −4.845 855 |
| 残差平方和 | 0.011 218 | 施瓦茨信息量（SC） | | −4.619 111 |
| 对数似然比 | 84.956 6 | F 检验统计量 | | −4.769 562 |
| DW 统计量 | 1.655 013 | 模型显著性的概率值 | | 8.018 704 |

**附表 3-3　英国投资价值模型**

| | | | | |
|---|---|---|---|---|
| 被解释变量：$M$ | | | | |
| 模型估计方法：最小二乘法 | | | | |
| 样本范围（调整后）：1961～2017 年 | | | | |
| 观察值的个数：57（调整端点后） | | | | |
| 13 次迭代后实现收敛 | | | | |
| 解释变量 | 系数 | 标准误 | t 统计量 | 概率 |
| $K$ | 0.166 714 | 0.005 287 | 31.535 56 | 0.000 0 |
| $SD / K$ | 25.097 44 | 5.976 746 | 4.199 181 | 0.000 1 |
| $AR(1)$ | 0.848 466 | 0.078 314 | 10.834 22 | 0.000 0 |
| 样本决定系数 | 0.991 945 | 因变量的均值 | | 2 973.019 |
| 调整后的样本决定系数 | 0.991 647 | 因变量的标准差 | | 1 220.486 |
| 回归标准差 | 111.546 3 | 赤池信息量（AIC） | | 12.317 95 |
| 残差平方和 | 671 899.6 | 施瓦茨信息量（SC） | | 12.425 48 |
| 对数似然比 | −348.061 7 | F 检验统计量 | | 12.359 74 |
| DW 统计量 | 1.222 986 | 模型显著性的概率值 | | 0 |
| 特征根 | 0.85 | | | |

**附表 3-4　生产要素配置效率分析**

| 年份 | 效率 | 固定资本的浪费率 | 劳动力的浪费率 | 人力资本的浪费率 |
|---|---|---|---|---|
| 1960 | 1 | 0 | 0 | 0 |
| 1961 | 0.9985 | 0 | 0 | 0.0034 |
| 1962 | 0.9756 | 0 | 0 | 0.0004 |
| 1963 | 0.9831 | 0 | 0.0014 | 0 |
| 1964 | 1 | 0 | 0 | 0 |
| 1965 | 0.9934 | 0 | 0.0007 | 0 |
| 1966 | 0.9778 | 0 | 0.0083 | 0 |
| 1967 | 0.971 | 0 | 0.0257 | 0 |
| 1968 | 0.9794 | 0 | 0.0385 | 0 |
| 1969 | 0.9648 | 0 | 0.051 | 0 |
| 1970 | 0.9402 | 0 | 0 | 0.0343 |
| 1971 | 0.9265 | 0 | 0 | 0.0287 |
| 1972 | 0.9281 | 0 | 0 | 0.0256 |
| 1973 | 0.9598 | 0 | 0 | 0.0291 |
| 1974 | 0.9152 | 0 | 0 | 0.0261 |
| 1975 | 0.8806 | 0 | 0 | 0.0212 |
| 1976 | 0.8804 | 0 | 0 | 0.0167 |
| 1977 | 0.8784 | 0 | 0 | 0.0152 |
| 1978 | 0.8859 | 0 | 0 | 0.0153 |
| 1979 | 0.8885 | 0 | 0 | 0.0184 |
| 1980 | 0.8507 | 0 | 0 | 0.0159 |
| 1981 | 0.8262 | 0 | 0 | 0.0043 |
| 1982 | 0.8287 | 0 | 0.0011 | 0 |
| 1983 | 0.8534 | 0 | 0.0183 | 0 |
| 1984 | 0.8587 | 0 | 0.0052 | 0 |
| 1985 | 0.8759 | 0 | 0 | 0.0027 |
| 1986 | 0.8959 | 0 | 0 | 0.004 |
| 1987 | 0.9148 | 0 | 0 | 0.0026 |
| 1988 | 0.9414 | 0 | 0 | 0.014 |
| 1989 | 0.938 | 0 | 0 | 0.0229 |
| 1990 | 0.9193 | 0 | 0 | 0.0217 |
| 1991 | 0.8842 | 0 | 0 | 0.0118 |
| 1992 | 0.8668 | 0 | 0 | 0.0005 |
| 1993 | 0.8739 | 0 | 0 | 0.0069 |
| 1994 | 0.9002 | 0 | 0 | 0.004 |
| 1995 | 0.9129 | 0 | 0 | 0.0089 |
| 1996 | 0.922 | 0 | 0 | 0.012 |
| 1997 | 0.938 | 0 | 0 | 0.0189 |
| 1998 | 0.9497 | 0 | 0 | 0.02 |
| 1999 | 0.9513 | 0 | 0 | 0.0215 |
| 2000 | 0.9559 | 0 | 0 | 0.0193 |
| 2001 | 0.9557 | 0 | 0 | 0.0167 |
| 2002 | 0.9577 | 0 | 0 | 0.0136 |

续表

| 年份 | 效率 | 固定资本的浪费率 | 劳动力的浪费率 | 人力资本的浪费率 |
|---|---|---|---|---|
| 2003 | 0.9678 | 0 | 0 | 0.009 |
| 2004 | 0.9739 | 0 | 0 | 0.0071 |
| 2005 | 0.9779 | 0 | 0 | 0.0043 |
| 2006 | 0.9856 | 0 | 0 | 0.0037 |
| 2007 | 1 | 0 | 0 | 0 |
| 2008 | 0.9787 | 0 | 0 | 0.0042 |
| 2009 | 0.9513 | 0.0204 | 0 | 0 |
| 2010 | 0.9641 | 0.0271 | 0 | 0 |
| 2011 | 0.965 | 0.0221 | 0 | 0 |
| 2012 | 0.9678 | 0.0191 | 0 | 0 |
| 2013 | 0.9754 | 0.0137 | 0 | 0 |
| 2014 | 0.9817 | 0.0025 | 0 | 0 |
| 2015 | 0.9892 | 0 | 0 | 0.0009 |
| 2016 | 0.9935 | 0 | 0 | 0.0022 |
| 2017 | 1 | 0 | 0 | 0 |

# 附录 4

# 韩国经济增长数据和模型

（1）数据及其来源

GDP、劳动力、固定资本存量、固定资产投资来自于韩国国家统计局，就业者人均受教育年限来自于 Futoshi Yamauchi 和 Yoshihisa Godo 的 *Human Capital Accumulation，Technological Change and International Spillovers：Comparative Growth Experience from Japan，Korea and theUnitedStates1*；研究开发经费数据来自于 Hak Kil Pyo 和 Bongchan Ha 的 *Technology and Long-run Economic Growth in Korea*；劳动报酬来自于 Jungho Yoo 的 *Neoclassical versus Revisionist View of Korean Economic Growth*、Hak K. Pyo 的 *An Episode of Rapid Productivity Convergence and Stagnation：Korea（1954-2002）*；固定资本存量参考了 Hak K. Pyo 的 *Estimates of Fixed Reproducible Tangible Assets in the Republic of Korea，1953-1996*。

**附表 4-1 韩国经济增长数据**（2005 年价格）

| 年份 | GDP（亿韩元） | 固定资产投资（亿韩元） | 就业者人均受教育年限（年） | 固定资本存量（亿韩元） | 劳动力（千人） | 劳动报酬（亿韩元） | 研究开发经费（十亿韩元） |
|---|---|---|---|---|---|---|---|
| 1960 | 30 908.55 | 1 327.55 | 3.23 | 28 436 | 6 829 | 9 272.565 | 6.594 621 |
| 1961 | 32 206.71 | 1 579.61 | 3.33 | 30 729 | 7 074 | 9 984.08 | 6.858 406 |
| 1962 | 33 333.94 | 2 119.45 | 3.43 | 32 317 | 7 318 | 10 666.86 | 7.132 742 |
| 1963 | 36 367.33 | 2 701.31 | 3.53 | 34 295 | 7 563 | 12 001.22 | 7.418 052 |
| 1964 | 39 858.59 | 2 871.45 | 3.64 | 37 045 | 7 698 | 13 551.92 | 7.729 61 |
| 1965 | 42 170.39 | 3 180.23 | 3.75 | 40 001 | 8 112 | 14 337.93 | 8.333 485 |
| 1966 | 47 526.03 | 4 627.51 | 3.86 | 43 328 | 8 325 | 16 158.85 | 9.091 833 |
| 1967 | 50 662.75 | 5 669.38 | 3.98 | 48 180 | 8 624 | 17 225.34 | 10.363 23 |
| 1968 | 56 387.64 | 7 744.73 | 4.1 | 54 559 | 9 061 | 19 171.8 | 11.386 01 |
| 1969 | 64 169.14 | 10 397.72 | 4.22 | 62 831 | 9 285 | 21 817.51 | 13.307 29 |
| 1970 | 69 046 | 10 320.3 | 4.5 | 74 167 | 9 617 | 23 931.34 | 14.692 2 |
| 1971 | 74 737.5 | 10 798.2 | 4.715 | 82 689 | 9 946 | 25 724.65 | 16.916 29 |

续表

| 年份 | GDP（亿韩元） | 固定资产投资（亿韩元） | 就业者人均受教育年限(年) | 固定资本存量（亿韩元） | 劳动力（千人） | 劳动报酬（亿韩元） | 研究开发经费（十亿韩元） |
|---|---|---|---|---|---|---|---|
| 1972 | 78 076.7 | 10 983.3 | 4.93 | 88 975 | 10 379 | 26 514.85 | 20.534 12 |
| 1973 | 87 472.7 | 13 866.3 | 5.145 | 102 673 | 10 942 | 29 600.76 | 26.350 35 |
| 1974 | 93 755.1 | 15 824.6 | 5.36 | 113 349 | 11 421 | 29 926.63 | 23.311 35 |
| 1975 | 99 331.3 | 17 240.5 | 5.575 | 123 693 | 11 691 | 32 044.28 | 22.264 79 |
| 1976 | 109 832.9 | 20 816.2 | 5.79 | 140 873 | 12 412 | 36 233.87 | 25.066 44 |
| 1977 | 120 810.5 | 27 095.7 | 6.005 | 159 602 | 12 812 | 41 812.51 | 46.025 91 |
| 1978 | 132 040 | 36 423.1 | 6.22 | 179 670 | 13 412 | 48 260.62 | 40.803 29 |
| 1979 | 140 996.2 | 40 077.6 | 6.435 | 197 613 | 13 602 | 53 691.35 | 46.760 28 |
| 1980 | 138 897.9 | 35 783 | 6.65 | 200 512 | 13 683 | 54 309.08 | 71.267 16 |
| 1981 | 147 458.2 | 34 676.6 | 6.865 | 219 256 | 14 023 | 56 653.44 | 81.331 65 |
| 1982 | 158 259.7 | 38 531.6 | 7.08 | 242 376 | 14 379 | 61 942.85 | 77.331 76 |
| 1983 | 175 312 | 45 254.6 | 7.295 | 276 546 | 14 505 | 70 668.27 | 75.844 |
| 1984 | 189 516.2 | 50 168.1 | 7.51 | 307 921 | 14 429 | 76 526.64 | 111.726 |
| 1985 | 202 408 | 52 813.4 | 7.725 | 338 734 | 14 970 | 81 570.42 | 151.402 7 |
| 1986 | 223 901.5 | 58 901.3 | 7.94 | 385 944 | 15 505 | 89 829.28 | 166.262 5 |
| 1987 | 248 763.9 | 69 556.9 | 8.155 | 441 664 | 16 354 | 101 296.7 | 210.361 |
| 1988 | 275 235.3 | 79 032.1 | 8.37 | 503 323 | 16 869 | 115 791.5 | 278.146 6 |
| 1989 | 293 798.5 | 91 669.7 | 8.585 | 553 387 | 17 560 | 130 270.3 | 366.719 8 |
| 1990 | 320 696.4 | 114 989 | 8.8 | 622 172 | 18 085 | 144 473.7 | 428.823 9 |
| 1991 | 350 819.9 | 131 589.2 | 9.07 | 701 032 | 18 623 | 162 043.7 | 492.642 3 |
| 1992 | 371 433 | 132 313 | 9.34 | 764 490 | 18 985 | 171 416.3 | 534.854 5 |
| 1993 | 394 215.8 | 142 536.9 | 9.61 | 835 723 | 19 211 | 182 403.7 | 575.437 4 |
| 1994 | 427 868.2 | 160 340.6 | 9.88 | 934 277 | 19 829 | 197 846.3 | 645.493 3 |
| 1995 | 467 099.2 | 181 345.2 | 10.15 | 1 050 538 | 20 397 | 219 116.2 | 719.575 9 |
| 1996 | 499 789.8 | 196 550.1 | 10.42 | 1 157 784 | 20 838 | 238 949.5 | 834.470 8 |
| 1997 | 523 034.7 | 192 033.8 | 10.69 | 1 247 980 | 21 201 | 241 380.5 | 992.894 9 |
| 1998 | 487 183.5 | 147 991.7 | 10.96 | 1 197 311 | 19 920 | 218 355.6 | 1 105.638 |
| 1999 | 533 399.3 | 160 336.3 | 11.23 | 1 350 219 | 20 275 | 229 575.1 | 1 211.944 |
| 2000 | 578 664.5 | 179 907.7 | 11.5 | 1 508 745 | 21 137 | 248 247.1 | 1 297.729 |
| 2001 | 600 865.9 | 179 576.3 | 11.77 | 1 567 622 | 21 557 | 261 316.6 | 1 140.876 |
| 2002 | 642 748.1 | 191 464.6 | 12.04 | 1 633 677 | 22 151 | 276 574.5 | 1 200.955 |
| 2003 | 662 654.8 | 199 047.9 | 12.31 | 1 702 031 | 22 116.3 | 292 562.1 | 1 384.85 |
| 2004 | 693 995.5 | 203 187.9 | 12.42 | 1 769 056 | 22 557.1 | 306 884.8 | 1 556.006 |
| 2005 | 723 126.8 | 208 054.8 | 12.51 | 1 835 586 | 22 856.1 | 325 696.3 | 1 627.394 |
| 2006 | 759 234.4 | 214 624.7 | 12.61 | 1 903 364 | 23 150.8 | 344 464.6 | 1 743.672 |
| 2007 | 776 696.8 | 210 546.8 | 12.9 | 1 961 642 | 23 432.8 | 354 173.7 | 1 859.908 |
| 2008 | 779 026.9 | 208 441.4 | 13.2 | 2 013 152 | 23 577.3 | 358 352.4 | 2 155.1 |
| 2009 | 828 105.6 | 220 531 | 13.4 | 2 072 631 | 23 505.6 | 380 928.6 | 2 277.703 |
| 2010 | 857 917.4 | 218 105.1 | 13.6 | 2 124 926 | 23 828.8 | 394 642 | 2 493.197 |
| 2011 | 889 488.73 | 226 264.1321 | 13.8 | 2 248 463 | 24 244 | 412 077.210 7 | 2 929.30 |
| 2012 | 909 946.97 | 233 793.7217 | 13.9 | 2 350 670 | 24 681 | 427 505.750 9 | 3 153.82 |

续表

| 年份 | GDP（亿韩元） | 固定资产投资（亿韩元） | 就业者人均受教育年限(年) | 固定资本存量（亿韩元） | 劳动力（千人） | 劳动报酬（亿韩元） | 研究开发经费（十亿韩元） |
|---|---|---|---|---|---|---|---|
| 2013 | 936 335.43 | 241 453.3318 | 14 | 2 434 154 | 25 066 | 442 321.753 3 | 3 505.27 |
| 2014 | 967 622.595 9 | 249 304.5722 | 14.3 | 2 513 304.401 | 25 548.1 | 461 904.504 2 | 3 895.20 |
| 2015 | 994 621.540 3 | 257 705.6024 | 14.4 | 2 597 997.379 | 25 854.7 | 477 017.670 3 | 4 126.22 |
| 2016 | 1 023 757.044 | 266 848.6796 | 14.6 | 2 690 171.123 | 26 136.7 | 491 746.319 3 | 4 390.63 |
| 2017 | 1 055 112.312 | 277 439.8206 | 14.8 | 2 796 943.178 | 26 440.9 | 503 458.635 4 | 4 449.43 |

注：“固定资本存量”滞后一年，“研究开发经费”滞后两年

（2）韩国经济增长模型

$$Y=(HL)^{0.31}(SD/L)^{0.23}+0.17K+0.15LS/K+0.18LD/K \qquad \text{（附 4-1）}$$

**附表 4-2　韩国劳动报酬模型**

| | | | | |
|---|---|---|---|---|
| 被解释变量：$\log V$ | | | | |
| 模型估计方法：最小二乘法 | | | | |
| 样本范围（调整后）：1962～2017 年 | | | | |
| 观察值的个数：56（调整端点后） | | | | |
| 9 次迭代后实现收敛 | | | | |
| 解释变量 | 系数 | 标准误 | t 统计量 | 概率 |
| $\log HL$ | 0.312 561 | 0.001 421 | 219.923 1 | 0 |
| $\log SD/L$ | 0.228 56 | 0.007 91 | 28.894 14 | 0 |
| $AR(2)$ | −0.279 575 | 0.133 585 | −2.092 865 | 0.041 3 |
| $AR(1)$ | 1.028 004 | 0.131 846 | 7.796 991 | 0 |
| 样本决定系数 | 0.998 791 | 因变量的均值 | | 7.174 565 |
| 调整后的样本决定系数 | 0.998 721 | 因变量的标准差 | | 1.119 052 |
| 回归标准差 | 0.040 022 | 赤池信息量（AIC） | | −3.530 03 |
| 残差平方和 | 0.083 291 | 施瓦茨信息量（SC） | | −3.385 36 |
| DW 统计量 | 102.841 | F 检验统计量 | | −3.473 94 |

**附表 4-3　韩国投资价值模型**

| | | | | |
|---|---|---|---|---|
| 被解释变量：$M$ | | | | |
| 模型估计方法：最小二乘法 | | | | |
| 样本范围（调整后）：1964～2016 年 | | | | |
| 观察值的个数：53（调整后） | | | | |
| 13 次迭代后实现收敛 | | | | |
| 变量 | 系数 | 标准误 | t 统计量 | 概率 |
| $K$ | 0.168 985 | 0.009 289 | 18.191 84 | 0.000 0 |
| $LS/K$ | 0.152 878 | 0.086 136 | 1.774 833 | 0.082 3 |

续表

| 变量 | 系数 | 标准误 | t 统计量 | 概率 |
|---|---|---|---|---|
| *LD* / *K* | 0.179 307 | 0.017 592 | 10.192 30 | 0.000 0 |
| *AR*(4) | −0.222 021 | 0.251 740 | −0.881 947 | 0.382 2 |
| *AR*(3) | 0.656 134 | 0.242 518 | 2.705 506 | 0.009 4 |
| 样本决定系数 | 0.996 999 | 因变量的均值 | | 2 228.28 |
| 调整后的样本决定系数 | 0.996 749 | 因变量的标准差 | | 1 646.77 |
| 回归标准差 | 93.890 53 | 赤池信息量（AIC） | | 12.011 7 |
| 残差平方和 | 423 140.7 | 施瓦茨信息量（SC） | | 12.197 0 |
| DW 统计量 | 0.640 912 | | | |

**附表 4-4　生产要素配置效率分析**

| 年份 | 效率 | 固定资本的浪费率 | 劳动力的浪费率 | 人力资本的浪费率 |
|---|---|---|---|---|
| 1960 | 1 | 0 | 0 | 0 |
| 1961 | 0.9918 | 0 | 0 | 0.0011 |
| 1962 | 0.969 | 0 | 0 | 0.0016 |
| 1963 | 0.9816 | 0 | 0 | 0.0012 |
| 1964 | 1 | 0 | 0 | 0 |
| 1965 | 0.9794 | 0 | 0 | 0.0011 |
| 1966 | 1 | 0 | 0 | 0 |
| 1967 | 0.9773 | 0 | 0 | 0 |
| 1968 | 0.9804 | 0 | 0 | 0 |
| 1969 | 1 | 0 | 0 | 0 |
| 1970 | 0.9871 | 0 | 0 | 0 |
| 1971 | 1 | 0 | 0 | 0 |
| 1972 | 0.9476 | 0 | 0 | 0 |
| 1973 | 0.9738 | 0 | 0 | 0.0003 |
| 1974 | 0.9725 | 0 | 0 | 0.0024 |
| 1975 | 0.9437 | 0 | 0 | 0 |
| 1976 | 0.9432 | 0 | 0 | 0 |
| 1977 | 0.957 | 0 | 0 | 0 |
| 1978 | 0.9649 | 0 | 0 | 0 |
| 1979 | 1 | 0 | 0 | 0 |
| 1980 | 0.9394 | 0 | 0 | 0.0028 |
| 1981 | 0.9358 | 0 | 0 | 0.0057 |
| 1982 | 0.9245 | 0 | 0 | 0.0064 |
| 1983 | 0.96 | 0 | 0 | 0.0071 |
| 1984 | 0.9831 | 0 | 0 | 0.0067 |
| 1985 | 0.9556 | 0 | 0 | 0.006 |
| 1986 | 0.9578 | 0 | 0 | 0.0039 |
| 1987 | 0.959 | 0 | 0 | 0.0034 |
| 1988 | 0.9854 | 0 | 0 | 0.004 |
| 1989 | 0.9584 | 0 | 0 | 0.0017 |

续表

| 年份 | 效率 | 固定资本的浪费率 | 劳动力的浪费率 | 人力资本的浪费率 |
|---|---|---|---|---|
| 1990 | 0.9566 | 0 | 0 | 0 |
| 1991 | 0.9736 | 0 | 0 | 0 |
| 1992 | 0.9618 | 0 | 0 | 0 |
| 1993 | 0.9429 | 0 | 0 | 0 |
| 1994 | 0.9366 | 0 | 0 | 0 |
| 1995 | 0.947 | 0 | 0 | 0 |
| 1996 | 0.9527 | 0 | 0 | 0 |
| 1997 | 1 | 0 | 0 | 0 |
| 1998 | 0.8881 | 0 | 0 | 0 |
| 1999 | 0.8994 | 0 | 0.0806 | 0 |
| 2000 | 0.9269 | 0 | 0.0204 | 0 |
| 2001 | 0.9228 | 0 | 0.0004 | 0 |
| 2002 | 0.9444 | 0 | 0 | 0 |
| 2003 | 0.9445 | 0 | 0 | 0 |
| 2004 | 0.9568 | 0 | 0 | 0 |
| 2005 | 0.9687 | 0 | 0.0242 | 0 |
| 2006 | 0.9913 | 0 | 0.0414 | 0 |
| 2007 | 0.9839 | 0 | 0 | 0 |
| 2008 | 0.959 | 0 | 0 | 0 |
| 2009 | 1 | 0 | 0 | 0 |
| 2010 | 0.9973 | 0 | 0.0158 | 0 |
| 2011 | 0.9972 | 0 | 0.0167 | 0 |
| 2012 | 0.9915 | 0 | 0.0215 | 0 |
| 2013 | 0.9942 | 0 | 0.0262 | 0 |
| 2014 | 0.9907 | 0 | 0.0027 | 0 |
| 2015 | 0.9905 | 0 | 0.0049 | 0 |
| 2016 | 0.993 | 0.004 | 0.0113 | 0 |
| 2017 | 1 | 0 | 0 | 0 |

# 附录 5

# 法国经济增长数据和模型

（1）数据及其来源

GDP、劳动力、劳动报酬、固定资本存量、固定资产投资来自于《法国统计年鉴》、Groningen Growth and Development Centre 的 Total Economy Growth Accounting Database 及世界银行数据库、The Conference Board Total Economy Database（*Growth Accounting and Total Factor Productivity Country Details，1990-2012*）、联合国的 *GDP/breakdown at constant 2005 prices in National currency（all countries）*、Penn World Table，version 9.1；就业者人均受教育年限来自于 Andrea Bassanini 和 Stefano Scarpetta 的 *Does Human Capital Matter for Growth in OECD Countries? Evidence from Pooled Mean-group Estimates*（Economics Department working papers No. 282）、Michael J. Boskin 和 Lawrence J. Lau 的 *The Comparative Postwar Economic Performance of the G-7 Countries*、*Organization for Economic Co-operation and Development（OECD），Education at a Glance 2010*；研究开发经费来自于 OECD Science，Technology and R&D Statistics 的 *Main Science and Technology Indicators* 等。

**附表 5-1　法国经济增长数据**（2005 年价格）

| 年份 | GDP（亿欧元） | 劳动报酬（亿欧元） | 就业者人均受教育年限（年） | 研究开发经费（亿欧元） | 固定资本存量（亿欧元） | 固定资产投资（亿欧元） | 劳动力（千人） |
|---|---|---|---|---|---|---|---|
| 1980 | 10 322 | 5 809 | 9.5 | 175 | | 2 000 | 22 845 |
| 1981 | 10 423 | 5 837 | 9.6 | 182 | 16 482 | 1 962 | 22 806 |
| 1982 | 10 675 | 6 089 | 9.6 | 195 | 17 220 | 1 933 | 22 849 |
| 1983 | 10 807 | 6 121 | 9.7 | 209 | 17 883 | 1 863 | 22 825 |
| 1984 | 10 968 | 6 135 | 9.7 | 222 | 18 541 | 1 836 | 22 691 |
| 1985 | 11 145 | 6 175 | 9.8 | 230 | 19 162 | 1 880 | 22 633 |
| 1986 | 11 396 | 6 158 | 9.8 | 246 | 19 809 | 1 966 | 22 750 |
| 1987 | 11 668 | 6 235 | 9.8 | 259 | 20 426 | 2 062 | 22 941 |

续表

| 年份 | GDP（亿欧元） | 劳动报酬（亿欧元） | 就业者人均受教育年限（年） | 研究开发经费（亿欧元） | 固定资本存量（亿欧元） | 固定资产投资（亿欧元） | 劳动力（千人） |
|---|---|---|---|---|---|---|---|
| 1988 | 12 213 | 6 404 | 9.9 | 270 | 21 125 | 2 256 | 23 160 |
| 1989 | 12 724 | 6 607 | 9.9 | 285 | 21 937 | 2 426 | 23 557 |
| 1990 | 13 058 | 6 853 | 10 | 292 | 22 913 | 2 523 | 23 766 |
| 1991 | 13 193 | 6 957 | 10 | 302 | 23 977 | 2 516 | 23 798 |
| 1992 | 13 388 | 7 081 | 10.2 | 317 | 25 070 | 2 466 | 23 634 |
| 1993 | 13 299 | 7 043 | 10.3 | 315 | 26 076 | 2 319 | 23 360 |
| 1994 | 13 598 | 7 081 | 10.4 | 324 | 26 981 | 357 | 23 459 |
| 1995 | 13 876 | 7 228 | 10.5 | 333 | 27 686 | 2 400 | 23 679 |
| 1996 | 14024 | 7 313 | 10.6 | 328 | 28 417 | 2 416 | 23 812 |
| 1997 | 14 331 | 7 440 | 10.6 | 331 | 29 067 | 2 430 | 23 973 |
| 1998 | 14 815 | 7 631 | 10.6 | 341 | 29 735 | 2 611 | 24 383 |
| 1999 | 15 302 | 7 937 | 10.7 | 338 | 30 315 | 2 833 | 24 943 |
| 2000 | 15 866 | 8 246 | 10.9 | 346 | 31 069 | 3 024 | 25 588 |
| 2001 | 16 157 | 8 481 | 11.0 | 354 | 31 909 | 3 086 | 25 970 |
| 2002 | 16 307 | 8 568 | 11.2 | 351 | 32 818 | 3 023 | 26 105 |
| 2003 | 16 454 | 8 677 | 11.3 | 347 | 33 687 | 3 087 | 26 137 |
| 2004 | 16 872 | 8 774 | 11.5 | 356 | 34 700 | 3 192 | 26 176 |
| 2005 | 17 180 | 8 934 | 11.6 | 363 | 35 660 | 3 333 | 26 349 |
| 2006 | 17 604 | 9 154 | 11.8 | 371 | 36 140 | 3 464 | 26 634 |
| 2007 | 18 007 | 9 363 | 11.9 | 380 | 36 713 | 3 682 | 27 006 |
| 2008 | 17 992 | 9 536 | 12.2 | 380 | 37 458 | 3 693 | 27 137 |
| 2009 | 17 426 | 9 236 | 12.4 | 368 | 38 154 | 3 300 | 26 783 |
| 2010 | 17 716 | 9 389 | 12.5 | 374 | 37 639 | 3341 | 26 766 |
| 2011 | 18 104 | 9 583 | 12.5 | 400 | 38 201 | 3 411 | 27 220 |
| 2012 | 18 161 | 9 686 | 12.6 | 396 | 38 781 | 3 427 | 27 307 |
| 2013 | 18 266 | 9 743 | 12.6 | 400 | 39 343 | 3 410 | 27 359 |
| 2014 | 18 440 | 9 849 | 12.7 | 411 | 39 869 | 3 424 | 27 422 |
| 2015 | 18 646 | 9 881 | 12.7 | 417 | 40 378 | 3 473 | 27 438 |
| 2016 | 18 864 | 10 039 | 12.8 | 429 | 40 885 | 3 584 | 27 622 |
| 2017 | 19 272 | 10 290 | 12.9 | 437 | 41 423 | 3 759 | 27 905 |

注："固定资本存量"滞后一年，"研究开发经费"滞后两年

（2）法国经济增长模型

$$Y = \left(HLSD\right)^{0.25} + 0.19K + 29.65SD / K \qquad （附 5-1）$$

**附表 5-2　法国劳动报酬模型**

| | | | | |
|---|---|---|---|---|
| 被解释变量：$\log V$ | | | | |
| 模型估计方法：最小二乘法 | | | | |
| 样本范围（调整后）：1983～2017 年 | | | | |
| 观察值的个数：35（调整端点后） | | | | |
| 4 次迭代后实现收敛 | | | | |
| 解释变量 | 系数 | 标准误 | t 统计量 | 概率 |
| $\log HLSD$ | 0.250 124 | 0.000 864 | 289.539 4 | 0 |
| $AR(1)$ | 0.493 17 | 0.153 227 | 3.218 562 | 0.002 9 |
| $AR(3)$ | 0.275 332 | 0.154 644 | 1.780 421 | 0.084 5 |
| 样本决定系数 | 0.941 761 | 因变量的均值 | | 8.986 56 |
| 调整后的样本决定系数 | 0.938 121 | 因变量的标准差 | | 0.172 217 |
| 回归标准差 | 0.042 84 | 赤池信息量（AIC） | | −3.380 891 |
| 残差平方和 | 0.058 727 | 施瓦茨信息量（SC） | | −3.247 575 |
| 对数似然比 | 62.165 59 | F 检验统计量 | | −3.334 871 |
| DW 统计量 | 2.173 236 | 模型显著性的概率值 | | 0 |
| 特征根 | 0.86 | | −.18+.53i | −.18-.53i |

**附表 5-3　法国投资价值模型**

| | | | | |
|---|---|---|---|---|
| 被解释变量：$M$ | | | | |
| 模型估计方法：最小二乘法 | | | | |
| 样本范围（调整后）：1981～2017 年 | | | | |
| 观察值的个数：37（调整端点后） | | | | |
| 9 次迭代后实现收敛 | | | | |
| 解释变量 | 系数 | 标准误 | t 统计量 | 概率 |
| $K$ | 0.194 232 | 0.028 834 | 6.736 126 | 0.000 0 |
| $SD / K$ | 29.648 42 | 6.481 183 | 4.574 538 | 0.000 1 |
| $AR(1)$ | 0.966 835 | 0.064 933 | 14.889 62 | 0.000 0 |
| 样本决定系数 | 0.993 503 | 因变量的均值 | | 7 094.165 |
| 调整后的样本决定系数 | 0.993 121 | 因变量的标准差 | | 1 401.336 |
| 回归标准差 | 116.227 1 | 赤池信息量（AIC） | | 12.426 57 |
| 残差平方和 | 459 297.5 | 施瓦茨信息量（SC） | | 12.557 19 |
| 对数似然比 | −226.891 6 | F 检验统计量 | | 12.472 62 |
| DW 统计量 | 1.627 531 | 模型显著性的概率值 | | 0 |
| 特征根 | 0.97 | | | |

**附表 5-4　生产要素配置效率分析**

| 年份 | 效率 | 固定资本的浪费率 | 劳动力的浪费率 | 人力资本的浪费率 |
|---|---|---|---|---|
| 1980 | 1 | 0 | 0 | 0 |
| 1981 | 0.979 | 0 | 0 | 0.002 |

续表

| 年份 | 效率 | 固定资本的浪费率 | 劳动力的浪费率 | 人力资本的浪费率 |
|---|---|---|---|---|
| 1982 | 0.9789 | 0 | 0.0016 | 0 |
| 1983 | 0.9699 | 0 | 0 | 0.0022 |
| 1984 | 0.9676 | 0 | 0.0017 | 0 |
| 1985 | 0.9648 | 0 | 0 | 0.0021 |
| 1986 | 0.9656 | 0 | 0.0003 | 0 |
| 1987 | 0.969 | 0 | 0.0033 | 0 |
| 1988 | 0.9886 | 0 | 0 | 0.0019 |
| 1989 | 1 | 0 | 0 | 0 |
| 1990 | 1 | 0 | 0 | 0 |
| 1991 | 0.998 | 0 | 0.0141 | 0 |
| 1992 | 0.9917 | 0 | 0.008 | 0 |
| 1993 | 0.9764 | 0 | 0.0138 | 0 |
| 1994 | 0.9792 | 0 | 0.0133 | 0 |
| 1995 | 0.9787 | 0 | 0.0081 | 0 |
| 1996 | 0.9714 | 0 | 0.0044 | 0 |
| 1997 | 0.9836 | 0.0048 | 0.0079 | 0 |
| 1998 | 0.9998 | 0.0091 | 0.0082 | 0 |
| 1999 | 1 | 0 | 0 | 0 |
| 2000 | 1 | 0 | 0 | 0 |
| 2001 | 0.9959 | 0 | 0 | 0 |
| 2002 | 0.9854 | 0 | 0 | 0 |
| 2003 | 0.9834 | 0.0009 | 0 | 0 |
| 2004 | 0.9931 | 0.0089 | 0 | 0 |
| 2005 | 0.9978 | 0.019 | 0 | 0 |
| 2006 | 0.9979 | 0.0061 | 0 | 0 |
| 2007 | 1 | 0 | 0 | 0 |
| 2008 | 0.9884 | 0 | 0 | 0.0099 |
| 2009 | 0.9587 | 0.0016 | 0 | 0 |
| 2010 | 0.9796 | 0 | 0 | 0.0164 |
| 2011 | 0.9851 | 0 | 0 | 0.0185 |
| 2012 | 0.9804 | 0 | 0 | 0.0159 |
| 2013 | 0.9793 | 0 | 0 | 0.0053 |
| 2014 | 0.982 | 0 | 0 | 0.0033 |
| 2015 | 0.9908 | 0.008 | 0 | 0 |
| 2016 | 0.9923 | 0.0054 | 0 | 0 |
| 2017 | 1 | 0 | 0 | 0 |

# 附录 6

# 德国经济增长数据和模型

（1）数据及其来源

GDP、劳动力、劳动报酬、固定资本存量、固定资产投资来自于《德国统计年鉴》、Groningen Growth and Development Centre 的 Total Economy Growth Accounting Database 及世界银行数据库、The Conference Board Total Economy Database（*Growth Accounting and Total Factor Productivity Country Details，1990-2012*）、联合国的 *GDP/breakdown at constant 2005 prices in National currency（all countries）*、Penn World Table，version 9.1；就业者人均受教育年限来自于 Andrea Bassanini 和 Stefano Scarpetta 的 *Does Human Capital Matter for Growth in OECD Countries？Evidence from Pooled Mean-group Estimates*（Economics Department working papers No. 282）、Michael J. Boskin 和 Lawrence J. Lau 的 *The Comparative Postwar Economic Performance of the G-7 Countries*、*Organization for Economic Co-operation and Development（OECD），Education at a Glance 2010*；研究开发经费来自于 OECD Science，Technology and R&D Statistics 的 *Main Science and Technology Indicators* 等。

**附表 6-1　德国经济增长数据**（1990 年价格）

| 年份 | GDP（亿欧元） | 劳动报酬（亿欧元） | 固定资本存量（亿欧元） | 固定资产投资（亿欧元） | 研究开发经费（亿欧元） | 就业者人均受教育年限（年） | 劳动力（千人） |
|---|---|---|---|---|---|---|---|
| 1990 | 17 821 | 9 980 | 33 038 | 3 487 | 407 | 11.5 | 37 404 |
| 1991 | 18 732 | 10 302 | 34 095 | 3 661 | 423 | 11.5 | 38 712 |
| 1992 | 19 090 | 10 611 | 35 194 | 3 836 | 453 | 11.6 | 38 183 |
| 1993 | 18 899 | 10 455 | 36 286 | 3 678 | 472 | 11.6 | 37 695 |
| 1994 | 19 366 | 10 450 | 37 440 | 3 831 | 448 | 11.6 | 37 667 |
| 1995 | 19 690 | 10 619 | 38 322 | 3 819 | 434 | 11.7 | 37 802 |
| 1996 | 19 846 | 10 643 | 39 139 | 3 800 | 440 | 11.7 | 37 772 |
| 1997 | 20 191 | 10 649 | 39 949 | 3 837 | 439 | 11.7 | 37 716 |
| 1998 | 20 567 | 10 793 | 40 805 | 3 986 | 453 | 11.8 | 38 148 |

续表

| 年份 | GDP（亿欧元） | 劳动报酬（亿欧元） | 固定资本存量（亿欧元） | 固定资产投资（亿欧元） | 研究开发经费（亿欧元） | 就业者人均受教育年限（年） | 劳动力（千人） |
|---|---|---|---|---|---|---|---|
| 1999 | 20 952 | 11 025 | 41 559 | 4 163 | 471 | 11.8 | 38 721 |
| 2000 | 21 592 | 11 515 | 42 456 | 4 272 | 504 | 11.8 | 39 382 |
| 2001 | 21 919 | 11 632 | 43 630 | 4 132 | 527 | 11.9 | 39 485 |
| 2002 | 21 921 | 11 618 | 44 295 | 3 878 | 544 | 11.9 | 39 257 |
| 2003 | 21 839 | 11 356 | 44 702 | 3 830 | 554 | 12.0 | 38 918 |
| 2004 | 22 093 | 11 488 | 44 917 | 3 821 | 554 | 12.1 | 39 034 |
| 2005 | 22 244 | 11 344 | 45 091 | 3 852 | 552 | 12.2 | 38 976 |
| 2006 | 23 067 | 11 764 | 45 335 | 4 171 | 553 | 12.4 | 39 192 |
| 2007 | 23 821 | 12 149 | 45 879 | 4 367 | 557 | 12.5 | 39 857 |
| 2008 | 24 079 | 12 040 | 46 576 | 4 423 | 586 | 12.7 | 40 348 |
| 2009 | 22 845 | 11 879 | 47 273 | 3 919 | 603 | 12.8 | 40 370 |
| 2010 | 23 794 | 12 135 | 47 411 | 4 147 | 648 | 13.0 | 40 603 |
| 2011 | 24 629 | 12 573 | 49 345 | 4 482.51 | 613 | 13 | 40 297 |
| 2012 | 24 126 | 12 515 | 51 151 | 4 470.32 | 635 | 13.0 | 40 401 |
| 2013 | 24 125 | 12 552 | 51 403 | 4 400.01 | 678 | 13.0 | 40 784 |
| 2014 | 24 811 | 12 858 | 51 655 | 4 563.14 | 699 | 13.1 | 41 028 |
| 2015 | 25 368 | 13 106 | 52 780 | 4 611.37 | 691 | 13.2 | 41 341 |
| 2016 | 26 044 | 13 421 | 53 698 | 4 763.57 | 719 | 13.2 | 41 838 |
| 2017 | 26 402 | 13 670 | 54 902 | 4 926.25 | 742 | 13.3 | 42 131 |

注：“固定资本存量”滞后一年，“研究开发经费”滞后两年

（2）德国经济增长模型

$$Y = (HL)^{0.27}(SD)^{0.20} + 0.15K + 74.03SD / K \qquad \text{（附 6-1）}$$

**附表 6-2　德国劳动报酬模型**

| | | | | |
|---|---|---|---|---|
| 被解释变量：$\log V$ | | | | |
| 模型估计方法：最小二乘法 | | | | |
| 样本范围（调整后）：1991～2017 年 | | | | |
| 观察值的个数：27（调整端点后） | | | | |
| 6 次迭代后实现收敛 | | | | |
| 解释变量 | 系数 | 标准误 | t 统计量 | 概率 |
| $\log HL$ | 0.271 193 | 0.011 845 | 22.895 82 | 0.000 0 |
| $\log SD$ | 0.201 090 | 0.019 148 | 10.501 94 | 0.000 0 |
| $AR(1)$ | 0.347 475 | 0.187 551 | 1.852 697 | 0.076 3 |
| 样本决定系数 | 0.981 339 | 因变量的均值 | | 9.361 770 |
| 调整后的样本决定系数 | 0.979 783 | 因变量的标准差 | | 0.081 667 |
| 回归标准差 | 0.011 612 | 赤池信息量（AIC） | | −5.969 146 |
| 残差平方和 | 0.003 236 | 施瓦茨信息量（SC） | | −5.825 164 |
| 对数似然比 | 83.58 347 | F 检验统计量 | | −5.926 332 |

续表

| 解释变量 | 系数 | 标准误 | t 统计量 | 概率 |
|---|---|---|---|---|
| DW 统计量 | 2.015 115 | 模型显著性的概率值 | | 0 |
| 特征根 | 0.35 | | | |

**附表 6-3　德国投资价值模型**

| 被解释变量：*M* | | | | |
|---|---|---|---|---|
| 模型估计方法：最小二乘法 | | | | |
| 样本范围：1991～2017 年 | | | | |
| 观察值的个数：27 | | | | |
| 解释变量 | 系数 | 标准误 | t 统计量 | 概率 |
| $K$ | 0.151 566 | 0.024 599 | 6.161 464 | 0.000 0 |
| $SD/K$ | 74.035 73 | 20.936 88 | 3.536 140 | 0.001 7 |
| $AR(1)$ | 0.766 142 | 0.140 340 | 5.459 167 | 0.000 0 |
| 样本决定系数 | 0.958 714 | 因变量的均值 | | 10 625.58 |
| 调整后的样本决定系数 | 0.955 273 | 因变量的标准差 | | 1 331.171 |
| 回归标准差 | 281.526 2 | 赤池信息量（AIC） | | 14.222 77 |
| 残差平方和 | 1 902 168 | 施瓦茨信息量（SC） | | 14.366 75 |
| 对数似然比 | −189.007 4 | F 检验统计量 | | 14.265 58 |
| DW 统计量 | 1.685 031 | 模型显著性的概率值 | | 0 |

**附表 6-4　生产要素配置效率分析**

| 年份 | 效率 | 固定资本的浪费率 | 劳动力的浪费率 | 人力资本的浪费率 |
|---|---|---|---|---|
| 1990 | 1 | 0 | 0 | 0 |
| 1991 | 1 | 0 | 0 | 0 |
| 1992 | 0.9752 | 0 | 0.035 | 0 |
| 1993 | 0.9499 | 0 | 0.0477 | 0 |
| 1994 | 0.9806 | 0 | 0.0321 | 0 |
| 1995 | 0.9763 | 0 | 0.0484 | 0 |
| 1996 | 0.9689 | 0 | 0.0563 | 0 |
| 1997 | 0.9788 | 0 | 0.0543 | 0 |
| 1998 | 0.9815 | 0 | 0.0639 | 0 |
| 1999 | 0.9827 | 0 | 0.0713 | 0 |
| 2000 | 0.9963 | 0 | 0.0534 | 0 |
| 2001 | 0.9968 | 0.0011 | 0.1042 | 0 |
| 2002 | 0.9909 | 0.0101 | 0.1015 | 0 |
| 2003 | 0.9725 | 0.0005 | 0.0947 | 0 |
| 2004 | 0.9833 | 0 | 0.0469 | 0 |
| 2005 | 0.9715 | 0 | 0.0513 | 0 |
| 2006 | 0.9992 | 0 | 0.0336 | 0 |
| 2007 | 1 | 0 | 0 | 0 |
| 2008 | 0.9864 | 0 | 0.0303 | 0 |

续表

| 年份 | 效率 | 固定资本的浪费率 | 劳动力的浪费率 | 人力资本的浪费率 |
|---|---|---|---|---|
| 2009 | 0.9207 | 0 | 0.0178 | 0 |
| 2010 | 1 | 0 | 0 | 0 |
| 2011 | 1 | 0 | 0 | 0 |
| 2012 | 0.983 | 0 | 0.0212 | 0 |
| 2013 | 0.9782 | 0 | 0 | 0 |
| 2014 | 0.9922 | 0 | 0 | 0.0014 |
| 2015 | 0.9915 | 0 | 0 | 0 |
| 2016 | 0.9973 | 0 | 0 | 0.0019 |
| 2017 | 1 | 0 | 0 | 0 |

# 附录 7

# 加拿大经济增长数据和模型

（1）数据及其来源

GDP、劳动力、劳动报酬、固定资本存量、固定资产投资来自于《加拿大统计年鉴》、Groningen Growth and Development Centre 的 *Total Economy Growth Accounting Database* 及世界银行数据库、The Conference Board Total Economy Database（*Growth Accounting and Total Factor Productivity Country Details，1990-2012*）、联合国的 *GDP/breakdown at constant 2005 prices in National currency（all countries）*、Geom 的 *End-Year Net Capital Stock*、Penn World Table，version 9.1；就业者人均受教育年限来自于 Andrea Bassanini 和 Stefano Scarpetta 的 *Does Human Capital Matter for Growth in OECD Countries? Evidence from Pooled Mean-group Estimates*（Economics Department working papers No. 282）、Michael J. Boskin 和 Lawrence J. Lau 的 *The Comparative Postwar Economic Performance of the G-7 Countries*、*Organization for Economic Co-operation and Development（OECD），Education at a Glance 2010*；研究开发经费来自于 OECD Science，Technology and R&D Statistics 的 *Statistics Canada Industrial Research and Development*、*Main Science and Technology Indicators* 等。

**附表 7-1　加拿大经济增长数据**（1990 年价格）

| 年份 | GDP（亿加拿大元） | 固定资本存量（亿加拿大元） | 固定资产投资（亿加拿大元） | 研究开发经费/GDP（%） | 就业者人均受教育年限（年） | 劳动力（千人） | 劳动报酬/GDP |
|---|---|---|---|---|---|---|---|
| 1980 | 6 886 | | 1 036.66 | | | 11 057 | 0.51 |
| 1981 | 7 127 | 15 425 | 1 320.85 | 1.2 | 10.6 | 11 379 | 0.52 |
| 1982 | 6 923 | 16 254 | 1 392.15 | 1.2 | 10.7 | 11 019 | 0.53 |
| 1983 | 7 111 | 17 133 | 1 207.57 | 1.2 | 10.7 | 11 098 | 0.50 |
| 1984 | 7 525 | 17 806 | 1 173.44 | 1.4 | 10.8 | 11 377 | 0.50 |
| 1985 | 7 885 | 18 429 | 1 199.56 | 1.4 | 10.8 | 11 704 | 0.50 |

续表

| 年份 | GDP（亿加拿大元） | 固定资本存量（亿加拿大元） | 固定资产投资（亿加拿大元） | 研究开发经费/GDP（%） | 就业者人均受教育年限（年） | 劳动力（千人） | 劳动报酬/GDP |
|---|---|---|---|---|---|---|---|
| 1986 | 8 076 | 19 062 | 1 284.46 | 1.4 | 10.9 | 12 064 | 0.49 |
| 1987 | 8 419 | 19 763 | 1 335.74 | 1.4 | 11.0 | 12 412 | 0.47 |
| 1988 | 8 838 | 20 496 | 1 479.17 | 1.5 | 11.1 | 12 788 | 0.47 |
| 1989 | 9 069 | 21 350 | 1 616.61 | 1.4 | 11.1 | 13 075 | 0.48 |
| 1990 | 9 087 | 22 314 | 1 686.25 | 1.4 | 11.1 | 13 165 | 0.48 |
| 1991 | 8 897 | 23 318 | 1 601.70 | 1.5 | 11.3 | 12 935 | 0.48 |
| 1992 | 8 975 | 24 207 | 1 474.02 | 1.5 | 11.4 | 12 807 | 0.48 |
| 1993 | 9 184 | 24 942 | 1 388.46 | 1.6 | 11.6 | 12 868 | 0.47 |
| 1994 | 9 626 | 25 570 | 1 371.92 | 1.6 | 11.9 | 13 132 | 0.48 |
| 1995 | 9 896 | 26 161 | 1 457.70 | 1.7 | 12.1 | 13 365 | 0.48 |
| 1996 | 10 056 | 26 816 | 1 419.23 | 1.8 | 12.2 | 13 484 | 0.49 |
| 1997 | 10 481 | 27 407 | 1 449.70 | 1.7 | 12.4 | 13 769 | 0.48 |
| 1998 | 10 911 | 28 002 | 1 766.76 | 1.7 | 12.5 | 14 107 | 0.49 |
| 1999 | 11 514 | 28 883 | 1 880.91 | 1.7 | 12.6 | 14 462 | 0.48 |
| 2000 | 12 117 | 29 836 | 2 123.68 | 1.8 | 12.7 | 14 817 | 0.48 |
| 2001 | 12 333 | 30 987 | 1 036.61 | 1.8 | 12.8 | 14 994 | 0.47 |
| 2002 | 12 694 | 31 000 | 1 200.93 | 1.9 | 12.8 | 15 352 | 0.47 |
| 2003 | 12 932 | 31 169 | 1 657.44 | 2.1 | 12.9 | 15 718 | 0.47 |
| 2004 | 13 336 | 31 783 | 1 843.87 | 2.0 | 13.0 | 15 977 | 0.48 |
| 2005 | 13 738 | 32 553 | 2 088.92 | 1.9 | 13.0 | 16 184 | 0.48 |
| 2006 | 14126 | 33 526 | 2 291.38 | 1.9 | 13.1 | 16 471 | 0.48 |
| 2007 | 14 437 | 34 648 | 2 392.13 | 1.9 | 13.2 | 16 867 | 0.48 |
| 2008 | 14 537 | 35 813 | 2 444.54 | 2.1 | 13.3 | 17 150 | 0.48 |
| 2009 | 14 134 | 36 974 | 1 990.95 | 2 | 13.3 | 16 877 | 0.48 |
| 2010 | 14 588 | 37 637 | 2 317.20 | 2 | 13.3 | 17 105 | 0.48 |
| 2011 | 15 046 | 38 608 | 2 419.41 | 1.92 | 13.4 | 17 593 | 0.47 |
| 2012 | 15 309 | 39 648 | 2 537.59 | 1.83 | 13.5 | 17 766 | 0.48 |
| 2013 | 15 688 | 40 768 | 2 569.18 | 1.79 | 13.5 | 17 979 | 0.48 |
| 2014 | 16 136 | 41 882 | 2 640.30 | 1.78 | 13.6 | 18 058 | 0.47 |
| 2015 | 16 297 | 43 030 | 2 518.72 | 1.71 | 13.6 | 18 239 | 0.49 |
| 2016 | 16 528 | 44 020 | 2 451.88 | 1.72 | 13.6 | 18 396 | 0.49 |
| 2017 | 17 031 | 44 918 | 2 525.86 | 1.65 | 13.7 | 18 700 | 0.48 |

注：“固定资本存量”滞后一年，“研究开发经费”滞后两年

（2）加拿大经济增长模型

$$Y = (HL)^{0.28}(SD)^{0.22} + 0.19K + 38.69SD / K \quad （附 7-1）$$

**附表 7-2　加拿大劳动报酬对数模型**

| 被解释变量：log*V* | | | | |
|---|---|---|---|---|
| 样本范围：1981～2017 年 | | | | |
| 观察值的个数：37 | | | | |
| 解释变量 | 系数 | 标准误 | t 统计量 | 概率 |
| log *HL* | 0.267 135 | 0.009 35 | 28.569 69 | 0 |
| log *SD* | 0.221 128 | 0.016 005 | 13.815 8 | 0 |
| 样本决定系数 | 0.974 877 | 因变量的均值 | | 8.587 352 |
| 调整后的样本决定系数 | 0.974 179 | 因变量的标准差 | | 0.271 511 |
| 回归标准差 | 0.043 629 | 赤池信息量（AIC） | | −3.375 |
| 残差平方和 | 0.068 525 | 施瓦茨信息量（SC） | | −3.288 811 |
| 对数似然比 | 66.125 | F 检验统计量 | | −3.344 335 |
| DW 统计量 | 0.776 73 | 模型显著性的概率值 | | 0 |

**附表 7-3　加拿大投资价值模型**

| 被解释变量：*M* | | | | |
|---|---|---|---|---|
| 模型估计方法：最小二乘法 | | | | |
| 样本范围（调整后）：1981～2017 年 | | | | |
| 观察值的个数：37（调整端点后） | | | | |
| 8 次迭代后实现收敛 | | | | |
| 解释变量 | 系数 | 标准误 | t 统计量 | 概率 |
| *K* | 0.186 614 | 0.006 564 | 28.431 53 | 0.000 0 |
| *SD* / *K* | 38.687 47 | 13.356 84 | 2.896 453 | 0.006 6 |
| *AR*(1) | 0.816 310 | 0.102 509 | 7.963 324 | 0.000 0 |
| 样本决定系数 | 0.991 692 | 因变量的均值 | | 6 025.945 |
| 调整后的样本决定系数 | 0.991 203 | 因变量的标准差 | | 1 673.089 |
| 回归标准差 | 156.924 5 | 赤池信息量（AIC） | | 13.027 01 |
| 残差平方和 | 837 260.1 | 施瓦茨信息量（SC） | | 13.157 63 |
| 对数似然比 | −237.999 7 | F 检验统计量 | | 13.073 06 |
| DW 统计量 | 1.664 363 | 模型显著性的概率值 | | 0 |
| 特征根 | 0.82 | | | |

**附表 7-4　生产要素配置效率分析**

| 年份 | 效率 | 固定资本的浪费率 | 劳动力的浪费率 | 人力资本的浪费率 |
|---|---|---|---|---|
| 1981 | 1 | 0 | 0 | 0 |
| 1982 | 0.9588 | 0 | 0.0374 | 0 |
| 1983 | 0.9547 | 0 | 0.0633 | 0 |
| 1984 | 0.9735 | 0 | 0.0633 | 0 |
| 1985 | 0.9845 | 0 | 0.0648 | 0 |
| 1986 | 0.9717 | 0 | 0.0562 | 0 |
| 1987 | 0.9754 | 0 | 0.0503 | 0 |

续表

| 年份 | 效率 | 固定资本的浪费率 | 劳动力的浪费率 | 人力资本的浪费率 |
|---|---|---|---|---|
| 1988 | 0.9841 | 0 | 0.0417 | 0 |
| 1989 | 0.9793 | 0 | 0.0581 | 0 |
| 1990 | 0.9568 | 0 | 0.0875 | 0 |
| 1991 | 0.9219 | 0 | 0.0928 | 0 |
| 1992 | 0.924 | 0 | 0.0942 | 0 |
| 1993 | 0.9209 | 0 | 0.0859 | 0 |
| 1994 | 0.9264 | 0 | 0.0692 | 0 |
| 1995 | 0.9237 | 0 | 0.0581 | 0 |
| 1996 | 0.9207 | 0 | 0.0548 | 0 |
| 1997 | 0.9288 | 0 | 0.043 | 0 |
| 1998 | 0.9392 | 0 | 0.037 | 0 |
| 1999 | 0.9578 | 0 | 0.0322 | 0 |
| 2000 | 0.9773 | 0 | 0.0281 | 0 |
| 2001 | 0.975 | 0 | 0.0277 | 0 |
| 2002 | 0.9849 | 0 | 0.0228 | 0 |
| 2003 | 0.9812 | 0 | 0.004 | 0 |
| 2004 | 0.9918 | 0 | 0 | 0.0034 |
| 2005 | 0.9991 | 0 | 0.0004 | 0 |
| 2006 | 1 | 0 | 0 | 0 |
| 2007 | 0.9953 | 0 | 0 | 0.0045 |
| 2008 | 0.9802 | 0 | 0 | 0.0074 |
| 2009 | 0.954 | 0 | 0.0044 | 0 |
| 2010 | 0.967 | 0 | 0.0044 | 0 |
| 2011 | 0.9747 | 0 | 0 | 0.0014 |
| 2012 | 0.9754 | 0 | 0 | 0.0043 |
| 2013 | 0.9813 | 0 | 0 | 0.0005 |
| 2014 | 0.9956 | 0 | 0 | 0.002 |
| 2015 | 0.9905 | 0 | 0.0033 | 0 |
| 2016 | 0.9937 | 0.0034 | 0.0071 | 0 |
| 2017 | 1 | 0 | 0 | 0 |

# 附录 8

# 日本经济增长数据和模型

（1）数据及其来源

GDP、劳动力、劳动报酬、固定资本存量、固定资产投资来自于《日本统计年鉴》、Groningen Growth and Development Centre 的 Total Economy Growth Accounting Database 及世界银行数据库、The Conference Board Total Economy Database（*Growth Accounting and Total Factor Productivity Country Details，1990-2012*）、联合国的 *GDP/breakdown at constant 2005 prices in National currency（all countries）*；就业者人均受教育年限来自于 Futoshi Yamauchi 和 Yoshihisa Godo 的 *Human Capital Accumulation，Technological Change and International Spillovers：Comparative Growth Experience from Japan，Korea and the United States1*、Michael J. Boskin 和 Lawrence J. Lau 的 *The Comparative Postwar Economic Performance of the G-7 Countries*、*Organization for Economic Co-operation and Development（OECD），Education at a Glance 2010*；研究开发经费来自于 *Statistics Canada Industrial Research and Development*、OECD Science，Technology and R&D Statistics 的 *Main Science and Technology Indicators* 等。

**附表 8-1 日本经济增长数据**（2005 年价格）

| 年份 | 固定资产投资（万亿日元） | 劳动报酬（万亿日元） | GDP（万亿日元） | 劳动力（人） | 研究开发经费（万亿日元） | 固定资本存量（万亿日元） | 就业者人均受教育年限（年） |
|---|---|---|---|---|---|---|---|
| 1955 | 12 | 20 | 45.64 | 3926 | 0.25 | 50.88 | 8.2 |
| 1956 | 11 | 21 | 49.06 | 4032 | 0.27 | 64.50 | 8.4 |
| 1957 | 13 | 24 | 52.89 | 4138 | 0.29 | 78.24 | 8.5 |
| 1958 | 14 | 27 | 56.16 | 4244 | 0.36 | 94.20 | 8.6 |
| 1959 | 15 | 31 | 61.44 | 4350 | 0.44 | 112.03 | 8.7 |
| 1960 | 15 | 28 | 69.49 | 4436 | 0.74 | 131.41 | 8.8 |
| 1961 | 16 | 31 | 77.86 | 4498 | 0.85 | 151.97 | 9.0 |
| 1962 | 21 | 36 | 84.80 | 4556 | 1.06 | 177.51 | 9.1 |
| 1963 | 24 | 39 | 91.99 | 4595 | 1.17 | 200.28 | 9.2 |

续表

| 年份 | 固定资产投资（万亿日元） | 劳动报酬（万亿日元） | GDP（万亿日元） | 劳动力（人） | 研究开发经费（万亿日元） | 固定资本存量（万亿日元） | 就业者人均受教育年限（年） |
|---|---|---|---|---|---|---|---|
| 1964 | 28 | 44 | 102.73 | 4655 | 1.28 | 223.54 | 9.3 |
| 1965 | 29 | 48 | 108.70 | 4730 | 1.45 | 266.21 | 9.4 |
| 1966 | 33 | 52 | 120.27 | 4827 | 1.60 | 288.48 | 9.4 |
| 1967 | 40 | 57 | 133.60 | 4920 | 1.72 | 316.45 | 9.6 |
| 1968 | 48 | 63 | 150.81 | 5002 | 2.00 | 351.52 | 9.7 |
| 1969 | 56 | 72 | 169.63 | 5040 | 2.39 | 395.37 | 9.8 |
| 1970 | 68 | 83 | 187.79 | 5094 | 2.73 | 451.10 | 9.9 |
| 1971 | 68 | 92 | 196.61 | 5121 | 3.30 | 498.24 | 10.0 |
| 1972 | 75 | 101 | 213.16 | 5126 | 3.54 | 531.66 | 10.1 |
| 1973 | 83 | 113 | 230.28 | 5259 | 3.67 | 591.75 | 10.1 |
| 1974 | 78 | 121 | 227.46 | 5237 | 3.75 | 626.22 | 10.2 |
| 1975 | 74 | 129 | 234.49 | 5223 | 4.29 | 602.05 | 10.3 |
| 1976 | 77 | 134 | 243.81 | 5271 | 4.35 | 601.54 | 10.4 |
| 1977 | 80 | 140 | 254.51 | 5342 | 4.55 | 606.09 | 10.4 |
| 1978 | 86 | 145 | 267.93 | 5408 | 4.79 | 631.06 | 10.5 |
| 1979 | 91 | 153 | 282.62 | 5479 | 5.16 | 655.37 | 10.6 |
| 1980 | 91 | 157 | 290.59 | 5536 | 5.55 | 705.31 | 10.7 |
| 1981 | 93 | 165 | 299.80 | 5581 | 6.10 | 742.90 | 10.8 |
| 1982 | 93 | 172 | 308.97 | 5638 | 6.83 | 791.65 | 10.9 |
| 1983 | 91 | 176 | 316.14 | 5733 | 7.33 | 827.01 | 10.9 |
| 1984 | 96 | 181 | 328.53 | 5766 | 7.85 | 862.27 | 11.0 |
| 1985 | 102 | 186 | 342.99 | 5807 | 8.45 | 891.48 | 11.1 |
| 1986 | 106 | 190 | 352.92 | 5853 | 9.35 | 933.77 | 11.1 |
| 1987 | 115 | 196 | 367.60 | 5911 | 9.66 | 972.22 | 11.1 |
| 1988 | 130 | 206 | 390.37 | 6011 | 10.27 | 1028.53 | 11.3 |
| 1989 | 140 | 217 | 409.24 | 6128 | 10.87 | 1093.91 | 11.4 |
| 1990 | 151 | 229 | 430.04 | 6249 | 11.82 | 1188.43 | 11.5 |
| 1991 | 156 | 242 | 446.37 | 6369 | 12.74 | 1259.74 | 11.6 |
| 1992 | 151 | 247 | 450.98 | 6436 | 13.19 | 1335.14 | 11.7 |
| 1993 | 145 | 251 | 452.34 | 6450 | 13.23 | 1394.49 | 11.8 |
| 1994 | 142 | 258 | 455.26 | 6453 | 13.02 | 1415.55 | 11.9 |
| 1995 | 145 | 260 | 462.04 | 6457 | 13.00 | 1436.37 | 11.9 |
| 1996 | 157 | 267 | 480.07 | 6486 | 13.83 | 1475.44 | 12.0 |
| 1997 | 158 | 275 | 487.75 | 6557 | 14.43 | 1535.14 | 12.1 |
| 1998 | 149 | 274 | 482.87 | 6514 | 15.25 | 1566.39 | 12.2 |
| 1999 | 146 | 263 | 486.25 | 6462 | 15.46 | 1611.71 | 12.3 |
| 2000 | 150 | 268 | 496.95 | 6446 | 15.50 | 1643.53 | 12.4 |
| 2001 | 124 | 259 | 497.15 | 6412 | 15.79 | 1636.33 | 12.5 |
| 2002 | 129 | 249 | 497.20 | 6330 | 16.41 | 1634.70 | 12.6 |
| 2003 | 114 | 244 | 497.60 | 6316 | 16.79 | 1618.37 | 12.7 |
| 2004 | 117 | 244 | 509.04 | 6329 | 17.19 | 1605.98 | 12.8 |

续表

| 年份 | 固定资产投资（万亿日元） | 劳动报酬（万亿日元） | GDP（万亿日元） | 劳动力（人） | 研究开发经费（万亿日元） | 固定资本存量（万亿日元） | 就业者人均受教育年限（年） |
|---|---|---|---|---|---|---|---|
| 2005 | 125 | 245 | 522.28 | 6356 | 17.61 | 1602.85 | 12.9 |
| 2006 | 125 | 276 | 534.34 | 6382 | 17.96 | 1599.13 | 13.0 |
| 2007 | 124 | 277 | 544.07 | 6412 | 19.47 | 1594.99 | 13.1 |
| 2008 | 123 | 276 | 521.78 | 6385 | 20.09 | 1590.36 | 13.2 |
| 2009 | 122 | 270 | 509.45 | 6282 | 20.20 | 1585.01 | 13.3 |
| 2010 | 121 | 275 | 530.80 | 6274 | 20.43 | 1584.06 | 13.4 |
| 2011 | 124 | 281 | 530.19 | 6274 | 21.11 | 1584.24 | 13.5 |
| 2012 | 129 | 283 | 538.12 | 6257 | 21.19 | 1586.97 | 13.6 |
| 2013 | 137 | 285 | 548.88 | 6298 | 22.33 | 1593.18 | 13.7 |
| 2014 | 141 | 287 | 550.94 | 6338 | 22.99 | 1601.66 | 13.8 |
| 2015 | 142 | 286 | 558.40 | 6365 | 22.46 | 1611.15 | 13.9 |
| 2016 | 142 | 293 | 563.64 | 6426 | 21.72 | 1620.93 | 14.0 |
| 2017 | 144 | 298 | 573.41 | 6491 | 22.43 | 1632.27 | 14.1 |

注：“固定资本存量”滞后一年，“研究开发经费”滞后两年；2001～2009 年的固定资本存量按照 8%的折旧率测算

（2）日本经济增长模型

$$Y=\left(HL\right)^{0.30}\left(\frac{SD}{L}\right)^{0.39}+0.13K+112.9\frac{SD}{K}-372.3\frac{SD}{L} \qquad （附 8-1）$$

**附表 8-2　日本劳动报酬模型**

| | | | | |
|---|---|---|---|---|
| 被解释变量：$\log V$ | | | | |
| 模型估计方法：最小二乘法 | | | | |
| 样本范围（调整后）：1959～2017 年 | | | | |
| 观察值的个数：59（调整端点后） | | | | |
| 5 次迭代后实现收敛 | | | | |
| 解释变量 | 系数 | 标准误 | t 统计量 | 概率 |
| $\log HL$ | 0.298 731 | 0.001 368 | 218.436 4 | 0.000 0 |
| $\log SD/L$ | 0.385 433 | 0.011 271 | 34.196 65 | 0.000 0 |
| $AR(2)$ | 0.824 535 | 0.117 309 | 7.028 761 | 0.000 0 |
| $AR(4)$ | −0.304 096 | 0.116 175 | −2.617 564 | 0.011 4 |
| 样本决定系数 | 0.993 863 | 因变量的均值 | | 5.046 932 |
| 调整后的样本决定系数 | 0.993 528 | 因变量的标准差 | | 0.700 125 |
| 回归标准差 | 0.056 325 | 赤池信息量（AIC） | | −2.849 966 |
| 残差平方和 | 0.174 488 | 施瓦茨信息量（SC） | | −2.709 116 |
| 对数似然比 | 88.074 01 | F 检验统计量 | | −2.794 984 |
| DW 统计量 | 1.163 954 | 模型显著性的概率值 | | 0 |
| 特征根 | 0.69−0.26i | 0.69+0.26i | −0.69+0.26i | −0.69−0.26i |

**附表 8-3　日本投资价值模型**

| | | | | |
|---|---|---|---|---|
| 被解释变量：*M* | | | | |
| 模型估计方法：最小二乘法 | | | | |
| 样本范围（调整后）：1956～2017 年 | | | | |
| 观察值的个数：62（调整端点后） | | | | |
| 28 次迭代后实现收敛 | | | | |
| 解释变量 | 系数 | 标准误 | t 统计量 | 概率 |
| *K* | 0.132 190 | 0.016 568 | 7.978 576 | 0.000 0 |
| *SD* / *K* | 112.905 8 | 32.928 35 | 3.428 832 | 0.001 1 |
| *SD* / *L* | −372.295 9 | 141.868 8 | −2.624 227 | 0.011 1 |
| *AR*(1) | 0.937 451 | 0.052 520 | 17.849 37 | 0.000 0 |
| 样本决定系数 | 0.993 324 | 因变量的均值 | | 163.575 5 |
| 调整后的样本决定系数 | 0.992 978 | 因变量的标准差 | | 79.500 50 |
| 回归标准差 | 6.661 720 | 赤池信息量（AIC） | | 6.692 973 |
| 残差平方和 | 2 573.954 | 施瓦茨信息量（SC） | | 6.830 208 |
| 对数似然比 | −203.482 2 | F 检验统计量 | | 6.746 855 |
| DW 统计量 | 1.934 160 | 模型显著性的概率值 | | 0 |
| 特征根 | 0.94 | | | |

**附表 8-4　生产要素配置效率分析**

| 年份 | 效率 | 固定资本的浪费率 | 劳动力的浪费率 | 人力资本的浪费率 |
|---|---|---|---|---|
| 1955 | 1 | 0 | 0 | 0 |
| 1956 | 0.9534 | 0 | 0 | 0.0055 |
| 1957 | 0.9226 | 0 | 0 | 0.0069 |
| 1958 | 0.8772 | 0 | 0 | 0.0078 |
| 1959 | 0.8603 | 0 | 0 | 0.0087 |
| 1960 | 0.8767 | 0 | 0 | 0.0096 |
| 1961 | 0.891 | 0 | 0 | 0.0145 |
| 1962 | 0.8711 | 0 | 0 | 0.0137 |
| 1963 | 0.8667 | 0 | 0 | 0.0135 |
| 1964 | 0.8913 | 0 | 0 | 0.0141 |
| 1965 | 0.825 | 0 | 0 | 0.0096 |
| 1966 | 0.8545 | 0 | 0 | 0.0066 |
| 1967 | 0.8797 | 0 | 0 | 0.0116 |
| 1968 | 0.9109 | 0 | 0 | 0.0105 |
| 1969 | 0.9308 | 0 | 0 | 0.0065 |
| 1970 | 0.9229 | 0 | 0.0001 | 0 |
| 1971 | 0.89 | 0 | 0.0087 | 0 |
| 1972 | 0.9138 | 0 | 0.013 | 0 |
| 1973 | 0.9004 | 0 | 0.0314 | 0 |
| 1974 | 0.8574 | 0 | 0.0308 | 0 |
| 1975 | 0.9019 | 0 | 0.0186 | 0 |
| 1976 | 0.9352 | 0 | 0.0073 | 0 |

续表

| 年份 | 效率 | 固定资本的浪费率 | 劳动力的浪费率 | 人力资本的浪费率 |
|---|---|---|---|---|
| 1977 | 0.9679 | 0 | 0.0062 | 0 |
| 1978 | 0.9819 | 0 | 0.0035 | 0 |
| 1979 | 1 | 0 | 0 | 0 |
| 1980 | 0.9795 | 0 | 0.0005 | 0 |
| 1981 | 0.9748 | 0 | 0 | 0 |
| 1982 | 0.9614 | 0 | 0 | 0 |
| 1983 | 0.9525 | 0 | 0.0033 | 0 |
| 1984 | 0.9603 | 0 | 0.0007 | 0 |
| 1985 | 0.9773 | 0 | 0 | 0 |
| 1986 | 0.975 | 0 | 0.0042 | 0 |
| 1987 | 0.9876 | 0 | 0.011 | 0 |
| 1988 | 1 | 0 | 0 | 0 |
| 1989 | 1 | 0 | 0 | 0 |
| 1990 | 0.9938 | 0 | 0.0247 | 0 |
| 1991 | 0.9877 | 0 | 0.0365 | 0 |
| 1992 | 0.9593 | 0 | 0.0538 | 0 |
| 1993 | 0.9355 | 0 | 0.0673 | 0 |
| 1994 | 0.9301 | 0 | 0.0638 | 0 |
| 1995 | 0.9363 | 0 | 0.0741 | 0 |
| 1996 | 0.9531 | 0 | 0.0787 | 0 |
| 1997 | 0.9491 | 0.0166 | 0.0732 | 0 |
| 1998 | 0.9381 | 0.033 | 0.0647 | 0 |
| 1999 | 0.9445 | 0.0593 | 0.0574 | 0 |
| 2000 | 0.9599 | 0.074 | 0.0509 | 0 |
| 2001 | 0.9576 | 0.0671 | 0.0433 | 0 |
| 2002 | 0.9624 | 0.0709 | 0.0358 | 0 |
| 2003 | 0.9577 | 0.0559 | 0.0285 | 0 |
| 2004 | 0.9701 | 0.0402 | 0.0217 | 0 |
| 2005 | 0.9834 | 0.0277 | 0.0147 | 0 |
| 2006 | 0.9943 | 0.0145 | 0.0075 | 0 |
| 2007 | 1 | 0 | 0 | 0 |
| 2008 | 0.9592 | 0 | 0 | 0 |
| 2009 | 0.9474 | 0.008 | 0 | 0 |
| 2010 | 0.984 | 0.0062 | 0 | 0 |
| 2011 | 0.9785 | 0.0037 | 0 | 0 |
| 2012 | 0.9913 | 0.0053 | 0 | 0 |
| 2013 | 1 | 0 | 0 | 0 |
| 2014 | 0.9937 | 0.0005 | 0 | 0 |
| 2015 | 0.9992 | 0.0037 | 0 | 0 |
| 2016 | 0.9954 | 0.0019 | 0 | 0 |
| 2017 | 1 | 0 | 0 | 0 |

# 附录 9

# 澳大利亚经济增长数据和模型

（1）数据及其来源

GDP、劳动力、劳动报酬、固定资本存量、固定资产投资来自于《澳大利亚统计年鉴》、Groningen Growth and Development Centre 的 Total Economy Growth Accounting Database 及世界银行数据库、The Conference Board Total Economy Database（*Growth Accounting and Total Factor Productivity Country Details，1990-2012*）、联合国的 *GDP/breakdown at constant 2005 prices in National currency（all countries）*、C. Kamps 的 *New Estimates of Net Capital Stocks for 22 OECD Countries 1960-2001*（IMF Working Paper 04/67）、Erwin Diewert 和 Denis Lawrence 的 *Australia's Productivity Growth and the Role of Information and Communications Technology：1960-2004*、Penn World Table，version 9.1；就业者人均受教育年限来自于 Andrea Bassanini 和 Stefano Scarpetta 的 *Does Human Capital Matter for Growth in OECD Countries? Evidence from Pooled Mean-group Estimates*（Economics Department working papers No. 282）、*Organization for Economic Co-operation and Development（OECD），Education at a Glance 2010*；研究开发经费来自于 OECD Science，Technology and R&D Statistics 的 *Main Science and Technology Indicators* 等。

**附表 9-1　澳大利亚经济增长数据**（2005 年价格）

| 年份 | GDP（亿澳元） | 固定资本存量（亿澳元） | 劳动力（千人） | 固定资产投资（亿澳元） | 研究开发经费（亿澳元） | 劳动报酬（亿澳元） | 就业者人均受教育年限（年） |
|---|---|---|---|---|---|---|---|
| 1980 | 4 375 | | 6 287 | 528.13 | | 2 251 | 11.6 |
| 1981 | 4 516 | 12 130 | 6 416 | 696.74 | 38 | 2 338 | 11.6 |
| 1982 | 4 412 | 12 444 | 6 418 | 743.36 | 41 | 2 351 | 11.7 |
| 1983 | 4 621 | 12 794 | 6 301 | 1 086.61 | 42 | 2 307 | 11.8 |
| 1984 | 4 855 | 13 476 | 6494 | 1 093.06 | 43 | 2 415 | 11.8 |
| 1985 | 5 078 | 14 142 | 6 701 | 1 150.47 | 48 | 2 521 | 11.9 |

续表

| 年份 | GDP（亿澳元） | 固定资本存量（亿澳元） | 劳动力（千人） | 固定资产投资（亿澳元） | 研究开发经费（亿澳元） | 劳动报酬（亿澳元） | 就业者人均受教育年限（年） |
|---|---|---|---|---|---|---|---|
| 1986 | 5 211 | 14 843 | 6 974 | 744.41 | 52 | 2 567 | 11.9 |
| 1987 | 5 505 | 15 115 | 7 128 | 1 032.26 | 58 | 2 614 | 12 |
| 1988 | 5 721 | 15 666 | 7 398 | 880.58 | 65 | 2 681 | 12 |
| 1989 | 5 926 | 16 047 | 7 720 | 1 234.71 | 68 | 2 851 | 12.1 |
| 1990 | 5 905 | 16 769 | 7 859 | 1 171.91 | 70 | 2 861 | 12.1 |
| 1991 | 5 930 | 17 406 | 7 674 | 1 278.45 | 75 | 2 852 | 12.2 |
| 1992 | 6 173 | 18 133 | 7 636 | 1 223.98 | 77 | 2 946 | 12.2 |
| 1993 | 6 424 | 18 787 | 7 684 | 1 005.94 | 84 | 3 048 | 12.2 |
| 1994 | 6 682 | 19 206 | 7 921 | 1 035.58 | 94 | 3 190 | 12.3 |
| 1995 | 6 949 | 19 643 | 8 236 | 1 045.60 | 100 | 3 342 | 12.3 |
| 1996 | 7 220 | 20 075 | 8 346 | 1 060.81 | 106 | 3 528 | 12.3 |
| 1997 | 7 547 | 20 505 | 8 427 | 1 599.56 | 113 | 3 630 | 12.3 |
| 1998 | 7 921 | 21 455 | 8 617 | 1 061.81 | 120 | 3 850 | 12.3 |
| 1999 | 8 225 | 21 833 | 8 762 | 1 616.13 | 120 | 3 986 | 12.4 |
| 2000 | 8 381 | 22 750 | 8 990 | 1 447.19 | 120 | 4 025 | 12.4 |
| 2001 | 8 709 | 23 466 | 9 091 | 1 766.48 | 126 | 4 120 | 12.5 |
| 2002 | 8 984 | 24 474 | 9 270 | 1 479.39 | 130 | 4 256 | 12.5 |
| 2003 | 9 357 | 25 155 | 9 485 | 1 779.17 | 138 | 4 365 | 12.6 |
| 2004 | 9 655 | 26 105 | 9 661 | 1 993.07 | 145 | 4 634 | 12.6 |
| 2005 | 9 948 | 27 226 | 9 998 | 1 523.14 | 154 | 4 775 | 12.7 |
| 2006 | 10 324 | 27 823 | 10 258 | 1 655.52 | 166 | 4 956 | 12.8 |
| 2007 | 10 714 | 28 513 | 10 578 | 1 925.22 | 184 | 5 143 | 12.8 |
| 2008 | 10 860 | 29 428 | 10 875 | 1 949.38 | 205 | 5 213 | 12.9 |
| 2009 | 11 113 | 30 314 | 10 953 | 2 000.03 | 236 | 5 334 | 13.0 |
| 2010 | 11 325 | 31 203 | 11 189 | 1 960.51 | 261 | 5 436 | 13.0 |
| 2011 | 11 766 | 32 008 | 11 766 | 2 060.73 | 285 | 5 549 | 13.1 |
| 2012 | 12 076 | 32 870 | 12 076 | 2 172.00 | 287 | 5 793 | 13.2 |
| 2013 | 12 385 | 33 799 | 12 385 | 2 204.76 | 278 | 5 933 | 13.2 |
| 2014 | 12 676 | 34 722 | 12 676 | 2 262.54 | 282 | 5 999 | 13.3 |
| 2015 | 13 035 | 35 674 | 13 035 | 2 157.96 | 284 | 6 445 | 13.3 |
| 2016 | 13 290 | 36 495 | 13 290 | 2 102.17 | 286 | 6 484 | 13.4 |
| 2017 | 13 682 | 37 240 | 13 682 | 2 167.54 | 263 | 6 572 | 13.4 |

注："固定资本存量"滞后一年，"研究开发经费"滞后两年

（2）澳大利亚经济增长模型

$$Y=\left(HL\right)^{0.27}\left(SD\right)^{0.22}+0.18K+26.18SD/K \qquad (附 9\text{-}1)$$

**附表 9-2　澳大利亚劳动报酬模型**

| | | | | |
|---|---|---|---|---|
| 被解释变量：$\log V$ | | | | |
| 模型估计方法：最小二乘法 | | | | |
| 样本范围（调整后）：1982～2017 年 | | | | |
| 观察值的个数：36（调整端点后） | | | | |
| 12 次迭代后实现收敛 | | | | |
| 解释变量 | 系数 | 标准误 | t 统计量 | 概率 |
| $\log HL$ | 0.269 121 | 0.010 231 | 26.305 16 | 0.000 0 |
| $\log SD / L$ | 0.223 208 | 0.017 393 | 12.833 47 | 0.000 0 |
| $AR(2)$ | 0.383 620 | 0.134 317 | 2.856 073 | 0.007 4 |
| 样本决定系数 | 0.984 763 | 因变量的均值 | | 8.272 137 |
| 调整后的样本决定系数 | 0.983 839 | 因变量的标准差 | | 0.333 190 |
| 回归标准差 | 0.042 357 | 赤池信息量（AIC） | | −3.405 708 |
| 残差平方和 | 0.059 206 | 施瓦茨信息量（SC） | | −3.273 748 |
| 对数似然比 | 64.30 274 | F 检验统计量 | | −3.359 650 |
| DW 统计量 | 1.198 759 | 模型显著性的概率值 | | 0 |
| 特征根 | 0.62 | −0.62 | | |

**附表 9-3　澳大利亚投资价值模型**

| | | | | |
|---|---|---|---|---|
| 被解释变量：$M$ | | | | |
| 模型估计方法：最小二乘法 | | | | |
| 样本范围：1981～2017 年 | | | | |
| 观察值的个数：36 | | | | |
| 解释变量 | 系数 | 标准误 | t 统计量 | 概率 |
| $AR(1)$ | 0.639 091 | 0.132 957 | 4.806 766 | 0.000 0 |
| $K$ | 0.178 739 | 0.004 605 | 38.813 93 | 0.000 0 |
| $SD / K$ | 26.176 43 | 10.252 79 | 2.553 104 | 0.015 3 |
| 样本决定系数 | 0.996 618 | 因变量的均值 | | 4 383.547 |
| 调整后的样本决定系数 | 0.996 419 | 因变量的标准差 | | 1 517.674 |
| 回归标准差 | 90.825 57 | 赤池信息量（AIC） | | 11.933 36 |
| 残差平方和 | 280 475.6 | 施瓦茨信息量（SC） | | 12.063 98 |
| 对数似然比 | −217.767 2 | F 检验统计量 | | 11.979 41 |
| DW 统计量 | 1.832 252 | 模型显著性的概率值 | | 0 |

**附表 9-4　生产要素配置效率分析**

| 年份 | 效率 | 固定资本的浪费率 | 劳动力的浪费率 | 人力资本的浪费率 |
|---|---|---|---|---|
| 1980 | 0.9695 | 0 | 0.1203 | 0.0816 |
| 1981 | 0.9883 | 0 | 0.1242 | 0.0842 |
| 1982 | 0.9411 | 0 | 0.1074 | 0.0738 |
| 1983 | 0.9588 | 0 | 0.0907 | 0.062 |

续表

| 年份 | 效率 | 固定资本的浪费率 | 劳动力的浪费率 | 人力资本的浪费率 |
|---|---|---|---|---|
| 1984 | 0.9563 | 0 | 0.0862 | 0.0571 |
| 1985 | 0.9531 | 0 | 0.0827 | 0.0571 |
| 1986 | 0.9319 | 0 | 0.0822 | 0.0562 |
| 1987 | 0.9668 | 0 | 0.0898 | 0.0662 |
| 1988 | 0.9694 | 0 | 0.0942 | 0.0696 |
| 1989 | 0.9803 | 0 | 0.1081 | 0.0861 |
| 1990 | 0.9347 | 0 | 0.0906 | 0.0704 |
| 1991 | 0.9043 | 0 | 0.0562 | 0.0435 |
| 1992 | 0.9037 | 0 | 0.0319 | 0.0211 |
| 1993 | 0.9077 | 0 | 0.0151 | 0.0054 |
| 1994 | 0.9235 | 0 | 0.022 | 0.0159 |
| 1995 | 0.9391 | 0 | 0.0315 | 0.0245 |
| 1996 | 0.9547 | 0 | 0.0268 | 0.02 |
| 1997 | 0.977 | 0 | 0.0186 | 0.0122 |
| 1998 | 0.9804 | 0 | 0.009 | 0 |
| 1999 | 1 | 0 | 0 | 0 |
| 2000 | 0.9787 | 0 | 0.0073 | 0 |
| 2001 | 0.9866 | 0 | 0.0067 | 0 |
| 2002 | 0.9774 | 0 | 0.0179 | 0 |
| 2003 | 0.9898 | 0 | 0.0109 | 0 |
| 2004 | 0.9904 | 0 | 0.0212 | 0 |
| 2005 | 0.978 | 0 | 0.0148 | 0 |
| 2006 | 0.9896 | 0 | 0.0032 | 0 |
| 2007 | 1 | 0 | 0 | 0 |
| 2008 | 0.9836 | 0 | 0 | 0.0041 |
| 2009 | 0.9815 | 0 | 0 | 0.0033 |
| 2010 | 0.9728 | 0 | 0 | 0.0015 |
| 2011 | 0.9869 | 0 | 0 | 0.0054 |
| 2012 | 0.9897 | 0 | 0 | 0.0062 |
| 2013 | 0.9914 | 0 | 0.0019 | 0 |
| 2014 | 0.9911 | 0 | 0.0016 | 0 |
| 2015 | 0.994 | 0 | 0.0061 | 0 |
| 2016 | 0.9911 | 0 | 0 | 0.0001 |
| 2017 | 1 | 0 | 0 | 0 |

# 附录 10

# 新加坡经济增长数据和模型

（1）数据及其来源

GDP、劳动力、劳动报酬、固定资本存量、固定资产投资、研究开发经费来自于《新加坡统计年鉴》、联合国的 *GDP/breakdown at constant 2005 prices in National currency（all countries）*、Dr. Shandre Mugan Thangavelu 的 *Total Factor Productivity Growth：Survey Report*、Penn World Table，version 9.1；就业者人均受教育年限来自于 Lawrence J. Lau 的 *The Sources of Long-Term Economic Growth*[①]。

**附表 10-1　新加坡经济增长数据**（2000 年价格）

| 年份 | GDP（亿新加坡元） | 固定资本存量（亿新加坡元） | 固定资产投资（亿新加坡元） | 研究开发经费（亿新加坡元） | 劳动力（千人） | 就业者人均受教育年限（年） | 劳动报酬（亿新加坡元） |
|---|---|---|---|---|---|---|---|
| 1980 | 371 | | 82.20 | 0.85 | 1096 | 8 | |
| 1981 | 401 | 679 | 122.28 | 1.00 | 1153 | 8.2 | 168 |
| 1982 | 430 | 769 | 141.46 | 1.00 | 1197 | 8.3 | 180 |
| 1983 | 478 | 874 | 165.09 | 1.00 | 1244 | 8.4 | 201 |
| 1984 | 508 | 999 | 181.53 | 2.00 | 1265 | 8.5 | 213 |
| 1985 | 491 | 1137 | 187.43 | 2.00 | 1229 | 8.7 | 206 |
| 1986 | 495 | 1277 | 144.58 | 3.00 | 1201 | 8.8 | 208 |
| 1987 | 543 | 1370 | 114.42 | 3.00 | 1254 | 8.9 | 228 |
| 1988 | 619 | 1430 | 120.80 | 4.00 | 1322 | 9.1 | 260 |
| 1989 | 679 | 1494 | 143.40 | 5.00 | 1375 | 9.2 | 285 |
| 1990 | 805 | 1577 | 176.29 | 5.00 | 1432 | 9.3 | 338 |
| 1991 | 863 | 1688 | 175.32 | 6.00 | 1479 | 9.5 | 363 |
| 1992 | 908 | 1792 | 203.08 | 7.00 | 1523 | 9.6 | 381 |
| 1993 | 1033 | 1918 | 234.85 | 9.00 | 1570 | 9.8 | 434 |
| 1994 | 1151 | 2069 | 266.15 | 11.00 | 1639 | 9.9 | 483 |
| 1995 | 1261 | 2244 | 284.10 | 11.00 | 1717 | 10.1 | 530 |
| 1996 | 1322 | 2429 | 306.64 | 13.00 | 1817 | 10.2 | 555 |
| 1997 | 1417 | 2627 | 390.68 | 14.00 | 1920 | 10.4 | 595 |

① 参见：http://web.stanford.edu/~ljlau/Presentations/Presentations/021028a.PDF

续表

| 年份 | GDP（亿新加坡元） | 固定资本存量（亿新加坡元） | 固定资产投资（亿新加坡元） | 研究开发经费（亿新加坡元） | 劳动力（千人） | 就业者人均受教育年限（年） | 劳动报酬（亿新加坡元） |
|---|---|---|---|---|---|---|---|
| 1998 | 1395 | 2899 | 417.88 | 18.00 | 1967 | 10.5 | 586 |
| 1999 | 1418 | 3187 | 375.61 | 21.00 | 1955 | 10.7 | 596 |
| 2000 | 1599 | 3422 | 318.45 | 25.00 | 2035 | 11.0 | 672 |
| 2001 | 1519 | 3591 | 259.17 | 26.00 | 2108 | 11.1 | 638 |
| 2002 | 1583 | 3694 | 236.20 | 30.00 | 2080 | 11.2 | 665 |
| 2003 | 1655 | 3770 | 269.90 | 32.00 | 2061 | 11.4 | 695 |
| 2004 | 1807 | 3877 | 268.27 | 34.00 | 2104 | 11.5 | 759 |
| 2005 | 1940 | 3977 | 322.16 | 35.00 | 2204 | 11.6 | 815 |
| 2006 | 2110 | 4124 | 402.83 | 39.00 | 2358 | 11.7 | 886 |
| 2007 | 2297 | 4341 | 472.14 | 43.00 | 2570 | 12.0 | 965 |
| 2008 | 2336 | 4612 | 451.25 | 46.00 | 2827 | 12.1 | 981 |
| 2009 | 2313 | 4844 | 451.72 | 55.00 | 2911 | 12.2 | 972 |
| 2010 | 2666 | 5062 | 495.73 | 69.86 | 3010 | 12.2 | 1120 |
| 2011 | 2835 | 5307 | 518.45 | 61.21 | 3123 | 12.2 | 1191 |
| 2012 | 2951 | 5557 | 564.01 | 59.39 | 3241 | 12.3 | 1240 |
| 2013 | 3101 | 5834 | 595.02 | 66.55 | 3364 | 12.3 | 1303 |
| 2014 | 3222 | 6124 | 594.78 | 64.26 | 3480 | 12.3 | 1354 |
| 2015 | 3294 | 6393 | 608.43 | 65.42 | 3543 | 12.3 | 1384 |
| 2016 | 3373 | 6659 | 600.66 | 72.85 | 3568 | 12.4 | 1417 |
| 2017 | 3495 | 6899 | 596.94 | 77.06 | 3550 | 12.4 | 1469 |

注：“固定资本存量”滞后一年，“研究开发经费”滞后两年

（2）新加坡经济增长模型

$$Y=\left(HL\right)^{0.35}\left(\frac{SD}{L}\right)^{0.25}+0.25K+7.24\frac{HSD}{K^2} \qquad \text{（附 10-1）}$$

**附表 10-2　新加坡劳动报酬模型**

| 被解释变量：$\log V$ | | | | |
|---|---|---|---|---|
| 模型估计方法：最小二乘法 | | | | |
| 样本范围：1981～2017 年 | | | | |
| 观察值的个数：37 | | | | |
| 解释变量 | 系数 | 标准误 | t 统计量 | 概率 |
| $AR(1)$ | 0.561 762 | 0.138 033 | 4.069 780 | 0.000 3 |
| $\log HL$ | 0.350 168 | 0.001 305 | 268.335 8 | 0.000 0 |
| $\log SD/L$ | 0.245 712 | 0.013 538 | 18.149 60 | 0.000 0 |
| 样本决定系数 | 0.994 959 | 因变量的均值 | | 6.327 456 |
| 调整后的样本决定系数 | 0.994 663 | 因变量的标准差 | | 0.677 249 |
| 回归标准差 | 0.049 478 | 赤池信息量（AIC） | | −3.096 974 |

续表

| 解释变量 | 系数 | 标准误 | t 统计量 | 概率 |
|---|---|---|---|---|
| 残差平方和 | 0.083 234 | 施瓦茨信息量（SC） | | −2.966359 |
| 对数似然比 | 60.294 02 | F 检验统计量 | | −3.050926 |
| DW 统计量 | 1.621 821 | 模型显著性的概率值 | | 0 |

**附表 10-3　新加坡投资价值模型**

| | | | | |
|---|---|---|---|---|
| 被解释变量：*M* | | | | |
| 模型估计方法：最小二乘法 | | | | |
| 样本范围（调整后）：1981～2017 年 | | | | |
| 观察值的个数：37（调整端点后） | | | | |
| 6 次迭代后实现收敛 | | | | |
| 解释变量 | 系数 | 标准误 | t 统计量 | 概率 |
| $K$ | 0.245 955 | 0.012 861 | 19.124 29 | 0.000 0 |
| $SHD/K^2$ | 7.241 467 | 1.852 089 | 3.909 892 | 0.000 4 |
| $AR(1)$ | 0.705 799 | 0.119 034 | 5.929 371 | 0.000 0 |
| 样本决定系数 | 0.995 671 | 因变量的均值 | | 945.245 4 |
| 调整后的样本决定系数 | 0.995 416 | 因变量的标准差 | | 563.505 3 |
| 回归标准差 | 38.151 52 | 赤池信息量（AIC） | | 10.198 61 |
| 残差平方和 | 49 488.30 | 施瓦茨信息量（SC） | | 10.329 23 |
| 对数似然比 | −185.674 3 | F 检验统计量 | | 10.244 66 |
| DW 统计量 | 1.551 273 | 模型显著性的概率值 | | 0.000 2 |
| 特征根 | 0.71 | | | |

**附表 10-4　生产要素配置效率分析**

| 年份 | 效率 | 固定资本的浪费率 | 劳动力的浪费率 | 人力资本的浪费率 |
|---|---|---|---|---|
| 1981 | 0.9993 | 0 | 0 | 0 |
| 1982 | 0.9533 | 0 | 0 | 0.0039 |
| 1983 | 0.939 | 0 | 0 | 0.0025 |
| 1984 | 0.8816 | 0 | 0 | 0.0006 |
| 1985 | 0.7574 | 0 | 0.0061 | 0 |
| 1986 | 0.6865 | 0 | 0.0127 | 0 |
| 1987 | 0.7028 | 0 | 0.0219 | 0 |
| 1988 | 0.7658 | 0 | 0.0228 | 0 |
| 1989 | 0.8036 | 0 | 0.0159 | 0 |
| 1990 | 0.9027 | 0 | 0.0132 | 0 |
| 1991 | 0.9051 | 0 | 0.0121 | 0 |
| 1992 | 0.8983 | 0 | 0.0074 | 0 |
| 1993 | 0.956 | 0 | 0.0078 | 0 |
| 1994 | 0.989 | 0 | 0.0038 | 0 |
| 1995 | 1 | 0 | 0.0052 | 0 |
| 1996 | 0.9753 | 0 | 0 | 0 |

续表

| 年份 | 效率 | 固定资本的浪费率 | 劳动力的浪费率 | 人力资本的浪费率 |
|---|---|---|---|---|
| 1997 | 0.9699 | 0 | 0.0006 | 0 |
| 1998 | 0.8959 | 0 | 0 | 0 |
| 1999 | 0.8655 | 0 | 0.0187 | 0 |
| 2000 | 0.9106 | 0 | 0.0501 | 0 |
| 2001 | 0.826 | 0 | 0.0439 | 0 |
| 2002 | 0.8557 | 0 | 0.0393 | 0 |
| 2003 | 0.887 | 0.0052 | 0.0483 | 0 |
| 2004 | 0.9407 | 0.0112 | 0.0413 | 0 |
| 2005 | 0.9591 | 0.0116 | 0.0403 | 0 |
| 2006 | 0.9853 | 0 | 0.0327 | 0 |
| 2007 | 0.993 | 0 | 0 | 0 |
| 2008 | 0.9415 | 0 | 0 | 0 |
| 2009 | 0.8907 | 0 | 0 | 0.0159 |
| 2010 | 0.9841 | 0 | 0 | 0.0111 |
| 2011 | 1 | 0 | 0 | 0.0064 |
| 2012 | 0.9962 | 0 | 0 | 0 |
| 2013 | 1 | 0 | 0 | 0.0041 |
| 2014 | 0.9964 | 0 | 0 | 0 |
| 2015 | 0.987 | 0 | 0 | 0 |
| 2016 | 0.9832 | 0 | 0 | 0 |
| 2017 | 1 | 0 | 0 | 0.0029 |

# 附录 11

# 新西兰经济增长数据和模型

（1）数据及其来源

GDP、劳动力、劳动报酬、固定资本存量、固定资产投资来自于《新西兰统计年鉴》、Groningen Growth and Development Centre 的 Total Economy Growth Accounting Database 及世界银行数据库、The Conference Board Total Economy Database（*Growth Accounting and Total Factor Productivity Country Details，1990-2012*）、联合国的 *GDP/breakdown at constant 2005 prices in National currency（all countries）*、Penn World Table，version 9.1；就业者人均受教育年限来自于 Andrea Bassanini 和 Stefano Scarpetta 的 *Does Human Capital Matter for Growth in OECD Countries？Evidence from Pooled Mean-group Estimates*（Economics Department working papers No. 282）、*Organization for Economic Co-operation and Development（OECD），Education at a Glance 2010*；研究开发经费来自于 OECD Science，Technology and R&D Statistics 的 *Main Science and Technology Indicators* 等。

**附表 11-1　新西兰经济增长数据**（2005 年价格）

| 年份 | GDP（亿新西兰元） | 就业者人均受教育年限（年） | 劳动报酬（亿新西兰元） | 固定资产投资（亿新西兰元） | 固定资本存量（亿新西兰元） | 劳动力（千人） | 研究开发经费（亿新西兰元） |
|---|---|---|---|---|---|---|---|
| 1980 | 809 | 10.9 | 405 | 92 | 1715 | 1536 | 6.5 |
| 1981 | 836 | 11 | 418 | 111 | 1719 | 1512 | 7 |
| 1982 | 872 | 11 | 436 | 119 | 1719 | 1522 | 7.6 |
| 1983 | 896 | 11.1 | 443 | 125 | 1737 | 1512 | 7.6 |
| 1984 | 940 | 11.1 | 451 | 141 | 1761 | 1519 | 7.4 |
| 1985 | 947 | 11.2 | 465 | 136 | 1787 | 1569 | 7.4 |
| 1986 | 967 | 11.2 | 469 | 133 | 1819 | 1587 | 7.6 |
| 1987 | 971 | 11.2 | 468 | 127 | 1856 | 1597 | 7.1 |
| 1988 | 989 | 11.3 | 463 | 139 | 1896 | 1552 | 6.9 |
| 1989 | 994 | 11.3 | 453 | 137 | 2123 | 1510 | 6.7 |

续表

| 年份 | GDP（亿新西兰元） | 就业者人均受教育年限（年） | 劳动报酬（亿新西兰元） | 固定资产投资（亿新西兰元） | 固定资本存量（亿新西兰元） | 劳动力（千人） | 研究开发经费（亿新西兰元） |
|---|---|---|---|---|---|---|---|
| 1990 | 997 | 11.4 | 449 | 149 | 2335 | 1521 | 6.7 |
| 1991 | 987 | 11.4 | 441 | 144 | 2503 | 1499 | 6.8 |
| 1992 | 997 | 11.5 | 441 | 120 | 2644 | 1511 | 7.2 |
| 1993 | 1061 | 11.5 | 454 | 126 | 2633 | 1550 | 7.4 |
| 1994 | 1114 | 11.6 | 474 | 150 | 2611 | 1621 | 7.7 |
| 1995 | 1161 | 11.7 | 494 | 177 | 2693 | 1694 | 8.1 |
| 1996 | 1198 | 11.7 | 518 | 199 | 2822 | 1742 | 8.4 |
| 1997 | 1231 | 11.7 | 535 | 208 | 2978 | 1750 | 8.8 |
| 1998 | 1247 | 11.8 | 545 | 205 | 3101 | 1740 | 11 |
| 1999 | 1311 | 11.9 | 553 | 194 | 3305 | 1774 | 11 |
| 2000 | 1340 | 12.1 | 562 | 213 | 3259 | 1818 | 10.6 |
| 2001 | 1388 | 12.2 | 580 | 219 | 3363 | 1867 | 10.6 |
| 2002 | 1456 | 12.2 | 618 | 233 | 3572 | 1919 | 12.3 |
| 2003 | 1513 | 12.3 | 647 | 264 | 3657 | 1962 | 13.4 |
| 2004 | 1566 | 12.4 | 673 | 287 | 3761 | 2035 | 13.9 |
| 2005 | 1616 | 12.5 | 695 | 309 | 3882 | 2099 | 14.4 |
| 2006 | 1644 | 12.6 | 723 | 300 | 3988 | 2150 | 14.8 |
| 2007 | 1702 | 12.7 | 766 | 323 | 4112 | 2193 | 15 |
| 2008 | 1671 | 12.8 | 752 | 302 | 4208 | 2215 | 16.2 |
| 2009 | 1687 | 12.9 | 759 | 261 | 4259 | 2174 | 16.3 |
| 2010 | 1691 | 13.0 | 761 | 278 | 4323 | 2187 | 17.6 |
| 2011 | 1737 | 13.0 | 777 | 277 | 4412 | 2232 | 21.8 |
| 2012 | 1780 | 13.1 | 793 | 291 | 4511 | 2238 | 4.3 |
| 2013 | 1817 | 13.2 | 810 | 319 | 4617 | 2280 | 22.4 |
| 2014 | 1883 | 13.2 | 816 | 345 | 4745 | 2343 | 23.2 |
| 2015 | 1967 | 13.3 | 846 | 362 | 4889 | 2371 | 22.7 |
| 2016 | 2036 | 13.4 | 884 | 382 | 5038 | 2428 | 25.5 |
| 2017 | 2094 | 13.5 | 909 | 397 | 5197 | 2529 | 26.4 |

注："固定资本存量"滞后一年，"研究开发经费"滞后两年

（2）新西兰经济增长模型

$$Y=(HL)^{0.32}(SD)^{0.11}+0.14K+27.07SD/K+0.15L \qquad (附\ 11\text{-}1)$$

**附表 11-2　新西兰劳动报酬模型**

| 被解释变量：$\log V$ | | | | |
|---|---|---|---|---|
| 模型估计方法：最小二乘法 | | | | |
| 样本范围（调整后）：1980～2017 年 | | | | |
| 观察值的个数：38（调整端点后） | | | | |
| 17 次迭代后实现收敛 | | | | |
| 解释变量 | 系数 | 标准误 | t 统计量 | 概率 |
| $\log HL$ | 0.316 855 | 0.005 702 | 55.565 94 | 0.000 0 |
| $\log SD$ | 0.106 925 | 0.013 057 | 8.189 001 | 0.000 0 |

续表

| 解释变量 | 系数 | 标准误 | t 统计量 | 概率 |
|---|---|---|---|---|
| 样本决定系数 | 0.937856 | 因变量的均值 | | 6.362 222 |
| 调整后的样本决定系数 | 0.936130 | 因变量的标准差 | | 0.255 602 |
| 回归标准差 | 0.064597 | 赤池信息量（AIC） | | −2.590 092 |
| 残差平方和 | 0.150221 | 施瓦茨信息量（SC） | | −2.503 903 |
| 对数似然比 | 51.21174 | F 检验统计量 | | −2.559 427 |
| DW 统计量 | 1.046679 | 模型显著性的概率值 | | 0 |

**附表 11-3　新西兰投资价值模型**

| | | | | |
|---|---|---|---|---|
| 被解释变量：*M* | | | | |
| 模型估计方法：最小二乘法 | | | | |
| 样本范围（调整后）：1982～2017 年 | | | | |
| 观察值的个数：36（调整端点后） | | | | |
| 11 次迭代后实现收敛 | | | | |
| 解释变量 | 系数 | 标准误 | t 统计量 | 概率 |
| $K$ | 0.142 299 | 0.012 785 | 11.130 20 | 0.000 0 |
| $SD/K$ | 27.074 87 | 12.065 29 | 2.244 029 | 0.031 9 |
| $L$ | 0.148 497 | 0.023 385 | 6.349 960 | 0.000 0 |
| $AR(2)$ | 0.394 766 | 0.152 792 | 2.583 685 | 0.014 5 |
| 样本决定系数 | 0.989 682 | 因变量的均值 | | 765.109 8 |
| 调整后的样本决定系数 | 0.988 715 | 因变量的标准差 | | 219.921 9 |
| 回归标准差 | 23.362 60 | 赤池信息量（AIC） | | 9.244 590 |
| 残差平方和 | 17 465.96 | 施瓦茨信息量（SC） | | 9.420 536 |
| 对数似然比 | −162.402 6 | F 检验统计量 | | 9.306 000 |
| DW 统计量 | 0.995 870 | 模型显著性的概率值 | | 0 |
| 特征根 | 0.63 | −0.63 | | |

**附表 11-4　生产要素配置效率分析**

| 年份 | 效率 | 固定资本的浪费率 | 劳动力的浪费率 | 人力资本的浪费率 |
|---|---|---|---|---|
| 1980 | 0.8837 | 0 | 0.0199 | 0.0084 |
| 1981 | 0.9111 | 0 | 0.0105 | 0.0046 |
| 1982 | 0.9503 | 0 | 0.0149 | 0.008 |
| 1983 | 0.9664 | 0 | 0.0053 | 0.0043 |
| 1984 | 1 | 0 | 0 | 0 |
| 1985 | 0.9928 | 0 | 0.0109 | 0.0135 |
| 1986 | 0.9959 | 0 | 0.0073 | 0.0106 |
| 1987 | 0.9811 | 0 | 0 | 0.0042 |
| 1988 | 1 | 0 | 0 | 0 |
| 1989 | 0.9915 | 0 | 0.0181 | 0 |
| 1990 | 0.9542 | 0 | 0.0237 | 0 |
| 1991 | 0.9322 | 0 | 0.0351 | 0 |

续表

| 年份 | 效率 | 固定资本的浪费率 | 劳动力的浪费率 | 人力资本的浪费率 |
|---|---|---|---|---|
| 1992 | 0.9148 | 0.0017 | 0.0356 | 0 |
| 1993 | 0.9577 | 0 | 0.0339 | 0 |
| 1994 | 0.9735 | 0 | 0.0203 | 0 |
| 1995 | 0.9694 | 0 | 0.0119 | 0 |
| 1996 | 0.9666 | 0 | 0.0156 | 0 |
| 1997 | 0.9727 | 0 | 0.0249 | 0 |
| 1998 | 0.9696 | 0 | 0.0264 | 0 |
| 1999 | 0.9904 | 0.0201 | 0.0226 | 0 |
| 2000 | 0.9791 | 0 | 0.0066 | 0 |
| 2001 | 0.9806 | 0 | 0.0001 | 0 |
| 2002 | 0.9917 | 0.0044 | 0.0061 | 0 |
| 2003 | 1 | 0 | 0 | 0 |
| 2004 | 0.9972 | 0 | 0 | 0 |
| 2005 | 0.9934 | 0 | 0 | 0 |
| 2006 | 0.9817 | 0 | 0 | 0 |
| 2007 | 0.9885 | 0 | 0 | 0 |
| 2008 | 0.9523 | 0 | 0 | 0 |
| 2009 | 0.9644 | 0 | 0 | 0 |
| 2010 | 0.9539 | 0 | 0 | 0 |
| 2011 | 0.9598 | 0 | 0 | 0 |
| 2012 | 0.9702 | 0 | 0 | 0 |
| 2013 | 0.9663 | 0 | 0 | 0 |
| 2014 | 0.9747 | 0 | 0 | 0 |
| 2015 | 0.9967 | 0.0028 | 0 | 0 |
| 2016 | 1 | 0 | 0 | 0 |
| 2017 | 0.9927 | 0 | 0 | 0.011 |

# 附录 12

# 意大利经济增长数据和模型

（1）数据及其来源

GDP、劳动力、劳动报酬、固定资本存量、固定资产投资来自于《意大利统计年鉴》、Groningen Growth and Development Centre 的 *Total Economy Growth Accounting Database* 及世界银行数据库、The Conference Board Total Economy Database（*Growth Accounting and Total Factor Productivity Country Details, 1990-2012*）、联合国的 *GDP/breakdown at constant 2005 prices in National currency (all countries)*、Penn World Table，version 9.1；就业者人均受教育年限来自于 Andrea Bassanini 和 Stefano Scarpetta 的 *Does Human Capital Matter for Growth in OECD Countries? Evidence from Pooled Mean-group Estimates*（Economics Department working papers No. 282）、*Organization for Economic Co-operation and Development (OECD), Education at a Glance 2010*；研究开发经费来自于 OECD Science, Technology and R&D Statistics 的 *Main Science and Technology Indicators* 等。

**附表 12-1　意大利经济增长数据**（2005 年价格）

| 年份 | GDP（亿欧元） | 固定资产投资（亿欧元） | 劳动报酬（亿欧元） | 研究开发经费（亿欧元） | 固定资本存量（亿欧元） | 劳动力（千人） | 就业者人均受教育年限（年） |
|---|---|---|---|---|---|---|---|
| 1980 | 9 202 | 1 045.09 | 4 655 | | | 21 429 | 3.3 |
| 1981 | 9 279 | 978.96 | 4 739 | 78 | 13 493 | 21 452 | 7.4 |
| 1982 | 9 318 | 881.28 | 4 743 | 79 | 14 032 | 21 537 | 7.5 |
| 1983 | 9 427 | 843.34 | 4 755 | 82 | 14 454 | 21 617 | 7.6 |
| 1984 | 9 731 | 911.09 | 4 780 | 85 | 14 825 | 21 627 | 7.7 |
| 1985 | 10 003 | 851.72 | 4 884 | 90 | 15 253 | 21 848 | 7.8 |
| 1986 | 10 289 | 983.23 | 4 909 | 98 | 15 608 | 22 016 | 7.9 |
| 1987 | 10 618 | 1 013.23 | 5 066 | 113 | 16 082 | 22 079 | 8.0 |
| 1988 | 11 063 | 1 097.70 | 5 245 | 116 | 16 567 | 22 319 | 8.1 |
| 1989 | 11 438 | 1 246.50 | 5 419 | 126 | 17 114 | 22 474 | 8.2 |

续表

| 年份 | GDP（亿欧元） | 固定资产投资（亿欧元） | 劳动报酬（亿欧元） | 研究开发经费（亿欧元） | 固定资本存量（亿欧元） | 劳动力（千人） | 就业者人均受教育年限（年） |
|---|---|---|---|---|---|---|---|
| 1990 | 11 673 | 1 272.73 | 5 628 | 135 | 17 784 | 22 836 | 8.4 |
| 1991 | 11 852 | 1 308.57 | 5 768 | 142 | 18 451 | 23 257 | 8.5 |
| 1992 | 11 943 | 1 257.47 | 5 795 | 151 | 19 126 | 23 087 | 8.6 |
| 1993 | 11 841 | 1 109.31 | 5 700 | 146 | 19 723 | 22 468 | 8.8 |
| 1994 | 12 096 | 968.75 | 5 658 | 141 | 20 152 | 22 103 | 9.0 |
| 1995 | 12 445 | 1 000.10 | 5 628 | 134 | 20 429 | 22 060 | 9.2 |
| 1996 | 12 587 | 1 173.03 | 5 679 | 127 | 20 727 | 22 178 | 9.4 |
| 1997 | 12 821 | 1 139.92 | 5 843 | 124 | 21 184 | 22 219 | 9.6 |
| 1998 | 13 007 | 1 172.02 | 5 677 | 127 | 21 588 | 22 424 | 9.8 |
| 1999 | 13 196 | 1 305.03 | 5 814 | 127 | 22 004 | 22 676 | 10.2 |
| 2000 | 13 678 | 1584.24 | 5 992 | 133 | 22 530 | 23 154 | 10.4 |
| 2001 | 13 933 | 1 598.57 | 6 109 | 137 | 23 307 | 23 683 | 10.6 |
| 2002 | 13 996 | 1 636.32 | 6 088 | 146 | 24 061 | 24 168 | 10.7 |
| 2003 | 13 989 | 1 490.61 | 6 015 | 155 | 24 817 | 24 560 | 10.9 |
| 2004 | 14 231 | 1 634.96 | 5 977 | 155 | 25 394 | 24 696 | 11.0 |
| 2005 | 14 364 | 1 385.01 | 6 033 | 155 | 26 091 | 24 846 | 11.2 |
| 2006 | 14 680 | 1 464.92 | 6 165 | 155 | 26 509 | 25 375 | 11.3 |
| 2007 | 14 927 | 1 498.31 | 6 269 | 156 | 26 987 | 25 663 | 11.5 |
| 2008 | 14 754 | 1 351.38 | 6 197 | 165 | 27 475 | 25 630 | 11.6 |
| 2009 | 13 943 | 969.69 | 5 996 | 175 | 27 794 | 25 146 | 11.8 |
| 2010 | 14 196 | 1308.02 | 5 962 | 178 | 27 722 | 24 944 | 11.9 |
| 2011 | 14 278 | 1 281.28 | 5 967 | 174 | 27 997 | 24 991 | 11.9 |
| 2012 | 13 875 | 1 168.40 | 5 771 | 170 | 28 238 | 24 835 | 12.0 |
| 2013 | 13 636 | 1 091.42 | 5 728 | 165 | 28 364 | 24 084 | 12.1 |
| 2014 | 13 651 | 1 072.15 | 5 684 | 173 | 28 416 | 23 848 | 12.1 |
| 2015 | 13 777 | 1 101.24 | 5 703 | 180 | 28 452 | 23 993 | 12.2 |
| 2016 | 13 935 | 1 145.40 | 5 761 | 187 | 28 518 | 24 321 | 12.3 |
| 2017 | 14 154 | | 5 850 | 190 | 28 621 | 24 573 | 12.3 |

注：“固定资本存量”滞后一年，“研究开发经费”滞后两年

（2）意大利经济增长模型

$$Y=\left(HL\right)^{0.33}\left(HLSD\right)^{0.033}+0.27K+134.4SDL/K \qquad （附 12-1）$$

**附表 12-2　意大利劳动报酬模型**

| | | | | |
|---|---|---|---|---|
| 被解释变量：$\log V$ | | | | |
| 模型估计方法：最小二乘法 | | | | |
| 样本范围（调整后）：1985～2017 年 | | | | |
| 观察值的个数：33（调整端点后） | | | | |
| 10 次迭代后实现收敛 | | | | |
| 解释变量 | 系数 | 标准误 | t 统计量 | 概率 |
| $\log HLSD$ | 0.033 351 | 0.022 958 | 1.452 668 | 0.157 1 |
| $\log HL$ | 0.332 99 | 0.035 825 | 9.294 819 | 0 |

续表

| 解释变量 | 系数 | 标准误 | t 统计量 | 概率 |
|---|---|---|---|---|
| $AR(1)$ | 1.102 977 | 0.076 995 | 14.325 38 | 0 |
| $AR(5)$ | −0.143 207 | 0.093 128 | −1.537 751 | 0.135 |
| 样本决定系数 | 0.943 221 | 因变量的均值 | | 8.656 409 |
| 调整后的样本决定系数 | 0.937 347 | 因变量的标准差 | | 0.060 99 |
| 回归标准差 | 0.015 266 | 赤池信息量（AIC） | | −5.413 132 |
| 残差平方和 | 0.006 759 | 施瓦茨信息量（SC） | | −5.231 737 |
| 对数似然比 | 93.316 68 | F 检验统计量 | | −5.352 098 |
| DW 统计量 | 2.172 396 | 模型显著性的概率值 | | 0 |
| 特征根 | 0.89+0.07i | 0.89−0.07i | −0.07−0.57i | −0.07+0.57i |

**附表 12-3　意大利投资价值模型**

| 被解释变量：$M$ | | | | |
|---|---|---|---|---|
| 模型估计方法：最小二乘法 | | | | |
| 样本范围（调整后）：1983～2017 年 | | | | |
| 观察值的个数：35（调整端点后） | | | | |
| 10 次迭代后实现收敛 | | | | |
| 解释变量 | 系数 | 标准误 | t 统计量 | 概率 |
| $K$ | 0.266 542 | 0.0091 54 | 29.117 64 | 0 |
| $\frac{SDL}{K^2}$ | 134.405 1 | 22.816 32 | 5.890 743 | 0 |
| $AR(1)$ | 1.019 947 | 0.107 213 | 9.513 299 | 0 |
| $AR(3)$ | −0.239 093 | 0.107 458 | −2.224 984 | 0.033 5 |
| 样本决定系数 | 0.985 248 | 因变量的均值 | | 7 157.479 |
| 调整后的样本决定系数 | 0.983 821 | 因变量的标准差 | | 1 191.643 |
| 回归标准差 | 151.575 3 | 赤池信息量（AIC） | | 12.987 25 |
| 残差平方和 | 712 227.3 | 施瓦茨信息量（SC） | | 13.165 01 |
| 对数似然比 | −223.276 9 | F 检验统计量 | | 13.048 61 |
| DW 统计量 | 1.590 406 | 模型显著性的概率值 | | 0 |
| 特征根 | .71−.27i | .71+.27i | −0.41 | |

**附表 12-4　生产要素配置效率分析**

| 年份 | 效率 | 固定资本的浪费率 | 劳动力的浪费率 | 人力资本的浪费率 |
|---|---|---|---|---|
| 1981 | 1 | 0 | 0 | 0 |
| 1982 | 0.9824 | 0 | 0.0073 | 0 |
| 1983 | 0.9639 | 0 | 0.0062 | 0 |
| 1984 | 0.955 | 0 | 0.0025 | 0 |
| 1985 | 0.9656 | 0 | 0.0042 | 0 |
| 1986 | 0.9719 | 0 | 0 | 0.002 |
| 1987 | 0.9756 | 0 | 0 | 0.0028 |

续表

| 年份 | 效率 | 固定资本的浪费率 | 劳动力的浪费率 | 人力资本的浪费率 |
|---|---|---|---|---|
| 1988 | 0.9839 | 0 | 0 | 0.002 |
| 1989 | 0.9976 | 0 | 0 | 0.0027 |
| 1990 | 1 | 0 | 0 | 0 |
| 1991 | 0.992 | 0 | 0 | 0.0022 |
| 1992 | 0.9786 | 0 | 0 | 0 |
| 1993 | 0.9742 | 0.0029 | 0 | 0 |
| 1994 | 0.9722 | 0.0126 | 0 | 0 |
| 1995 | 0.9894 | 0.0109 | 0 | 0 |
| 1996 | 1 | 0 | 0 | 0 |
| 1997 | 0.9949 | 0 | 0 | 0 |
| 1998 | 1 | 0 | 0 | 0 |
| 1999 | 0.9993 | 0.0007 | 0 | 0 |
| 2000 | 0.9935 | 0 | 0 | 0 |
| 2001 | 1 | 0 | 0 | 0 |
| 2002 | 0.9959 | 0.0077 | 0 | 0.0156 |
| 2003 | 0.9803 | 0.0167 | 0 | 0.0235 |
| 2004 | 0.9642 | 0.0225 | 0 | 0.0392 |
| 2005 | 0.9755 | 0.0418 | 0 | 0.0478 |
| 2006 | 0.9786 | 0.051 | 0 | 0.0644 |
| 2007 | 0.9793 | 0.0491 | 0 | 0.074 |
| 2008 | 0.9846 | 0.0562 | 0 | 0.092 |
| 2009 | 0.9745 | 0.0676 | 0 | 0.0992 |
| 2010 | 0.9386 | 0.0786 | 0 | 0.1093 |
| 2011 | 0.9634 | 0.0967 | 0 | 0.1193 |
| 2012 | 0.9671 | 0.1036 | 0 | 0.1199 |
| 2013 | 0.9458 | 0.1106 | 0 | 0.1243 |
| 2014 | 0.9584 | 0.139 | 0 | 0.1298 |
| 2015 | 0.969 | 0.1498 | 0 | 0.13 |
| 2016 | 0.972 | 0.1475 | 0 | 0.1389 |
| 2017 | 0.9699 | 0.1396 | 0 | 0.1483 |

# 附录 13

# 爱尔兰经济增长数据和模型

（1）数据及其来源

GDP、劳动力、劳动报酬、固定资本存量、固定资产投资来自于《爱尔兰统计年鉴》、Groningen Growth and Development Centre 的 Total Economy Growth Accounting Database 及世界银行数据库、The Conference Board Total Economy Database（*Growth Accounting and Total Factor Productivity Country Details，1990-2012*）、联合国的 *GDP/breakdown at constant 2005 prices in National currency（all countries）*、Penn World Table，version 9.1；就业者人均受教育年限来自于 Andrea Bassanini 和 Stefano Scarpetta 的 *Does Human Capital Matter for Growth in OECD Countries? Evidence from Pooled Mean-group Estimates*（Economics Department working papers No. 282）、*Organization for Economic Co-operation and Development（OECD），Education at a Glance 2010*；研究开发经费指标来自于 OECD Science，Technology and R&D Statistics 的 *Main Science and Technology Indicators* 等。

**附表 13-1　爱尔兰经济增长数据**（1995 年价格）

| 年份 | GDP（百万英镑） | 研究开发经费（百万英镑） | 劳动报酬/GDP | 固定资本存量（百万英镑） | 劳动力（千人） | 固定资产投资（百万英镑） | 就业者人均受教育年限（年） |
|---|---|---|---|---|---|---|---|
| 1980 | 21 587 | 108 | 0.54 | | 1 223 | 2 031 | 8.5 |
| 1981 | 22 294 | 111 | 0.55 | 29 734 | 1 218 | 3 403 | 8.6 |
| 1982 | 22 788 | 137 | 0.53 | 31 827 | 1 211 | 3 490 | 8.7 |
| 1983 | 22 535 | 139 | 0.52 | 33 921 | 1 201 | 3 081 | 8.8 |
| 1984 | 23 497 | 145 | 0.51 | 35 533 | 1 177 | 2 668 | 8.9 |
| 1985 | 24 222 | 146 | 0.51 | 36 684 | 1 173 | 2 386 | 9 |
| 1986 | 24 080 | 163 | 0.51 | 37 531 | 1 168 | 2 217 | 9 |
| 1987 | 25 283 | 180 | 0.50 | 38 203 | 1 175 | 2 215 | 9.1 |
| 1988 | 26 708 | 198 | 0.48 | 38 870 | 1 178 | 2 349 | 9.2 |
| 1989 | 28 356 | 213 | 0.46 | 39 661 | 1 182 | 2 689 | 9.3 |
| 1990 | 30 869 | 258 | 0.46 | 40 763 | 1 236 | 3 246 | 9.4 |

续表

| 年份 | GDP（百万英镑） | 研究开发经费（百万英镑） | 报酬/GDP | 固定资本存量（百万英镑） | 劳动力（千人） | 固定资产投资（百万英镑） | 就业者人均受教育年限（年） |
|---|---|---|---|---|---|---|---|
| 1991 | 31 430 | 287 | 0.47 | 42 369 | 1 227 | 3 324 | 9.5 |
| 1992 | 32 482 | 327 | 0.48 | 43 988 | 1 227 | 3 006 | 9.6 |
| 1993 | 33 348 | 337 | 0.48 | 45 239 | 1 245 | 2 896 | 9.7 |
| 1994 | 35 326 | 342 | 0.47 | 46 349 | 1 286 | 2 963 | 9.8 |
| 1995 | 38 960 | 393 | 0.46 | 47 500 | 1 345 | 3 430 | 10 |
| 1996 | 42 187 | 422 | 0.45 | 49 084 | 1 395 | 4 177 | 10.1 |
| 1997 | 46 927 | 436 | 0.43 | 51 357 | 1 447 | 5 124 | 10.2 |
| 1998 | 51 159 | 532 | 0.42 | 54 485 | 1 542 | 6 372 | 10.3 |
| 1999 | 57 020 | 667 | 0.41 | 58 720 | 1 643 | 7 727 | 10.4 |
| 2000 | 62 814 | 823 | 0.41 | 64 098 | 1 718 | 8 800 | 10.5 |
| 2001 | 66 386 | 850 | 0.41 | 70 292 | 1 771 | 7 655 | 10.7 |
| 2002 | 69 902 | 923 | 0.39 | 75 054 | 1 799 | 7 469 | 10.9 |
| 2003 | 73 842 | 945 | 0.40 | 79 385 | 1 836 | 7 426 | 11.2 |
| 2004 | 76 711 | 959 | 0.41 | 83 440 | 1 900 | 7 616 | 11.4 |
| 2005 | 80 057 | 953 | 0.43 | 87 467 | 1 991 | 8 799 | 11.7 |
| 2006 | 84 762 | 975 | 0.44 | 92 428 | 2 070 | 10 086 | 11.9 |
| 2007 | 89 343 | 1 027 | 0.46 | 98 344 | 2 146 | 11 022 | 12.2 |
| 2008 | 94 208 | 1 112 | 0.47 | 104 825 | 2 133 | 11 343 | 12.5 |
| 2009 | 92 221 | 1 107 | 0.49 | 111 298 | 1 980 | 10 662 | 12.7 |
| 2010 | 87 189 | 1 066 | 0.50 | 116 773 | 1 913 | 7 165 | 13.0 |
| 2011 | 89 792 | 1 444 | 0.45 | 118 429 | 1 909 | 8 289 | 13.2 |
| 2012 | 89 825 | 1 431 | 0.44 | 121 013 | 1 896 | 7 888 | 13.3 |
| 2013 | 91 297 | 1 416 | 0.43 | 122 851 | 1 935 | 9 966 | 13.4 |
| 2014 | 98 901 | 1 554 | 0.42 | 126 482 | 1 956 | 14 188 | 13.5 |
| 2015 | 124 380 | 1 966 | 0.35 | 133 963 | 1 992 | 21 585 | 13.6 |
| 2016 | 130 561 | 1 993 | 0.37 | 147 992 | 2 036 | 23 862 | 13.7 |
| 2017 | 140 748 | 1 683 | 0.37 | 153 423 | 2 089 | 24 777 | 13.7 |

注：“固定资本存量”滞后一年，“研究开发经费”滞后两年

（2）爱尔兰经济增长模型

$$Y = (HLSD)^{0.24} + 0.26K + 74.77SD / K \qquad (附 13\text{-}1)$$

**附表 13-2　爱尔兰劳动报酬模型**

| 被解释变量：$\log V$ | | | | |
|---|---|---|---|---|
| 模型估计方法：最小二乘法 | | | | |
| 样本范围：1983～2017 年 | | | | |
| 观察值的个数：35 | | | | |
| 解释变量 | 系数 | 标准误 | t 统计量 | 概率 |
| $\log HLSD$ | 0.239 152 | 0.000 88 | 271.648 7 | 0 |
| $AR(1)$ | 0.900 469 | 0.228 548 | 3.939 952 | 0.000 4 |
| $AR(2)$ | −0.521 741 | 0.238 451 | −2.188 048 | 0.036 1 |

续表

| 解释变量 | 系数 | 标准误 | t 统计量 | 概率 |
|---|---|---|---|---|
| 样本决定系数 | 0.979 759 | 因变量的均值 | | 5.492 977 |
| 调整后的样本决定系数 | 0.978 494 | 因变量的标准差 | | 0.503 972 |
| 回归标准差 | 0.073 908 | 赤池信息量（AIC） | | −2.290 18 |
| 残差平方和 | 0.174 796 | 施瓦茨信息量（SC） | | −2.156 864 |
| 对数似然比 | 43.078 15 | F 检验统计量 | | −2.244 16 |
| DW 统计量 | 1.109 565 | 模型显著性的概率值 | | 0 |
| 特征根 | .58−.33i | .58+.33i | | −1.16 |

**附表 13-3　爱尔兰投资价值模型**

| | | | | |
|---|---|---|---|---|
| 被解释变量：*M* | | | | |
| 模型估计方法：最小二乘法 | | | | |
| 样本范围（调整后）：1983～2017 年 | | | | |
| 观察值的个数：35（调整端点后） | | | | |
| 9 次迭代后实现收敛 | | | | |
| 解释变量 | 系数 | 标准误 | t 统计量 | 概率 |
| *K* | 0.260 229 | 0.127 231 | 2.045 326 | 0.048 6 |
| *SD* / *K* | 74.772 17 | 12.902 91 | 5.794 984 | 0.000 0 |
| *AR*(1) | 1.138 217 | 0.088 960 | 12.794 64 | 0.000 0 |
| 样本决定系数 | 0.984 573 | 因变量的均值 | | 346.119 4 |
| 调整后的样本决定系数 | 0.983 665 | 因变量的标准差 | | 213.239 4 |
| 回归标准差 | 27.253 75 | 赤池信息量（AIC） | | 9.525 864 |
| 残差平方和 | 25 254.08 | 施瓦茨信息量（SC） | | 9.656 479 |
| 对数似然比 | −173.228 5 | F 检验统计量 | | 9.571 912 |
| DW 统计量 | 0.828 224 | 模型显著性的概率值 | | 0 |
| 特征根 | 1.14 | | | |

**附表 13-4　生产要素配置效率分析**

| 年份 | 效率 | 固定资本的浪费率 | 劳动力的浪费率 | 人力资本的浪费率 |
|---|---|---|---|---|
| 1981 | 0.7651 | 0 | 0.154 | 0.0562 |
| 1982 | 0.7306 | 0 | 0.1252 | 0.0403 |
| 1983 | 0.6779 | 0 | 0.0948 | 0.0243 |
| 1984 | 0.6748 | 0 | 0.0727 | 0.0113 |
| 1985 | 0.6738 | 0 | 0.0612 | 0.0055 |
| 1986 | 0.6553 | 0 | 0.0533 | 0 |
| 1987 | 0.676 | 0 | 0.0518 | 0 |
| 1988 | 0.7024 | 0 | 0.0509 | 0 |
| 1989 | 0.7317 | 0 | 0.0507 | 0 |
| 1990 | 0.7728 | 0 | 0.0529 | 0.0039 |
| 1991 | 0.7602 | 0 | 0.0479 | 0 |
| 1992 | 0.7604 | 0 | 0.0504 | 0 |

续表

| 年份 | 效率 | 固定资本的浪费率 | 劳动力的浪费率 | 人力资本的浪费率 |
|---|---|---|---|---|
| 1993 | 0.7595 | 0 | 0.0476 | 0 |
| 1994 | 0.7827 | 0 | 0.0412 | 0 |
| 1995 | 0.837 | 0 | 0.0289 | 0.0025 |
| 1996 | 0.8771 | 0 | 0.0332 | 0.0084 |
| 1997 | 0.9324 | 0 | 0.0317 | 0.0101 |
| 1998 | 0.9581 | 0 | 0.0377 | 0.0185 |
| 1999 | 0.9909 | 0 | 0.033 | 0.0196 |
| 2000 | 1 | 0 | 0 | 0 |
| 2001 | 0.9714 | 0 | 0.0058 | 0 |
| 2002 | 0.9633 | 0 | 0.0071 | 0 |
| 2003 | 0.9648 | 0 | 0 | 0.0053 |
| 2004 | 0.9551 | 0 | 0 | 0.0138 |
| 2005 | 0.9509 | 0 | 0 | 0.034 |
| 2006 | 0.9543 | 0 | 0 | 0.0442 |
| 2007 | 0.9478 | 0 | 0 | 0.0581 |
| 2008 | 0.9439 | 0 | 0 | 0.0545 |
| 2009 | 0.8805 | 0 | 0 | 0.0148 |
| 2010 | 0.7986 | 0 | 0 | 0.0024 |
| 2011 | 0.8119 | 0 | 0 | 0.0076 |
| 2012 | 0.7965 | 0 | 0 | 0.003 |
| 2013 | 0.7971 | 0 | 0 | 0.0103 |
| 2014 | 0.8399 | 0 | 0 | 0.0096 |
| 2015 | 1 | 0 | 0 | 0 |
| 2016 | 0.9603 | 0 | 0 | 0.0008 |
| 2017 | 1 | 0 | 0 | 0 |

# 附录 14

# 瑞典经济增长数据和模型

（1）数据及其来源

GDP、劳动力、劳动报酬、固定资本存量、固定资产投资来自于《瑞典统计年鉴》、Groningen Growth and Development Centre 的 Total Economy Growth Accounting Database 及世界银行数据库、The Conference Board Total Economy Database（*Growth Accounting and Total Factor Productivity Country Details，1990-2012*）、联合国的 *GDP/breakdown at constant 2005 prices in National currency （all countries）*、Penn World Table，version 9.1；就业者人均受教育年限来自于 Andrea Bassanini 和 Stefano Scarpetta 的 *Does Human Capital Matter for Growth in OECD Countries? Evidence from Pooled Mean-group Estimates*（Economics Department working papers No. 282）、*Organization for Economic Co-operation and Development（OECD），Education at a Glance 2010*；研究开发经费来自于 OECD Science，Technology and R&D Statistics 的 *Main Science and Technology Indicators* 等。

**附表 14-1　瑞典经济增长数据**（2000 年价格）

| 年份 | GDP（百万克朗斯） | 研究开发经费（百万克朗斯） | 报酬/GDP | 固定资本存量（百万克朗斯） | 劳动力（千人） | 固定资产投资（百万克朗斯） | 就业者人均受教育年限（年） |
|---|---|---|---|---|---|---|---|
| 1980 | 1254.32 | 26.97 | 0.62 | 2342 | 4283 | 149.96 | 10.1 |
| 1981 | 1248.28 | 27.71 | 0.62 | 2412 | 4289 | 141.64 | 10.2 |
| 1982 | 1263.66 | 29.7 | 0.60 | 2473 | 4281 | 143.60 | 10.3 |
| 1983 | 1289.31 | 31.85 | 0.58 | 2534 | 4290 | 148.70 | 10.4 |
| 1984 | 1351.30 | 35.54 | 0.57 | 2599 | 4326 | 162.52 | 10.5 |
| 1985 | 1383.46 | 38.46 | 0.57 | 2675 | 4373 | 172.32 | 10.6 |
| 1986 | 1425.47 | 39.91 | 0.57 | 2758 | 4403 | 179.71 | 10.7 |
| 1987 | 1478.83 | 42.29 | 0.57 | 2844 | 4443 | 191.79 | 10.8 |
| 1988 | 1520.74 | 43.19 | 0.57 | 2939 | 4507 | 214.02 | 10.9 |
| 1989 | 1566.45 | 43.86 | 0.58 | 3052 | 4568 | 226.46 | 11.0 |
| 1990 | 1582.79 | 44 | 0.59 | 3171 | 4604 | 202.83 | 11.1 |

续表

| 年份 | GDP（百万克朗斯） | 研究开发经费（百万克朗斯） | 报酬/GDP | 固定资本存量（百万克朗斯） | 劳动力（千人） | 固定资产投资（百万克朗斯） | 就业者人均受教育年限（年） |
|---|---|---|---|---|---|---|---|
| 1991 | 1560.86 | 43.55 | 0.58 | 3260 | 4534 | 163.55 | 11.2 |
| 1992 | 1537.07 | 46.57 | 0.57 | 3306 | 4338 | 129.52 | 11.3 |
| 1993 | 1500.59 | 49.07 | 0.55 | 3317 | 4115 | 133.89 | 11.3 |
| 1994 | 1571.83 | 52.81 | 0.54 | 3334 | 4071 | 167.97 | 11.4 |
| 1995 | 1638.84 | 57.36 | 0.53 | 3386 | 4133 | 187.28 | 11.5 |
| 1996 | 1662.03 | 59.17 | 0.55 | 3456 | 4104 | 187.03 | 11.5 |
| 1997 | 1706.08 | 62.61 | 0.55 | 3523 | 4054 | 191.88 | 11.6 |
| 1998 | 1776.80 | 64.32 | 0.54 | 3592 | 4121 | 206.68 | 11.6 |
| 1999 | 1867.99 | 68.18 | 0.54 | 3672 | 4205 | 216.90 | 11.7 |
| 2000 | 1955.66 | 77.25 | 0.56 | 3757 | 4305 | 212.82 | 11.7 |
| 2001 | 1978.79 | 84.49 | 0.58 | 3832 | 4392 | 176.82 | 11.9 |
| 2002 | 2003.65 | 73.13 | 0.57 | 3866 | 4391 | 183.12 | 11.9 |
| 2003 | 2053.34 | 81.11 | 0.57 | 3903 | 4364 | 195.58 | 12.0 |
| 2004 | 2100.78 | 84.03 | 0.55 | 3950 | 4336 | 227.95 | 12.1 |
| 2005 | 2188.88 | 83.18 | 0.55 | 4026 | 4353 | 258.38 | 12.1 |
| 2006 | 2258.90 | 81.32 | 0.53 | 4127 | 4430 | 298.88 | 12.2 |
| 2007 | 2356.04 | 84.23 | 0.55 | 4263 | 4532 | 322.06 | 12.2 |
| 2008 | 2435.10 | 86.67 | 0.55 | 4413 | 4574 | 262.42 | 12.3 |
| 2009 | 2419.29 | 89.13 | 0.57 | 4494 | 4462 | 240.82 | 12.4 |
| 2010 | 2297.31 | 78.04 | 0.55 | 4549 | 4503 | 228.63 | 12.4 |
| 2011 | 2358.86 | 81.37 | 0.55 | 4588 | 4602 | 240.62 | 12.5 |
| 2012 | 2351.82 | 75.63 | 0.56 | 4637 | 4638 | 239.80 | 12.6 |
| 2013 | 2380.94 | 77.36 | 0.57 | 4680 | 4679 | 241.26 | 12.6 |
| 2014 | 2442.89 | 80.15 | 0.56 | 4721 | 4734 | 255.34 | 12.7 |
| 2015 | 2551.76 | 84.36 | 0.55 | 4773 | 4790 | 273.32 | 12.8 |
| 2016 | 2620.25 | 82.42 | 0.55 | 4837 | 4848 | 285.47 | 13.0 |
| 2017 | 2675.40 | 87.36 | 0.55 | 4906 | 4938 | 303.57 | 13.2 |

注：“固定资本存量”滞后一年，“研究开发经费”滞后两年

（2）瑞典经济增长模型

$$Y = (HL)^{0.34}\left(\frac{SD}{L}\right)^{0.32} + 0.18K + 46.21\frac{SD}{K} \qquad \text{（附 14-1）}$$

**附表 14-2　瑞典劳动报酬模型**

| | | | | |
|---|---|---|---|---|
| 被解释变量：$\log V$ | | | | |
| 模型估计方法：最小二乘法 | | | | |
| 样本范围（调整后）：1982～2017 年 | | | | |
| 观察值的个数：36（调整端点后） | | | | |
| 10 次迭代后实现收敛 | | | | |
| 解释变量 | 系数 | 标准误 | t 统计量 | 概率 |
| $\log HL$ | 0.343 850 | 0.001 775 | 193.675 7 | 0.000 0 |
| $\log SD/L$ | 0.315 741 | 0.028 609 | 11.036 38 | 0.000 0 |

续表

| 解释变量 | 系数 | 标准误 | t 统计量 | 概率 |
| --- | --- | --- | --- | --- |
| *AR*(1) | 1.142 503 | 0.146 455 | 7.801 057 | 0.000 0 |
| *AR*(2) | −0.517 586 | 0.139 252 | −3.716 892 | 0.000 8 |
| 样本决定系数 | 0.979 185 | 因变量的均值 | | 6.954 402 |
| 调整后的样本决定系数 | 0.977 233 | 因变量的标准差 | | 0.217 007 |
| 回归标准差 | 0.032 743 | 赤池信息量（AIC） | | −3.895 794 |
| 残差平方和 | 0.034 308 | 施瓦茨信息量（SC） | | −3.719 847 |
| 对数似然比 | 74.124 29 | F 检验统计量 | | −3.834 384 |
| DW 统计量 | 1.909 759 | 模型显著性的概率值 | | 0 |
| 特征根 | .57+.44i | .57-.44i | | |

**附表 14-3　瑞典投资价值模型**

| 被解释变量：*M* | | | | |
| --- | --- | --- | --- | --- |
| 模型估计方法：最小二乘法 | | | | |
| 样本范围：1981～2017 年 | | | | |
| 观察值的个数：37 | | | | |
| 解释变量 | 系数 | 标准误 | t 统计量 | 概率 |
| *AR*(1) | 0.665 438 | 0.147 500 | 4.511 452 | 0.000 1 |
| *K* | 0.183 735 | 0.010 640 | 17.267 62 | 0.000 0 |
| *SD* / *K* | 46.213 58 | 9.728 876 | 4.750 145 | 0.000 0 |
| 样本决定系数 | 0.987 101 | 因变量的均值 | | 837.727 7 |
| 调整后的样本决定系数 | 0.986 342 | 因变量的标准差 | | 209.008 5 |
| 回归标准差 | 24.425 85 | 赤池信息量（AIC） | | 9.306 765 |
| 残差平方和 | 20 285.15 | 施瓦茨信息量（SC） | | 9.437 380 |
| 对数似然比 | −169.1752 | F 检验统计量 | | 9.352 813 |
| DW 统计量 | 2.272 226 | 模型显著性的概率值 | | 0 |

**附表 14-4　生产要素配置效率分析**

| 年份 | 效率 | 固定资本的浪费率 | 劳动力的浪费率 | 人力资本的浪费率 |
| --- | --- | --- | --- | --- |
| 1980 | 0.969 | 0 | 0.3519 | 0.19 |
| 1981 | 0.9362 | 0 | 0.327 | 0.1775 |
| 1982 | 0.9245 | 0 | 0.3093 | 0.169 |
| 1983 | 0.9205 | 0 | 0.2975 | 0.1644 |
| 1984 | 0.9408 | 0 | 0.2978 | 0.1675 |
| 1985 | 0.9358 | 0 | 0.2897 | 0.1657 |
| 1986 | 0.9352 | 0 | 0.2787 | 0.1611 |
| 1987 | 0.9407 | 0 | 0.2703 | 0.1583 |
| 1988 | 0.9361 | 0 | 0.262 | 0.1562 |
| 1989 | 0.9287 | 0 | 0.249 | 0.1502 |
| 1990 | 0.9031 | 0 | 0.2254 | 0.1363 |
| 1991 | 0.8663 | 0 | 0.1874 | 0.1111 |

续表

| 年份 | 效率 | 固定资本的浪费率 | 劳动力的浪费率 | 人力资本的浪费率 |
|---|---|---|---|---|
| 1992 | 0.8412 | 0 | 0.1402 | 0.0774 |
| 1993 | 0.8184 | 0 | 0.0976 | 0.0419 |
| 1994 | 0.8529 | 0 | 0.0909 | 0.0396 |
| 1995 | 0.8756 | 0 | 0.0945 | 0.0466 |
| 1996 | 0.87 | 0 | 0.0757 | 0.0296 |
| 1997 | 0.876 | 0 | 0.0545 | 0.0157 |
| 1998 | 0.8948 | 0 | 0.0546 | 0.0144 |
| 1999 | 0.9203 | 0 | 0.0561 | 0.017 |
| 2000 | 0.9418 | 0 | 0.0593 | 0.0232 |
| 2001 | 0.9343 | 0 | 0.0601 | 0.0331 |
| 2002 | 0.9378 | 0 | 0.0534 | 0.0306 |
| 2003 | 0.9519 | 0 | 0.0415 | 0.0232 |
| 2004 | 0.9623 | 0 | 0.0266 | 0.0132 |
| 2005 | 0.9837 | 0 | 0.0145 | 0.0056 |
| 2006 | 0.9902 | 0 | 0.0084 | 0.0038 |
| 2007 | 1 | 0 | 0 | 0 |
| 2008 | 1 | 0 | 0 | 0 |
| 2009 | 1 | 0 | 0 | 0 |
| 2010 | 0.9408 | 0.0025 | 0 | 0.0046 |
| 2011 | 0.9486 | 0 | 0 | 0 |
| 2012 | 0.9368 | 0 | 0 | 0 |
| 2013 | 0.9399 | 0 | 0 | 0 |
| 2014 | 0.9537 | 0 | 0 | 0 |
| 2015 | 0.9844 | 0 | 0 | 0 |
| 2016 | 0.9974 | 0 | 0 | 0.0049 |
| 2017 | 1 | 0 | 0 | 0 |

# 附录 15

# 芬兰经济增长数据和模型

（1）数据及其来源

GDP、劳动力、劳动报酬、固定资本存量、固定资产投资来自于《芬兰统计年鉴》、Groningen Growth and Development Centre 的 Total Economy Growth Accounting Database 及世界银行数据库、The Conference Board Total Economy Database（*Growth Accounting and Total Factor Productivity Country Details，1990-2012*）、联合国的 *GDP/breakdown at constant 2005 prices in National currency（all countries）*、Penn World Table，version 9.1；就业者人均受教育年限来自于 Andrea Bassanini 和 Stefano Scarpetta 的 *Does Human Capital Matter for Growth in OECD Countries? Evidence from Pooled Mean-group Estimates*（Economics Department working papers No. 282）、*Organization for Economic Co-operation and Development（OECD），Education at a Glance 2010*；研究开发经费来自于 OECD Science，Technology and R&D Statistics 的 *Main Science and Technology Indicators* 等。

**附表 15-1　芬兰经济增长数据**（2005 年价格）

| 年份 | GDP（亿欧元） | 固定资本存量（亿欧元） | 固定资产投资（亿欧元） | 劳动报酬（亿欧元） | 研究开发经费（亿欧元） | 劳动力（千人） | 就业者人均受教育年限（年） |
|---|---|---|---|---|---|---|---|
| 1980 | 834 | | 9 | 450 | | 2355 | 9.6 |
| 1981 | 845 | 1827 | 9 | 465 | 9 | 2384 | 9.7 |
| 1982 | 871 | 1878 | 10 | 473 | 10 | 2411 | 9.7 |
| 1983 | 897 | 1935 | 10 | 484 | 10 | 2420 | 9.8 |
| 1984 | 925 | 1995 | 11 | 497 | 11 | 2435 | 9.9 |
| 1985 | 955 | 2048 | 12 | 525 | 12 | 2439 | 10 |
| 1986 | 981 | 2105 | 14 | 541 | 14 | 2431 | 10.1 |
| 1987 | 1015 | 2160 | 15 | 561 | 15 | 2445 | 10.1 |
| 1988 | 1068 | 2223 | 16 | 575 | 16 | 2469 | 10.2 |
| 1989 | 1122 | 2308 | 18 | 607 | 18 | 2493 | 10.3 |
| 1990 | 1128 | 2419 | 19 | 628 | 19 | 2481 | 10.4 |

续表

| 年份 | GDP（亿欧元） | 固定资本存量（亿欧元） | 固定资产投资（亿欧元） | 劳动报酬（亿欧元） | 研究开发经费（亿欧元） | 劳动力（千人） | 就业者人均受教育年限（年） |
|---|---|---|---|---|---|---|---|
| 1991 | 1060 | 2510 | 20 | 621 | 20 | 2341 | 10.5 |
| 1992 | 1023 | 2542 | 21 | 580 | 21 | 2176 | 10.6 |
| 1993 | 1015 | 2534 | 22 | 536 | 22 | 2046 | 10.7 |
| 1994 | 1052 | 2501 | 22 | 535 | 22 | 2017 | 10.8 |
| 1995 | 1094 | 2469 | 22 | 545 | 22 | 2053 | 10.9 |
| 1996 | 1133 | 2466 | 24 | 568 | 24 | 2082 | 11 |
| 1997 | 1203 | 2481 | 25 | 585 | 25 | 2153 | 11.1 |
| 1998 | 1263 | 2516 | 29 | 609 | 29 | 2193 | 11.2 |
| 1999 | 1313 | 2575 | 33 | 642 | 33 | 2247 | 11.3 |
| 2000 | 1383 | 2638 | 36 | 663 | 36 | 2293 | 11.4 |
| 2001 | 1414 | 2712 | 42 | 694 | 42 | 2324 | 11.5 |
| 2002 | 1440 | 2789 | 47 | 705 | 47 | 2346 | 11.7 |
| 2003 | 1469 | 2849 | 48 | 728 | 48 | 2348 | 11.9 |
| 2004 | 1530 | 2912 | 50 | 758 | 50 | 2357 | 12.1 |
| 2005 | 1574 | 2985 | 51 | 780 | 51 | 2389 | 12.3 |
| 2006 | 1644 | 3062 | 53 | 815 | 53 | 2433 | 12.5 |
| 2007 | 1731 | 3140 | 55 | 858 | 55 | 2486 | 12.7 |
| 2008 | 1737 | 3245 | 57 | 861 | 57 | 2550 | 12.9 |
| 2009 | 1588 | 3340 | 60 | 787 | 60 | 2484 | 13.1 |
| 2010 | 1641 | 3380 | 64 | 813 | 64 | 2482 | 13.3 |
| 2011 | 1683 | 3434 | 63 | 838 | 63 | 2516 | 13.4 |
| 2012 | 1659 | 3494 | 62 | 846 | 62 | 2537 | 13.5 |
| 2013 | 1647 | 3549 | 60 | 834 | 60 | 2519 | 13.6 |
| 2014 | 1636 | 3593 | 56 | 818 | 56 | 2507 | 13.7 |
| 2015 | 1638 | 3633 | 54 | 809 | 54 | 2505 | 13.8 |
| 2016 | 1679 | 3673 | 53 | 821 | 53 | 2514 | 13.9 |
| 2017 | 1726 | 3729 | 50 | 816 | 50 | 2526 | 13.9 |

注：“固定资本存量”滞后一年，“研究开发经费”滞后两年

（2）芬兰经济增长模型

$$Y=(HL)^{0.36}\left(\frac{SD}{L}\right)^{0.10}+0.18K+7.07\frac{SHD}{K^2} \quad （附 15-1）$$

**附表 15-2　芬兰劳动报酬模型**

| | | | | |
|---|---|---|---|---|
| 被解释变量：$\log V$ | | | | |
| 模型估计方法：最小二乘法 | | | | |
| 样本范围（调整后）：1981～2017 年 | | | | |
| 观察值的个数：37（调整端点后） | | | | |
| 10 次迭代后实现收敛 | | | | |
| 解释变量 | 系数 | 标准误 | t 统计量 | 概率 |
| $\log HL$ | 0.359 439 | 0.002 890 | 124.376 9 | 0.000 0 |
| $\log SD/L$ | 0.098 674 | 0.023 181 | 4.256 759 | 0.000 2 |

续表

| 解释变量 | 系数 | 标准误 | t 统计量 | 概率 |
|---|---|---|---|---|
| $AR(1)$ | 0.904 877 | 0.046 228 | 19.574 20 | 0.000 0 |
| 样本决定系数 | 0.991 283 | 因变量的均值 | | 6.489 537 |
| 调整后的样本决定系数 | 0.990 770 | 因变量的标准差 | | 0.198 667 |
| 回归标准差 | 0.019 087 | 赤池信息量（AIC） | | −5.002 066 |
| 残差平方和 | 0.012 386 | 施瓦茨信息量（SC） | | −4.871 451 |
| 对数似然比 | 95.538 22 | F 检验统计量 | | −4.956 018 |
| DW 统计量 | 1.543 505 | 模型显著性的概率值 | | 0 |
| 特征根 | 0.90 | | | |

**附表 15-3　芬兰投资价值模型**

| | | | | |
|---|---|---|---|---|
| 被解释变量：$M$ | | | | |
| 模型估计方法：最小二乘法 | | | | |
| 样本范围（调整后）：1981～2017 年 | | | | |
| 观察值的个数：37（调整端点后） | | | | |
| 15 次迭代后实现收敛 | | | | |
| 解释变量 | 系数 | 标准误 | t 统计量 | 概率 |
| $K$ | 0.181 536 | 0.015 028 | 12.079 89 | 0.000 0 |
| $SHD / K^2$ | 7.068 001 | 1.506 998 | 4.690 120 | 0.000 0 |
| $AR(1)$ | 0.857 726 | 0.120 200 | 7.135 802 | 0.000 0 |
| 样本决定系数 | 0.985 092 | 因变量的均值 | | 647.623 0 |
| 调整后的样本决定系数 | 0.984 215 | 因变量的标准差 | | 174.962 0 |
| 回归标准差 | 21.981 68 | 赤池信息量（AIC） | | 9.095 901 |
| 残差平方和 | 16 428.61 | 施瓦茨信息量（SC） | | 9.226 516 |
| 对数似然比 | −165.274 2 | F 检验统计量 | | 9.141 949 |
| DW 统计量 | 1.198 666 | 模型显著性的概率值 | | 0 |
| 特征根 | 0.86 | | | |

**附表 15-4　生产要素配置效率分析**

| 年份 | 效率 | 固定资本的浪费率 | 劳动力的浪费率 | 人力资本的浪费率 |
|---|---|---|---|---|
| 1981 | 0.839 | 0 | 0.308 | 0.1052 |
| 1982 | 0.8413 | 0 | 0.3081 | 0.1095 |
| 1983 | 0.8409 | 0 | 0.3041 | 0.1035 |
| 1984 | 0.8411 | 0 | 0.2914 | 0.0973 |
| 1985 | 0.8459 | 0 | 0.2805 | 0.0921 |
| 1986 | 0.8454 | 0 | 0.2697 | 0.0869 |
| 1987 | 0.8524 | 0 | 0.2522 | 0.0774 |
| 1988 | 0.8715 | 0 | 0.2444 | 0.0681 |
| 1989 | 0.8818 | 0 | 0.241 | 0.0661 |
| 1990 | 0.8459 | 0 | 0.2283 | 0.0576 |